Artificial Intelligence for Robotics, 2nd Edition

Build intelligent robots using ROS 2, Python, OpenCV
and AI/ML techniques for real-world tasks

제2판

로봇 공학을 위한 인공 지능

ROS 2, Python, OpenCV 및
AI/ML 기술을 사용하여 지능형 로봇구축하기

Artificial Intelligence for Robotics 2nd Edition

by Francis X. Govers III

제2판

로봇 공학을 위한 인공 지능

인 쇄 : 2024년 7월 2일 초판 1쇄
발 행 : 2024년 7월 10일 초판 1쇄

역 자 : 김종욱
발행인 : 송 준
발행처 : 도서출판 홍릉
주 소 : 01093 서울시 강북구 인수봉로 50길 10
등 록 : 1976년 10월 21일 제5-66호

전 화 : 02-999-2274~5, 903-7037
팩 스 : 02-905-6729
e-mail : hongpub@hongpub.co.kr
http://www.hongpub.co.kr
ISBN : 979-11-5600-212-3(93000)

정 가 : 32,000원

낙장 및 파본은 구입처나 본사에서 교환하여 드립니다.

Artificial Intelligence for Robotics, 2nd Edition

Build intelligent robots using ROS 2, Python, OpenCV, and AI/ML techniques for real-world tasks

제2판

로봇 공학을 위한 인공 지능

ROS 2, Python, OpenCV 및
AI/ML 기술을 사용하여 지능형 로봇구축하기

Francis X. Govers III 지음

김종욱 옮김

도서출판 홍릉

어릴 적부터 과학과 배움에 대한 저의 사랑을 키워주신 할머니 샐리(메이블) 고버스를 사랑으로 기립니다.

저의 오랜 로봇 공학 멘토인 밥 핀켈스타인 박사님께 감사드립니다.

여러분의 믿음과 격려에 감사드립니다, Bob.

아내 캐롤에게 - 기다려 줘서 감사합니다. 제 자녀인 제시카, 코빈, 배우자인 피터와 에이미, 손자 윌리엄, 올리버, 아멜리아, 헨리, 로완에게. 이 책은 여러분 모두에게 바칩니다. 영감을 주셔서 감사합니다.

머리말

이 서문을 준비하게 되어 정말 기쁘고 영광입니다. *프란시스 X. 고버스 3세는 자율주행*자동차, 비행선, 무인 항공기, 로봇 등 자율 주행 차량 설계 분야에서 40년간 경력을 쌓았습니다. 이 책의 내용은 로봇 공학용 인공지능(AI)이라는 주제에 대한 그의 전문성, 지식, 권위를 반영하고 있습니다. 프란시스는 이 주제의 실용적인 측면을 배우고자 하는 독자를 염두에 두고 챕터를 세심하게 구성하여 독자가 스스로 학습을 계속할 수 있을 정도로 주제를 학습했다고 느끼는 수준까지 끌어올렸습니다. 프란시스는 이 책을 세 가지 학습 모듈로 구성하고 각 모듈을 세 개의 장으로 세분화하여 AI 기술을 가르치는 데 있어 자신의 마법사적인 능력을 보여주었습니다. 마지막 두 장에서는 습득한 지식에 대한 요약과 평가를 담고 있습니다.

이 책은 로봇이 자율적으로 지능적인 작업을 수행하도록 프로그래밍하는 방법을 배움으로써 이론적 지식을 갖추고 이를 응용하는 데 관심이 있는 전문가 또는 취미 사용자를 위한 책입니다. 이 책의 각 장은 AI 영역의 개념, 프로그래밍 가능한 작업, 로봇에서 해당 작업을 구현하는 방법을 일러스트레이션과 함께 설명합니다. 각 장은 충분히 독립적이지만 이전 장에서 더 깊이 있고 복잡하게 발전하도록 설계되었습니다. 이것이 이 책을 일관되게 관통하는 마법의 실입니다. 각 장은 학습자에게 성취감을 주고 학습의 만족감을 선사합니다. 학습자는 한 번에 한 장씩 자신의 편안한 속도로 이 책을 읽으며 점진적으로 진도를 나갈 수 있습니다.

이를 통해 학습자는 점차 자율성의 세계로 나아갑니다. 프란시스는 학습자를 안내하고 각 주제에 자신감을 갖게 하면서도 더 많은 것을 배우고 싶은 호기심을 불러일으킵니다. 로봇을 처음 설정하는 것부터 로봇이 감정을 표현하도록 만드는 것까지, 프란시스는 학습을 재미있는 활동으로 만들어 줍니다! 자율성이라는 주제는 복잡하지만 이 책은 그림 예제와 샘플 코드 부분을 통해 쉽게 이해할 수 있습니다. 이 책은 저자의 의도에 맞게 대학 신입생과 전문가 모두에게 지능형 로봇 공학에 대한 실무 가이드 역할을 할 것이라고 확신합니다.

카메시 나무두리(Kamesh Namuduri) 박사

노스 텍사스 대학교 전기공학과 교수

공동기여자

저자 소개

프란시스 X. 고버스 3세는 벨 텍스트론(Bell Textron)의 자율성 부기술 펠로우이자 텍스트론 자율성 위원회의 의장입니다. 그는 자율 경비 로봇인 RAMSEE를 비롯하여 육상, 해상, 공중, 우주용 무인 차량 및 로봇 30종 이상을 설계한 인물입니다. 프란시스는 국제우주정거장, F-35 JSF 전투기, 미 육군 미래 전투 시스템, NASCAR와 IndyCar를 위한 원격 측정 시스템의 설계를 주도했습니다. 그는 엔지니어, 파일럿, 작가, 음악가, 예술가, 제작자입니다. NASA로부터 5개의 뛰어난 업적상을 수상했으며, Scientific American for World Changing Ideas로 인정받았습니다. 브랜다이스(Brandeis) 대학교에서 이학 석사 학위를 받았으며 미 공군 베테랑입니다.

특히 제이슨 허스트, 키스 스타니, 리 앤더슨, 그랜트 브리스토우, 매트 홀비, 스리쉬티 데사이, 제프 홀콤, 론 올슨 등 벨 텍스트론의 팀원들과 텍스트론 조직 전체의 모든 지원팀에게 감사드립니다. 또한 학술 파트너인 노스 텍사스 대학교의 카메시 나무두리 박사와 알링턴 텍사스 대학교의 카메시 수바오 박사에게도 감사드립니다.

리뷰어 정보

주게쉬 순드람(Jugesh Sundram)은 자동차 및 모빌리티 분야에서 컴퓨터 비전 기반 AI 솔루션이 필요한 산업 문제를 연구하는 로봇 공학 엔지니어입니다. 미국 플로리다 공과대학교에서 기계공학 석사 학위를 취득했습니다. 그는 미국, 인도, 싱가포르, 그리고 현재 벨기에에 이르기까지 전 세계에서 근무하고 있습니다. 그는 모바일 로봇의 동시 측위 및 매핑 알고리즘을 연구, 설계, 개발, 적용하는 데 주력하고 있습니다. 그는 여러 유명 로봇 학회에서 연구 논문을 발표했으며 특허를 보유하고 있습니다. 두 아이의 아버지인 그는 여가 시간에는 가족과 함께 시간을 보내고, 음악을 제작하고, 여행을 하며, 전 세계의 채식 요리를 탐험하는 것을 즐깁니다.

리뷰를 하며 얻는 기쁨은 학업 여정에서 얻은 호기심과 지식 덕분이라고 생각합니다. 그 과정에서 저를 지도해 주시고 지금의 자리까지 이끌어 주신 모든 선생님, 교수님, 동료들에게 감사드립니다. 일과 삶의 균형이라는 단어에 의미를 부여해준 멋진 아내, 아이들, 부모님께도 감사합니다.

공동기여자

카티케얀 유바라즈(Karthikeyan Yuvaraj)는 복잡한 로봇 공학 및 인식 시스템을 개발하고 배포하는 데 10년 이상의 경력을 보유하고 있습니다. 특히 비전 기반 로봇 조작을 위한 소프트웨어 솔루션 개발 분야에서 경력을 쌓았습니다. 또한 Alphabet, Honeywell, DARPA와 같은 주요 업계에서 근무했습니다. 현재는 HP의 수석 카메라 소프트웨어 엔지니어로 최첨단 화상 회의 기술을 위한 카메라 시스템을 개발하고 있습니다. 또한 Institution of Engineering and Technology의 펠로우이자, Institute of Electrical and Electronics Engineers의 선임 회원이기도 합니다.

저자서문

로봇의 정의는 사람과 같은 작업을 수행할 수 있는 기계입니다. 이러한 작업을 수행하려면 로봇이 환경을 보고, 이해하고, 상호 작용할 수 있어야 합니다. AI는 사물을 인식하고 탐색하는 가장 빠른 방법입니다. 이 책은 **컨볼루션 신경망(CNN)**, 컴퓨터 비전, 물체 인식, 유전 알고리즘, 강화 학습과 같은 AI 기술을 사용하여 로봇을 효율적으로 작동하는 데 필요한 필수 기술을 알려줍니다.

그렇다면 이 책은 누가 쓴 책인가요? 제 약력에서 볼 수 있듯이 저는 12살 때 과학 박람회 프로젝트를 시작으로 공군 입대, NASA의 초급 엔지니어 등 40년 넘게 이 일을 해왔습니다. 저는 1992년에 AI를 시작했고 기계 의사 결정을 전문으로 했습니다. 지금은 수만 파운드에 달하는 완전한 비행 자율 주행 차량을 설계하고 있습니다. 그 경험의 일부를 여러분과 공유할 수 있게 되어 기쁘게 생각합니다.

이 책을 쓴 이유는 무엇인가요? 로봇 공학 및 자율성 분야의 입문자가 취미 단계에서 산업 및 상업용 로봇 공학의 시작 단계로 역량을 키워야 할 때 이용할 수 있는 문헌에 공백이 있다고 느꼈습니다. 이 과정에서 저는 여러분과 다음 단계의 로봇 공학 탐험가로서 여러분이 성취하고자 하는 것 사이의 장벽으로 인식되는 것들을 최대한 많이 제거하고자 합니다. 방정식, 낯선 전문 용어, 수수께끼는 빼고 로봇에서 원하는 것을 얻는 방법에 대한 간단한 설명으로 대체했습니다. 제 로봇인 알버트(Albert)는 이 과정에서 하나의 도구일 뿐이라는 점을 기억하는 것이 중요합니다. 이 책의 목적은 단 하나의 로봇을 설계하는 것이 아니라 여러분에게 필요하다고 생각되는 일련의 기술을 가르치는 것입니다. 진짜 문제는 여기서부터 어디로 나아가느냐입니다. 이 책을 발판 삼아 로봇 공학에 대해 계속 탐구하고 실험하며 교육을 이어나가세요. 여기에서 저에게 영감을 주거나 멘토링을 제공한 사람들의 저작물을 읽어볼 수 있습니다. Robin Murphy 박사, Sebastian Thrun 박사, Rodney Brooks 박사, Bob Zubrin 박사, Robert L. Forward 박사, Isaac Asimov, Arthur C. Clarke 등 많은 분들의 작품을 읽을 수 있습니다.

이 책의 대상

이 책은 로봇 공학에 대한 학습 여정을 이미 시작했고 AI를 적용하여 더 높은 단계의 역량으로 발전하고자 하는 로봇 공학 엔지니어와 애호가를 위한 책입니다. 특정 문제를 해결하거나 어려운 로봇 설계에 접근하기 위한 실용적인 가이드를 찾고 있는 학생과 연구자에게 유용한 참고 자료가 될 것입니다. 이 책을 읽는 동안 파이썬의 기본 프로그래밍 기술, 전자 및 배선에 대한 친숙함, Linux 기반 **명령줄 인터페이스(command line interface, CLI)** 사용 능력이 있으면 유용할 것입니다

이 책에서 다루는 내용

1장, '로봇과 인공지능의 기초'에서는 이 책에서 다룰 내용, 표준 로봇 부품, 제어의 개념, 실시간 컴퓨팅, 로봇의 의사 결정 방식에 대한 **OODA(관찰, 지향, 결정, 행동)** 개념에 대해 설명합니다.

2장, '로봇 설정하기'에서는 모터, 제어 시스템, 포섭 아키텍처를 사용하여 로봇 문제를 부품으로 나누는 방법, **로봇 운영 체제 2(ROS 2)**에 대해 소개합니다.

3장, '실용적인 로봇 설계 프로세스 개념화하기'에서는 로봇 설계를 위한 시스템 엔지니어링 기법, 사용 사례 및 스토리보드에 대해 설명합니다.

4장, '신경망과 지도 학습을 사용하여 객체 인식하기'에서는 CNN을 사용하여 객체 인식을 학습시키고 배경에서 객체를 분할하는 방법에 대해 설명합니다.

5장, '강화 학습과 유전 알고리즘을 이용한 장난감 집어 들고 치우기'에서는 로봇 팔이 효율적으로 움직이도록 학습시키는 데 사용되는 Q-러닝과 유전 알고리즘에 대해 설명합니다.

6장, '로봇에게 듣기 교육하기'에서는 로봇에 디지털 비서를 추가하고 노크-노크 농담하기 등 로봇을 위한 몇 가지 사용자 지정 컨트롤을 만드는 방법을 보여 줍니다.

7장, '로봇에게 계단 탐색 및 피하기 교육하기'에서는 다른 CNN을 사용하여 로봇이 집 안을 탐색하고 장애물을 피하도록 교육하는 방법을 설명합니다.

8장, '물건 치우기'에서는 로봇의 작업을 완료하는 방법과 장난감 상자를 찾는 방법을 설명합니다.

9장, '로봇에 인공 성격 부여하기'에서는 로봇에 성격을 시뮬레이션하여 상호작용을 추가하는 것과 관련된 개념과 이론을 설명합니다.

10장, '결론과 반성'에서는 저자의 40년 로봇 디자인 경력을 바탕으로 직업으로서의 로봇 공학에 대해 이야기합니다.

이 책을 최대한 활용하려면

파이썬 버전 3으로 프로그래밍을 잘 이해하고 있어야 합니다. 우리는 로봇의 제어 아키텍처로 ROS 2를 사용합니다. 더 자세한 설명이 필요한 경우 Packt Publishing에서 ROS 2 사용법을 설명하는 훌륭한 책을 여러 권 보유하고 있습니다. 이 책을 사용하려면 파이썬 프로그래밍 기술, 전자, 배선 및 단일 보드 컴퓨터에 대한 친숙함, Linux 기반 CLI 사용 능력, AI/ML 개념에 대한 지식이 필요합니다. 로봇의 제작 과정을 따라하려면 기본적인 수공구(드라이버, 렌치, 육각렌치, 납땜 인두)가 필요합니다. 다른 모든 설치 지침은 책을 진행하면서 해당 챕터에 제공됩니다.

예제 코드 파일 다운로드

이 책의 예제 코드 파일은

GitHub(https://github.com/PacktPublishing/Artificial-Intelligence-for-Robotics-2e)에서 다운로드할 수 있습니다. 코드에 대한 업데이트가 있을 경우 GitHub 리포지토리에 업데이트됩니다.

또한 다양한 책과 동영상 카탈로그의 다른 코드 번들도 https://github.com/PacktPublishing/에서 확인할 수 있습니다. 확인해 보세요!

사용된 규칙

이 책에는 여러 가지 텍스트 규칙이 사용됩니다.

텍스트 내 코드: 텍스트, 데이터베이스 테이블 이름, 폴더 이름, 파일 이름, 파일 확장자, 경로 이름, 더미 URL, 사용자 입력 및 트위터 핸들의 코드 단어를 표시합니다. 다음은 예시입니다. "`downloadDataset.py`라는 짧은 Python 프로그램을 만듭니다."

코드 블록은 다음과 같이 설정됩니다

```
from roboflow import Roboflow
rf = Roboflow(api_key="****************")
project = rf.workspace("toys").project("toydetector")
dataset = project.version(1).download("yolov8")
```

모든 명령줄 입력 또는 출력은 다음과 같이 작성됩니다.

```
cd ~/ros2_ws/src
ros2 pkg create –build-type ament-cmake ros_xarm
colcon build
```

> **팁 또는 중요 참고사항**
>
> 다음과 같이 표시됩니다.

연락하기

독자들의 피드백은 언제나 환영합니다.

일반적인 피드백: 이 책의 모든 부분에 대해 궁금한 점이 있으면 customercare@packtpub.com으로 이메일을 보내시고 메시지 제목에 책 제목을 기재하세요.

정오표: 콘텐츠의 정확성을 보장하기 위해 모든 주의를 기울였지만 실수가 발생할 수 있습니다. 이 책에서 실수를 발견하신 경우 이를 알려주시면 감사하겠습니다. www.packtpub.com/support/errata을 방문하여 양식을 작성해 주세요.

불법 복제: 인터넷에서 어떤 형태로든 당사 저작물의 불법 복제물을 발견한 경우 해당 위치 주소 또는 웹사이트 이름을 알려주시면 감사하겠습니다. 해당 자료의 링크와 함께 copyright@packt.com 으로 문의해 주세요.

저자가 되고 싶은 경우: 전문 지식이 있고 책을 쓰거나 기고하는 데 관심이 있는 주제가 있다면 authors.packtpub.com을 방문하세요.

생각 공유

로보틱스를 위한 인공지능을 읽으셨다면 여러분의 의견을 듣고 싶습니다! 여기를 클릭하여 이 책의 Amazon 리뷰 페이지로 바로 이동하여 피드백을 공유해 주세요.

여러분의 리뷰는 당사와 기술 커뮤니티에 중요하며, 우수한 품질의 콘텐츠를 제공하는 데 도움이 됩니다

이 책의 무료 PDF 사본 다운로드

이 책을 구입해 주셔서 감사합니다!

이동 중에도 책을 읽고 싶지만 인쇄된 책을 어디든 가지고 다닐 수 없나요? 구매한 전자책이 원하는 기기와 호환되지 않나요?

이제 모든 Packt 도서를 구매하시면 해당 도서의 DRM이 없는 PDF 버전을 무료로 받으실 수 있습니다.

언제, 어디서나, 어떤 디바이스로든 읽을 수 있습니다. 좋아하는 기술 서적의 코드를 검색, 복사하여 애플리케이션에 바로 붙여넣을 수 있습니다.

혜택은 여기서 그치지 않고 매일 받은 편지함에서 할인, 뉴스레터 및 훌륭한 무료 콘텐츠를 독점적으로 이용할 수 있습니다.

다음의 간단한 단계를 따라 혜택을 받으세요:

1. QR 코드를 스캔하거나 아래 링크를 방문하세요.

https://packt.link/free-ebook/9781805129592

2. 구매 증빙 자료를 제출

3. 끝났습니다! 무료 PDF 및 기타 혜택을 이메일로 직접 보내드립니다.

차례

PART

1 로봇 공학 및 인공지능을 위한 빌딩 블록( )

차례

차례

차례

로봇 공학 및 인공지능을 위한 빌딩 블록( )

PART 1

이 책의 첫 번째 섹션에서는 로봇 공학과 인공지능(AI)의 기초부터 시작하여 AI가 무엇이고 어떻게 사용되는지 설명합니다. 그런 다음 로봇 시스템을 정의하고 제어에 대해 이야기합니다. 두 번째 장에서는 로봇의 구성 요소인 로봇 해부학을 살펴보고 자율성 원칙과 포섭(subsumption) 아키텍처 개념에 대해 논의합니다. 로봇 운영체제(ROS)와 단일 보드 컴퓨터(Single Board Computer, SBC)에 대한 입문서를 제공합니다. 마지막으로 시스템 엔지니어링 원칙과 스토리보드를 사용하여 로봇 설계를 위한 체계적인 프로세스를 보여줍니다.

이 파트는 다음과 같은 장으로 구성되어 있습니다.

- 1장. 로봇 공학과 인공지능의 기초
- 2장. 로봇 설정하기
- 3장. 실용적인 로봇 설계 프로세스 개념화하기

제1장
로봇 공학과 인공지능의 기초

이 책에서는 모바일 로봇에 **인공지능(AI)**을 추가하는 방법을 알아보는 여정으로 여러분을 초대합니다. 제가 **AI 로봇**이라고 부르는 것과 **일반 로봇**의 기본적인 차이점은 로봇과 로봇의 소프트웨어가 센서의 데이터를 기반으로 의사 결정을 내리고 환경에 적응하고 학습하는 능력입니다. 좀 더 구체적으로 설명하자면, 우리는 사전 코딩된 로봇 설계의 세계로부터 떠나려고 합니다. 로봇의 모든 동작을 미리 프로그래밍하는 대신 로봇, 더 정확하게는 로봇 소프트웨어가 우리가 제공하는 예제나 외부 세계와의 상호 작용을 통해 학습하게 됩니다. 로봇 소프트웨어는 AI 시스템을 학습시키는 데 사용하는 데이터만큼 로봇의 행동을 제어하지 않습니다.

AI 로봇은 학습 과정을 통해 환경과 목표 달성 방법을 예측한 다음, 이러한 예측을 바탕으로 행동을 만들어냅니다. 우리는 이 여정에서 지도 및 비지도 학습, 강화 학습, 신경망, 유전 알고리즘 등 여러 형태의 AI를 시도할 것입니다. 우리는 말을 하고 명령을 이해하고 농담을 할 수 있는 디지털 로봇 비서를 만들고, 로봇을 위한 **인공 인격**(Artificial Personality, **AP**)을 만들 것입니다. 로봇에게 지도 없이 길을 찾고, 시행착오를 통해 사물을 파악하고, 3차원으로 보는 법을 가르치는 방법을 배웁니다.

이 장에서는 다음과 같은 주요 주제를 다룹니다.

- 로봇 공학 및 AI의 기본 원리
- AI와 자율성이란 무엇인가요(그리고 그렇지 않은 것은 무엇인가요)?
- 최근 AI의 발전은 새로운 것이 있나요?
- 로봇이란 무엇인가요?
- 샘플 문제 – 이 방을 청소하세요!

- 로봇을 위한 AI는 언제 필요할까요?
- 로봇과 개발 환경 소개 환경

기술 요구 사항

이 장의 작업을 완료하기 위한 기술적 요구 사항은 이 책의 서두에 있는 서문에 설명되어 있습니다.

이 책의 모든 코드는 GitHub 리포지토리(`https://github.com/PacktPublishing/Artificial-Intelligence-for-Robotics-2e/`)에서 다운받을 수 있습니다.

로봇 공학 및 AI의 기본 원리

로봇 개발에 AI를 적용하려면 로봇 설계자나 개발자와는 다른 기술이 필요합니다. 여러분은 이전에 로봇을 만들어본 적이 있을 것입니다. 쿼드콥터나 3D 프린터(실제로는 로봇)를 가지고 있을 수도 있습니다. **비례-적분-미분(PID)** 컨트롤러, 센서 루프, 상태 머신의 친숙한 세계는 **인공 신경망(Artificial Neural Networks, ANN)**, 전문가 시스템, 유전 알고리즘, 이동 경로 계획자(planner)를 통해 더욱 강화되었습니다. 우리는 단순히 환경에 반사적으로 반응하는 것이 아니라 목표와 의도를 가지고 있으며, 환경에 적응하고 학습할 수 있고 프로그래밍이 아닌 학습 또는 훈련이 가능한 로봇을 원합니다. 이러한 방식으로 해결할 수 있는 문제 중 일부는 다른 방법으로는 해결하기 어렵거나 다루기 힘들거나 불가능할 것입니다.

이 책에서는 로봇에 AI를 적용하는 일련의 기술을 배우면서 이 책 전체에서 예시로 사용할 '놀이방에서 장난감 줍기'라는 문제를 소개합니다. 이 책에서는 목적지보다 여정이 훨씬 더 중요하다는 점을 이해하는 것이 중요합니다. 이 책을 다 읽고 나면 단순히 장난감을 집는 방법을 배운 것이 아니라 폭넓게 적용할 수 있는 몇 가지 중요한 기술을 배우게 될 것입니다.

먼저 이 책에서 예제를 개발하는 데 사용된 인프라와 일치하는 몇 가지 도구와 배경 지식을 제공하고자 합니다. 이는 공평한 경쟁의 장을 제공하고 여러분의 실무 지식을 전제로 하지 않기 위해서입니다. 우리가 구축할 고급 신경망 중 일부를 실행하기 위해 Jetson의 GPU를 사용할 것입니다.

이 장의 나머지 부분에서는 로봇과 AI에 대한 몇 가지 기본 사항을 설명한 다음 이 책의 모든 예제에서 사용할 두 가지 중요한 도구를 개발해 보겠습니다. 소프트 실시간 제어의 개념을 소개한 다음, 로봇에 자율성을 부여하기 위한 프레임워크 또는 모델인 **OODA(Observe-Orient-Decide-Act)** 루프를 제공합니다.

AI와 자율성이란 무엇인가요(그리고 그렇지 않은 것은 무엇인가요)?

AI의 정의는 무엇일까요? 일반적으로 인공지능은 사고, 추론, 계획, 학습, 적응 등 지능의 일부 특성을 나타내는 기계를 의미합니다. 또한 사고나 추론을 시뮬레이션 할 수 있는 소프트웨어 프로그램을 의미할 수도 있습니다. 예를 들어, 단순한 규칙(장애물이 오른쪽에 있으면 왼쪽으로 이동)에 따라 장애물을 피하는 로봇은 AI가 아닙니다. 반면에 동영상에서 고양이를 인식하는 방법을 학습하는 프로그램은 AI입니다. 조이스틱으로 작동하는 로봇 팔은 AI를 사용하지 않지만, 다양한 물체에 적응하여 물건을 집어 올리는 로봇 팔은 AI를 적용한 것입니다.

먼저, 인공지능 로봇의 두 가지 특징에 대해 알아야 합니다. 우선, AI 로봇은 단계별로 프로그래밍하는 것이 아니라 주로 예제를 제공하여 작업을 수행하도록 **학습시킵니다**. 예를 들어, 로봇의 소프트웨어에 장난감이 어떻게 생겼는지에 대한 예시를 통해 신경망을 학습시켜 우리가 집어 들기를 원하는 장난감을 인식하도록 가르칩니다. 이미지에 장난감이 포함된 학습용 사진 세트를 제공할 것입니다. 이미지의 어떤 부분이 장난감인지 구체적으로 주석을 달면 로봇이 이를 통해 학습하게 됩니다. 그런 다음 교사가 학생을 테스트하는 것처럼 로봇이 우리가 원하는 것을 배웠는지 확인하기 위해 로봇을 테스트할 것입니다. 두 번째 특성은 로봇이 명시적으로 프로그래밍되지 않은 진화하는 동작을 보이는 '**출현 행동**'(emergent behavior)입니다. 우리는 로봇에 본질적으로 비선형적이고 자기 조직화되는 제어 소프트웨어를 제공합니다. 로봇은 이상하거나 기이하거나 심지어 감정적으로 보일 수 있는 사건이나 상황에 대해 갑자기 기이하거나 비정상적인 반응을 보일 수 있습니다. 저는 섬세한 감성을 가지고 있고 매우 섬세하게 움직여 만화 속 예민하고 꽃을 좋아하는 황소의 이름을 따서 *페르디난드*라는 별명을 얻은 자율주행차와 함께 일했는데, 식물을 좋아하는 것처럼 보이는 9톤 트럭처럼 이상하게 움직였습니다. 이러한 동작은 다양한 소프트웨어 구성 요소와 제어 알고리즘의 상호 작용으로 인해 발생하는 것일 뿐 그 이상을 의미하지는 않습니다.

인공지능 업계에서는 **튜링 테스트**라는 개념을 많이 들어보셨을 겁니다. 튜링 테스트는 1950년 앨런 튜링이 '*컴퓨팅 기계와 지능*'이라는 제목의 논문에서 제안한 개념입니다. 그는 인간 질문자가 다른 인간과 함께 보이지 않는 숨겨진 AI 시스템에 질문을 던진다고 가정했습니다. 질문을 던지는 사람이 어떤 사람이 컴퓨터이고 어떤 사람이 인간인지 구분할 수 없다면 그 AI 컴퓨터는 테스트를 통과한 것입니다. 이 테스트는 AI가 대화를 완전히 듣고, 내용을 이해하고, 사람과 같은 종류의 답변을 할 수 있다고 가정합니다. 현재의 **AI 챗봇**은 튜링 테스트를 쉽게 통과할 수 있으며, 여러분도 이번 주에 자신도 모르게 AI와 전화로 여러 번 상호작용했을 지도 모릅니다.

인공지능 발전 협회(AAAI)의 한 그룹은 제공된 지침을 사용하여 플랫팩 가구(조립식 판상자재 가구)를 조립하는 것이 인공지능에 더 적합한 테스트가 될 수 있다고 제안했습니다. 하지만 현재까지 이 테스트를 통과한 로봇은 없습니다.

이 책의 목표는 튜링 테스트를 통과하는 것이 아니라 머신러닝, 계획, 목표 탐색, 패턴 인식, 그룹화 및 클러스터링 기술을 사용하여 문제를 해결하는 새로운 접근 방식을 취하는 것입니다. 이러한 문제 중 상당수는 다른 방법으로는 해결하기 매우 어려운 문제입니다. 튜링 테스트를 통과할 수 있는 AI 소프트웨어는 **일반 AI(또는 강인공지능)** 또는 완전하게 작동하는 지능형 인공두뇌의 예이며, 여러분과 마찬가지로 일반 AI는 특정 문제를 해결하기 위해 특별히 학습할 필요가 없습니다. 현재까지 일반 AI는 만들어지지 않았지만, 물체를 인식하거나 매수할 좋은 주식을 고르는 등 매우 좁은 응용 분야에서 사고를 시뮬레이션하는 특정목적 AI(또는 약인공지능) 또는 소프트웨어가 존재합니다.

이 책에서 일반 AI를 만들지는 *않지만*, 그렇다고 해서 우리가 만든 창작물이 스스로 마음을 갖게 되거나 통제 불능이 될까 봐 걱정할 필요는 없습니다. 이는 오늘날 컴퓨터의 현실이 아니라 공상 과학 소설이나 과장된 영화의 영역에서 나온 이야기입니다. 저는 AI의 악에 대해 설교하거나 로봇이 세상을 장악할 것이라고 예측하는 사람은 일반적인 문제를 해결하거나 실제 지능과 유사한 것을 만들어내는 것에 관한 현재의 AI 연구의 암울한 상태를 보지 못했을 가능성이 높다고 확신합니다.

최근 AI의 발전은 새로운 것이 있나요?

이미 지나간 것은 지나간 것이요, 이미 이루어진 것은 이루어질 것이니 해 아래 새로운 것은 없느니라 - 전도서 1:9, 킹제임스성경

현대의 인공지능은 새로운 것이 아닙니다. 이러한 기술의 대부분은 1960년대와 1970년대에 개발되었지만 당시의 컴퓨팅 기계로는 소프트웨어의 복잡성이나 필요한 계산 횟수에 비해 충분하지 않았기 때문에 인기를 얻지 못했습니다. 그들은 컴퓨터가 더 커지고 또 다른 중요한 사건, 즉 **인터넷**의 발명을 기다렸을 뿐입니다. 지난 수십 년 동안 신경망을 학습시키기 위해 데이터베이스를 컴파일하기 위해 10,000장의 디지털화된 고양이 사진이 필요하다면 수많은 고양이 사진을 찍거나 책에서 이미지를 스캔하는 등 거의 불가능한 작업이었을 것입니다. 오늘날 Google

에서 고양이 사진을 검색하면 0.44초 만에 126,000,000장의 결과가 반환됩니다. 이 책에서 살펴볼 것처럼 인터넷에 존재하지 않는 매우 특정한 대상에 대해 학습해야 하는 경우가 아니라면 고양이 사진이나 다른 어떤 것이든 검색만 하면 신경망에 대한 학습 세트가 완성됩니다(이 경우 60년대에는 없었던 디지털 카메라라는 또 다른 현대적인 도구로 다시 한번 많은 사진을 찍게 될 것입니다). 매우 빠른 컴퓨터, 저렴하고 풍부한 저장 공간, 모든 종류의 거의 무제한적인 데이터에 대한 접속의 행복한 조합은 AI의 르네상스를 만들어 냈습니다.

컴퓨터 스펙트럼의 다른 쪽 끝에서 또 다른 현대적 발전이 일어났습니다. 2000년에만 해도 슈퍼컴퓨터라고 불렸던 것을 이제는 누구나 집의 책상 위에 올려놓을 수 있게 되었지만, 스마트폰의 발전은 기술 분야에서 막 느껴지고 있는 일련의 혁신을 주도하고 있습니다. 경이로운 스마트폰에는 **미세전자기계시스템(MEMS)**이라는 초소형 실리콘 칩으로 만든 가속도계와 자이로스코프가 탑재되어 있습니다. 또한 고해상도이지만 매우 작은 디지털 카메라와 전력 소모가 거의 없는 멀티코어 컴퓨터 프로세서가 탑재되어 있습니다. 또한 Wi-Fi 무선 네트워크, 휴대폰, 블루투스 트랜시버(송수신기) 등 세 개의 모듈이 내장되어 있습니다. 이러한 부품은 iPhone을 재미있게 사용할 수 있게 해주는 것만큼이나 로봇에 사용할 수 있는 부품으로도 활용되고 있습니다. 연구실과 대학에서만 사용할 수 있었던 부품이 이제 개인 사용자들에게도 판매된다는 점은 매우 흥미로운 일입니다. 대학이나 연구실에 있거나 수백만 달러의 개발 예산이 있는 기술 회사에서 일하는 분들도 이 책을 통해 무언가를 배우고, 로봇 창작물에 영감을 주거나 흥미로운 기능을 갖춘 신제품에 힘을 실어줄 도구와 아이디어를 찾을 수 있을 것입니다.

이제 로봇 공학용 AI의 개념에 익숙해졌으니 이제 로봇이 실제로 무엇인지 살펴봅시다.

로봇이란 무엇인가요?

로봇이라는 단어는 1920년에 발표된 체코 작가 카렐 차펙의 희곡 'R.U.R'에서 현대어로 사용되기 시작했습니다. Roboti는 체코어로 *강제 노역*을 뜻하는 단어입니다. 이 연극에서 한 산업가는 기계로 만들어진 금속 인간이 아니라 살과 피로 만들어지고 공장에서 완전히 성장한 인공 인간을 만드는 방법을 배웁니다. R.U.R이라는 이름을 영어로 번역한 *로섬의 유니버설 로봇*(Rossum's Universal Robots)이 *로봇*이라는 단어를 세상에 소개했습니다.

이 책에서 로봇은 환경을 감지하고 반응할 수 있으며 인간 또는 동물과 유사한 기능을 가진 기계를 의미합니다. 우리는 일반적으로 로봇을 환경과 상호 작용할 수 있는 자동화된 자기 주도적 이동 기계로 생각합니다. 즉, 로봇은 **물리적 형태**를 가지고 있으며 일종의 **자율성**, 즉 외부 환경의 관찰을 바탕으로 스스로 결정을 내릴 수 있는 능력을 가지고 있습니다.

다음으로, 이 책에서 해결하고자 하는 문제에 대해 논의해 보겠습니다.

샘플 문제 – 이 방을 청소하세요!

이 책에서는 대부분의 사람들이 쉽게 공감할 수 있는 문제 세트를 사용하되, 가장 숙련된 로봇 공학자에게는 진정한 도전이 될 수 있는 문제 세트를 사용할 것입니다. 손주들이 놀러 온 후 집에 있는 장난감을 줍기 위해 AI와 로봇 기술을 사용할 것입니다. 방금 들으신 소리는 청중석에 있던 전문 로봇 공학 엔지니어와 연구원들의 숨소리입니다. 이 문제는 정말 어려운 문제입니다. 이 문제가 왜 어려운 문제이며, 이상적인 이유는 무엇일까요?

문제에 대해 논의하고 문제를 조금 더 세분화해 봅시다. 나중에 2장에서 전체 작업 분석을 수행하고, 사용 사례를 작성하는 방법을 배우고, 접근 방식을 개발하기 위한 스토리보드를 만들겠지만 여기서는 몇 가지 일반적인 관찰 사항부터 살펴볼 수 있습니다.

로봇 공학 설계자는 먼저 로봇이 어디에서 작동할지 환경부터 고려합니다. 환경을 구조적 환경과 비구조적 환경의 두 가지 범주로 나눕니다. 구조화된 환경은 FIRST 로봇 경진대회(미국 고등학생들이 로봇을 제작하는 대회로 모든 경기장이 미리 정해져 있는 대회), 조립 라인 또는 실험실 벤치와 같이 모든 것이 정돈된 공간에 있는 환경을 말합니다. "*모든 것은 제자리에, 제자리는 모든 것을 위하여*"라는 말을 들어보셨을 텐데요, 이는 바로 **구조화된(structured) 환경**을 의미합니다. 또 다른 방식으로 생각하면 모든 것이 어디에 있는지 또는 어디에 있을지를 미리 알고 있다는 것입니다. 우리는 사물이 어떤 색인지, 공간에서 어디에 배치되어 있는지, 어떤 모양인지 알고 있습니다. 이러한 유형의 정보에 대한 이름은 *선험적 지식*(a priori knowledge), 즉 우리가 미리 알고 있는 것입니다. 로봇 공학에서 환경에 대한 사전 지식은 때때로 절대적으로 필수적입니다. 조립 라인 로봇은 부품이 정확한 위치와 방향으로 도착하여 파악하고 제자리에 배치되기를 기대합니다. 즉, 우리는 로봇에 맞게 세상을 배치한 것입니다.

우리 집에서는 이런 일이 불가능합니다. 손주들이 장난감을 매번 똑같은 자리에 놓을 수 있다면 이 작업을 위해 로봇이 필요하지 않을 것입니다. 손주들이 가지고 놀 수 있는 장난감은 한정되어 있기 때문에 상당히 고정된 물건이 있습니다. 가끔 물건을 추가하거나 장난감을 잃어버리거나 계단에서 무언가가 떨어지기도 하지만 장난감은 고정된 물체 세트의 요소입니다. 아이들이 장난감을 가지고 놀다가 집에 돌아갔을 때 원래 있던 자리에 놓아두는 것이지, 특정한 방식으로 배치되거나 방향이 정해져 있는 것은 아닙니다. 또한 고정된 가구 세트가 있지만 발판이나 의자를 옮길 수 있는 등 일부 부품은 움직일 수 있습니다. 이것은 장난감이나 가구가 아니라 로봇과 소프트웨어가 적응해야 하는 **비구조화된(unstructured) 환경입니다.**

문제는 로봇이 방을 돌아다니며 장난감을 집어오도록 하는 것입니다. 다음은 이 작업에 대한 몇 가지 목표입니다.

- 우리는 사용자가 로봇과 **대화함으로써** 로봇과 **상호작용**하기를 원합니다. 우리는 로봇이 우리가 원하는 것, 즉 우리가 내리는 명령에 대한 의도를 이해하기를 원합니다.
- 시작하라는 명령을 받으면 로봇은 **물체**가 장난감인지, 장난감이 아닌지 **식별해야** 합니다. 우리는 장난감만 집어 올리려고 합니다.
- 로봇은 **위험을 피해야 하는데,** 가장 중요한 것은 1층으로 내려가는 계단입니다. 로봇은 주행에 있어 낙하물, 연석, 절벽, 계단 등의 장애물에 특히 어려움을 겪는데, 바로 여기에 우ㄹ리가 직면한 문제가 있습니다.
- 로봇이 장난감을 찾으면 로봇 팔로 **장난감**을 집어 **올릴** 방법을 결정해야 합니다. 로봇이 직접 물건을 잡을 수 있을까요, 아니면 물건을 주걱 같은 것으로 퍼서 집어 올리거나, 밀어야 할까요? 로봇은 장난감을 집어 올리는 다양한 방법을 시도할 것이며 여러 번의 시행착오가 필요할 수 있습니다.
- 로봇 팔이 장난감을 집어 들면 로봇은 **장난감**을 장난감 상자로 **운반해야 합니다.** 로봇은 방에 있는 장난감 상자를 인식하고 반복적인 이동을 위해 장난감 상자의 위치를 기억한 다음 상자에 장난감을 넣을 수 있도록 스스로 위치를 잡아야 합니다. 이를 여러 번 시도해야 할 수도 있습니다.
- 장난감을 내려놓은 후 로봇은 다시 **방을 순찰하며** 더 많은 장난감을 찾습니다. 언젠가는 모든 장난감이 회수되기를 바랍니다. 로봇은 사람인 우리에게 이 방이 괜찮은지, 계속 청소해야 하는지 물어봐야 할지도 모릅니다.

이 문제에서 무엇을 배울 수 있을까요? 이 문제를 배경으로 다양한 AI 기술과 도구를 살펴볼 것입니다. 이 책의 목적은 로봇으로 AI 솔루션을 개발하는 방법을 알려주는 것입니다. 여기서 중요한 정보는 문제나 제가 이 책을 위해 개발한 로봇이 아니라 그 과정과 접근 방식입니다. 학습하고 환경에 적응할 수 있는 움직이는 기계를 만드는 기술을 시연할 것입니다. 여러분의 관심

사와 필요에 따라 어떤 챕터를 어떤 순서로 읽을지 선택하실 수 있으며, 따라서 각 챕터는 독립된 강의가 될 것입니다.

처음 세 장은 문제를 설정하고 나머지 자료를 첨부할 수 있는 확고한 틀을 제공함으로써 책의 나머지 부분을 뒷받침하는 기초 자료입니다.

로보틱스의 기본

이 책의 모든 챕터나 주제가 *고전적인* AI 접근법으로 간주되는 것은 아니지만, 머신러닝과 의사 결정 문제에 접근하는 다양한 방법을 나타냅니다. 다음 주제를 함께 살펴볼 것입니다.

- **제어 이론과 타이밍**: 제어 이론과 타이밍을 이해함으로써 로봇 제어의 기초를 다질 것입니다. **프레임 기반 제어 루프**라고 부르는 소프트 실시간 제어 방식을 사용할 것입니다. 이 기술은 **속도 단조 스케줄링**(rate monotonic scheduling)이라는 멋진 기술 이름을 가지고 있지만 직관적이고 이해하기 쉬운 개념이라고 생각합니다.
- **OODA 루프**: 가장 기본적인 수준에서 AI는 로봇이 자신의 행동에 대한 결정을 내리는 한 가지 방법입니다. 여기서는 미 공군에서 유래한 의사 결정 모델인 **OODA 루프**를 소개합니다. 이는 로봇(또는 사람)이 의사 결정을 내리는 방식을 설명합니다. 로봇에는 내부 루프 또는 내성 루프(introspective loop)와 외부 **환경 센서 루프**라는 두 개의 루프가 있습니다. 심장 박동, 호흡, 식사 등 신체의 자율 기능이 출근, 공과금 납부, 마당 잔디 깎기 등 업무 기능보다 우선하는 것처럼, 더 낮은 내부 루프가 느린 외부 루프보다 우선합니다. 따라서 우리 시스템은 일종의 포섭 **아키텍처**로, 아이로봇과 리씽크 로보틱스의 창립자 중 한 명이자 박스터라는 로봇의 설계자인 MIT의 로드니 브룩스가 명명한 생물학적 영감을 받은 제어 패러다임입니다.

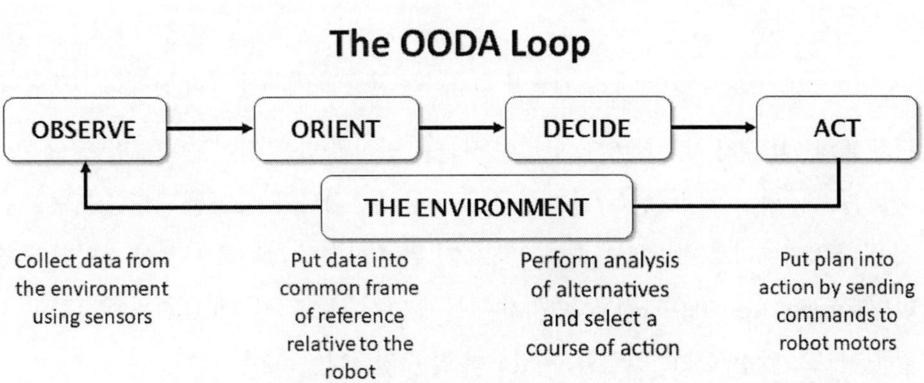

그림 1.1 저자가 가진 버전의 OODA 루프

> **유의사항**
> OODA 루프는 F-16의 아버지라고도 불리는 존 보이드 대령이 발명했습니다. 보이드 대령의 아이디어는 오늘날에도 널리 인용되고 있으며, 로봇 AI, 군사 계획 또는 마케팅 전략을 설명하는 데 OODA 루프가 활용되고 있습니다. OODA는 환경과 상호작용하는 생각하는 기계가 어떻게 작동할 수 있는지에 대한 모델을 제공합니다.

로봇은 단순히 명령이나 지시를 단계별로 따르는 것이 아니라 목표를 설정한 다음 그 목표를 달성하기 위해 노력하는 방식으로 작동합니다. 로봇은 스스로 경로를 설정하거나 목표에 도달하는 방법을 자유롭게 결정할 수 있습니다. 로봇에게 *장난감을 집으라고* 지시하면 로봇은 어떤 장난감을, 얼마나 가까이 갈지, 어떻게 장난감을 집어 올릴지 스스로 결정합니다. 만약 인간 로봇의 주인인 우리가 로봇을 원격 조작하는 손처럼 취급하려 한다면 로봇에게 *앞으로 이동, 오른쪽으로 이동, 팔 뻗기, 손 벌리기* 등 수많은 개별 지시를 일일이 내려야 하고, 로봇에게 왜 그런 동작을 하는지 전혀 알려주지 않아야 할 것입니다. 목표 지향 구조에서는 로봇이 어떤 물체가 장난감이고 어떤 물체가 아닌지 인식하고 장난감 상자를 찾는 방법과 상자에 장난감을 넣는 방법을 알 수 있습니다. 이것이 바로 자율 로봇과 무선 조종 원격 작동 장치의 차이점입니다.

로봇과 소프트웨어의 세부 사항을 설계하기 전에 로봇의 기능을 환경과 로봇이 해결해야 하는 문제에 맞춰야 합니다. 이 책에서는 로봇을 설계하고 소프트웨어 개발을 관리하기 위한 몇 가지 도구를 소개합니다. 이를 위해 시스템 엔지니어링 분야의 두 가지 도구, 즉 **사용 사례**와 **스토리보드**를 사용할 것이며, 이 과정을 최대한 간소화할 것입니다. 로켓, 자동차, 항공기 설계를 위해 NASA, 항공우주 및 자동차 회사에서 사용하는 고급 유형의 시스템 엔지니어링을 통해 이러한 유형의 구조화된 프로세스를 맛볼 수 있습니다.

이 책에 사용된 기술

다음 섹션에서는 로봇 공학 문제에 AI 기술을 적용하는 단계별 예제를 각각 자세히 설명합니다.

- **먼저 물체 인식부터** 시작합니다. 로봇이 사물을 인식한 다음 집어들어야 할 *장난감*인지, *아니면* 그냥 놔둬야 할 *장난감*인지 분류할 수 있어야 합니다. 다양한 각도와 조명 조건에서 비디오 카메라로 촬영한 물체를 인식하기 위해 학습된 ANN을 사용할 것입니다. **전이 학습**(Transfer learning) 과정을 통해 기존 물체 인식 시스템인 YOLOv8을 확장하여 장난감을 빠르고 안정적으로 인식할 수 있도록 할 것입니다.
- 장난감이 식별되면 다음 작업은 장난감을 집어 올리는 것입니다. 로봇 팔을 위한 범용 *만*

물 픽업 프로그램을 작성하는 것은 많은 고등 수학이 필요한 어려운 작업입니다(인터넷에서 *역기구학(inverse kinematics)*을 찾아보면 무슨 말인지 알 수 있습니다). 로봇이 스스로 이 문제를 해결하도록 하면 어떨까요? 우리는 로봇이 스스로 행동을 고안하고 팔을 사용하는 방법을 스스로 학습할 수 있도록 **유전알고리즘**을 사용합니다. 그런 다음 **심층강화학습(DRL)**을 사용하여 로봇이 **엔드이펙터**(로봇의 손을 말하는 것)를 사용하여 다양한 물체를 잡는 방법을 스스로 가르칠 수 있도록 합니다.

- 로봇은 소유자(우리)의 명령과 지시를 이해해야 합니다. 우리는 **자연어처리(NLP)**를 사용하여 음성을 인식하는 것뿐만 아니라 로봇이 우리가 원하는 것과 일치하는 목표를 만들게 하는 우리의 의도를 이해합니다. 우리는 *빈칸 채우기* 방법이라고 부르는 깔끔한 기술을 사용하여 로봇이 명령의 맥락에서 추론할 수 있도록 합니다. 이 프로세스는 많은 로봇 계획 작업에 유용합니다.
- 로봇의 다음 과제는 계단이나 기타 위험 요소를 피하면서 방을 탐색하는 것입니다. 특수 스테레오 카메라가 제공하는 3D 비전과 지도가 없는 고유한 내비게이션 기술을 결합하여 장애물을 보고 피할 수 있습니다.
- 로봇은 장난감 상자를 찾아 물건을 넣을 수 있어야 할 뿐만 아니라 앞으로의 이동 계획을 세우기 위한 일반적인 틀을 가지고 있어야 합니다. 의사결정트리(decision trees)를 사용하여 경로를 계획하고 **가지치기(pruning)**를 논의하거나 잘못된 계획을 신속하게 거부할 것입니다. 컴퓨터 체스 프로그램 알고리즘이 전략을 선택하기 전에 몇 수 앞을 내다보고 좋은 수와 나쁜 수를 비교하여 점수를 매기는 것을 상상해 보면 이 기법이 얼마나 강력한지 알 수 있을 것입니다. 이러한 유형의 의사 결정 트리는 다양한 용도로 사용되며 여러 차원의 전략을 처리할 수 있습니다. 여기서는 장난감 상자에 장난감을 넣을 수 있는 경로를 찾는 두 가지 방법 중 하나로 이 기법을 사용하겠습니다.
- 마지막 작업은 로봇 공학에서 일반적으로 사용되지 않거나 적어도 우리가 사용할 방식과는 다른 도구 세트를 가져옵니다.

저에게는 멋지고 재능 있고 유쾌한 다섯 명의 손주가 있는데, 이들은 저를 방문하러 오는 것을 좋아합니다. 책 곳곳에서 손자들에 대한 이야기를 많이 듣게 될 것입니다. 큰 손자는 10살로 자폐증을 앓고 있으며, 손녀인 셋째 아이(8살)와 이 글을 쓰고 있는 현재 6살인 막내아들도 마찬가지입니다. 큰 손자 윌리엄에게 로봇을 소개해 주었더니 바로 로봇과 대화를 나누고 싶어 했습니다. *"이름이 뭐니?"*, *"무슨 일을 하니?"*라고 물었습니다. 로봇이

> 아무런 대답을 하지 않자 그는 실망했습니다. 그래서 우리는 손자를 위해 로봇이 짧은 대화를 할 수 있는 엔진을 개발하여 아이들과 상호작용할 수 있는 로봇 인격을 만들 것입니다. 윌리엄은 이 로봇에 대한 또 하나의 요청이 있었는데, *노크, 노크* 농담[1])에 대해 말하고 반응하기를 원했기 때문에 이를 특별한 대화의 프로토타입으로 사용할 것입니다.

실제 감정을 가진 로봇을 개발하는 것은 오늘날 로봇 공학이나 AI의 최첨단 기술을 훨씬 뛰어넘는 것이지만, 유한상태머신(finite state machine)과 몬테카를로 모델링을 통해 성격을 시뮬레이션할 수 있습니다. 또한 로봇이 아이의 기분까지 고려할 수 있도록 인간과의 상호작용 모델을 로봇에 제공할 것입니다. 저는 이러한 유형의 소프트웨어를 AI와 구분하기 위해 **AP라고** 부르고 싶습니다. AI는 사고 모델을 구축하고, AP는 로봇의 감정 모델을 구축합니다.

이제 이 책에서 다룰 문제에 대해 잘 이해하셨으니, 로봇에 AI가 필요한 시기와 이유에 대해 간략히 살펴보겠습니다.

로봇을 위한 AI는 언제 필요할까요?

일반적으로 AI는 두뇌가 결정을 내리는 방식을 모방하는 프로세스를 모델링하거나 시뮬레이션하는 기술이라고 설명합니다. 로봇 공학에서 AI를 사용하여 *기존 프로그래밍* 기법으로는 달성하기 어려운 기능을 제공하는 방법에 대해 논의해 보겠습니다. 그 중 하나는 이미지나 사진에서 사물을 식별하는 것입니다. 카메라를 컴퓨터에 연결하면 컴퓨터는 이미지가 아니라 픽셀(사진 요소)을 나타내는 숫자 배열을 수신합니다. 장난감과 같은 특정 물체가 이미지에 있는지 확인하려는 경우 이는 매우 까다로울 수 있습니다. 원이나 사각형 같은 도형은 찾을 수 있지만 테디베어는 어떻게 찾을 수 있을까요? 게다가 테디베어가 거꾸로 있거나 표면에 평평하게 누워 있다면 어떨까요? 이런 종류의 문제는 다른 어떤 것도 해결할 수 없을 때 인공지능 프로그램이 해결할 수 있습니다.

로봇 동작을 만드는 전통적인 접근 방식은 원하는 기능을 파악하고 이를 구현하기 위한 코드를 작성하는 것입니다. 장애물 주변을 주행하는 것과 같은 간단한 기능의 경우 이 접근 방식이 잘 작동하며 약간의 튜닝으로 결과를 얻을 수 있습니다.

로봇 공학용 AI 및 **ML의** 몇 가지 예는 다음과 같습니다.

- **NLP:** AI/ML을 사용하여 로봇이 자연스러운 사람의 말과 명령을 이해하고 이에 응답할

---

1) 영어권에서 두 사람이 대화를 통해 말장난을 주고받는 간단한 형식의 유머

수 있도록 합니다. 이를 통해 로봇과 훨씬 더 직관적으로 상호 작용할 수 있습니다.

- **컴퓨터 비전**: AI를 사용하여 로봇이 사물이나 사람의 얼굴을 보고 인식하고 텍스트를 읽는 등의 작업을 수행할 수 있도록 합니다. 이는 로봇이 실제 환경에서 작동하는 데 도움이 됩니다.
- **모션 계획**: AI는 로봇이 장애물과 사람 주변을 탐색할 수 있는 최적의 경로와 동작을 계획하도록 도와줍니다. 이를 통해 로봇의 움직임이 더욱 효율적이고 사람과 비슷해집니다.
- **강화 학습**: 로봇은 AI 강화 학습 알고리즘을 사용하여 시행착오를 통해 작업 수행 방법을 학습하고 작업 수행 능력을 향상시킬 수 있습니다. 따라서 명시적인 프로그래밍이 덜 필요합니다.

로봇이 복잡하고 역동적인 실제 환경에서 안정적으로 작동하도록 하려면 AI/ML을 사용하는 것이 좋습니다. AI는 로봇에 더 많은 지각 및 의사 결정 능력을 부여합니다.

이제 이 로봇에 필요한 기능 중 하나인 물체가 장난감인지(집어들어야 하는지) 아닌지를 인식하는 기능을 살펴봅시다. 프로그래밍을 통해 이를 위한 표준 함수를 만드는 것은 매우 어렵습니다. 일반적인 컴퓨터 비전 프로세스는 이미지를 모양, 색상 또는 영역으로 구분합니다. 우리의 문제는 장난감의 모양(원, 사각형, 삼각형)이 예측 가능하지 않고, 색상이 일정하지 않으며, 크기가 모두 같지 않다는 것입니다. 차라리 로봇에게 무엇이 장난감이고 무엇이 장난감 아닌지 가르치는 것이 낫습니다. 그것은 우리가 사람에게 할 수 있는 일입니다. 로봇에게 카메라를 사용하여 특정 물체를 인식하는 방법을 가르치는 과정이 필요합니다. 다행히도 이 부분은 AI에서 심도 있게 연구된 분야로, *4장에서* 다룰 기술들이 이미 존재합니다. 여기서는 카메라 이미지에서 장난감을 인식하기 위해 **컨볼루션 신경망(CNN)**을 사용하겠습니다. 이는 일종의 **지도 학습**으로, 예제를 사용하여 인식하고자 하는 물체의 유형을 소프트웨어에 보여준 다음 이미지에서 이를 나타내는 픽셀을 기반으로 물체의 클래스(또는 유형)를 예측하는 맞춤형 함수를 만듭니다. 우리가 적용할 AI의 원리 중 하나는 **경사 하강(gradient descent)**을 이용한 **점진적 학습(gradual learning)**입니다. 즉, 컴퓨터가 한 번에 한 가지 기술을 학습하도록 하는 대신, 오류(또는 손실)를 보고 조금씩 변경하여 원하는 것을 출력하는 기능을 조금씩 학습시키는 것입니다. 오차 변화의 기울기를 살펴보는 경사 하강 원리를 사용하여 학습을 조정할 방법을 결정합니다.

이쯤 되면 *"사진을 분류하는 학습에 효과가 있다면 다른 사물을 분류하는 데도 사용할 수 있지 않을까?"*라고 생각할 수 있습니다. 다소 다른 신경망을 사용하는 유사한 접근 방식을 사용하여 로봇이 소리를 인식하여 이름을 대답하도록 가르칠 것입니다.

그렇다면 일반적으로 로봇에 AI를 사용해야 하는 경우는 언제일까요? 절차적 단계(즉, 프로그래밍)로는 만들기가 어렵거나 불가능한 일종의 의사 결정 과정을 에뮬레이션[2]해야 할 때입니다. 신경망은 뉴런이 상호 작용하는 방식을 (매우) 단순화한 모델이기 때문에 동물의 사고 과정을 에뮬레이션한 것임을 쉽게 알 수 있습니다. 다른 AI 기술은 이해하기 더 어려울 수 있습니다.

한 가지 공통된 주제는 AI가 코드를 공통 프레임워크로, 변수를 데이터로 대체하는 기법으로 *예제 프로그래밍*을 일관되게 사용한다는 점일 수 있습니다. *프로세스별로 프로그래밍*하는 것이 아니라 원하는 결과를 소프트웨어에 보여주고 소프트웨어가 그 결과에 도달하는 방법을 생각해내도록 하는 방식으로 프로그래밍을 하고 있습니다. 예를 들어 사진을 이용한 **사물 인식**의 경우, 사물의 사진과 그 사진이 어떤 사물을 나타내는지에 대한 답을 제공합니다. 이를 반복하여 코드의 매개변수를 수정함으로써 소프트웨어를 학습시킵니다.

AI로 만들 수 있는 또 다른 유형의 행동(behavior)은 사람들의 행동과 관련이 있습니다. 게임으로 생각할 수 있는 많은 작업이 있습니다. 이것이 어떻게 작동하는지 쉽게 상상할 수 있습니다. 자녀가 방에 있는 장난감을 집어 들기를 원한다고 가정해 봅시다. 부모는 아이들에게 장난감을 집으라고 명령할 수 있고, 이 명령은 효과가 있을 수도 있고 없을 수도 있습니다. 또는 장난감을 집어 올릴 때마다 점수를 부여하고 획득한 점수에 따라 보상(예: 1달러 제공)을 주는 방식으로 게임으로 만들 수도 있습니다. 이렇게 함으로써 무엇을 추가했나요? 아이들이 얼마나 잘하고 있는지 알 수 있는 측정 도구, 즉 포인트 시스템을 추가했습니다. 그리고 더 중요한 것은 특정 행동에 대한 보상을 추가한 것입니다. 이는 로봇의 행동을 수정하거나 생성하는 데 사용할 수 있는 프로세스가 될 수 있습니다. 이를 공식적으로 **강화 학습**이라고 합니다. 로봇에게 감정적인 보상을 줄 수는 없지만(로봇은 욕구나 욕구가 없기 때문에), 로봇이 보상 기능을 극대화하도록 프로그래밍할 수 있습니다. 그런 다음 보상을 변경하는 매개변수를 조금씩 조정하는 동일한 프로세스를 사용하여 점수가 향상되는지 확인한 다음 학습 결과 더 많은 보상이 주어지면 그 변경을 유지하거나(강화), 점수가 낮아지면 폐기할 수 있습니다. 이러한 유형의 프로세스는 로봇 동작과 로봇 팔 제어에 효과적입니다.

이 책에서 제시하는 비구조화된 환경에서 장난감을 집어 올리는 작업은 AI 기술 없이는 거의 불가능합니다. 예를 들어 장난감에 RFID 태그를 부착하는 등 환경을 수정하면 이 작업을 수행

2) 한 컴퓨터 시스템이 다른 시스템의 하드웨어나 소프트웨어를 모방하여 그 기능을 실행할 수 있도록 하는 기술

할 수 있지만 그렇지 않은 경우에는 불가능합니다. 따라서 이 책의 목적은 다른 방법으로는 해결하기 어렵거나 불가능한 특정 작업을 AI와 로보틱스의 조합을 통해 어떻게 완료할 수 있는지 보여주는 것입니다.

다음으로 이 책에서 사용할 로봇과 개발 환경에 대해 설명하겠습니다.

로봇과 개발 환경 소개

이 책은 로봇과 AI에 관한 책이기 때문에 모든 실제 예제에 사용할 로봇이 필요합니다. *2장*에서 자세히 설명하겠지만, 일반 독자들이 쉽게 접근할 수 있는 로봇 하드웨어와 소프트웨어를 선택했습니다. 특정 브랜드와 유형은 중요하지 않으며, 약 5년 전 초판이 출간된 이후 알버트를 상당히 업그레이드했습니다. 최신 정보를 제공하기 위해 이 책의 모든 하드웨어 세부 정보를 GitHub 리포지토리에 공개하고 있습니다.

두 가지 다른 관점에서 촬영한 다음 사진에서 볼 수 있듯이 제 로봇에는 새로운 전방향 바퀴, 기계식 6자유도 팔, 컴퓨터 두뇌가 장착되어 있습니다.

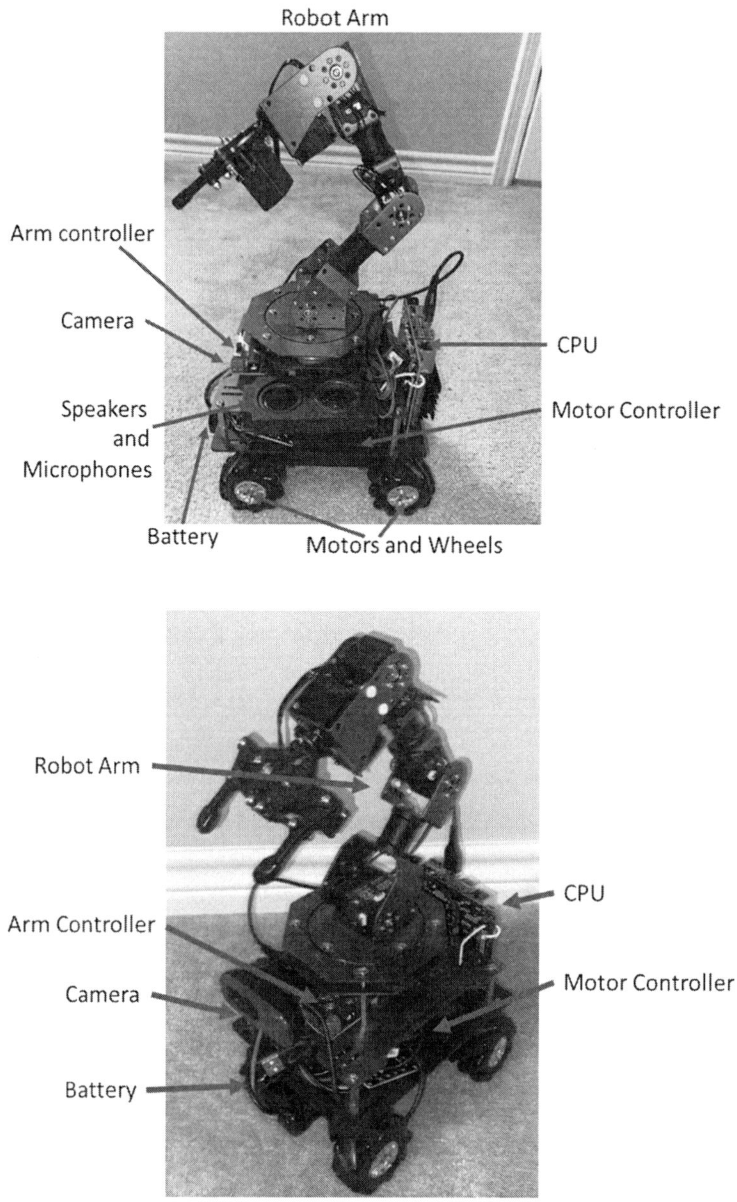

그림 1.2 로봇 알버트에는 바퀴와 기계식 팔이 있습니다.

이름도 필요하고, 9명의 자녀를 훌륭하게 돌보는 것으로 유명했던 빅토리아 여왕의 배우자 알버트 왕자에 대한 언급이 마음에 들어서 *알버트*라고 부르기로 했습니다. 빅토리아 시대에는 드물게 아홉 명의 자녀가 모두 성인이 될 때까지 생존했으며, 42명의 손자를 낳았습니다. 그는 중간 이름으로 활동했으며 실제 이름은 프란시스였습니다.

이 책의 작업은 실내 공간에서 장난감을 집어 올리는 것이므로 로봇은 4개의 모터와 카펫 위를 주행할 수 있는 옴니 휠을 갖춘 견고한 베이스를 갖추고 있습니다. 조향 방식은 탱크형 또는 차동 구동 방식으로, 바퀴 모터에 서로 다른 명령을 보내 조향합니다. 직진하려면 네 개의 모터를 모두 같은 전진 속도로 설정합니다. 후진하고 싶으면 두 모터를 같은 속도로 후진합니다. 회전은 한쪽을 앞으로, 다른 쪽을 뒤로 움직이거나(로봇이 제자리에서 회전하게 함) 한쪽을 다른 쪽보다 더 앞으로 구동함으로써 이루어집니다. 이런 식으로 모든 종류의 회전을 할 수 있습니다. 옴니 휠을 사용하면 다른 트릭도 할 수 있습니다. 바퀴를 서로 향해 돌리고 옆으로 바로 이동하거나 지상의 같은 지점을 가리키면서 원을 그리며 회전할 수도 있습니다. 주로 트럭이나 자동차처럼 운전하지만 가끔씩 물건을 정렬하기 위해 Y축 모션을 사용할 것입니다. 축에 대해 말하자면, X축은 로봇이 앞으로 똑바로 움직인다는 의미로 사용하고, Y축은 좌우 수평 이동을 의미하며, Z축은 로봇의 팔에 필요한 위아래 방향을 의미합니다.

장난감을 집으려면 일종의 조작기가 필요하기 때문에 어깨-팔꿈치-손목-손의 조합을 모방한 6축 로봇 팔을 포함시켰는데, 이 로봇은 매우 민첩하고 표준 디지털 서보로 만들어져 배선 및 프로그래밍이 매우 쉽습니다.

알버트 로봇의 주요 제어 장치는 USB Wi-Fi 동글을 통해 운영자와 통신하는 Nvidia Nano **단일 보드 컴퓨터(SBC)**입니다. Nvidia는 **펄스폭변조(PWM)** 펄스를 통해 모터를 제어하는 데 사용할 Arduino Mega 2560 마이크로컨트롤러 및 모터 컨트롤러와 통신합니다. 다음 그림은 로봇의 내부 구성 요소를 보여줍니다.

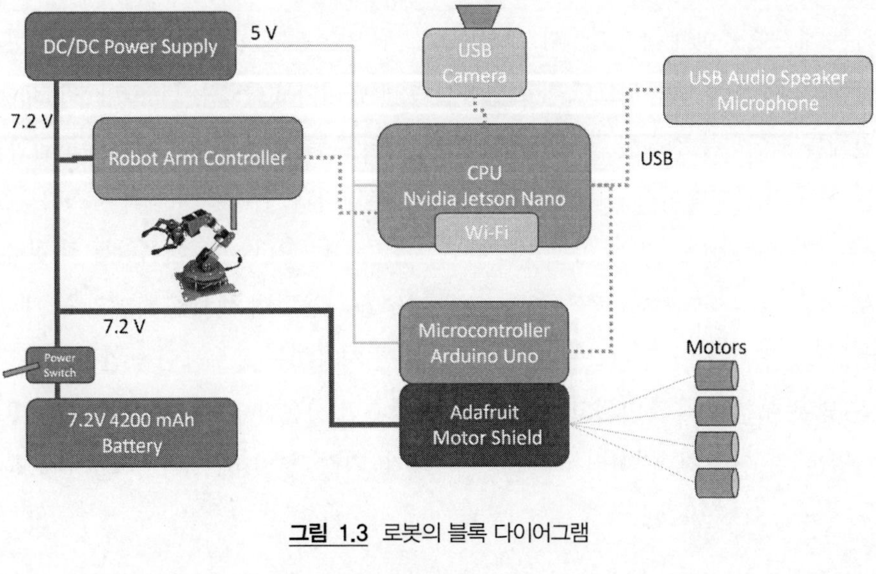

그림 1.3 로봇의 블록 다이어그램

우리는 주로 로봇의 두뇌 역할을 하는 Nvidia Nano SBC에 집중할 것입니다. 나머지 구성 요소는 한 번만 설정하고 책 전체를 위해 변경하지 않을 것입니다.

엔비디아 나노는 Wi-Fi 네트워크를 통해 Windows를 실행하는 PC인 제어 스테이션과 로봇 부품 사이의 주요 인터페이스 역할을 합니다. 비글본 블랙, 오드로이드 XU4, 인텔 에디슨 등 거의 모든 저전력 리눅스 기반 SBC가 이 작업을 수행할 수 있습니다. Nano의 장점 중 하나는 **GPU(그래픽 처리 장치)**를 사용하여 신경망 처리 속도를 높일 수 있다는 것입니다.

모터 컨트롤러가 있는 아두이노는 SBC에 연결됩니다. 나노는 직렬 포트로 주소가 지정된 USB 포트를 통해 통신합니다. 또한 11.1V 충전식 리튬 배터리 파워 팩에서 로봇에 적절한 전력을 공급하려면 5V 레귤레이터(전압조정기)가 필요합니다. 제 파워 팩은 충전식 3S1P(셀 3개 직렬, 1개 병렬) 2700Ah 배터리(일반적으로 쿼드콥터 드론에 사용)이며 적절한 충전기와 함께 제공되었습니다. 다른 리튬 배터리와 마찬가지로 배터리 팩과 함께 제공된 모든 지침을 따르고 화재에 대비하여 금속 상자나 용기에 충전하세요.

소프트웨어 컴포넌트(ROS, Python 및 Linux)

로봇을 실행하는 모든 소프트웨어를 보려면 Git 리포지토리로 다시 한 번 안내해 드리겠지만, 상기시켜 드리기 위해 여기서는 기본 사항을 다루겠습니다. 로봇의 기본 운영 체제는 앞서 말씀드린 대로 Nvidia Nano SBC에서 실행되는 Linux입니다. ROS 2를 사용하여 다양한 소프트웨어 구성 요소를 모두 연결했으며, 소켓 설정 및 연결 설정과 같은 까다로운 네트워킹 작업을 모두 처리하는 데도 훌륭하게 작동합니다. 또한 조이스틱 인터페이스와 같이 이미 준비된 훌륭한 기능 라이브러리도 함께 제공되므로 바로 활용할 수 있습니다. ROS 2는 Linux나 Windows처럼 컴퓨터 전체를 제어하는 진정한 운영 체제는 아니지만, 로봇을 훨씬 더 간단하게 조립할 수 있게 해주는 통신 및 인터페이스 표준과 유틸리티의 중추입니다. 이러한 유형의 시스템을 **모듈형 오픈 시스템 아키텍처(MOSA)**라는 이름으로 부르고 싶습니다. ROS 2는 데이터를 한 곳에서 다른 곳으로 이동하는 *게시(publish)/구독(subscribe)* 기술을 사용하여 센서와 카메라 등 데이터를 생성하는 프로그램과 제어 및 디스플레이 등 데이터를 사용하는 프로그램을 완전히 분리합니다. 우리는 많은 부분을 직접 만들고 몇 가지 ROS 함수만 사용할 것입니다. Packt에는 ROS를 배울 수 있는 훌륭한 책이 여러 권 있는데, 제가 가장 좋아하는 책은 *Effective Robotics Programming with ROS 입니다.*

이 책 전체에서 사용할 프로그래밍 언어는 몇 가지 사소한 예외를 제외하고는 Python입니다.

파이썬은 로봇 공학 커뮤니티에서 ROS와 함께 널리 사용되고 있으며, 머신 러닝 및 AI 커뮤니티에서도 널리 사용되고 있다는 두 가지 큰 이유로 이 목적을 위한 훌륭한 언어입니다. 이 두 가지 장점 덕분에 Python을 사용하지 않을 수 없습니다. 파이썬은 해석형 언어(인터프리터 방식의 언어)이기 때문에 세 가지 놀라운 장점이 있습니다.

- **이식성**: Python은 Windows, Mac, Linux 간에 이식성이 매우 뛰어납니다. 일반적으로 파일 열기와 같이 운영 체제 외부의 함수를 사용하는 경우 한두 줄만 변경해도 문제가 없습니다. Python은 방대한 C/C++ 라이브러리 모음에 액세스할 수 있어 그 유용성이 더해집니다.
- **컴파일 없음**: 파이썬은 해석형 언어로서 컴파일 단계가 필요하지 않습니다. 이 책에서 개발하는 프로그램 중 일부는 상당히 복잡한데, C나 C++로 작성했다면 변경할 때마다 빌드 시간이 10분에서 20분 정도 걸렸을 것입니다. 그 정도의 시간으로 많은 일을 할 수 있으며, 빌드 과정이 끝날 때까지 기다리지 않고 프로그램을 실행하는 데 사용할 수 있습니다.
- **격리**: 이것은 많이 언급되지 않는 이점이지만 로봇으로 운영 체제를 충돌시킨 경험이 많은 저는 파이썬의 인터프리터가 핵심 운영 체제에서 분리되어 있다는 사실은 파이썬 ROS 프로그램 중 하나가 컴퓨터를 충돌시키는 경우가 매우 드물다는 것을 의미한다고 말할 수 있습니다. 컴퓨터 충돌은 컴퓨터를 재부팅하는 것을 의미하는데, 충돌을 진단하는 데 필요한 모든 데이터를 잃을 수도 있습니다. 저는 파이썬에서 C++로 전환한 전문 로봇 프로젝트에서 운영 체제 충돌이 시작되자마자 로봇의 신뢰성에 타격을 입었습니다. Python 프로그램이 충돌하면 다른 프로그램이 이를 모니터링하고 다시 시작할 수 있습니다. 운영 체제가 충돌하면 *재설정* 버튼을 누를 수 있는 추가 하드웨어 없이는 할 수 있는 일이 많지 않습니다.

기본 제어 시스템의 코딩을 시작하기 전에 로봇 공학을 위한 강력하고 모듈식이며 유연한 제어 시스템을 만드는 데 사용할 이론에 대해 이야기해 보겠습니다.

로봇 제어 시스템 및 의사 결정 프레임워크

이 장의 앞부분에서 언급했듯이 이 섹션에서는 **소프트 실시간** 제어와 **OODA 루프**라는 두 가지 도구 세트를 사용할 것입니다. 하나는 로봇을 쉽고 일관되게 제어할 수 있는 기반을 제공하고, 다른 하나는 로봇의 자율성을 위한 기반을 제공합니다.

로봇을 제어하는 방법

로봇, 특히 주행 로봇의 작동 방식에 대한 기본 개념은 간단합니다. 센서와 모터 컨트롤러에서 데이터를 읽고, 작업자의 명령(또는 로봇의 자율 기능)을 찾고, 해당 명령에 따라 로봇의 상태를 변경한 다음 모터나 엔드이펙터에 명령을 보내 로봇을 움직이게 하는 등 동일한 작업을 반복적으로 수행하는 마스터 제어 루프가 있습니다.

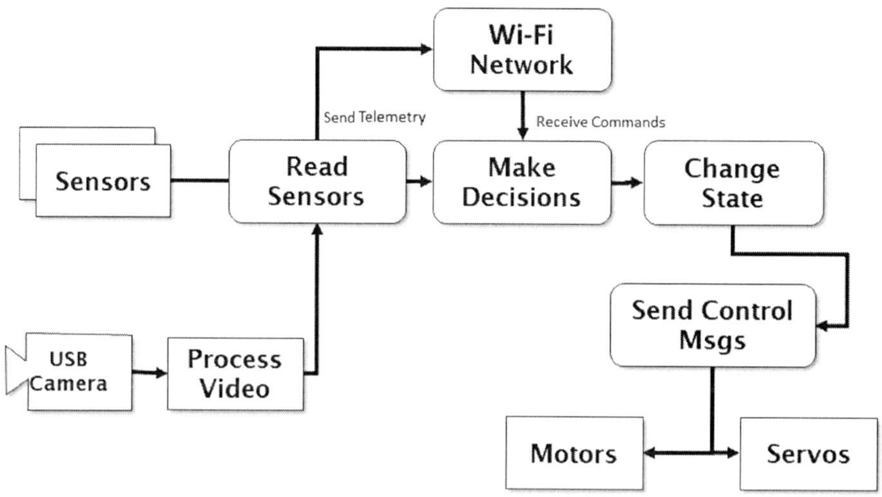

그림 1.4 로봇 제어 루프

앞의 다이어그램은 로봇의 소프트웨어와 하드웨어에 OODA 루프를 인스턴스화한 방법을 보여줍니다. 로봇은 자율적으로 작동하거나 무선 네트워크를 통해 연결된 제어 스테이션의 명령을 수신할 수 있습니다.

우리가 해야 할 일은 이 제어 루프를 항상 일관된 방식으로 수행하는 것입니다. 제어 루프의 타이밍을 설정하는 기본 프레임 속도 또는 기본 업데이트 빈도를 설정해야 합니다. 이렇게 하면 로봇의 모든 시스템이 함께 작동합니다. 일종의 시간 관리자가 없으면 로봇의 각 제어 주기가 완료되는 데 걸리는 시간이 다르고, 경로 계획, 위치 추정 또는 팔의 움직임이 매우 복잡해집니다. ROS는 본질적으로 비동기식이기 때문에 시간 관리자를 제공하지 않으며, 필요한 경우 사용자가 직접 만들어야 합니다.

제어 루프 사용

로봇을 제어하려면 일종의 제어 또는 피드백 루프를 설정해야 합니다. 로봇에게 12인치(30cm)

앞으로 이동하라고 지시한다고 가정해 봅시다. 로봇이 앞으로 움직이기 시작하려면 모터에 명령을 보낸 다음 12인치의 이동 거리를 측정하는 일종의 메커니즘이 있어야 합니다. 여러 가지 방법을 사용할 수 있지만 여기서는 시계를 사용하겠습니다. 로봇은 매초당 3인치(7.5cm)씩 움직입니다. 움직임을 시작하려면 제어 루프가 필요하며, 루프가 업데이트될 때마다 시간을 확인하여 4초가 경과했는지 확인합니다. 4초가 경과했다면 모터에 *정지* 명령을 보냅니다. 타이머는 *제어기*, 4초는 *설정 포인트*, 모터는 제어 대상 *시스템입니다*. 이 프로세스는 또한 어떤 종류의 제어(이 경우 정지)를 적용할지 알려주는 오류 신호를 생성합니다. 간단한 제어 루프를 살펴봅시다.

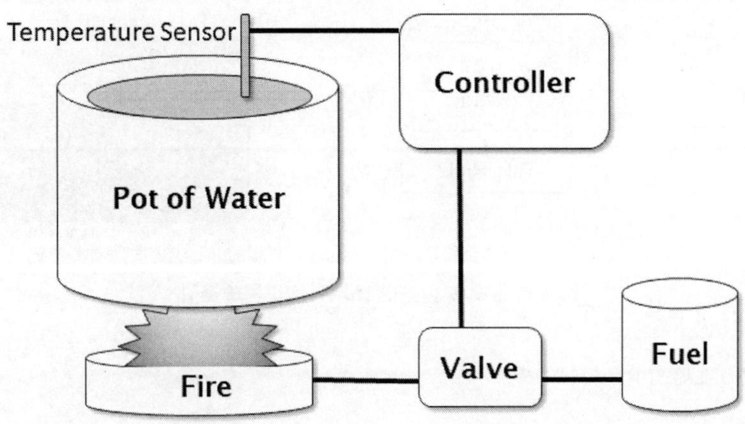

그림 1.5 물 냄비의 온도를 유지하는 샘플 제어 루프

위 그림에 따르면, 우리가 원하는 것은 **물 냄비**의 온도를 일정하게 유지하는 것입니다. **밸브는 불에서** 발생하는 열을 제어하여 **물 냄비**를 따뜻하게 합니다. **온도 센서는** 물이 너무 차가운지, 너무 뜨거운지, 아니면 적당한지 감지합니다. 컨트롤러는 이 정보를 사용하여 더 많은 열을 내기 위해 밸브를 제어합니다. 이러한 유형의 스키마(schema)를 **폐쇄 루프 제어 시스템**이라고 합니다.

이를 프로세스라고 생각할 수도 있습니다. 프로세스를 시작한 다음 진행 상황을 보여주는 피드백을 받아 언제 프로세스를 중지하거나 수정해야 하는지 알 수 있습니다. 로봇이 특정 속도로 움직여야 하는 속도 제어나 로봇이 특정 방향으로 향하거나 회전하는 포인팅 제어를 수행할 수 있습니다.

다른 예를 살펴봅시다. 상단에 발광 **다이오드(LED)** 세트가 광학 타겟으로 있는 자체 충전 도킹 스테이션이 있는 로봇이 있다고 가정해 보겠습니다. 로봇이 도킹 스테이션으로 곧장 진입하기를 원합니다. 카메라를 사용하여 도킹 스테이션의 목표 LED를 확인합니다. 카메라는 오류 신호를 생성하여 로봇을 LED 쪽으로 안내하는 데 사용합니다. 또한 LED 사이의 거리를 통해 도크까지의 대략적인 거리를 알 수 있습니다. 이 과정은 다음 그림에 설명되어 있습니다.

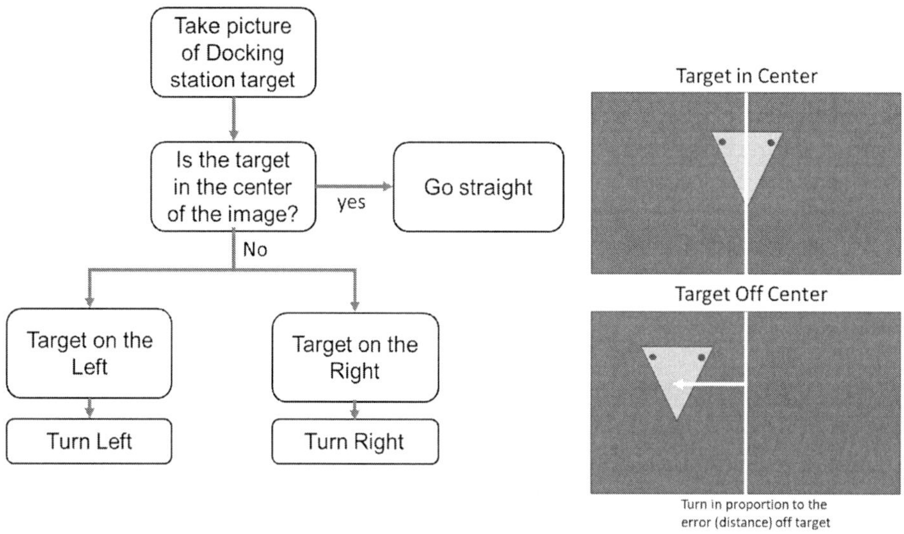

그림 1.6 셀프 도킹 충전 스테이션의 목표 추적

이에 대해 좀 더 자세히 알아봅시다.

- 그림의 LED가 중앙의 왼쪽에서 50% 떨어져 있고 로봇에서 목표물까지의 거리가 3피트(1m)라고 가정해 보겠습니다. 이 정보를 제어 루프를 통해 모터에 보내 좌회전하고 전진하라는 명령을 내립니다.
- 그런 다음 다시 확인하면 LED가 중앙에 더 가까워지고(40%) 목표물까지의 거리는 2.9피트 또는 90cm입니다. 오류 신호가 조금 줄어들었고 거리도 조금 더 짧아졌습니다. 최대 전력의 백분율로 측정되는 **회전율**에 해당하는 픽셀 수를 결정하기 위해 **스케일링 계수**를 개발해야 합니다. 고정 카메라와 렌즈를 사용하기 때문에 이것은 상수가 될 것입니다.
- 이제 이 업데이트 주기에서 모터에 더 느리게 회전하고 더 느리게 움직입니다. 도킹 스테이션에 닿는 순간 정확히 중앙에 도달하여 제로 속도에 도달합니다.

*"하지만 PID 컨트롤러를 사용하면..."*이라고 말하는 분들을 위해, 방금 P 또는 *비례* 제어 방식을 설명한 것도 맞습니다. 로봇 자체의 무게와 관성으로 인해 로봇이 목표물을 오버슈팅(overshooting)이나 언더슈팅(undershooting)하는 것을 방지하고 이러한 오버슈팅으로 인한 진동을 감쇠하기 위해 더 많은 종소리와 휘파람을 추가할 수 있습니다.

PID 컨트롤러는 세 가지 유형의 입력을 사용하여 폐쇄 루프 제어 시스템을 관리하는 제어 시스템의 한 유형입니다. **비례 제어**는 감지된 오류의 배수를 사용하여 제어를 구동합니다.

예를 들어, 물 냄비에서 온도 오차를 측정합니다. 원하는 온도가 100°C이고 온도계로 90°C를 측정하면 온도 오차는 10°C가 됩니다. 온도 오차에 비례하여 밸브를 열어 열을 더 추가해야 합니다. 오차가 0이면 값의 변화는 0입니다. 10°C 오차에 대해 밸브 값을 10%씩 변경한다고 가정해 보겠습니다. 따라서 10°C에 0.01을 곱하여 밸브 위치를 +0.1로 설정합니다. 이 0.01 값이 *P* 이득(gain) 또는 **비례 상수**입니다.

다음 샘플 타임에서는 냄비의 온도가 이제 93°C이고 오차가 7°C임을 알 수 있습니다. 밸브 위치를 이전보다 약간 작은 +0.07로 변경합니다. 이 방법을 사용하면 물의 히스테리시스로 인해 원하는 온도를 초과하여 물이 가열되는 데 시간이 걸리고 반응이 지연된다는 것을 알 수 있습니다. 결국 물이 과열되어 원하는 온도를 초과하게 됩니다. 이를 방지하는 한 가지 방법은 PID 컨트롤러의 D 항, 즉 **미분** 항을 사용하는 것입니다. 미분은 함수의 선(이 경우 우리가 측정하는 온도 곡선)의 기울기를 의미한다는 것을 기억할 것입니다. 온도 그래프의 Y축은 시간이므로 *온도 변화량/시간 변화량*을 얻을 수 있습니다. 컨트롤러에 *D*항을 추가하기 위해 마지막 샘플의 오차와 이 샘플의 오차(*-10 - (-7) = -3*)의 차이도 추가합니다. 이 값에 상수 *D*를 곱하여 제어기에 추가합니다. 적분 항은 오차의 누적 합에 *I*라고 하는 상수를 곱한 값입니다. *P*, *I*, *D* 상수를 수정하여 오버슈트, 언더슈트, 드리프트 없이 제어 루프에 적절한 응답을 제공하도록 PID 컨트롤러를 조정(튜닝)할 수 있습니다. 자세한 설명은 `https://jjrobots.com/pid/`에서 확인할 수 있습니다. 이 예제의 요점은 기계에서 제어의 개념, 즉 측정을 수행하고 원하는 결과와 비교하고 오류 신호를 계산한 다음 초당 여러 번 반복해서 제어를 수정해야 하며 이를 일관되게 수행하는 것이 실시간 제어의 개념이라는 점을 지적하기 위한 것입니다.

제어 루프 유형

제어 루프를 일정한 시간 간격으로 수행하기 위해(또는 결정론적으로 적절한 용어를 사용하기 위해) 프로그램 실행을 제어하는 방법에는 **소프트 실시간**과 **하드 실시간**의 두 가지가 있습니다. 하드 실시간 제어 시스템은 컴퓨터 하드웨어의 도움이 필요한데, 제목의 *하드* 부분이 바로 여기서 유래한 것입니다. 하드 실시간은 일반적으로 **실시간 운영 체제**(**RTOS**)가 필요하거나 프로세서의 모든 컴퓨터 주기를 완벽하게 제어해야 합니다. 우리가 직면한 문제는 운영체제를 실행하는 컴퓨터가 다른 프로세스, 스레드 연결, 컨텍스트 전환 및 작업 수행에 의해 지속적으로 방해를 받는다는 것입니다. 데스크톱 컴퓨터나 스마트폰에서 워드 프로세서 프로그램을 시작하는 것과 같은 동일한 프로세스를 시작할 때마다 항상 다른 시간이 걸리는 것을 경험해 보셨을 것입니다.

프로세스가 마이크로초 단위까지 얼마나 걸릴지 미리 정확히 알아야 하는 실시간 시스템에서는 이런 종류의 동작은 용납할 수 없습니다. 여객기용 자동 조종 장치가 항공기의 방향과 고도를 관리하는 대신 디스크 드라이브 액세스나 네트워크 호출로 인해 제어 루프에 혼란을 일으켜 원활한 비행이나 활주로에 착륙을 방해한다면 어떤 문제가 발생할지 쉽게 상상할 수 있습니다.

RTOS 시스템을 사용하면 프로그래머와 개발자가 프로세스가 실행되는 시기와 방법, 중단할 수 있는 루틴과 기간을 완벽하게 제어할 수 있습니다. RTOS 시스템의 제어 루프는 매 루프마다 항상 정확히 동일한 컴퓨터 사이클 수(따라서 시간)가 소요되므로 출력이 중요한 경우 안정적이고 신뢰할 수 있습니다. 하드 실시간 시스템에서는 하드웨어가 타이밍 제약을 적용하고 필요할 때 컴퓨터 리소스를 사용할 수 있는지 확인한다는 점을 아는 것이 중요합니다.

운영체제가 없고 한 번에 하나의 작업만 수행하거나 한 번에 하나의 프로그램만 실행할 수 있는 Arduino 마이크로컨트롤러를 사용하면 실제로 어려운 실시간 작업을 수행할 수 있습니다. 또한 로봇에는 Linux를 실행하는 Nvidia Nano 형태의 더 강력한 프로세서가 탑재됩니다. 실제 성능을 갖춘 이 컴퓨터는 운영체제 지원, 네트워크 인터페이스 실행, 출력 HDMI 포트에 그래픽 전송, 사용자 인터페이스 제공, 여러 사용자 지원 등 여러 가지 작업을 동시에 수행합니다.

소프트 실시간 시스템은 좀 더 편안한 접근 방식이며 안전이 중요한 하드 실시간 시스템보다 놀이방 청소 로봇에 더 적합합니다. 게다가 RTOS는 비용이 많이 들고(오픈 소스 버전이 있습니다) 특별한 교육이 필요할 수 있습니다. 우리가 할 일은 제어 루프를 피드백 시스템으로 취급하는 것입니다. 각 사이클이 끝날 때마다 운영 체제가 작업을 수행할 수 있도록 약 10%의 여유 공간을 남겨두면 일정한 시간 간격으로 실행되는 일관된 제어 루프가 남게 됩니다. 방금 설명한 제어 루프 예제와 마찬가지로 측정을 수행하고 오류를 확인한 다음 각 사이클에 수정을 적용합니다.

업데이트 속도만 걱정하는 것이 아닙니다. 운영 체제가 중단되어 다른 작업을 수행함으로써 발생하는 타이밍 루프의 **지터**(jitter) 또는 무작위 변동성에 대해서도 걱정해야 합니다. 인터럽트가 발생하면 타이밍 루프가 더 오래 걸리고 주기 시간이 무작위로 점프하게 됩니다. 부드러운 실시간성을 위해 일정량의 지터를 처리하도록 제어 루프를 설계해야 하지만 이는 비교적 드물게 발생하는 이벤트입니다.

제어 루프 실행

제어 루프를 실행하는 과정은 실제로는 매우 간단합니다. 먼저 고해상도 시계가 필요한 타이머를 초기화하는 것으로 시작합니다. 파이썬으로 제어 루프를 작성하고 있으므로 내부 프로그램 타이밍 성능(프레임 속도 설정, 루프 수행, 시간 측정, 오류 생성, 오류 발생 시 슬립, 루프)을 측정하기 위해 특별히 설계된 time.time() 함수를 사용합니다. time.time()을 호출할 때마다 유닉스 시계의 초 단위 수인 부동 소수점 숫자를 얻게 되는데, 이 숫자는 Nvidia Nano에서 마이크로초 단위의 해상도를 갖습니다.

이 프로세스의 개념은 처리를 **프레임**이라고 하는 일련의 고정된 시간 간격으로 나누는 것입니다. 우리가 하는 모든 작업은 프레임의 정수 안에 들어갑니다. 기본 실행 속도는 **초당 30프레임(fps)**을 처리합니다. 이 속도로 로봇의 위치 추정치를 업데이트하고, 센서를 읽고, 모터에 명령을 보낼 것입니다. 30프레임보다 느리게 실행되는 다른 기능도 있으므로 프레임 사이를 짝수 배수로 나눌 수 있습니다. 일부 함수는 매 프레임(30fps)마다 실행되며 매 프레임마다 호출되고 실행됩니다.

초당 10회만 업데이트할 수 있는 **초음파(sonar)** 센서가 있다고 가정해 보겠습니다. 세 번째 프레임마다 *read sonar* 함수를 호출합니다. 모든 함수를 기본 30fps 프레임 속도의 몇 배로 할당하므로 매 프레임, 매 두 번째 프레임, 매 세 번째 프레임 등의 함수를 호출하면 30, 15, 10, 7.5, 6, 5, 4.28, 2, 1fps가 됩니다. 60프레임마다 호출되는 함수가 2초에 한 번씩 실행되는 1fps 미만으로 할 수도 있습니다.

까다로운 점은 각 프로세스를 1/30초, 즉 0.033초 또는 33밀리초라는 한 프레임 시간에 맞춰야 한다는 것입니다. 프로세스가 그보다 오래 걸리는 경우에는 프로세스를 여러 부분으로 나누거나 별도의 스레드 또는 프로그램에서 실행하여 한 프레임에서 프로세스를 시작하고 다른 프레임에서 결과를 얻을 수 있도록 해야 합니다. 또한 모든 처리가 같은 프레임에서 이루어지지 않도록 프레임의 균형을 맞추는 것도 중요합니다. 다음 그림은 30프레임의 기본 속도를 기준으로 한 작업 스케줄링 시스템을 보여줍니다. 여기에는 처리해야 할 4개의 작업이 있습니다. 작업 A는 15fps로 실행되고, 작업 B는 6fps(5프레임마다), 작업 C는 10fps(3프레임마다), 작업 D는 30fps(매 프레임마다)로 실행됩니다.

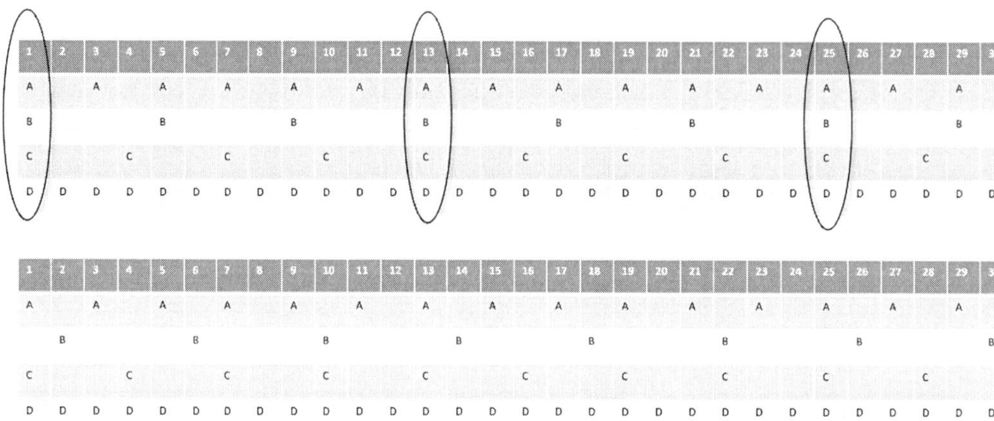

그림 1.7 프레임 기반 작업 일정

스케줄의 첫 번째 패스(그림 위쪽)에는 4개의 작업이 모두 프레임 1, 13, 25에 같은 프레임에 도착합니다. 다이어그램의 하단에 표시된 것처럼 두 번째 프레임에서 작업 *B*의 시작을 늦추면 제어 프로그램의 부하 균형을 개선할 수 있습니다.

이는 음악에서 박자가 작동하는 방식과 유사하며, 박자는 일정한 시간을 의미하고 음표마다 간격이 달라 한 마디에 온음표는 한 번만 나타날 수 있고, 2분음표는 두 번 나타날 수 있으며, 64분음표까지 계속해서 각 음표는 점점 더 많이 나타날 수 있습니다. 작곡가가 각 마디에 적절한 박자가 있는지 확인하는 것처럼, 우리도 제어 루프가 각 프레임을 실행할 때 균형 잡힌 수의 프로세스가 실행되게 해야 합니다.

먼저 타이밍 루프를 제어하고 이러한 원리를 가지고 놀 수 있는 간단한 프로그램을 작성해 보겠습니다.

우리가 함께 코딩하는 첫 번째 프로그램입니다. 이 프로그램은 메인 로봇 제어 프로그램에서 사용할 타이밍 제어 루프를 보여줄 뿐이며, 몇 가지 매개 변수를 가지고 놀면서 결과를 확인할 수 있도록 하기 위한 것입니다. 이것은 제가 생각하는 가장 간단한 버전의 소프트 시간 제어 루프이므로 자유롭게 개선하고 꾸미세요. 조금 더 쉽게 이해할 수 있도록 순서도를 만들어 보았습니다.

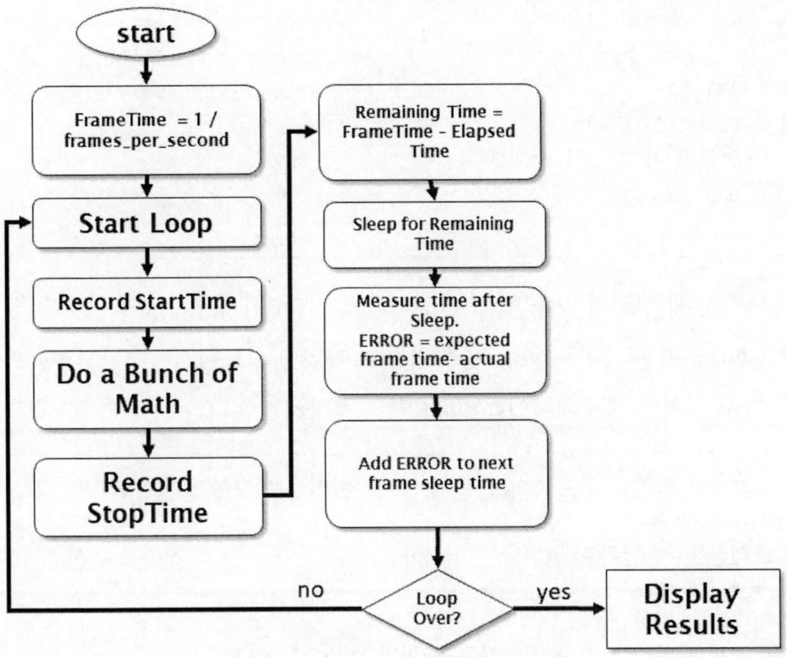

그림 1.8 소프트 실시간 제어의 순서도

앞의 다이어그램에서 사용된 용어를 좀 더 자세히 살펴보겠습니다.

- FrameTime: 루프의 한 반복을 실행하기 위해 할당된 시간입니다.
- StartTime: 루프/프레임이 시작되는 시간
- Do a Bunch of Math: 관리 중인 프로그램
- StopTime: 프레임이 완료되는 시점
- RemainingTime: 경과된 시간과 원하는 프레임 시간 간의 차이입니다.
- ElapsedTime: 실제로 루프를 한 번 실행하는 데 걸리는 시간입니다.
- Frame Sleep Time: **남은 시간**을 사용하여 컴퓨터에게 절전 모드로 전환하여 프레임이 우리가 원하는 시간만큼 정확하게 작동하도록 합니다.

이제 코딩부터 시작하겠습니다. 이것은 매우 간단한 파이썬 코드이며, 나중에 더 자세히 설명하겠습니다.

1. 실습은 라이브러리를 가져오는 것부터 시작합니다. 시간 모듈로 시작하는 것은 놀라운 일이 아닙니다. 또한 마지막에 그래프를 그리기 위해 numpy(파이썬 수치 분석)와 `matplotlib`의 평균 함수를 사용할 것입니다. 또한 연산처리를 시뮬레이션하고 프레임 속도에

대한 부하를 생성하기 위해 몇 가지 수학 계산을 수행할 것입니다.

```
import time
from numpy import mean
import matplotlib.pyplot as plt
import math
#
```

2. 이제 테스트를 제어할 몇 가지 매개 변수가 있습니다. 여기에서 다양한 타이밍을 실험해 볼 수 있습니다. 기본 제어는 초당 몇 회의 업데이트를 시도할 것인지에 대한 프레임 속도입니다. 앞서 설명한 예제에서와 같이 30회로 시작하겠습니다.

```
# 프레임 속도 설정 - 루프를 실행할 초당 몇 번의 사이클을 설정할까요?
FRAMERATE = 30
# 각 프레임은 초 단위로 얼마나 걸리나요?
FRAME = 1.0/FRAMERATE
# 내 타이머 초기화
# 운영 체제의 시계 시간을 저장하는 타이머 변수 중 하나
myTimer = 0.0
```

3. 테스트 시간은 카운터 변수에 의해 설정됩니다. 테스트에 걸리는 시간은 프레임 시간에 카운터의 사이클 수를 곱한 값입니다. 이 예제에서는 2,000 프레임을 30fps로 나누면 66.6초, 즉 테스트를 실행하는 데 1분 조금 넘는 시간이 걸립니다.

```
# 테스트할 사이클 수 counter*FRAME = 실행 시간(초)
counter = 2000
```

타이밍 루프를 두 가지 방식으로 제어할 것입니다.

- 먼저 이 프레임에 대한 계산을 수행하는 데 걸리는 시간을 측정해 보겠습니다. 컴퓨터에 부하를 주기 위해 호출할 삼각함수가 포함된 프로그램 조각이 있습니다. 로봇 팔에 필요한 각도를 계산하는 등의 로봇 제어 기능이 작동하려면 많은 삼각법이 필요합니다. 이는 프로그램 헤더의 import math에서 사용할 수 있습니다.

> **참고**
>
> 제어 함수가 실행되는 시간을 측정하면 프레임의 일부가 소요됩니다. 그런 다음 프레임이 얼마나 남았는지 계산하고 나머지 시간 동안 이 프로세스를 절전 모드로 전환하도록 컴퓨터에게 지시합니다. 절전 기능을 사용하면 컴퓨터가 운영 체제에서 다른 업무를 처리할 수 있게 되며, 남은 프레임 시간을 낭비하기 위해 타이트한 루프를 실행하는 것보다 시간을 표시하는 더 좋은 방법입니다.

• 루프를 제어하는 두 번째 방법은 전체 프레임(계산 시간과 남은 시간을 더한 시간)을 측정하여 프레임 시간을 초과했는지 또는 초과하지 않았는지 확인하는 것입니다. 우리는 다음을 사용합니다. 이 함수는 절전 기능의 가변성과 운영 체제에서 돌아오는 지연을 고려하여 절전 시간을 조정합니다.

```
# 타이밍 루프 계산을 위한 계수
TIME_CORRECTION= 0.0
```

4. 프로그램 마지막에 지터 그래프를 그리기 위해 몇 가지 데이터를 수집할 것입니다. 이를 위해 datastore 구조를 사용합니다. 완료하는 데 시간이 걸리므로 프로그램이 시작되었음을 알리는 헤더를 화면에 표시해 보겠습니다.

```
# 데이터를 저장할 공간
dataStore = []
# 운영자 정보 준비 완료
# 프로그램이 테스트를 시작하고 있음을 표시하는 제목 생성
print "START COUNTING: FRAME TIME", FRAME, "RUN
TIME:",FRAME*counter
```

5. 이 단계에서는 타이밍을 측정하기 위해 몇 가지 변수를 설정하겠습니다. 앞서 언급했듯이, 목표는 각각 동일한 길이의 컴퓨팅 프레임을 여러 개 만드는 것입니다. 각 프레임은 작업을 수행하는 **연산** 부분과 컴퓨터가 다른 작업을 수행하도록 허용하는 **수면** 기간의 두 부분으로 구성됩니다. myTime은 프레임이 시작되는 최상단 프레임 시간이고, newTime은 작업 기간 타이머가 끝나는 시간입니다. 프로그램이 실행 중인 총 시간을 계산하려면 mas terTime을 사용합니다.

```
# 정밀 시계 초기화
myTime = newTime = time.time()
# 나중에 사용할 수 있도록 시작 시간 저장
masterTime=myTime
# 타이밍 루프 시작:
for ii in range(counter):
```

6. 이 섹션은 **페이로드(payload)**, 즉 작업을 수행하는 코드 섹션입니다. 팔 각도 계산, 상태 추정 또는 명령 인터프리터가 될 수 있습니다. CPU가 작업을 수행하도록 하기 위해 몇 가지 삼각 함수와 수학을 넣을 것입니다. 일반적으로 이 *작업* 섹션이 프레임의 대부분을 차지

하므로 이 수학 용어를 1,000번 반복해 보겠습니다.

```
# 프레임을 시작합니다 - 이것은 몇 가지 세부적인 수학 계산을 수행하는 것을 나타냅니다.
# 이것은 단지 일부 CPU 사이클을 소모하기 위한 것입니다.
    x = 100
    y = 23 + ii
    z = math.cos(x) z1 = math.sin(y)
#
# 모든 계산이 완료된 후 시계를 읽습니다
# 이것이 작업 프레임 시간입니다.
#
```

7. 이제 시계를 읽고 작업 시간을 찾습니다. 그러면 다음 프레임까지 프로세스를 절전 모드로 전환하는 데 필요한 시간을 계산할 수 있습니다. 중요한 부분은 *작업 시간* + *절전 시간* = *프레임 시간*이라는 것입니다. 이를 타임 에러라고 부르겠습니다.

```
newTime = time.time()
# 이 프레임에서 지금까지 경과한 시간
# time = 초 단위의 UNIX 시계
# 따라서 경과 시간을 구하려면 시작 시간을 빼야 합니다.
myTimer = newTime-myTime
# 프레임에 남은 시간은 얼마입니까?
timeError = FRAME-myTimer
```

이전 프레임의 일부 정보를 여기에 전달합니다. TIME_CORRECTION은 이전 프레임 시간의 타이밍 오류에 대한 조정입니다. 루프를 시작하기 전에 0으로 초기화하여 여기서 정의되지 않은 변수 오류가 발생하지 않도록 했습니다. 또한 운영 체제에 따라 타이밍이 크게 흔들릴 수 있으므로 음수 시간으로 절전 모드를 시도하면 절전 타이머가 충돌할 수 있으므로 범위 검사를 수행합니다.

참고

수면 시간 값을 0 또는 그 이상으로 제한하는 빠른 방법으로 Python의 max 함수를 사용합니다. 이 함수는 두 인수 중 더 큰 값을 반환합니다. 대안은 if a< 0 : a=0 같은 코드입니다.

```
# 취침 시간 확인
# TIME CORRECTION은 이 모든 시간 읽기를 설명하는 데 도움이 됩니다.
# 수면 타이머 오류도 수정합니다.
# 우리는 시스템이 수렴하도록 비례 제어를 사용하고 있습니다.
# 나누는 수(divisor)를 빼면 시스템이 제어 불능 상태로 진동합니다.
sleepTime = timeError + (TIME_CORRECTION/2.0)
# 지터로 인해 프로그램 충돌을 일으킬 수 있는 음수를 제거하는 빠른 방법
sleepTime=max(sleepTime,0.0)
```

8. 다음은 실제 **수면** 명령어입니다. sleep 명령이 항상 정확한 시간 간격을 제공하는 것은 아니므로 오류를 확인할 것입니다.

```
# 이 프로세스를 수면 모드로 전환
time.sleep(sleepTime)
```

9. 이제 시간 보정 섹션을 설명합니다. 총 프레임 시간(작업 및 수면 시간)을 파악하여 원하는 프레임 시간(FrameTime)에서 뺍니다. 그런 다음 시간 보정을 해당 값으로 설정합니다. 또한 측정된 프레임 시간을 데이터 저장소에 저장하여 나중에 matplotlib를 사용하여 그래프를 그릴 수 있도록 하겠습니다. 이 기술은 파이썬의 유용한 기능 중 하나입니다.

```
# timeError, TIME_CORRECTION 인쇄
# 다음 프레임을 위한 타이머 설정
time2=time.time()
measuredFrameTime=time2-myTime
## measuredFrameTime 인쇄
TIME_CORRECTION=FRAME-(measuredFrameTime)
dataStore.append(measuredFrameTime*1000)
#TIME_CORRECTION=max(-FRAME,TIME_CORRECTION)
#TIME_CORRECTION 인쇄
myTime = time.time()
```

이것으로 프로그램의 반복(looping) 섹션이 완료됩니다. 이 예는 초당 30프레임씩 2,000회 반복하여 66.6초 만에 완료됩니다. 여러분은 다양한 사이클 시간과 프레임 속도로 실험해 볼 수 있습니다.

10. 이제 프로그램을 완료했으니 간단한 보고서와 그래프를 만들 수 있습니다. 프레임 시간과 총 **실행시간(runtime)**을 출력하고, 평균 프레임 시간(총 실행시간/카운터)을 계산하고, dataStore의 데이터를 평균하여 얻은 평균 오류를 표시합니다.

```
# 타이밍 루프 테스트 종료 및 결과 인쇄
#
# 프로그램의 총 실행시간 가져오기
endTime = time.time() - masterTime
# 총 실행시간을 프레임 수로 나누어 평균 프레임 시간을 계산합니다.
avgTime = endTime / counter
# 보고서 인쇄
print "FINISHED COUNTING"
 print "REQUESTED FRAME TIME:",FRAME,"AVG FRAME TIME:",avgTime
 print "REQUESTED TOTAL TIME:",FRAME*counter,"ACTUAL TOTAL TIME:", endTime
 print "AVERAGE ERROR",FRAME-avgTime, "TOTAL_ ERROR:",(FRAME*counter) - endTime
 print "AVERAGE SLEEP TIME: ",mean(dataStore),"AVERAGE RUN
TIME",(FRAME*1000)-mean(dataStore)
# 루프 종료, 결과 그리기
# 이렇게 하면 결과에서 "지터"를 볼 수 있습니다.
plt.plot(dataStore)
plt.show()
```

프로그램의 결과는 다음 코드 블록에 나와 있습니다. 평균 오류는 0.00018초, 즉 33밀리초의 프레임 중 0.18밀리초에 불과하다는 점에 유의하세요:

```
START COUNTING: FRAME TIME 0.0333333333333 RUN TIME: 66.6666666667
FINISHED COUNTING
REQUESTED FRAME TIME: 0.0333333333333 AVG FRAME TIME: 0.0331549999714
REQUESTED TOTAL TIME: 66.6666666667 ACTUAL TOTAL TIME: 66.3099999428
AVERAGE ERROR 0.000178333361944 TOTAL_ERROR: 0.356666723887
AVERAGE SLEEP TIME: 33.1549999714 AVERAGE RUN TIME 0.178333361944
```

다음 그림은 우리 프로그램의 타이밍 그래프입니다.

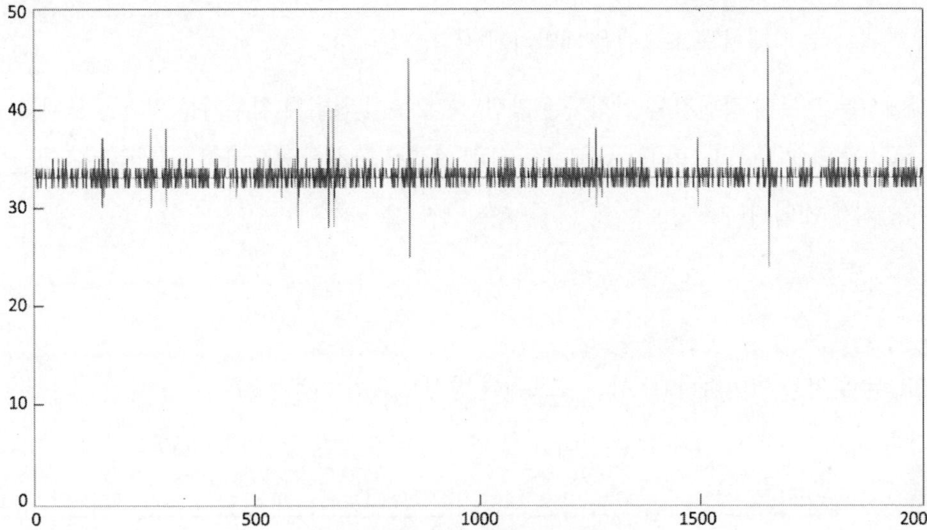

그림 1.9 예제 프로그램의 타이밍 그래프

그림에서 *스파이크*는 운영 체제 인터럽트로 인해 발생하는 지터입니다. 프로그램이 상당히 좁은 범위에서 프레임 시간을 잘 제어하는 것을 볼 수 있습니다. 제어를 제공하지 않으면 프로그램이 실행됨에 따라 프레임 시간이 점점 더 커질 것입니다. 그래프는 프레임 시간이 좁은 범위에서 계속 올바른 값으로 돌아오는 것을 보여줍니다.

이제 프로그래밍 근육을 단련했으니 이 지식을 부드러운 실시간 제어를 통해 로봇의 메인 제어 루프에 적용할 수 있습니다. 이 제어 루프에는 두 가지 주요 기능이 있습니다.

- 제어 스테이션의 명령에 응답
- 아두이노 메가에서 로봇의 모터 및 센서에 인터페이스하기 이 내용은 7장에서 자세히 설명합니다.

요약

이 장에서는 이 책 전체에서 강조될 인공지능이라는 주제를 소개했습니다. 인공지능 로봇과 *일반* 로봇의 가장 큰 차이점은 인공지능 로봇은 비결정적일 수 있다는 점입니다. 즉, 학습으로 인해 동일한 자극에 대해 다른 반응을 보일 수 있다는 것입니다. 이 책 전체에서 사용할 문제인 놀이방에서 장난감을 집어 장난감 상자에 넣는 문제를 소개했습니다. 다음으로, 로봇이 의사 결정을 내리는 방법에 대한 모델을 제공하는 OODA 루프와 소프트 실시간 제어 루프를 사용하여 프로그램의 실행 속도를 관리하고 제어합니다. 우리는 타이밍 루프 데모에 이러한 기술을 적용하고 메인 로봇 제어 프로그램을 개발하기 시작했습니다.

다음 장에서는 로봇이 장난감을 인식하는 방법, 즉 로봇이 집어서 치우기를 원하는 물체를 인식하도록 가르치겠습니다. 비디오 카메라와 함께 컴퓨터 비전을 사용하여 바닥에 놓인 장난감을 찾아 인식할 것입니다.

질문

1. PID는 무엇을 의미하나요? AI 소프트웨어 방식으로 간주되나요?
2. 튜링 테스트란 무엇인가요? 이것이 AI를 평가하는 유효한 방법이라고 생각하시나요?
3. 로봇이 계단이나 움푹 패인 곳과 같은 부정적인 장애물에 문제가 있다고 생각하는 이유는 무엇일까요?
4. OODA 루프에서 *오리엔트* 단계는 어떤 역할을 하나요?
5. 파이썬과 파이썬의 장점에 대한 논의에서 다음을 계산하세요. 프로그램에 50개의 변경 사항을 테스트해야 합니다. 각 변경 사항을 테스트하기 위해 재컴파일 단계와 실행이 한 번씩 필요하다고 가정하면, C Make 컴파일에는 450초가 걸리고 Python `run` 명령에는 3초가 걸립니다. 컴파일러를 기다리는 데 얼마나 많은 시간이 걸리나요?
6. RTOS는 무엇을 의미하나요?
7. 로봇에는 다음과 같은 예약된 작업이 있습니다. 10Hz의 원격 측정, 5Hz의 GPS, 50Hz의 관성 측정, 20Hz의 모터 제어. 기본 작업은 어떤 빈도로 예약하고, 느린 작업에는 어떤 간격(예: 기본 10Hz, 모터는 3프레임마다, 원격 측정은 2프레임마다)을 사용하겠습니까?
8. 프레임 속도 스케줄러의 가장 빠른 작업이 20fps라면 7fps로 실행해야 하는 작업은 어떻게 스케줄링할까요? 3.5fps로 실행되는 작업은 어떨까요?
9. 차단 호출(blocking call) 기능이란 무엇인가요? 로봇과 같은 실시간 시스템에서 차단 호출을 사용하는 것이 왜 나쁜가요?

추가 읽기

자세한 내용은 다음 리소스를 참조하세요:

- Effective Robotics Programming with ROS – Third Edition, by Anil Mahtani, Luis Sanchez, a nd Enreque Fernandez Perdomo, Packt Publishing, 2016
- Introduction to AI Robotics – Second Edition by Robin R. Murphy, Bradford Books, 2019
- Real-Time scheduling: from hard to soft real-time systems, a whitepaper by Palopoli Lipari, 20 15 (https://arxiv.org/pdf/1512.01978.pdf)
- Boyd: The Fighter Pilot Who Changed the Art of War, by Robert Coram, Little, Brown and Company, 200

제2장

로봇 설정하기

이 장에서는 로봇이 무엇인지, 로봇이 무엇으로 만들어지는지에 대한 저의 생각과 상당히 표준적인 부품 및 구성 요소 목록에 대한 몇 가지 배경 지식으로 시작합니다. 이 장에서는 연습 문제를 복제하고 책 전체에 있는 소스 코드를 사용할 수 있도록 하는 것을 목표로 합니다. 개발을 위해 환경을 설정한 방법, 코드를 작성하는 데 사용한 도구, **Robot Operating System 버전 2(ROS 2)**를 설치하는 방법을 설명합니다. 모든 예제에 사용한 로봇인 알버트의 조립은 이 책의 GitHub 리포지토리에서 확인할 수 있습니다. 이 책의 코드를 약간만 변경해서 작동할 수 있는 많은 유형과 구성의 로봇이 있습니다. 로봇의 SD 카드 전체 이미지를 포함하여 제가 할 수 있는 모든 지름길을 Git 리포지토리에 제공하려고 노력할 것입니다.

이 장에서는 다음 주제를 다룹니다.

- 로봇의 해부학적 이해
- 포섭(subsumption) 아키텍처 소개
- ROS에 대한 간략한 소개
- Linux, ROS 2, Jetson Nano 및 Arduino 소프트웨어 설정

기술 요구 사항

이 장의 실습을 완료하려면 이 책의 시작 부분에 있는 서문에 명시된 요구 사항이 필요합니다. 이 장의 코드는 `https://github.com/PacktPublishing/Artificial-Intelligence-for-Robotics-2e/`에서 찾을 수 있습니다.

로봇의 해부학적 이해

로봇은 스스로 복잡한 동작과 동작을 수행할 수 있는 기계입니다. 대부분의 로봇은 컴퓨터 또는 디지털 프로그래밍 장치로 제어됩니다. 로봇의 몇 가지 주요 특징은 다음과 같습니다.

- **자동화**: 로봇은 프로그래밍에 따라 사람의 직접적인 입력 없이 자동으로 작동할 수 있습니다. 이를 통해 반복적이거나 위험한 작업을 일관되게 수행할 수 있습니다.
- **센서**: 로봇은 카메라, 광학, 라이더, 압력 센서와 같은 센서를 사용하여 주변 환경에 대한 정보를 수집하여 탐색하고 상호 작용할 수 있습니다. 이 감각 정보는 로봇이 취해야 할 행동을 결정하기 위해 처리됩니다.
- **프로그래밍**: 로봇의 두뇌는 로봇의 동작 방식을 정의하는 코드와 알고리즘을 실행하는 온보드 컴퓨터 또는 장치로 구성됩니다. 로봇은 사람이 원하는 동작을 수행하도록 프로그래밍합니다.
- **이동**: 대부분의 로봇은 바퀴, 다리, 프로펠러 또는 기타 이동 시스템을 통해 어느 정도 움직일 수 있습니다. 이를 통해 로봇은 환경을 이동하며 작업을 수행할 수 있습니다.
- **상호 작용**: 고급 로봇은 음성, 시각적 디스플레이, 조명, 소리, 물리적 제스처 등을 통해 인간과 소통할 수 있습니다. 이를 통해 인간과 로봇의 유용한 상호 작용과 작업이 가능합니다.
- **자율성**: 로봇은 인간에 의해 프로그래밍되지만, 로봇이 목표를 달성하는 방식에는 어느 정도의 자율성과 독립성이 있습니다. 인간의 감독 없이 스스로 행동을 취하고 결정을 내릴 수 있는 능력이 바로 자율성입니다.

요약하자면, 로봇은 자동화, 감지, 이동, 프로그래밍, 자율성을 통합하여 복잡하고 반복적이며 안전하지 않거나 사람이 하기에는 부적합한 작업을 안정적으로 수행합니다. 로봇은 산업용 로봇 팔부터 소셜 컴패니언 로봇, 자율 주행 자동차에 이르기까지 다양한 형태와 크기로 제공됩니다.

대부분의 로봇을 구성하는 구성 요소와 부품은 상당히 표준적인 모음이 있습니다. 자율 주행 자동차, 자동차를 만든 용접 로봇, 룸바 청소기처럼 외형적으로 다른 로봇도 동일한 구성 요소나 부품이 많이 있습니다. 어떤 로봇은 더 많고 어떤 로봇은 더 적지만 대부분의 모바일 로봇에는 다음과 같은 범주의 부품이 있습니다.

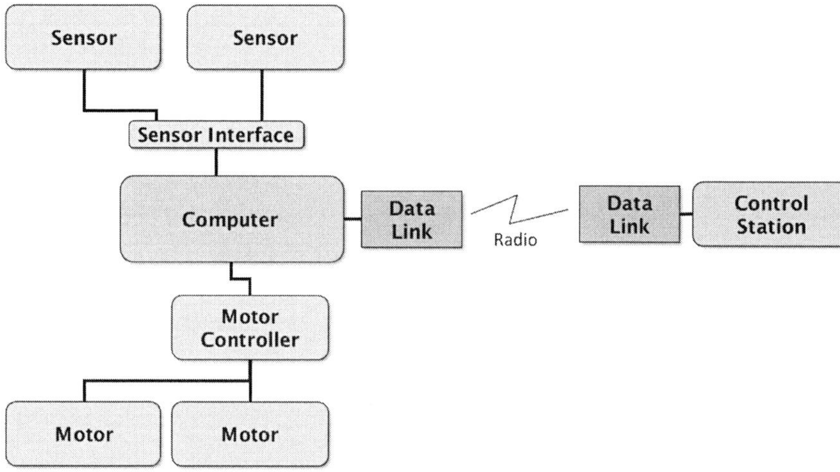

그림 2.1 일반적인 모바일 로봇의 블록 다이어그램

이러한 구성 요소를 더 자세히 살펴보겠습니다.

- **컴퓨터**: 로봇을 제어하는 프로그래밍을 실행하는 장치입니다. 이는 기존 컴퓨터, 마이크로 컨트롤러, 우리가 사용하는 것과 같은 **단일 보드 컴퓨터(SBC)** 또는 명령을 송수신하는 다른 종류의 프로세서일 수 있습니다. 로봇 팔과 일부 유형의 산업용 로봇은 다양한 입력에 논리 연산(*AND, OR, NOT*)을 적용하여 출력을 생성하는 특수한 유형의 컨트롤러인 PLC(Programmable Logic Controller)를 사용합니다. 컴퓨터가 로봇에 명령을 보내고 원격 분석을 수신하려면 USB 포트, 직렬 포트, **범용 입력/출력(GPIO)** 포트 또는 이더넷이나 Wi-Fi와 같은 네트워크 인터페이스와 같은 일종의 센서 인터페이스가 필요합니다.
- **제어 스테이션** 또는 **인간/로봇 인터페이스(HRI)**: 로봇은 작업을 수행하도록 설계되었으므로 작업자는 로봇과 데이터를 주고받고 로봇이 올바르게 작동하는지 감독할 수 있는 수단이 있어야 합니다. 이 기능을 위해 노트북이나 데스크톱 컴퓨터를 사용하며, 무선 네트워크를 통해 로봇과 대화합니다. 제어 스테이션은 로봇에 명령을 보내고 로봇으로부터 **데이터, 비디오** 또는 **오디오**의 형태로 **원격 측정**을 수신합니다.
- **무선** 또는 **데이터 링크**: 이 책에서 설계하는 것과 같은 모바일 로봇은 이동하고 주변 환경을 탐색할 수 있습니다. 테더[3]나 유선을 통해 로봇에 명령을 전송할 수도 있지만, 가장 선호되는 방법은 무선 링크를 사용하는 것입니다. Wi-Fi 및 셀룰러 데이터 서비스와 같은 무선 네트워크가 어디에나 존재하기 때문에 데이터 링크를 만드는 것이 훨씬 쉬워졌습니다. 저

3) tether, 로봇을 제어 시스템이나 전력 공급에 연결하는 유선 케이블

는 네트워크 링크를 사용할 수 없거나 비실용적이어서 맞춤형 무선 솔루션을 고안해야 하는 로봇 프로젝트를 많이 해왔습니다. 로봇에 사용되는 다른 유형의 무선통신으로는 Bluetooth와 Zigbee, 그리고 Flutter 같은 다양한 메시 네트워크 시스템이 있습니다.

- **모터** 또는 **이펙터**: 로봇의 정의에는 자체 추진력, 즉 로봇이 움직일 수 있는 능력이 포함됩니다. 로봇이 움직이려면 모터 또는 모터 세트가 필요합니다. 로봇 알버트에는 구동용 모터 4개와 로봇 팔과 손 제어용 모터 6개 등 총 10개의 모터가 장착되어 있습니다. 모터는 전기를 운동으로 변환합니다. 모터에는 다양한 종류가 있으며 올바른 모터를 선택하는 것은 어려운 일입니다. 토크(모터가 당길 수 있는 힘), 모터 샤프트의 분당 회전 수, 전압을 매치시켜야 합니다. 다음은 로봇 구동 시스템용 모터를 선택할 때 고려해야 할 몇 가지 주요 요소입니다.
  - **토크**: 로봇의 움직임과 페이로드 처리에 필요한 토크를 고려하세요. 토크가 높을수록 가속이 빨라지고 더 무거운 하중을 처리할 수 있습니다. 토크가 부족하면 로봇이 모터를 "**덜컹거리게**" 하거나 모터가 정지할 것입니다. 전기 모터는 정지 상태(전원은 공급되지만 움직이지 않는 상태)일 때 가장 많은 전류를 끌어옵니다. 아무데도 가지 않는 모든 전력은 열로 전환되어 결국 전선을 녹이거나 화재를 일으킬 수 있습니다.
  - **속도**: 로봇이 작동하는 데 필요한 속도를 결정합니다. 속도가 빠를수록 더 높은 RPM 등급의 모터가 필요합니다. 우리는 로봇이 적당한 속도로만 움직이기를 원합니다. 장난감은 도망칠 수 없습니다.
  - **듀티 사이클**: 로봇에 필요한 듀티 사이클 동안 과열 없이 지속적으로 작동할 수 있는 모터를 선택합니다. 간헐적 듀티 사이클을 사용하면 더 작고 가벼운 모터를 사용할 수 있습니다. 우리는 대략 50%의 시간 동안 상당히 많이 운전하거나 이동할 것이지만 너무 빠르지는 않을 것입니다.
  - **크기와 무게**: 크고 무거운 모터는 많은 전력을 제공하지만 로봇 설계에 제약을 줄 수 있습니다. 전체 드라이브 시스템의 크기와 무게를 고려하세요. 모터는 스스로 움직이기도 해야 하는 것을 잊지 마세요.
  - **제어**: 브러시리스 DC 모터에는 전자식 속도 컨트롤러가 필요합니다. 스테퍼(stepper) 모터는 개방형 루프 위치 제어가 가능합니다. 로봇의 팔에 있는 것과 같은 서보(servo) 모터는 통합된 인코더를 사용하며 직렬 인터페이스로 제어됩니다. 제가 사용한 구동 모터는 전압을 변화시켜 제어하는 브러시(brushed) 모터로, **펄스폭변조(PWM)**로 제어

합니다.

- **전압**: 전압이 높을수록 소형 모터에 더 많은 전력을 공급할 수 있습니다. 다른 전자기기와 호환되는 전압을 선택하세요. 제 배터리는 7.2볼트로, 선택한 모터의 전압과 일치합니다.
- **소음**: 가정용/사무용 로봇에는 저소음 모터가 필요할 수 있습니다. 브러시리스(brushless), 기어 감소형(gear-reduced) 모터는 조용하지만 가격이 비쌉니다. 기어드 드라이브트레인도 소음이 심합니다.
- **비용**: 더 강력한 모터는 더 많은 비용이 듭니다. 성능 요구와 예산 제약의 균형을 맞춰야 합니다. 알버트의 브러시드 모터는 매우 저렴합니다.

일부 로봇 모터에는 모터 속도를 줄이기 위한 기어박스가 있어 기본적으로 속도를 토크와 바꿉니다. 알버트의 전기 모터에는 감속 기어박스가 있어 모터가 바퀴보다 빠른 속도로 작동할 수 있습니다.

로봇에 동작을 제공하는 방법에는 여러 가지가 있습니다. 우리는 *로봇을 움직이게 하는* 이러한 것들을 이펙터(effector)라고 부릅니다. 공압(압축 공기로 작동하는 것), 유압(비압축성 유체로 작동하는 것), 선형 액추에이터(회전 운동을 직선 운동으로 변환하는 것), 회전(revolving 또는 revolute) 관절(팔꿈치와 같은 회전 관절), 심지어 형상 기억 합금이나 압전 결정(piezoelectric crystals)과 같이 전기를 가하면 모양이 바뀌는 이색적인 이펙터까지, 여러분이 생각하는 것보다 많이 있습니다.

- **서보**: 로봇의 일부 모터는 서보라는 특수한 범주의 모터입니다. 서보 모터에는 위치 또는 속도를 유지하기 위한 피드백 메커니즘과 제어 루프가 있습니다. 피드백은 일종의 센서에 의해 제공됩니다. 우리가 사용하는 서보는 속도를 줄이고 결과적으로 모터의 토크를 증가시키는 일련의 기어로 구성된 기어박스를 구동하는 소형 전기 모터로 구성됩니다. 이 경우 사용되는 센서는 출력 기어 샤프트의 각도를 측정할 수 있는 포텐셔미터(가변 저항기)입니다. 서보에 명령을 보내면 모터가 특정 각도로 설정되도록 지시합니다. 각도는 센서에 의해 측정되며, 모터의 위치와 센서 사이에 차이가 있으면 오류 신호가 발생하여 모터를 올바른 방향으로 움직이게 합니다. 모터가 팔을 움직이기 위해 7개의 감속 기어를 통해 여러 번 회전하기 때문에 모터에서 많은 소음이 나는 것을 들을 수 있습니다. 기어박스를 사용하면 많은 전류를 소모하지 않고도 많은 토크를 얻을 수 있습니다.

그림 2.2는 펄스 위치 변조(Pulse Position Modulation, PPM)를 사용하여 서보 모터를 제

어하는 방법을 보여줍니다. 서보를 제어하려면 특정 폭의 펄스를 생성해야 합니다.

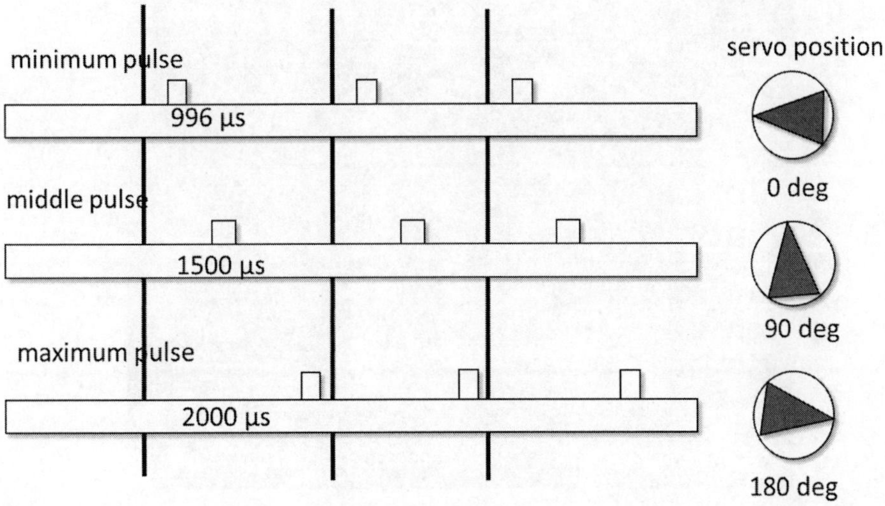

그림 2.2 PPM 신호를 통해 이루어지는 서보 모터 제어

짧은 펄스는 서보를 회전 범위의 시작 부분으로 이동시킵니다. 중간 펄스(1,500마이크로초)는 서보 위치의 중심입니다. 마지막 펄스에서는 서보 모터가 범위의 끝으로 이동합니다. 현재 버전의 로봇에서 사용하는 로봇 팔에는 팔 하드웨어와 함께 제공되는 서보 컨트롤러가 있습니다. 5장에서는 이 컨트롤러에 대한 직렬 명령을 통해 로봇 팔을 제어할 것입니다.

- **모터 컨트롤러 또는 전자 속도 제어**: 모터는 그 자체로는 그다지 유용하지 않습니다. 제어 컴퓨터의 명령을 모터의 동작으로 변환하는 기능이 필요합니다. 모터에는 제어 컴퓨터(젯슨 나노)가 제공할 수 있는 것보다 더 많은 전압과 전류가 필요하기 때문에 작은 디지털 신호를 큰 아날로그 전압과 전류로 변환하는 장치가 필요합니다. 이 장치를 모터 컨트롤러라고 합니다. 이 컨트롤러는 별도로 구매했고, 아두이노 우노와 모터 컨트롤러 실드를 부착하는 두 가지 부품으로 구성되어 있습니다.

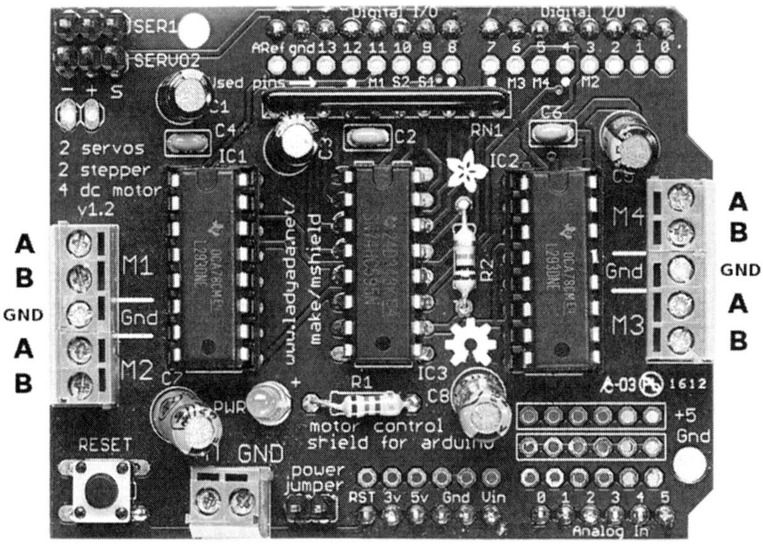

그림 2.3 알버트에 사용한 모터 컨트롤러 쉴드

이미지와 같이 4개의 모터 와이어가 글자로 표시된 연결부에 부착되어 있습니다.

- 우리는 탱크 구동 로봇(**차동 구동**(differential drive)이라고도 하는 모터를 다른 속도로 작동시켜 조향하는 방식)을 갖고 있으므로 모터가 전진 또는 후진할 수 있어야 합니다. 모터 컨트롤러는 **펄스폭변조**(PWM)라는 특수 입력 신호를 받습니다. PWM은 전압이 켜지고 꺼지는 반복적인 신호입니다. 모터 스로틀(모터가 회전하는 속도)은 PWM 신호가 *ON* 위치에 머무는 시간에 비례합니다.

  모터 컨트롤러에는 여러 종류의 연결부가 있으며, 고전압과 전류가 제공되므로 신중하게 배선해야 합니다. 다음 단계를 수행하면 됩니다.

  - **제어 와이어 입력**에는 속도(PWM 신호)와 방향 신호의 두 가지가 있습니다. **방향 신호**를 변경하여 모터를 역방향으로 설정합니다(1은 전진, 0은 후진).
  - 다음으로 필요한 것은 **접지**(ground)입니다. PWM 신호를 보내는 제어기(우리의 경우 Ardunio Mega)와 모터 제어 장치의 접지선이 연결되어 있는 것이 매우 중요합니다.
  - 다음으로 모터 컨트롤러에는 배터리에서 직접 가져오는 **모터** 전압과 **전류**가 필요합니다.
  - 마지막으로 각 모터의 전선 두 개를 컨트롤러에 연결합니다. 어떤 전선이 모터의 어느 쪽에 연결되는지 신경 쓰지 않는다는 점이 흥미롭습니다. 전진과 후진을 모두 실행할 수 있기 때문입니다. 모터가 반대 방향으로 돌아가는 경우 두 개의 전선을 바꾸면 됩니다. 공상 과학 영화에서 *극성을 뒤집는다*는 말은 공상 과학 영화가 아니면 할 수 없

는 말입니다.

예제 로봇인 알버트의 구체적인 배선은 온라인 부록에서 다룰 예정입니다.

- **센서**: 주변 환경에 반응하며 움직일 수 있는 기계인 로봇이 주변 환경을 파악하기 위해서는 센서가 필요합니다. 센서는 로봇의 외부 또는 내부에서 정보를 수집하여 디지털 형태로 변환합니다. 디지털 **카메라 센서**는 빛을 받아 디지털 픽셀(사진 요소)로 변환하여 숫자의 배열로 기록합니다. **초음파 센서**는 에너지 펄스(음파)를 보내고 에코가 들리기까지의 시간 지연을 청취하여 벽과 같은 물체와의 거리를 측정합니다. 음속은 상당히 일정하기 때문에 시간 지연을 측정하면 물체까지의 거리를 알 수 있습니다. 알버트 프로젝트의 경우 로봇에는 여러 유형의 센서가 있습니다.
  - **기본 센서**는 광각 비디오 카메라로, 장애물을 피하고 물체를 감지하는 데 사용합니다.
  - 또한 **마이크**를 사용하여 소리를 듣고 음성 인식을 수행합니다.
  - 이 목록의 앞부분에서 서보 모터에 대해 언급했는데, 각 서보 모터에는 회전량을 감지하고 로봇 팔과 손의 방향을 지정할 수 있는 **각도 센서**가 포함되어 있습니다.
  - 아두이노에 연결된 일종의 촉각(터치) 센서인 **비상 정지** 버튼이 있습니다. 버튼을 누르면 로봇이 정지 명령으로 해석할 수 있는 신호가 전송됩니다.
  - 제가 선택한 로봇 팔에는 배터리 수명(충전량)을 추적하는 데 사용할 편리한 **전압 모니터**가 있습니다.

다음 섹션에서는 우리가 만들 자율성 동작의 프레임워크 역할을 하는 로봇 소프트웨어 아키텍처에 대해 설명하겠습니다.

포섭 아키텍처 소개

이 시점에서 저는 **포섭(subsumption) 아키텍처**의 개념에 대해 잠시 설명하고 로봇 프로젝트 설계에 이 개념을 어떻게 사용할 것인지에 대한 몇 가지 구체적인 사항을 짚어보고자 합니다. 많은 분들이 학교나 공부를 통해 이 개념에 익숙하실 테니 제 다이어그램을 보시고 계속 진행하시면 됩니다. 나머지 분들을 위해 생물학에서 영감을 받은 이 로봇 컨셉에 대해 조금 더 이야기해 보겠습니다.

포섭 아키텍처는 나중에 iRobot Corporation을 설립하고 Baxter 로봇을 발명하는 데 도움을 준 MIT 교수인 로드니 브룩스 박사가 처음 설명한 개념입니다. 로드니는 지능형 로봇을 프로그래밍하는 방법을 이해하기 위해 곤충 두뇌의 유사체를 개발하려고 했습니다. 이 시기(1986년) 이전의 로봇은 한 번에 한 가지 일만 하는 단일 스레드 기계에 불과했습니다. 센서를 읽고, 결정을 내린 다음 행동하는 로봇은 한 번에 한 가지 목표만 가지고 있었습니다. 파리나 개미와 같은 생물은 매우 단순한 두뇌를 가지고 있지만 여전히 현실 세계에서 기능할 수 있습니다. 브룩스는 여러 계층의 폐쇄 루프 피드백 프로세스가 동시에 진행되고 있다고 추론했습니다.

포섭의 기본 개념은 한동안 사용되어 왔으며, 처음 도입된 이후 몇 년 동안 조정, 재사용, 개선 및 단순화되어 왔습니다. 제가 여기서 제시하는 것은 우리가 달성하고자 하는 목표의 맥락에서 로봇에 포섭 개념을 적용하는 방법에 대한 제 해석입니다.

가장 먼저 이해해야 할 측면은 로봇이 일련의 목표에 따라 행동하기를 원한다는 것입니다. 로봇은 단순히 각각의 자극에 개별적으로 반응하는 것이 아니라 일종의 목표 지향적인 행동을 수행합니다. 목표는 장난감을 집거나 장애물을 피하면서 방을 탐색하는 것일 수 있습니다. 우리가 만들고 있는 패러다임에서는 사용자가 로봇에 대한 목표를 설정하고 로봇은 단순히 1미터 앞으로 이동하는 것이 목표일지라도 그 목표를 수행하는 방법을 결정합니다.

문제는 로봇이 한 번에 두 가지 이상의 목표를 염두에 두어야 할 때 시작됩니다. 로봇은 단순히 운전만 하는 것이 아니라 장애물을 피하고 장난감을 주워야 합니다. 서로 다른 목표 사이에서 우선순위를 결정하기 위해 어떻게 조정할 수 있을까요? 다음 다이어그램에서 답을 찾을 수 있습니다.

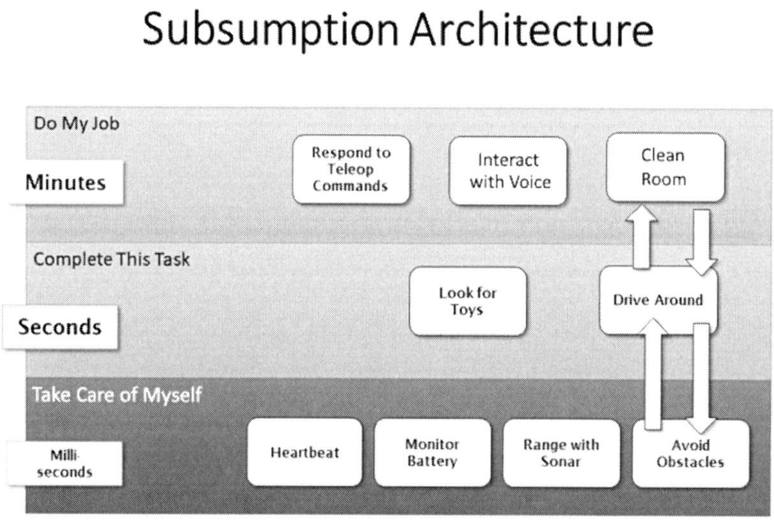

그림 2.4 포섭 아키텍처 예시

우리는 로봇의 의사 결정 시스템을 세 가지 계층으로 나누고, 각 계층은 서로 다른 책임 수준을 가지며, 서로 다른 시간 척도로 작동합니다.

가장 낮은 수준에는 로봇의 자율 신경계라고 할 수 있는 로봇의 내부 건강 유지 및 모니터링 기능이 포함되어 있습니다. 이러한 프로세스는 초당 20회, 즉 20헤르츠(Hz)로 매우 빠르게 실행되며 로봇 내부에 있는 것만 처리합니다. 여기에는 내부 센서 읽기, 배터리 잔량 확인, 하트비트(heartbeat) 메시지 읽기 및 응답이 포함됩니다. 저는 이 레벨을 *Take Care of Myself*(스스로 돌보기)라고 표시했습니다.

> **중요 참고 사항**
>
> 하트비트 메시지란 무엇인가요? 1초에 한 번씩 제어 스테이션에서 호스트 컴퓨터의 시계 시간인 밀리초까지 시간 태그가 있는 특수 하트비트 메시지를 로봇에 보내도록 합니다. 그러면 제어 컴퓨터로 전송된 하트비트 메시지가 다시 호스트 컴퓨터로 반복됩니다. 시간 태그를 비교하면 메시지의 지연 시간, 즉 명령 대기 시간을 확인할 수 있습니다. 하트비트에 대해 왕복 25밀리초 미만이면 좋겠습니다. 온보드 컴퓨터가 작동하지 않거나 잠겨 있으면 시간 태그가 다시 돌아오지 않으므로 로봇에 문제가 있다는 것을 알 수 있습니다.

다음 단계는 운전하기나 장난감 찾기와 같은 개별 작업을 처리합니다. 이러한 작업은 단기적이며 센서가 볼 수 있는 것을 처리합니다. 결정에 걸리는 시간은 두 번째 범위이므로 이러한 작업의 업데이트 속도는 1~2Hz이지만 내부 검사보다 느릴 수 있습니다. 저는 이 레벨을 *Complete the Task(작업 완료)*라고 부르며, *차량 운전(Drive the Vehicle)* 또는 *페이로드 작동(Operate the Payload)*이라고 부를 수도 있습니다.

마지막이자 최상위 레벨은 *미션 완수*를 위한 섹션으로, 로봇의 전반적인 목적을 다룹니다. 이 레벨에는 이 로봇의 임무인 장난감을 찾아서 집어 들고 치우기 위한 전반적인 상태 머신이 있습니다. 이 레벨은 또한 사람과 상호 작용하고 명령에 응답하는 것도 다룹니다. 최상위 레벨은 완료하는 데 몇 분 또는 몇 시간이 걸리는 작업을 수행합니다.

포섭 아키텍처의 규칙과 심지어 그 이름이 어디서 유래했는지도 이러한 계층에 있는 프로세스의 우선순위 및 상호 작용과 관련이 있습니다. 규칙은 다음과 같습니다(제가 만든 버전입니다).

- 각 레이어는 바로 옆에 있는 레이어와만 대화할 수 있습니다. 최상위 레이어는 중간 레이어와만 대화하고, 최하위 레이어도 중간 레이어와만 대화합니다. 중간 레이어는 최상위 및 최하위 레이어와 모두 통신할 수 있습니다.

- 레벨이 낮은 레이어가 우선순위가 가장 높습니다. 하위 계층은 상위 계층의 명령을 중단하거나 재정의할 수 있습니다.

잠시 생각해 보세요. 방에서 로봇을 운전하는 예를 들어 보겠습니다. 가장 낮은 레벨은 장애물을 감지합니다. 중간 레벨은 특정 방향으로 로봇을 운전하고, 최상위 레벨은 임무를 지시합니다. 위에서 아래로 내려가면 맨 위 레이어에는 *방을 청소하라는* 명령이, 중간 레이어에는 *주위를 돌라는* 명령이, 맨 아래 레이어에는 *왼쪽 모터와 오른쪽 모터 전진 60% 스로틀(throttle)* 명령을 받습니다. 이제 최하위 레벨이 장애물을 감지합니다. 이 레이어는 주변 주행 기능을 중단하고 상단 레이어의 명령을 재정의하여 로봇을 장애물에서 멀리 돌립니다. 장애물이 사라지면 최하위 레이어는 주행 방향에 대한 제어권을 중간 레이어로 되돌립니다.

또 다른 예로는 최하위 계층에서 하트비트 신호가 끊어지면 소프트웨어나 하드웨어에 문제가 발생했음을 나타냅니다. 최하위 계층은 모터를 정지시켜 상위 계층의 모든 명령을 무시합니다. 로봇이 원하는 것이 무엇이든 상관없이 로봇에 결함이 있어 멈춰야 합니다. 가장 낮은 계층이 가장 높은 우선순위를 갖는 이러한 **우선순위 역전** 구조는 상위 계층이 작업을 수행하기 위해 하위 계층의 기능을 포섭-통합하므로 이를 포섭 아키텍처라고 부르는 이유입니다.

이러한 유형의 조직이 갖는 가장 큰 장점은 어떤 이벤트, 결함 또는 명령이 다른 명령보다 우선하는지 절차를 명확하게 유지하고 로봇이 우유부단한 루프에 갇히는 것을 방지한다는 점입니다.

각 유형의 로봇은 아키텍처에서 서로 다른 수의 레이어를 가질 수 있습니다. 다른 여러 로봇을 제어하고 팀으로서 로봇의 목표를 설정하는 **감독 계층**이 있을 수도 있습니다. 지금까지 제가 가진 것 중 가장 많은 것은 5개였으며, 자율주행 자동차 프로젝트 중 하나에 사용되었습니다.

이제 이 책에서 가장 중요한 개념 중 하나인 ROS에 대해 살펴보겠습니다.

ROS에 대한 간략한 소개

로봇 운영체제의 두 번째 버전인 ROS 2를 사용하기 위해 다음 섹션에서 설명하는 모든 작업을 수행하기 전에 먼저 질문에 답해 보겠습니다. ROS란 무엇이며 어떤 장점이 있나요?

가장 먼저 알아야 할 것은 ROS는 Linux나 Windows와 같은 실제 운영 체제가 아니라는 점입니다. 오히려 로봇을 제어하기 위해 서로 다른 프로그램을 연결하여 함께 작동하는 수단으로 사용되는 미들웨어 계층입니다. 원래는 Willow Garage의 PR2 로봇을 실행하기 위해 설계되었는데, 실제로는 매우 복잡했습니다. ROS는 대규모 오픈 소스 커뮤니티에서 지원하며 지속적으로 업데이트됩니다.

저는 ROS에 회의적이었고, 솔직히 설명서를 읽어도 사용하기가 번거롭고 어렵다는 첫인상을 지울 수 없었습니다. 하지만 비즈니스 파트너 중 한 명의 주장에 따라 Gamma 2 Robotics 용으로 설계된 매우 복잡한 자동 안내 경비 로봇인 RAMSEE에 ROS를 사용하기 시작했습니다.

그림 2.5 저자가 설계한 경비원 로봇, RAMSEE

ROS의 초기 학습 곡선은 가파르지만, 그 대가는 독립적으로 개발할 수 있는, 모듈식이며 쉽게 이식 가능한 서비스를 만들고 구현할 수 있다는 점이라는 것을 금방 깨달았습니다. 모든 것을 하나의 프로그램이나 하나의 CPU에 결합할 필요가 없었습니다. 멀티코어 컴퓨터를 활용하여 독립적인 프로세스를 실행하거나 두 대 이상의 컴퓨터를 사용하여 서로 자유롭게 이동할 수 있었습니다. RAMSEE에는 코어가 8개인 컴퓨터 한 대와 코어가 4개인 컴퓨터 한 대가 있습니다.

중요 참고 사항

ROS는 모듈형 오픈 시스템 소프트웨어(Modular Open System Software, MOSA)로 설명할 수 있습니다. 이는 게시(Publish)–구독(Subscribe) 패러다임을 통해 프로그램이 서로 대화할 수 있는 표준 인터페이스를 제공합니다. 즉, 한 프로그램이 데이터를 게시하여 다른 프로그램에서 사용할 수 있도록 합니다. 이를 필요로 하는 프로그램은 해당 데이터를 구독하고 새로운 데이터를 사용할 수 있을 때마다 메시지를 받습니다. 이를 통해 프로그램을 독립적으로 개발하고 프로그램 간에 표준화된 인터페이스를 만들 수 있습니다. 덕분에 로봇을 훨씬 더 쉽고 유연하게 만들 수 있습니다.

또 다른 주요 장점은 ROS에는 센서, 모터, 드라이버, 이펙터는 물론 상상할 수 있는 모든 유형의 로봇 내비게이션 및 제어 도구를 위한 매우 방대한 인터페이스 라이브러리가 있다는 점입니다. 예를 들어, 우리는 `https://github.com/luxonis/depthai-ros`에서 ROS 2 드라이버를 사용할 수 있는 OAK-D 3D 심도(depth) 카메라를 사용할 것입니다.

RViz2 도구는 모든 센서 데이터의 시각화를 제공할 뿐만 아니라 현지화 및 탐색 프로세스를 보여줍니다. 저는 ROS에 포함된 로깅 및 디버깅 도구가 매우 마음에 들었습니다. 게시/구독 인터페이스를 통과하는 모든 데이터를 **ROSBag**에 로깅하고 나중에 재생하여 로봇을 연결하지 않고도 코드를 테스트할 수 있어 매우 유용합니다.

아래 그림은 RViz2가 제공하는 출력으로, 제 로봇 중 하나가 그리는 지도를 보여줍니다.

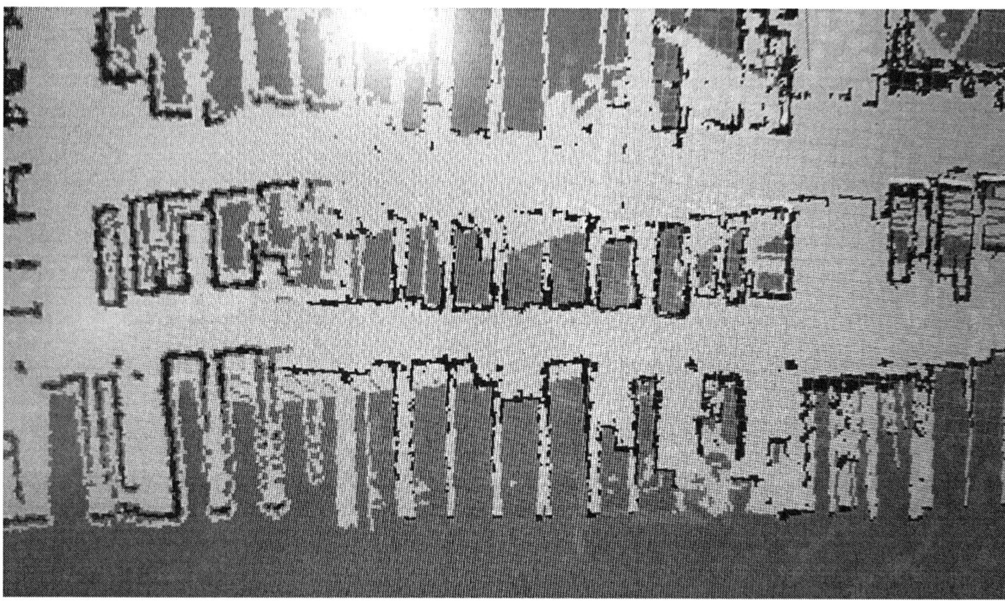

그림 2.6 ROS RViz를 사용하면 로봇이 보는 것(이 경우 창고 지도)을 볼 수 있습니다.

이 책은 두 번째 개정판이기 때문에 새롭고 개선된 버전의 ROS인 ROS 2를 사용할 것입니다. 이전 ROS에서 가장 아쉬웠던 점 중 하나는 네트워크를 통해 로봇의 모든 부품을 연결하는 교통 경찰인 **ROSCORE**를 사용했다는 점입니다. 이제 이 기능은 사라지고 다양한 구성 요소는 **분산 데이터 서비스(Distributed Data Services, DDS)**라는 다른 종류의 서비스를 통해 서로를 찾을 수 있습니다. 또한 파이썬 2는 더 이상 지원되지 않고 단종되었으므로 코드에 파이썬 2 대신 파이썬 3를 사용해야 합니다.

하드웨어 및 소프트웨어 설정

이 책의 예제와 일치하고 코드 샘플에 사용된 것과 동일한 도구에 액세스하려면 세 가지 환경을 설정해야 합니다.

- **노트북 또는 데스크톱 컴퓨터**: 제어판을 실행하고 신경망을 학습하는 데 사용됩니다. 저는 우분투 20.04를 실행하는 가상 머신을 지원하는 오라클 버추얼박스가 설치된 Windows 10 컴퓨터를 사용했습니다. 원하는 경우 우분투 또는 다른 Linux 운영 체제를 실행하는 컴퓨터를 Windows 없이 단독으로 실행할 수 있습니다. 이 책의 튜토리얼 섹션에서 사용할 여러 AI 패키지는 우분투를 실행해야 합니다. 이 컴퓨터에서 ROS 2를 로드하겠습니다. 또한 로봇에게 탐색 방법을 가르칠 때 로봇의 원격 조작(원격 제어)을 위해 이 컴퓨터에서 PlayStation 게임 컨트롤러를 사용할 것입니다. 또한 Windows용 ROS 2가 설치되어 있으므로 가상 머신을 실행하지 않아도 됩니다. 제어에 사용할 Python 프로그램은 두 모드 모두에서 실행되므로 두 가지 접근 방식 모두 작동합니다.
- **엔비디아 젯슨 나노 8GB**: 이 제품은 우분투 리눅스 20.04도 실행합니다(다른 리눅스 버전도 실행할 수 있지만 버전 간 조정은 사용자가 직접 해야 합니다). Nano는 ROS 2도 실행합니다. 다음 하위 섹션에서 필요한 추가 라이브러리를 다룰 것입니다.
- **아두이노 메가 256**: 로봇을 제작하려면 Arduino용 코드를 만들 수 있어야 합니다. 저는 Arduino 웹사이트의 일반 Arduino IDE를 사용하고 있습니다. Windows 또는 Linux에서 실행할 수 있습니다. 아두이노를 사용하여 로봇 베이스의 모터를 제어하고 로봇을 구동할 것입니다. 또한 비상 정지 버튼과 같은 추가 제어 기능을 추가할 수 있도록 많은 확장성을 제공합니다.

노트북 준비하기

로봇 제어 소프트웨어가 작동하려면 Windows용 ROS 2를 설치해야 합니다. 이렇게 하려면 `https://docs.ros.org/en/foxy/Installation/Windows-Install-Binary.html`에 제공된 지침을 따르세요.

또한 **가상 네트워크 컴퓨팅(VNC)**을 사용하여 노트북에서 Nano와 대화할 수 있어서 케이블과 키보드를 조작하는 데 많은 시간을 절약할 수 있었습니다. 그렇지 않으면 로봇에 있는 코드를 작업하려면 Nano를 모니터, 키보드, 마우스에 연결해야 합니다. 저는 `https://www.realvnc.com/en/`에서 찾을 수 있는 RealVNC를 사용했습니다. 무료 소프트웨어인 UltraVNC를 사용할 수도 있습니다.

Python 설치

리눅스 우분투 시스템에는 기본 버전의 파이썬이 함께 제공됩니다. 이 책 전체에서 파이썬을 사용할 것이므로 파이썬에 익숙하다고 가정하겠습니다. Python에 대한 도움이 필요하다면 Packt에서 이 주제에 대한 훌륭한 책을 여러 권 보유하고 있습니다.

가상 머신에 로그온한 후 터미널 창을 열고 명령 프롬프트에 python을 입력하여 현재 사용 중인 Python 버전을 확인합니다. 다음과 같은 Python 버전이 표시될 것입니다.

```
>python
Python 3.8.16 (default, Jan 17 2023, 22:25:28) [MSC v.1916 64 bit(AMD64)]
```

이 경우 버전 3.8.16을 사용하고 있음을 알 수 있습니다.

파이썬에 추가하여 기능을 확장하는 몇 가지 애드온 라이브러리가 필요합니다. 가장 먼저 확인해야 할 것은 PIP가 설치되어 있는지 확인하는 것입니다. 이것은 파이썬을 확장하기 위해 인터넷에서 다른 패키지를 로드하는 **파이썬 설치 패키지(PIP)**입니다. 다음을 입력하여 pip가 설치되어 있는지 확인하세요:

```
pip
```

"`No command 'pip' found`"라는 출력이 표시되면 다음 명령줄로 PIP를 설치해야 합니다.

```
sudo apt-get install python-pip python-dev build-essential
sudo pip install --upgrade pip
```

이제 필요한 나머지 패키지를 설치할 수 있습니다. 우선 파이썬 수학 패키지인 numpy, 과학용 파이썬 라이브러리인 `scipy`, 수학 그래프 그리기 라이브러리인 `matplotlib`가 필요합니다. 설치해 보겠습니다.

```
sudo apt-get install python-numpy python-scipy python-matplotlib
python-sympy
```

나중에 사용할 다른 파이썬 라이브러리(OpenCV, scikit-learn, Keras 등)는 해당 장에서 필요에 따라 다루도록 하겠습니다.

Nvidia 젯슨 나노 설정하기

이 설정에서는 ROS 2에 필요한 Jetson Nano에서 Ubuntu 20.04를 실행하는 이미지를 사용합니다. 이 버전의 소스 중 하나는 `https://github.com/Qengineering/Jetson-Nano-Ubuntu-20-image`입니다.

Git 리포지토리에서 수행할 수 있는 기본 단계는 다음과 같습니다.

1. 첫 번째 단계는 운영 체제 이미지가 담긴 SD 카드를 준비하는 것입니다. 저는 Imager를 사용했지만 이 작업을 수행할 수 있는 여러 프로그램이 있습니다. 최소 32GB의 공간이 있는 SD 카드가 필요하며, 이 과정에서 SD 카드를 지운다는 점에 유의하세요. 즉, 32GB 이상의 카드가 필요합니다. 웹사이트에 제공된 지침과 달리 32GB SD 카드는 작동하지 않았기 때문에 저는 64GB SD 카드를 사용했습니다.
2. SD 카드의 지침을 따릅니다. Jetson Nano Ubuntu 웹 사이트(`https://github.com/jetsonhacks/installROS2`)에서는 64GB 용량의 클래스 10 메모리 카드를 사용하도록 권장합니다. SD 카드를 리더기에 넣고 디스크 이미지 프로그램을 시작합니다. 여러분은 해당 드라이브의 디스크를 지울 것이므로 올바른 드라이브 이름을 선택했는지 두 번(그리고 세 번) 확인합니다. 다운로드한 디스크 이미지를 선택합니다. Write 버튼을 누르고 포맷터가 SD 카드에 여러분의 디스크 이미지를 만들도록 합니다.

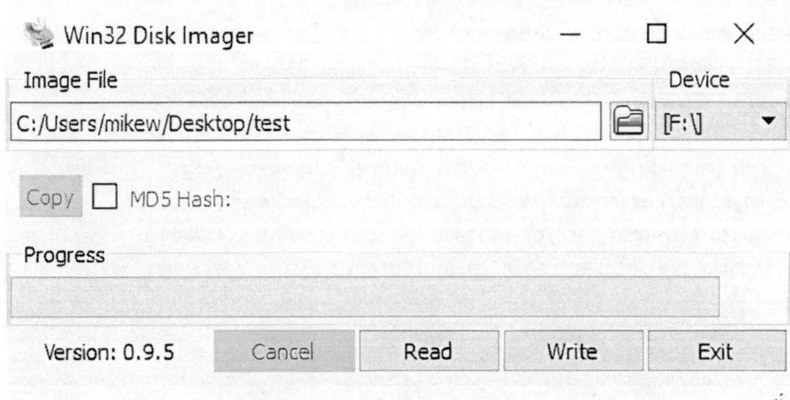

그림 2.7 SD 카드에 디스크 이미지를 기록하는 이미저 프로그램

3. 여러분은 언어와 키보드를 설정하고 네트워크를 설정하는 일반적인 설정을 따를 수 있습

니다. 저는 로봇을 많이 사용할 것이므로 고정 IP 주소를 사용하는 것을 선호합니다.

4. 항상 새 사용자 아이디를 설정하고 기본 비밀번호를 변경하는 것이 좋습니다.

이제 ROS 2를 설치하는 방법을 살펴봅시다.

ROS 2 설치

Jetson Nano에 ROS 2를 설치해야 합니다. 저는 제 컴퓨터에서 Foxy 버전을 사용했습니다. 이 링크의 지침을 따를 수 있습니다. https://github.com/Razany98/ROS-2-installation-on-Jetson-Nano.

ROS 2 저장소에 연결하기 위해 소스 리포지토리를 설정하고 컴퓨터를 설정해야 합니다. 이렇게 하려면 다음 단계를 따르세요.

1. 다음 코드를 사용하여 locale을 설정합니다.

```
locale
sudo apt update && sudo apt install locales sudo locale-gen en_US en_US.UTF-8
sudo update-locale LC_ALL=en_US.UTF-8 LANG=en_US.UTF-8 export LANG=en_US.UTF-8
locale
```

2. 사용할 소스 리포지토리를 설정합니다.

```
apt-cache policy | grep universe 또는
sudo apt install software-properties-common
sudo add-apt- repository universe
sudo apt update && sudo apt install curl gnupg2 lsb-release
sudo curl -sSL https://raw.githubusercontent.com/ros/rosdistro/
master/ros.key -o /usr/share/keyrings/ros-archive-keyring.gpg
echo "deb [arch=$(dpkg —print-architecture) signed-by=/usr/
share/keyrings/ros-archive-keyring.gpg]http://packages.ros.org/
ros2/ubuntu $(source /etc/os-release && echo $UBUNTU_CODENAME)
main" | sudo tee /etc/apt/sources.list.d/ros2.list > /dev/null
```

3. ROS 패키지를 설치합니다.

```
sudo apt update
sudo apt upgrade
sudo apt install ros-foxy-desktop
sudo apt install ros-foxy-ros-base
```

4. 환경을 설정합니다.

```
source /opt/ros/foxy/setup.bash
```

5. 설치가 완료되면 다음을 입력하여 설치가 올바르게 완료되었는지 확인할 수 있습니다.

```
ros2 topic list
ros2 node list
```

계속 진행하기 전에 ROS가 정확히 어떻게 작동하는지 살펴보겠습니다.

ROS 작동 방식 이해

ROS는 서로 다른 프로그램을 서로 연결하는 일종의 미들웨어라고 생각하면 됩니다. 프로그램 사이에 **프로세스 간 통신**(Interprocess Communications, IPC)을 제공하므로 모든 기능을 하나의 큰 코드 블록에 넣지 않고도 로봇의 기능을 분산하여 독립적으로 개발할 수 있습니다.

ROS 로봇 제어 시스템의 각 개별 부분을 **노드라고** 합니다. 노드는 단일 목적의 프로그래밍 모듈입니다. 카메라 이미지를 수집하거나 물체 인식을 수행하거나 로봇 팔을 제어하는 노드가 있습니다. ROS를 사용하면 이러한 기능을 분리하여 독립적으로 개발 및 테스트할 수 있습니다.

다양한 노드(프로그램)는 **토픽**을 통해 서로 대화합니다. 토픽은 일반적으로 다른 노드가 사용할 수 있도록 데이터를 게시하는 데 사용됩니다. ROS 2는 게시/구독 모드를 사용하여 로봇 내에서 정보를 이동합니다. 예를 들어, 카메라 소프트웨어 노드는 이미지를 촬영한 다음 해당 정보를 `/image_raw`라는 토픽에 게시합니다. 이 표준 메시지 유형에는 이미지 자체뿐만 아니라 이미지 형식에 대한 데이터도 포함됩니다. 또한 다음 이미지에 설명된 `sensor_msgs/CameraInfo` 형식을 사용하여 `/camera_info` 토픽에 카메라 데이터를 게시합니다.

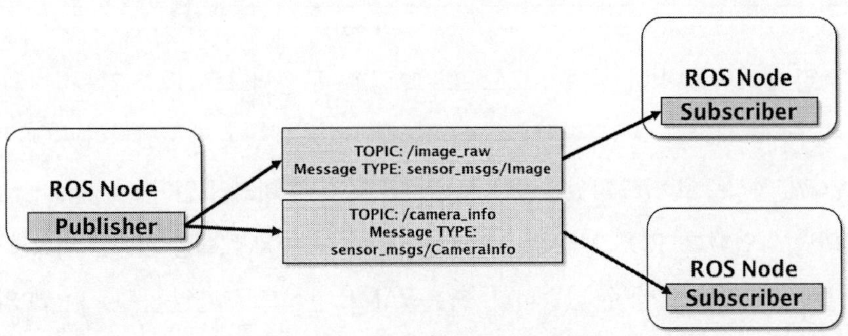

그림 2.8 ROS 2 노드, 토픽 및 메시지 유형

/camera_info 토픽에는 데이터가 수집된 타임스탬프와 프레임 번호 등 이미지 또는 프레임에 대한 많은 중요한 정보가 포함되어 있습니다. 또한 캡처된 이미지의 형상을 이해하는 데 도움이 되는 보정(calibration) 정보를 제공하여 로봇 주변의 3D 공간에 픽셀을 매핑하는 데 사용할 수 있습니다.

일반적으로 컴포넌트 간에 전달해야 하는 메시지에 대해 기존 또는 ROS 표준 메시지 형식이 있습니다. 저는 제어 애플리케이션에서 로봇에 모드 변경과 같은 일반 명령을 전송할 때 RobotCmd라는 토픽의 일반 **문자열**(std_msgs/String)을 사용하는 것을 좋아합니다.

ROS 2에서는 노드(프로그램) 외부에서 **파라미터**를 설정할 수 있습니다. 각 노드는 자체 매개변수 목록을 가질 수 있으며, 언제든지 매개변수를 설정할 수 있습니다. 이러한 매개변수는 일반적으로 한 번 설정하면 프로그램을 보다 일반적이고 모듈화할 수 있는 구성 명령어입니다. 예를 들어 로봇 팔에 회전 베이스를 잠그는 매개변수가 있어 로봇 팔이 카메라 앞에만 있을 수 있도록 할 수 있습니다. arm_base_lock이라는 파라미터를 생성하고 이를 부울리언으로 정의한 다음 아래 명령을 사용하면 됩니다.

```
ros2 param set /robot_arm arm_base_lock true
```

이렇게 하면 회전 잠금이 켜집니다. 그런 다음 이 설정을 확인하면 됩니다.

```
ros2 param get /robot_arm arm_base_lock
```

다음과 같은 답변이 돌아옵니다.

```
Boolean value is true
```

로봇은 모두 함께 시작해야 하는 여러 노드(프로그램)로 구성되므로, ROS 2는 하나의 명령으로 모든 프로그램을 시작할 수 있는 **론치(launch) 파일**이라는 개념을 제공합니다. ROS 1에서 론치 파일은 YAML 형식으로 빌드되었습니다. YAML은 **또 다른 마크업 언어**(Yet Another Markup Language)의 약자입니다. ROS 2에서는 YAML, Python 또는 XML(**확장 가능한 마크업 언어**)을 사용하여 실행 파일을 정의할 수 있습니다. 저는 YAML 형식으로 파일을 만드는 데 익숙하기 때문에 이 방식을 고수하겠습니다. 실행 파일에서 노드를 시작하고, 매개변수를 변경하고, 노드의 복사본을 여러 개 실행해야 하는 경우(예: 카메라가 세 대 있는 경우) 네임스페이스를 생성할 수 있습니다.

가상 네트워크 컴퓨팅

제가 Jetson Nano에 추가한 도구 중 하나는 **가상 네트워크 컴퓨팅(VNC)**입니다. 이 유틸리티를 사용하면 키보드, 마우스, 모니터를 사용하여 마치 Nano 데스크탑에 연결된 것처럼 보고 작업할 수 있습니다. Nano는 스스로 이동하는 로봇 내부에 물리적으로 설치되어 있기 때문에 키보드, 마우스, 모니터를 연결하는 것이 편리하지 않은 경우가 많습니다(또는 가능하지도 않습니다). 많은 유닉스 및 비유닉스 운영 체제에서 사용되는 표준 프로토콜인 VNC에는 여러 가지 버전이 있습니다. 제가 사용한 것은 **Vino**이며, 서버와 **클라이언트**의 두 부분이 필요합니다. 서버는 Nano에서 실행되며 기본적으로 화면에 표시되는 모든 픽셀을 복사하여 이더넷 포트로 보냅니다. 클라이언트는 이 모든 데이터를 받아 다른 컴퓨터에서 사용자에게 표시합니다. 이 웹페이지(`https://developer.nvidia.com/embedded/learn/tutorials/vnc-setup`)의 단계에 따라 VNC 서버를 설치해 보겠습니다.

Windows PC 또는 Linux 가상 머신에서 뷰어를 로드하거나, 저처럼 Apple iPad에서 VNC를 로드합니다. 로봇에 직접 로그인하여 데스크톱 도구를 사용할 수 있는 기능이 매우 유용하다는 것을 알게 될 것입니다.

중요 참고 사항

모니터를 연결하지 않은 상태에서 나노에서 VNC를 실행하려면 나노가 자동으로 로그온하도록 설정해야 합니다. `etc/gdm3/custom.conf` 파일을 편집하여 자동 로그인을 사용하도록 설정할 수 있습니다.

```
# 자동 로그인 사용
AutomaticLoginEnable=true
AutomaticLogin=[your username]
```

colcon 작업 공간 설정

개발 머신(노트북 또는 데스크탑)과 Jetson Nano에 colcon 작업공간이 필요합니다. `https://docs.ros.org/en/foxy/Tutorials/Beginner-Client-Libraries/Colcon-Tutorial.html`의 지침을 따르세요.

이미 ROS 사용자라면 워크스페이스가 무엇이며, 하나의 단위로 사용하고 배포할 수 있는 패키지를 만드는 데 어떻게 사용되는지 잘 알고 계실 것입니다. 우리는 모든 프로그램을 알버트라고 부르는 패키지에 보관할 것입니다.

요약

이 장에서는 몇 가지 중요한 주제를 다루었습니다. 좀 더 배경 지식이 필요한 독자들을 위해 로봇 공학의 기초부터 설명했습니다. 센서, 컴퓨터, 모터/액추에이터와 같은 일반적인 로봇 부품에 대해 이야기했습니다. 또한 포섭 아키텍처에 대해 더 자세히 논의하고 로봇이 다양한 이벤트와 명령에 응답하는 데 어떻게 도움이 되는지 보여드렸습니다. 그 다음 섹션에서는 오프보드 개발 환경과 온보드 젯슨 나노 컴퓨터 환경을 포함하여 로봇을 실행하기 위한 소프트웨어 설정에 대해 설명했습니다. 그리고 ROS를 설정하고 Python 도구를 설치했습니다.

마지막 섹션에서는 ROS 2가 무엇이고 어떤 기능을 하는지 설명했습니다. ROS 2는 모든 것을 하나의 실행 파일로 묶지 않고 모듈식 구성 요소와 여러 개의 일회용 프로그램을 빌드할 수 있는 미들웨어 계층입니다. 또한 ROS에는 로깅, 시각화 및 디버깅 도구가 있어 복잡한 로봇을 설계하는 데 도움이 됩니다. ROS 2는 센서 드라이버, 내비게이션 기능, 컨트롤 등 추가 기능을 추가할 수 있는 훌륭한 저장소이기도 합니다.

다음 장에서는 사용 사례 및 스토리보드와 같은 시스템 엔지니어링 사례를 사용하여 복잡한 로봇 AI 기반 소프트웨어를 개발하기 위한 개념에서 작업 계획으로 이동하는 방법에 대해 설명합니다.

질문

1. 로봇 센서의 세 가지 유형을 말하세요.
2. PWM이라는 약어는 무엇을 의미하나요?
3. 아날로그에서 디지털로의 변환이란 무엇인가요? 무엇이 입력이고 무엇이 출력인가요?
4. 포섭 아키텍처는 누가 발명했나요?
5. 아이작 아시모프가 가정한 로봇 공학의 세 가지 법칙과 제가 그린 3계층 포섭 아키텍처 다이어그램을 비교해 보세요. 상관관계가 있을까요? 상관관계가 있는 이유는 무엇일까요, 아니면 없는 이유는 무엇일까요?

힌트: 법칙이 로봇의 행동을 어떻게 변화시키는지 생각해 보세요. (포섭 관점에서) 가장 낮은 수준의 법칙은 무엇인가요? 가장 높은 법칙은 무엇인가요?

6. 로봇 프로젝트인 알버트에게 이름을 지어줬어야 했나요? 여러분도 로봇에 이름을 지어주나요? 세탁기는 어때요? 왜 안 될까요?
7. 환경 변수 ROS_ROOT의 중요성은 무엇인가요?

추가 읽기

- Jetson Nano에 ROS 2를 설치하는 스크립트: `https://github.com/jetsonhacks/installROS2`
- ROS 2 설치에 문제가 있는 경우 유용한 문제 해결 방법은 `https://docs.ros.org/en/rolling/How-To-Guides/Installation-Troubleshooting.html`에서 확인할 수 있습니다.
- ROS 2 문서: `https://docs.ros.org/en/foxy/index.html`
- 로드니 브룩스 박사의 포섭 아키텍처에 관한 논문: `https://people.csail.mit.edu/brooks/papers/AIM-864.pdf`

제3장 실용적인 로봇 설계 프로세스 개념화하기

이 장은 일반 이론, 소개, 설정에 관한 앞 장과 인공지능(AI) 기술을 활용한 문제 해결 방법을 로봇 공학에 적용하는 다음 장 사이의 가교 역할을 합니다. 첫 번째 단계는 로봇의 설계자/제작자의 관점과는 다른 로봇의 사용 관점에서 문제를 명확하게 정의하는 것입니다. 그런 다음 우리와 로봇이 시도할 각각의 하드웨어 및 소프트웨어 기반 과제에 어떻게 접근할지 결정해야 합니다. 이 장이 끝나면 로봇을 체계적으로 설계하는 방법에 대한 프로세스를 이해할 수 있을 것입니다.

이 장에서는 다음 주제를 다룹니다.

- 로봇 공학에 대한 시스템 엔지니어링 기반 접근 방식
- 우리의 임무 이해 - 놀이방 정리하기
- 사용 사례를 통해 문제를 설명하는 방법
- 스토리보드로 문제 해결에 접근하는 방법
- 사용 사례의 범위 이해
- 하드웨어 요구 사항 파악
- 소프트웨어 요구 사항 분석
- 사양 작성

로봇 공학에 대한 시스템 엔지니어링 기반 접근 방식

AI 기반 소프트웨어로 복잡한 로봇을 만들려고 할 때, 로봇을 어떻게 결합하고 모든 부품이 서로 통신하는지에 대한 일종의 게임 계획 없이 무작정 코드를 던지고 물건을 던지기 시작할 수

는 없습니다. 우리는 **시스템 엔지니어링** 원칙에 기반한 로봇 설계에 대한 체계적인 접근 방식에 대해 논의할 것입니다. 사용 사례에 대해 배우고 스토리보드를 사용하여 무엇을 만들고 있는지, 어떤 부품(하드웨어 및 소프트웨어)이 필요한지 이해하는 기술을 배웁니다.

우리의 임무 이해 – 놀이방 정리하기

이 책의 예제 로봇인 알버트의 주요 임무는 손주들이 놀러 온 후 우리 집 놀이방을 청소하는 것이라고 앞에서 조금 이야기했습니다. 문제를 좀 더 공식적으로 정의한 다음, 이를 로봇이 수행해야 할 작업 목록과 해당 작업을 수행하는 방법에 대한 실행 계획으로 전환해야 합니다.

왜 이런 일을 하는 걸까요? 스티브 마라볼리의 이 말을 생각해 보세요:

"어디로 가는지 모르면 언제 도착할지 어떻게 알 수 있나요?"

그림 3.1 로봇이 무엇을 하는지를 아는 것이 중요합니다.

인터넷과 다양한 로봇 웹사이트는 수십 개의 로봇으로 넘쳐나고 있는데, 이들은 모두 한 가지 치명적인 결함을 공유합니다. 로봇과 그 소프트웨어가 먼저 설계되고, 그 후에 일자리를 찾으러 나간 것입니다. 로봇 비즈니스에서는 이를 **준비**(ready), **발사**(fire), **조준**(aim) **문제**라고 합니다. 로봇의 작업, 고객, 목적, 용도, 직업이 우선입니다. 이를 다른 말로 표현하면 효과적인 도구를 만들려면 먼저 그 도구로 무엇을 할 것인지 결정하는 것이 첫 번째 단계입니다.

이 책을 강의실 환경에서 잘 작동하는 이론과 실습의 집합으로 쓸 수도 있었을 것이고, 그러면 여러분이 어떻게 적용해야 할지 모르는 새로운 도구들을 많이 소개했을 것입니다. 하지만 이 장에서는 가능한 한 잘못된 방향, 고통, 아픔, 눈물, 찢어진 머리카락을 최소화하면서 좋은 아이디어에서 좋은 로봇을 만드는 데 필요한 도구와 방법을 제공하기 위해 이 책을 집필했습니다.

> **중요 참고 사항**
>
> 화상을 입을 수 있으므로 납땜 인두를 조심하세요.

우리가 사용할 프로세스는 간단합니다.

1. 첫 번째 단계는 사용자의 관점에서 로봇을 살펴본 다음 로봇이 무엇을 하는지 설명하는 것입니다. 이러한 설명을 로봇이 어떻게 사용되는지에 대한 예시인 **사용 사례**라고 부릅니다.
2. 다음으로, 각 사용 사례를 **스토리보드**(단계별 그림)로 세분화하여 단어 그림이나 실제 그림으로 만들 수 있습니다. 스토리보드에서 로봇이 수행해야 할 작업, 즉 할 일 목록을 추출할 수 있습니다.
3. 이 과정의 마지막 단계는 할 일 목록을 소프트웨어로 할 수 있는 일과 하드웨어가 필요한 일로 구분하는 것입니다. 이렇게 하면 로봇과 로봇의 AI 기반 소프트웨어를 설계하기 위한 자세한 정보를 얻을 수 있습니다. 로봇의 용도 중 하나가 이 책의 좋은 예가 될 수 있다는 점을 명심하세요.

사용 사례부터 살펴보겠습니다.

사용 사례

문제에 대한 설명으로 작업을 시작하겠습니다.

로봇의 임무 – 1부

한 달에 한두 번 정도는 유쾌하고 똑똑하며 장난기 많은 다섯 손주들이 저와 아내를 방문하러 오곤 합니다. 대부분의 조부모와 마찬가지로 우리도 위층 놀이방에 손주들이 방문하는 동안 가지고 놀 수 있도록 장난감 상자를 가득 채워 놓습니다. 손주들이 도착하자마자 가장 먼저 하는 일은 큰 손주들은 장난감 상자에서 장난감을 하나씩 꺼내서 놀기 시작하는 것입니다. 그 결과 다음 사진에 보이는 장면처럼 장난감이 놀이방 전체에 무작위로 균일하게 배치됩니다.

그림 3.2 손자 손녀가 있는 놀이방

솔직히 이보다 더 좋은 무작위 배분은 없을 것입니다. 손주들은 이걸 정말 잘합니다. 조부모로서 손주들이 우리 집에서 보내는 시간을 최대한 늘리고 싶고 할아버지, 할머니의 집을 즐거운 곳이라고 생각하게 하고 싶기 때문에 집에 갈 때 장난감을 가져가게 하지 않습니다. 무슨 뜻인지 알 수 있을 겁니다.

그건 그렇고, 당신이 부모라면 미리 사과하겠습니다. 이것은 실제로 우리, 조부모의 사악한 음모이며, 당신 자신의 손자가 생기면 이해할 수 있을 것입니다.

어디까지 얘기했었죠...? 네, 멀쩡한 놀이방에 무작위로 균일하게 분포된 물체들(장난감)이 여기저기 흩어져 있어 치워야 하는 방입니다. 평소 같으면 한숨을 크게 쉬며 이 모든 것을 직접 치워야겠지만, 저는 로봇 디자이너이기 때문에 다음과 같은 일을 하는 로봇을 만들고 싶습니다.

1. 장난감이 아닌 가구, 조명, 책, 스피커 또는 장난감이 아닌 다른 물건은 집어 들지 마세요.
2. 장난감 상자에 넣으세요.
3. 더 이상 찾을 수 있는 장난감이 없을 때까지 이 작업을 계속한 다음 중지합니다.

다음은 이 과정을 시각적으로 표현한 것입니다.

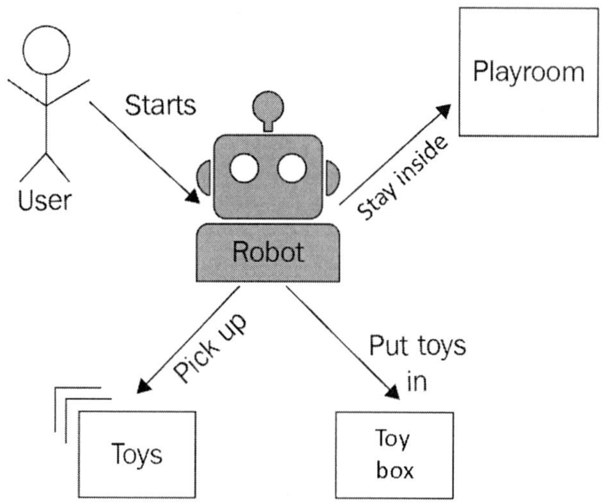

그림 3.3 사용 사례: 장난감 픽업

이제 몇 가지 적절한 질문을 할 수 있습니다. 저는 학교에서 저널리즘 수업을 들으며 *누가*, *무엇을*, *언제*, *어디서*, *왜*, *어떻게*라는 *5W1H(6하원칙)*의 유용성에 대해 배웠습니다. 이는 사용 사례를 검토할 때도 마찬가지로 유용합니다. 이 섹션에서는 한 가지 확고한 규칙이 있는데, 바로 구현 세부 사항이 없다는 것입니다. 이 작업을 어떻게 수행할지 걱정하지 마세요. 결과를 정의하는 것만 걱정하세요. 따라서 지금은 *H*는 생략하고 *W*에 집중하겠습니다. 한 번 시도해 보겠습니다.

- **누가(Who)**: 로봇. 이건 쉽네요. 우리는 로봇이 무언가를 하기를 원합니다. 즉, 로봇이 이 일을 하고 내가 하지 않기를 원합니다. 로봇이 무엇을 하길 원하나요?
- **무엇을(What)**: 이 질문에 대한 답변은 두 가지로 나눌 수 있습니다.
  - **장난감을 집어 장난감 상자에 넣으세요**: 이 대답은 우리에게 무엇을 알려줄까요? 우리가 무언가, 즉 장난감을 잡고 들어 올릴 것이라고 말합니다. 장난감이란 무엇인가요? 이것을 부정문으로 바꾸어 두 번째 대답을 얻을 수도 있습니다.
  - **이전에 방에 없던 물건을 집어 장난감 상자에 넣습니다.** 손주들이 장난감을 모두 꺼내기 전에는 장난감은 방에 없었습니다. 따라서 다음 중 하나를 선택합니다.

    물건을 장난감으로 분류하거나 이전에 방에 없던 물건으로 분류합니다. *방에 없었다는 것*은 로봇이 어린이가 도착하기 전에 사전 조사를 통해 방에 무엇이 있는지 어떻게든 알고 있다는 것을 의미합니다. 그러나 *장난감*이라는 말은 로봇이 적어도 *장난감*과

*장난감이 아닌 물건*을 구별할 수 있다는 것을 의미합니다. 당분간은 장난감을 그대로 사용하겠습니다. 방에는 장난감이 아니지만 제자리에 있지 않은 물건들이 있을 수 있어서, 그런 물건들은 장난감 상자에 넣을 수 없습니다. 이러한 질문이 이 과정의 후반부에 나오는 내용을 형성하는 것을 알게 될 것입니다.

- **언제(When):** 손주들이 방문하고 떠난 후 장난감이 남지 않을 때까지 계속 장난감을 수거하세요.

그러면 시작과 종료라는 두 가지 시점이 생깁니다. 이 경우 시작은 손자가 방문하고 손자가 떠난 시점으로 정의됩니다. 이제 사용 사례에서 조건이 충족되면 로봇에게 알려주겠다고 명시하는 건 전혀 불편하지 않으니 문제없다고 생각합니다. 저는 여기 있을 것이고 방을 청소해야 할 때를 알고 있습니다. 게다가 로봇을 꺼내서 방에 넣어야 하거든요. 작동하지 않을 때는 책꽂이에 놓여 있죠. 따라서 *언제* 문장을 다음과 같이 변경해 보겠습니다.

내(사용자)가 지시할 때, 더 이상 장난감을 찾을 수 없을 때까지 멈추지 마세요.

로봇이 스스로 알아서 손주들이 떠난 후에 전원을 켜야 한다고 결정할 수도 있지만, 그렇게 할 경우 투자 대비 수익은 얼마나 될까요? 그것은 많은 이득을 위해 많은 일을 할 것입니다. 사용자인 제 입장에서는 언제 장난감을 꺼야 할지 결정하는 것이 아니라 장난감을 집어 드는 것이 문제입니다. 이것은 훨씬 더 간단합니다.

제 '*언제*' 문장에는 시작과 끝이 있다는 점에 유의하세요. *판타지아*에서 미키 마우스의 *마법사의 견습생(Sorcerer's Apprentice)* 부분을 본 사람이라면 로봇이 있을 때 언제 멈춰야 하는지 알려주는 것이 중요하다는 것을 알 수 있습니다. 또 다른 중요한 개념은 종료 조건을 정의하는 것입니다. 제가 *장난감을 모두 집었을 때 멈춘다*라고 말하지 않은 이유는 로봇이 모든 장난감을 시각적으로 또는 숫자로 알아야 한다는 것을 의미하기 때문입니다. 대신 *장난감이 더 이상 보이지 않을 때 멈추라고* 말하는 것이 작업 정의로서 더 쉬우며, 로봇에 추가 요구 사항을 추가하지 않고도 원하는 것을 달성할 수 있습니다.

로봇 디자이너가 문제에 대해 더 많이 이해하게 되면 사용 사례를 다시 검토해야 하는 것은 지극히 정상적인 일이며, 때로는 사용자의 과제 해결과 관련이 없는 문제를 해결하기 위해 열심히 노력할 수도 있습니다. 한 팀의 로봇 엔지니어에게 전 세계 모든 문화권, 모든 지역에서 지금까지 발명된 모든 장난감을 *수거하라*는 과제가 주어졌다고 상상해 보세요! 그런 다음 50만 달러짜리 데이터베이스 소프트웨어 라이선스와 이를 보관할 서버팜(server farm, 대규모 서버 시스템)에 대한 요청을 받습니다. 우리는 놀이방에 있는 장난감을 수집하기만 하면 됩니다.

- **어디서(Where):** 위층 놀이방. 이제 몇 가지 까다로운 부분이 있습니다. 청소해야 할 공간은 집의 특정 영역이지만 실제로 벽으로 구분되어 있지는 않습니다. 그리고 위층에는 놀이방으로 내려가는 계단이 있는데 로봇이 굴러 떨어지지 않기를 원합니다. 이 사실을 어떻게 알았나요? 이런 종류의 질문을 하지 않으면 알 수 없습니다! 로봇이 작동하는 환경은 로봇이 하는 일만큼이나 중요합니다. 이 경우 다시 돌아가서 사용자에게 물어봅시다. *놀이방*이 의미하는 바를 정의하기 위해 여기에 평면도를 첨부하겠습니다. 긍정적인 측면을 보면 이 작업에서는 계단을 오르거나 내릴 필요가 없습니다. 하지만 계단은 위험 요소이므로 주의해야 합니다.

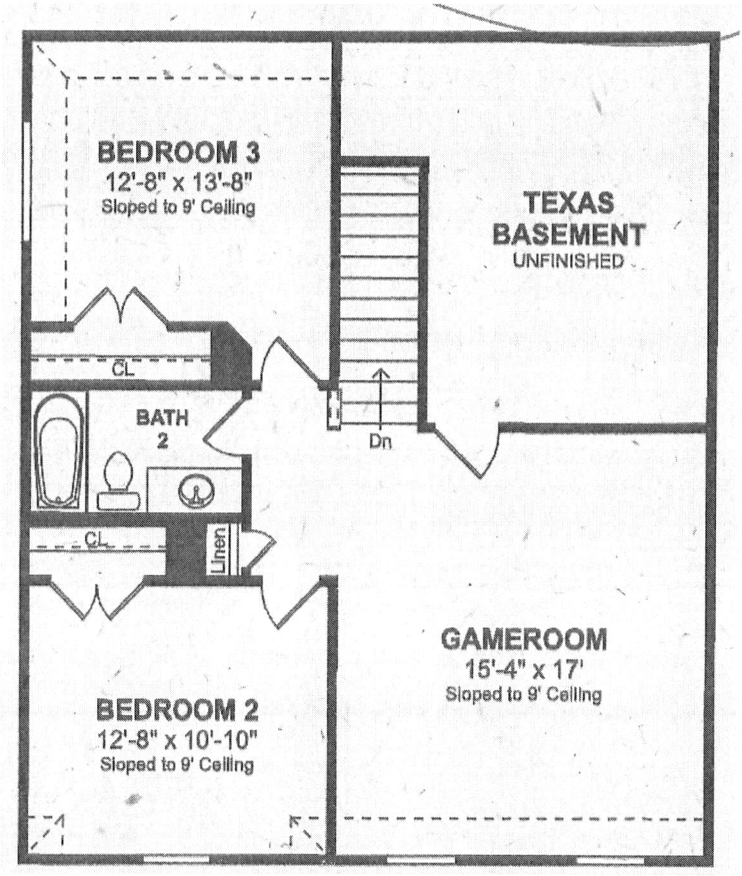

그림 3.4 우리 집 위층 평면도

- **왜(Why):** 로봇이 장난감을 줍는 이유는 무엇인가요? 그냥 "*누군가는* 해야 하니까"라고 쓰고 싶은 유혹이 듭니다. 하지만 손주들이 최대한 놀 시간을 갖도록 장난감을 줍는 것을 원

하지 않고, 저 역시 그렇게 하고 싶지 않다는 것이 제 대답입니다. 그래서 이 작업을 위한 로봇을 만들고 있습니다. 로봇계의 격언 중 하나는 로봇에게 적합한 작업은 *더럽거나 지루하거나 위험하다*는 것입니다. 이 작업은 확실히 *지루한* 범주에 속합니다.

로봇은 한 가지 이상의 사용 사례를 가지고 있으며, 한 가지 이상의 기능을 수행할 수 있습니다.

우리 로봇의 임무 – 2부

우리 로봇은 손자와 상호작용해야 합니다. 이것이 왜 중요한가요? 1장에서 말씀드렸듯이 손주들에게 다른 로봇을 소개해 주었는데, 큰 손자인 윌리엄은 항상 로봇과 대화를 시도합니다. 저는 자폐 스펙트럼에 속하는 손주가 세 명이나 있기 때문에 이런 상황에서 로봇이 도움이 될 수 있다는 '*자폐증을 위한 로봇*(`https://www.robokind.com/`)'과 같은 연구 결과를 읽어본 적이 있습니다. 치료를 하려는 것은 아니지만 로봇이 손자들과 구두로 상호작용할 수 있으면 좋겠어요. 또한 로봇이 윌리엄이 좋아하는 노크-노크 농담도 할 수 있어야 하고 이에 반응할 수 있어야 한다는 구체적인 요청이 하나 있습니다. 저는 이 로봇이 음성으로 대화할 수 있기를 바랍니다.

이 사용 사례의 다이어그램은 다음과 같습니다.

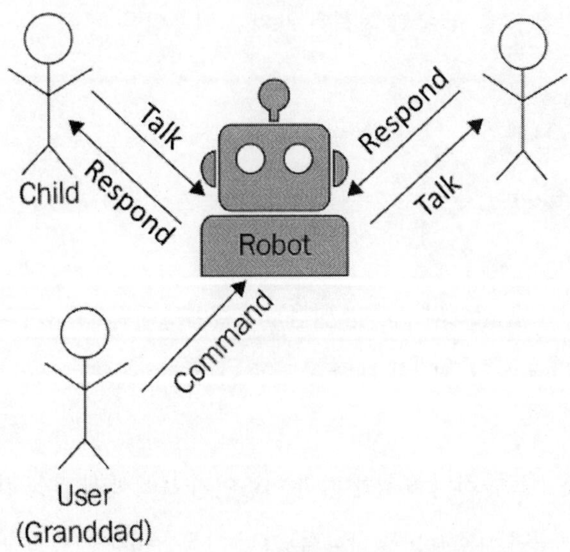

그림 3.5 사용 사례: 사람들과의 상호 작용

이제 이 사용 사례를 통해 동일한 연습을 해보겠습니다. *누가, 무엇을, 언제, 어디서, 왜 하는지* 등 관련 질문을 해보겠습니다. 이를 세분화해 보겠습니다.

- **누가(Who)**: 로봇, 사용자(할아버지), 손주.

이 경우 사용자 상호 작용은 작업의 일부입니다. 누구와 상호작용할까요? 로봇에게 상호 작용을 시작하도록 명령할 수 있어야 합니다. 그런 다음 로봇이 아이들과 대화하고 아이의 말을 듣기를 원합니다.

- **무엇을(What)**: 명령을 받고 아이들과 구두로 상호작용(대화)하며, 여기에는 노크-노크 농담이 포함되어야 합니다. 두 가지 기능을 유지합니다. 좀 더 일반적인 용어로 표현하기 위해 **로봇 제어기**라고 부르겠습니다. 다른 기능은 노크-노크 농담을 포함하여 아이들과 *대화*를 나누는 것입니다. 대화에 대한 정의는 아래에서 자세히 설명하겠습니다. 로봇을 **디지털 비서(digital assistant)**로 사용하는 방법은 6장을 참조하세요. 로봇을 위한 음성 인터페이스 역할을 하는 오픈소스 디지털 어시스턴트로서 *마이크로프트(Mycroft)*를 사용하겠습니다. 실제로 매우 다재다능한 기본 마이크로프트 기능에 우리만의 기술을 추가할 예정입니다. 이 로봇은 날씨를 확인하고, 타이머를 설정하고, 음악을 재생하고, Google에서 정보(예: 1/4컵에 몇 스푼이 들어 있는지)를 검색하고, 심지어 국제우주정거장이 현재 어디에 있는지 알려줄 수 있습니다. 하지만 로봇에 이 기능을 추가하기 전까지는 노크-노크 농담은 할 수 없습니다. 다행히도 노크-노크 농담은 말장난에 기반한 매우 구조화된 형식과 다음과 같은 호출 및 응답 형식을 가지고 있습니다.

  로봇: 노크 노크.

  아이: 거기 누구야?

  로봇: 양상추(Lettuce).

  아이: 양상추 누구?

  로봇: 양상추, Let us(Lettuce와 비슷한 발음) in (들여보내줘요) 여기 너무 추워요!

  그 반대 형태인 노크-노크 농담에 대한 응답을 다이어그램으로 표현하는 것은 여러분께 맡기겠습니다.

- **언제(When)**: 로봇 컨트롤러의 요청에 따라 어린이가 로봇에게 말을 걸 때입니다.

  로봇은 명령을 보내면 상호작용을 합니다. 그런 다음 누군가가 로봇과 대화할 때까지 기다립니다. 이 정보를 통해 추정할 수 있는 한 가지는 우리가 장난감을 집어들 때 로봇이 말을 할 것이라고 기대하지 않는다는 것입니다. 우리는 아이들이 떠난 후에야 장난감을 집어 들기 때문에 대화할 사람이 있습니다.

- **어디서(Where)**: 놀이방에서 로봇으로부터 약 6피트(1피트는 30.48cm이므로 약 2m) 이내입니다.

마이크의 민감도에는 한계가 있기 때문에 들을 수 있는 거리에 몇 가지 제한을 두어야 합니다. 최대 거리로 6피트를 제안합니다. 이 문제는 나중에 다시 검토할 수 있습니다. 이와 같은 요구 사항이 발생하면 고객에게 *왜 6피트나*라고 물어볼 수 있습니다. 고객은 *적당한 거리인 것 같다*라고 말할 수 있습니다. 그런 다음 *5피트였다면 이 기능이 작동하지 않을까요?* 그러면 사용자는 *아니요, 하지만 불편할 것 같다*라고 대답할 수 있습니다. 필요한 거리(실패하지 않는 거리), 즉 이 경우 3피트(아이가 로봇의 소리를 듣기 위해 허리를 굽힐 필요가 없는 거리)와 사용자가 원하는 거리, 즉 기능이 작동하기를 원하는 거리에 대한 느낌을 얻을 때까지 계속해서 거리에 대해 질문할 수 있습니다. 이는 테스트를 진행할 때 중요한 구분입니다. 이 요구사항의 합격-불합격 경계선은 어디일까요?

- **왜(Why)**: 손주들이 로봇과 대화하고 로봇이 응답하기를 원하기 때문입니다(즉, 사용자가 이 기능을 특별히 요청했기 때문입니다).

이제 로봇의 작업에 대해 자세히 살펴보겠습니다.

로봇은 무엇을 할 수 있을까요?

이제 스토리보드 프로세스를 사용하여 로봇이 수행해야 할 작업에 대해 자세히 분석해 보겠습니다. 다음과 같이 진행합니다. 두 가지 작업을 각각 취하고 모든 W 질문에 대한 답을 바탕으로 최대한 완벽하게 세분화합니다. 그런 다음 각 단계를 그림으로 표현합니다. 그림은 해당 단계에서 어떤 일이 일어나는지 설명하는 그림이나 단어 그림(단락)이 될 수 있습니다. 저는 로봇을 **상태머신(state machine)**으로 설명하는 것으로 분해 과정을 시작하고 싶은데, 이는 문제의 첫 번째 부분에서 각 단계에서 로봇 내부에서 무슨 일이 일어나는지 이해하는 데 좋은 접근 방식이 될 수 있습니다.

상태 머신 다이어그램에 익숙하실 텐데요, 혹시 모를 경우를 대비해 설명하자면 상태 머신 다이어그램은 로봇의 동작을 일련의 개별 상태 또는 로봇이 사용할 수 있는 동작을 정의하는 조건 집합으로 설명합니다.

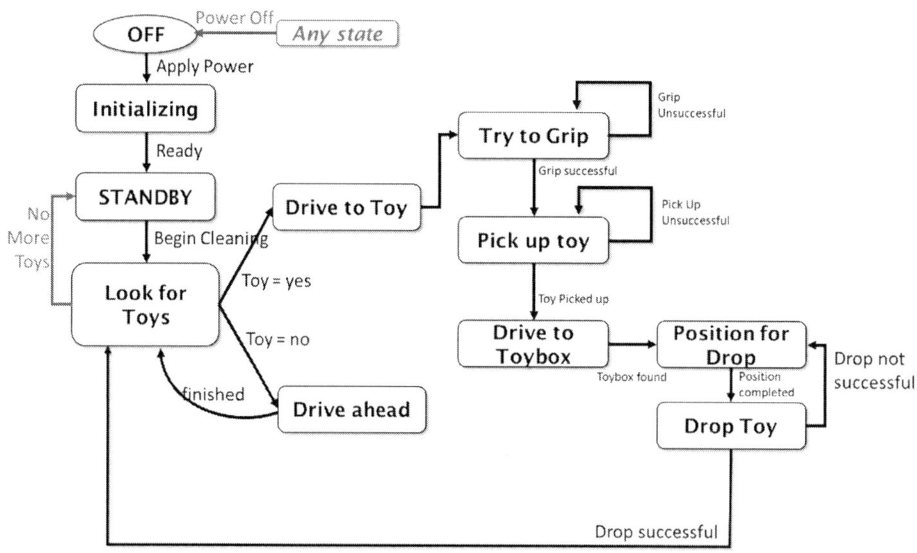

그림 3.6 로봇 상태 머신 다이어그램

첫 번째 상태는 단순히 *Off(꺼짐)*로서 로봇의 전원이 켜지지 않은 상태입니다.

각 상태는 상태를 변경하게 하는 이벤트(또는 이벤트 들)입니다. 이를 **전환(transition)**이라고 합니다. *꺼짐* 상태에서 다음 상태로 전환하려면 사람이 전원을 켜는 등의 이벤트가 발생해야 합니다. 이러한 전환 이벤트를 *전원 적용(Power Applied)*이라고 합니다. 이제 우리는 어떤 상태에 있을까요? 컴퓨터가 부팅되고 프로그램이 로드되는 데 어느 정도 시간이 걸립니다(*초기화 중*). 모든 것이 부팅되고 초기화되면 로봇은 명령을 받을 준비가 됩니다. 이 상태를 *대기(Standby)* 상태라고 부르겠습니다. 로봇은 명령을 기다리는 대기 상태입니다. 이제 방 청소를 시작하려고 합니다. 로봇에게 *청소 시작(Begin cleaning)* 명령을 보내면 상태가 무엇으로 변경되나요? 다음에 어떤 일이 일어나야 할까요? *청소 중(Cleaning)*이라는 상태를 정의할 수는 있지만, 그것은 많은 복잡한 기능을 포함하게 되고 우리는 그로부터 많은 것을 배우지 못할 것입니다. 로봇은 카메라를 사용하여 장난감을 찾아야 합니다. 장난감을 찾지 못하면 장애물을 피해 짧은 거리를 전진했다가 다시 찾아야 합니다. 실제로는 계속 멈추지 않고 주행하면서 장난감을 찾을 수 있어야 합니다. 장난감을 발견하면 장난감 찾기 기능이 주행을 중단하도록 해야 합니다.

장난감을 찾으면 로봇은 장난감이 로봇 팔의 작업공간 안에 있도록 로봇의 위치를 조정해야 합니다. 상태 머신 다이어그램에서 이미 *청소 시작*이라는 전환을 추가하여 상태를 대기에서 *장난감 찾기(Look for toys)*로 변경했습니다. 이제 장 *난감 = 아니요*와 *장난감 = 예*라는 두 가지 전환을 더 추가할 수 있습니다. *장난감 = 없음* 분기는 로봇이 장애물을 피하면서 앞으로 나아가는 *앞으*

*로 가기(Drive ahead)*라는 상태로 전환된 다음 다시 *장난감 찾기* 상태로 돌아가서 장난감을 찾으려고 시도합니다. 소프트웨어에 장난감을 얼마나 자주 찾아야 하는지 알려주는 일종의 수단이 필요합니다. 간단한 타이머를 사용하여 몇 초가 경과했는지 알 수 있습니다. 또는 휠 동작에 기반한 일종의 거리 함수를 사용할 수도 있습니다.

이제 장난감을 찾았으니 어떻게 해야 할까요? 로봇 팔이 닿을 수 있는 거리에 있는 장난감으로 이동해야 합니다. 로봇의 팔과 손으로 장난감을 잡으려고 합니다. 첫 번째 시도에서 성공하지 못할 수 있으며, 이 경우 다시 시도해야 합니다. *그립 실패(Grip unsuccessful)*라고 표시된 루프 전환은 처음에 성공하지 못하면 돌아가서 다시 시도하라는 메시지를 표시합니다. 어디서 이런 말을 들어본 적이 있나요? *장난감 집기(Pick up toy)*에서도 같은 것을 볼 수 있습니다. 왜 두 부분이 있을까요? 장난감을 들어 올리려면 먼저 장난감을 잡아야 합니다. 장난감을 집는 것과는 별개로 장난감이 너무 무겁거나 어색해서 손에서 떨어지는 등 잡는 데 실패할 수 있기 때문에 두 가지 상태가 필요하다고 생각했습니다.

자, 장난감을 찾아서 집어 들었습니다. 다음은 뭐죠? 장난감 상자에 넣어야 합니다. 다음 상태는 *장난감 상자로 이동(Drive to toybox)*입니다. 이 단계에서는 *어떻게(How)* 해야 할지 걱정할 필요가 없습니다. 나중에 이 상태를 더 세분화하여 더 자세한 버전으로 만들 수 있습니다. *장난감 상자 발견(Toy box found)* 이벤트에 도착할 때까지 운전합니다. 즉, 장난감 상자가 보입니다. 그런 다음 로봇을 상자 안에 장난감을 떨어뜨릴 수 있는 장소로 이동하는 *떨어뜨릴 위치(Position for drop)* 상태로 이동합니다. 마지막 상태인 *장난감 떨어뜨리기(Drop toy)*는 설명이 필요 없습니다. 장난감을 떨어뜨렸으니 로봇의 그리퍼에 아무것도 없는 상태입니다. *장난감 찾기* 상태로 돌아가서 다시 시작합니다. 로봇이 떨어뜨리기를 성공하지 못했다고 판단하면(장난감이 여전히 그리퍼에 있는 경우) 장난감 상자 위에 손을 올려놓고 손을 열어 장난감을 다시 떨어뜨리는 단계를 다시 시도하도록 합니다. 그리퍼가 비어 있는지 어떻게 알 수 있나요? 그립을 닫고 핸드 서보가 어떤 위치에 있는지 확인합니다. 그리퍼가 닫힐 수 있으면(최소 상태로 이동하면) 비어 있는 것입니다. 장난감이 장난감 상자 밖으로 떨어지면(로봇이 상자를 완전히 놓친 경우) 다시 바닥에 놓인 장난감으로 간주하고 정상적인 방식으로 처리하여 로봇이 이를 찾아서 집어 들고 다시 시도합니다.

이 모든 것이 훌륭하고, 우리의 작은 로봇이 장난감을 찾아 영원히 돌아다니게 되겠죠? 두 가지 중요한 전환이 빠졌습니다. *장난감 없음(No more toys)* 이벤트가 필요하고 *꺼짐* 상태로 돌아갈 수 있는 방법이 필요합니다. 사용자가 전원을 끄면 쉽게 *꺼짐* 상태로 돌아갈 수 있습니다. 로봇이 무엇을 하고 있든 상관없이 언제든지 종료 버튼을 누를 수 있고, 로봇이 할 수 있거나 해야 할 일이 없기 때문에 *아무 상태(Any state)*라고 표시된 블록을 사용하는 간편한 방법을 사용합니다. 각 상태에서 다시 *꺼짐*으로 선을 그리는 것이 더 적절할 수도 있지만, 그렇게 하면 다이어그램이 복잡해지고 이 표기법이 여전히 의미를 전달할 수 있습니다. 새로운 상태 머신 다이어그램은 다음과 같습니다.

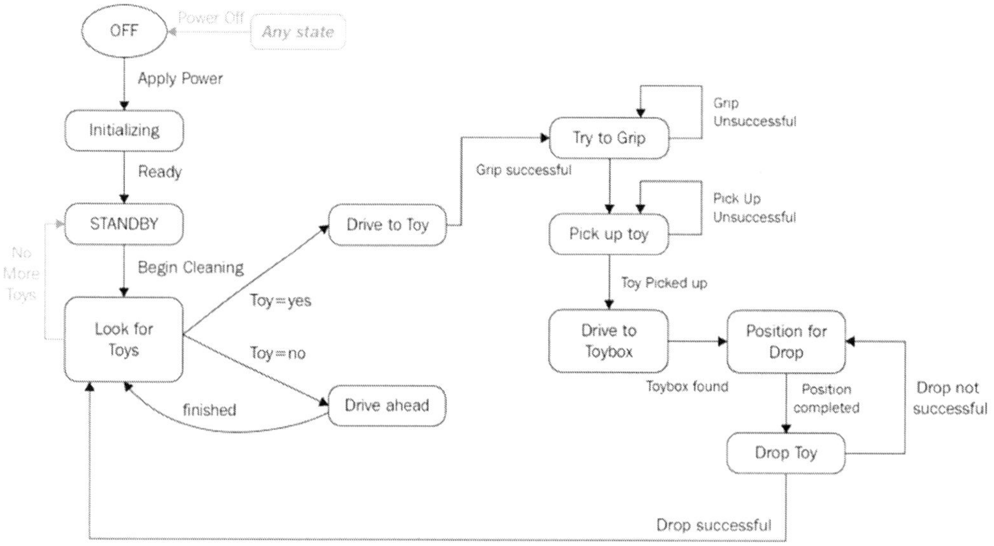

그림 3.7 새로운 상태 머신 다이어그램

잠시 시간을 내어 *장난감 없음* 개념에 대해 이야기해 보겠습니다. 이를 어떻게 정의할까요? 약간의 실험이 필요할 수 있지만, 지금은 10분 동안 노력해도 장난감을 찾지 못하면 더 이상 장난감을 찾을 수 없는 것으로 만족한다고 말하겠습니다. 나중에 필요에 따라 이 시간을 조정할 수 있습니다. 우리 크기의 방에서는 5분이면 충분할 수도 있습니다. *장난감 없음* 이벤트는 *장난감 찾기* 상태에서만 발생할 수 있다는 점에 유의하세요.

로봇이 장애물을 피해야 한다고 언급했습니다. 하지만 *장애물 회피(Avoid obstacles)*라는 상태는 없습니다. 왜 그럴까요? 여러 상태에는 주행이 포함되며 각 상태에는 장애물 회피가 포함되어 있기 때문입니다. 장애물 회피는 한 상태에 고유하지 않기 때문에 장애물 회피에 대한 상태를 갖는 것은 적절하지 않습니다. 우리에게 필요한 것은 로봇의 주행을 설명하는 별도의 상태 머신입니다. 지난 장의 *포섭 아키텍처 소개* 섹션에서 언급했듯이 한 번에 두 개 이상의 목표를 실행할 수 있습니다.

장난감을 집어 올리는 임무는 로봇의 전반적인 목표인 미션입니다. *장애물을 피하는* 것은 로봇의 중간 관리자인 구동 엔진의 목표입니다.

사용 사례에 대해 논의하고 상태 머신 다이어그램을 그렸으니 이제 다음 단계인 스토리보드 제작으로 넘어가겠습니다.

스토리보드 사용

이 섹션에서는 로봇이 두 가지 임무를 수행하는 과정에서 우리를 대신하여 수행해야 하는 다양한 작업을 이해하기 위해 사용 사례를 좀 더 세분화해 보겠습니다. 각 요점을 설명하기 위해 간단한 그림인 **스토리보드**를 몇 가지 만들었습니다.

스토리보드의 개념은 영화 산업에서 차용한 것으로, 대본의 한 페이지에 있는 단어를 만화와 같은 내레이션을 통해 구도, 맥락, 움직임, 소품, 세트, 카메라 움직임 등 대본에 없는 추가 정보를 전달하는 일련의 그림이나 만화로 변환하는 데 사용됩니다. 스토리보드는 무성 영화까지 거슬러 올라가며 오늘날에도 여전히 사용되고 있습니다.

로봇 디자인에서 스토리보드를 사용하는 이유는 사용 사례의 문구에서 찾을 수 없는 추가 정보를 전달하기 위해서입니다. 스토리보드는 간단하고 빠르며 무슨 일이 일어나고 있는지 이해하는 데 도움이 되는 충분한 정보만 전달해야 합니다.

그럼 시작해 보겠습니다. 이러한 간단한 개념에는 스토리보드가 필요하지 않으므로 *전원 적용*, *초기화* 또는 *대기 상태*에 대한 스토리보드는 만들지 않겠습니다. 상태 다이어그램에서 청소 시작 이벤트로 넘어가겠습니다.

스토리보드 – 장난감 치우기

우리의 이야기가 시작되면 로봇은 무엇을 하고 있을까요? 로봇은 전원이 켜져 있고 대기 상태로 명령을 기다리는 중입니다. 명령을 어떻게 받을까요? 핸즈프리로 *청소를 시작하라*는 음성 명령이나 같은 의미의 유사한 단어를 수신하는 것이 가장 좋은 방법입니다.

청소 시작 후 프로세스의 다음 단계는 *장난감 찾기*입니다. 이 스토리보드 프레임은 *로봇*이 청소를 시작하라는 명령을 받을 때 *로봇이 보는 것*입니다. 로봇은 장난감, 장난감이 아닌 물건(오토만(ottoman)[4] 가구와 벽난로), 벽과 바닥을 포함한 방 자체 등 세 가지 종류의 물체가 보이는 방을 봅니다.

4) 의자나 소파 앞에 놓아 발을 올려놓을 수 있는 낮고 쿠션이 있는 가구

그림 3.8 청소를 시작하라는 음성 명령 대기 중

장난감을 감지하고 로봇을 조종하기 위해 어떤 종류의 센서든 선택할 수 있습니다. LiDAR, 열화상 또는 소나 스캐너를 사용할 수 있습니다. 이 작업에 가장 적합한 센서 도구는 일반 USB 카메라라고 가정해 봅시다. 조명을 제어할 수 있고, 장난감은 주변 환경보다 특별히 따뜻하거나 차갑지 않으며, 유형별로 물체를 식별할 수 있는 충분한 정보가 필요합니다. 그래서 비디오입니다. 어떤 종류의 카메라가 필요한지 나중에 정확히 결정할 것이므로 *할 일 목록(to-do list)*에 추가하세요.

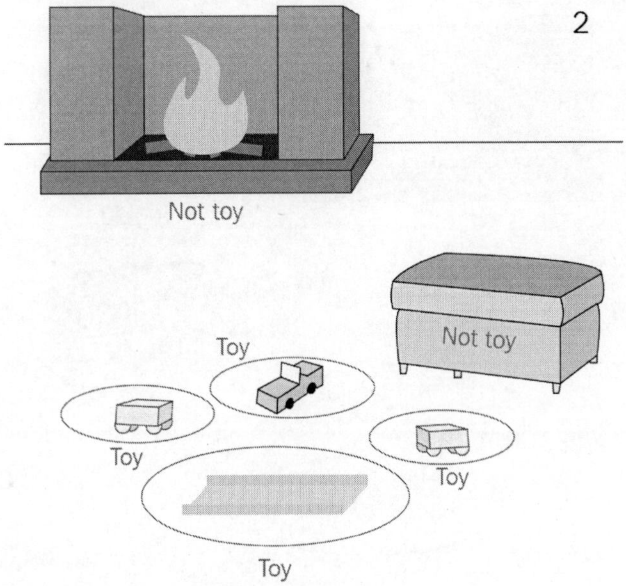

그림 3.9 장난감 찾기

다음 스토리보드는 *장난감 찾기*에 관한 것입니다. 유형별로 물체를 분류하기 위해 일종의 알고리즘이나 기술을 실행해야 합니다. 이 알고리즘의 결과는 바닥의 배경에서 물체를 찾아 분리한 다음 각 물체를 장난감 또는 장난감이 아닌 것으로 분류하는 것입니다. *장난감이 아닌* 개체는 모두 그대로 두고 *장난감* 개체는 모두 선택하면 그 이상 세분화할 필요가 없습니다. 장난감인 물체 주위에 원을 그리는데, 이는 카메라 프레임에서 물체를 찾아야 한다는 다른 표현입니다.

그렇다면 이 간단한 그림은 우리가 미처 몰랐던 사실을 알려줄까요? 다음과 같은 사실을 알려줍니다.

- 카메라 이미지를 객체별로 세분화해야 합니다.
- 카메라 프레임에서 물체의 위치를 찾아야 합니다.
- 물체를 *장난감* 또는 *장난감이 아닌* 것으로 분류해야 합니다.
- 이 정보를 저장하고 기억할 수 있어야 합니다.

우리는 한 번에 하나의 장난감만 집어 들고 이동할 수 있으며, 사용 사례에서 한 번에 두 개 이상의 장난감을 집어 들어야 한다고 말한 사람은 아무도 없습니다. 따라서 우리는 로봇에 가장 가까운 장난감을 임의로 하나만 집는다고 가정해 봅시다.

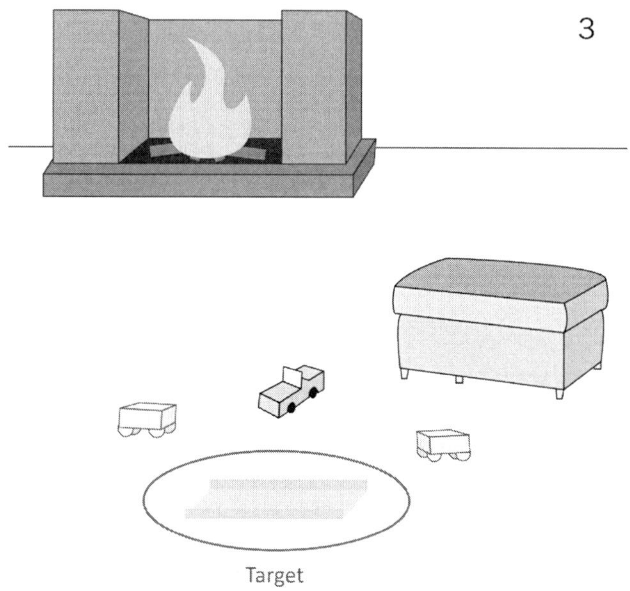

그림 3.10 가장 가까운 장난감 선택

우리는 가장 접근하기 쉬운 장난감이라고 말할 수도 있는데, 이는 가장 가까운 장난감을 선택하는 것과는 약간 다른 과정일 수 있습니다. 그 장난감을 다음 행동의 목표로 설정했는데, 그 행동은 무엇일까요? 장난감까지 운전해서 가라고 하면 정답입니다. 하지만 우리는 단순히 로봇이 장난감에 접근하는 것이 아니라, 로봇 팔이 장난감을 잡을 수 있도록 로봇의 몸체를 적절한 위치에 두어야 합니다. 그런데 작은 장난감의 경우 로봇 팔이 바닥에 닿거나 바닥에 아주 가깝게 닿을 수 있어야 한다는 뜻입니다.

로봇은 현재 위치에서 장난감을 집어 올릴 수 있는 지점까지 경로를 계획해야 합니다. 장난감의 중심에서 팔 길이만큼 떨어진 곳에 목표 지점을 설정합니다.

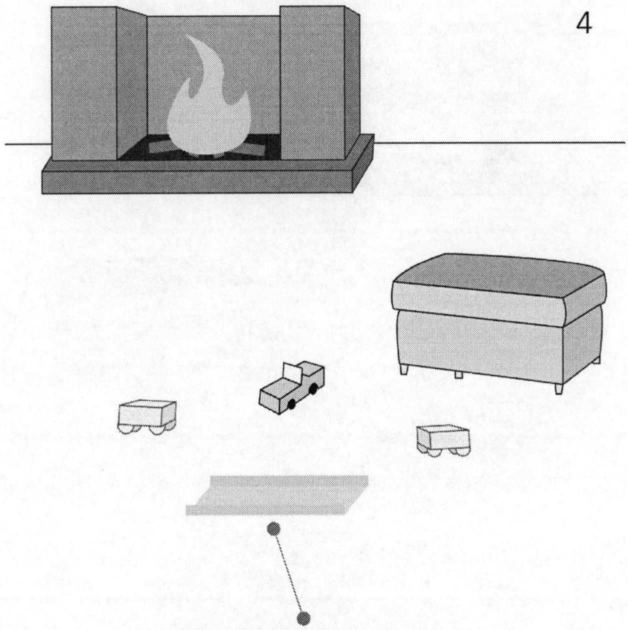

그림 3.11 목표까지의 계획 경로

로봇은 이동 중에 장애물이 없는지 확인해야 합니다. 이를 수행하는 방법에는 두 가지가 있습니다. 그림과 같이 로봇이 이동하는 경로에 로봇의 폭을 더하고 약간의 여유를 더하여 해당 영역에 장애물이 있는지 확인하거나, 장애물 주변에 경계를 추가하고 경로가 그 경계 안으로 들어가는지 확인할 수 있습니다. 어쨌든 장애물이 없는 경로를 만들어야 합니다.

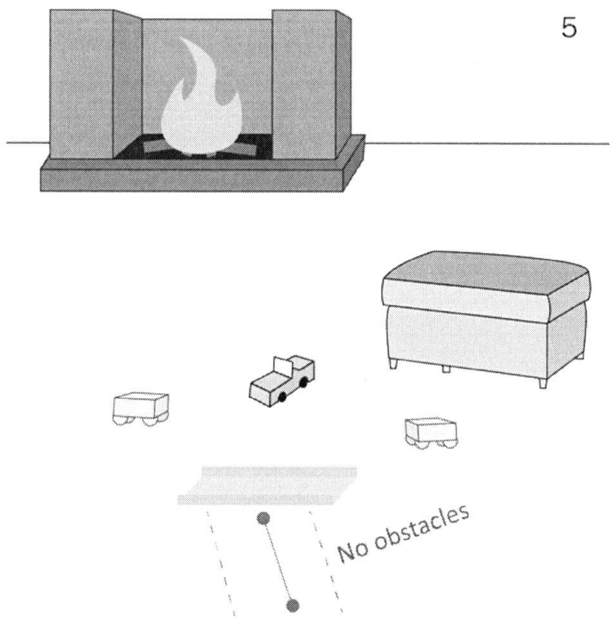

그림 3.12 경로에서 장애물 찾기

로봇은 장난감을 집어들 준비를 위해 적절한 정렬을 스스로 결정합니다.

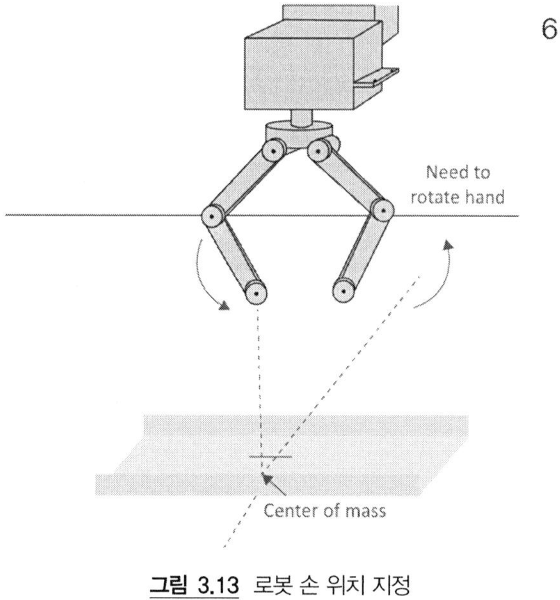

그림 3.13 로봇 손 위치 지정

이제 로봇의 구동이 완료되었으므로 로봇 손을 장난감을 집어 올릴 위치로 이동할 수 있습니다. 로봇 손을 장난감의 질량 중심 위에 올려놓은 다음 장난감의 좁은 부분에 맞춰 손을 회전시켜야 장난감을 집어 올릴 수 있습니다. 이 프로젝트의 목표 중 하나는 로봇이 이 작업을 수행하는 방법을 지시하는 것이 아니라 로봇이 스스로 학습하도록 하는 것입니다. 따라서 이 스토리보드 패널에서는 로봇이 학습과 머신 러닝을 통해 적절한 손 자세를 취하여 물체를 잡을 준비를 한다고 말할 수 있습니다. 여기에는 손을 위로 올리는 것도 포함된다고 추측할 수 있습니다.

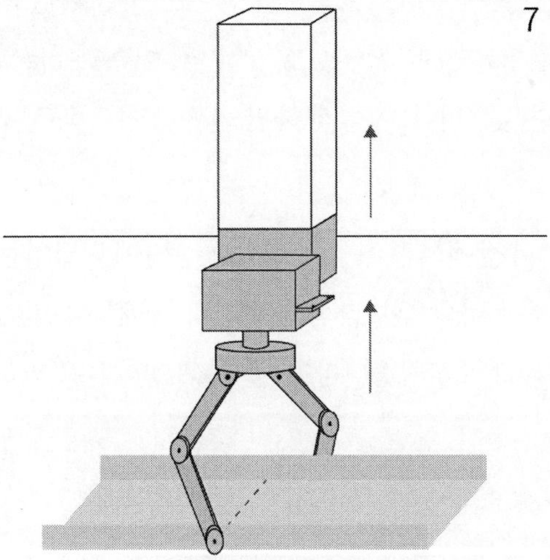

그림 3.14 장난감 픽업

아마도 *스토리보드 6*이 가장 어려운 부분이고(그림 3.13), *스토리보드 7*에서는 로봇이 물체 파악을 완료하고 물체를 집어 올립니다(그림 3.14). 로봇은 픽업이 성공했는지 여부를 판단할 수 있어야 하고, 실패하면 다시 시도해야 합니다. 이는 앞서 만든 상태 머신 다이어그램에 나와 있습니다. 이제 장난감을 집어 들었습니다. 다음은 무엇일까요? 장난감 상자를 찾아야 합니다!

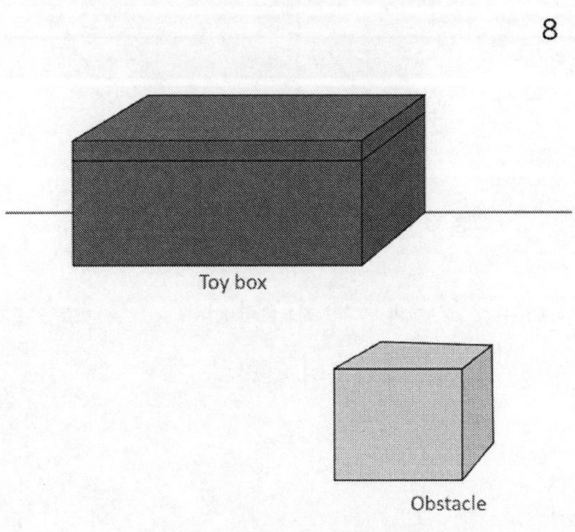

그림 3.15 장난감 상자 찾기

이제 로봇이 장난감 상자를 찾아야 합니다. 다시 말하지만, 이 시점에서 방법은 중요하지 않습니다. 우리는 여전히 *방법(how)*이 아니라 *무엇(what)*을 걱정하고 있습니다. 어떻게든 로봇은 주위를 둘러보고 이 경우에는 크고 벽에 붙어 있으며 독특한 색을 가진 장난감 상자를 찾습니다. 어쨌든 로봇은 스스로 장난감 상자를 찾아야 합니다. 그림의 레이블은 로봇이 장난감 상자를 구별할 수 있으며 다른 모든 물체를 장애물로 간주한다는 것을 나타냅니다. *장난감/장난감 아님* 기능을 동시에 활성화할 필요 없이 *장난감 상자/장난감 상자 아님* 의사 결정 프로세스만 활성화하면 된다는 것을 알 수 있습니다. 이렇게 하면 필요한 처리 과정이 일부 줄어들고 머신 러닝이 더 쉬워집니다.

이제 장난감 상자를 찾았으니 장애물 주변을 탐색하여 상자에 도달하는 조금 더 복잡한 작업을 설명합니다. 이 예에서는 로봇 바닥의 보라색 윤곽선과 장애물 주변의 빨간색 윤곽선을 *접근 금지 구역(Keep out zone)*이라고 표시했습니다. 이를 통해 장애물을 피하는 방법에 대한 자세한 지침을 얻을 수 있습니다.

9

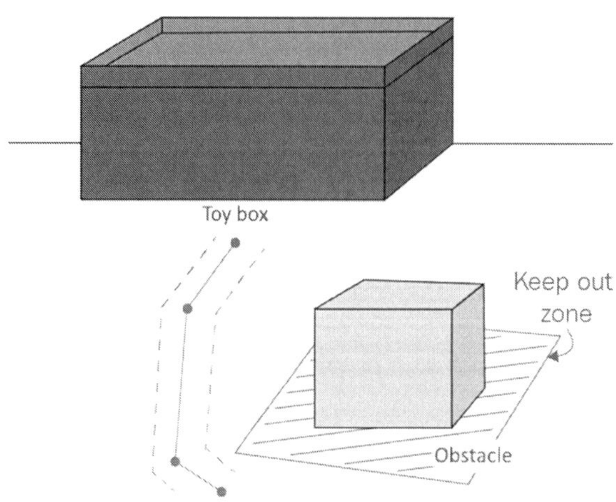

그림 3.16 장난감 상자로의 경로 계획

우리는 로봇의 중심을 *접근 금지 구역*에서 벗어나게 하고 싶습니다. 그리고 장난감 상자에 장난감을 떨어뜨릴 수 있을 만큼 가까이 다가가야 합니다.

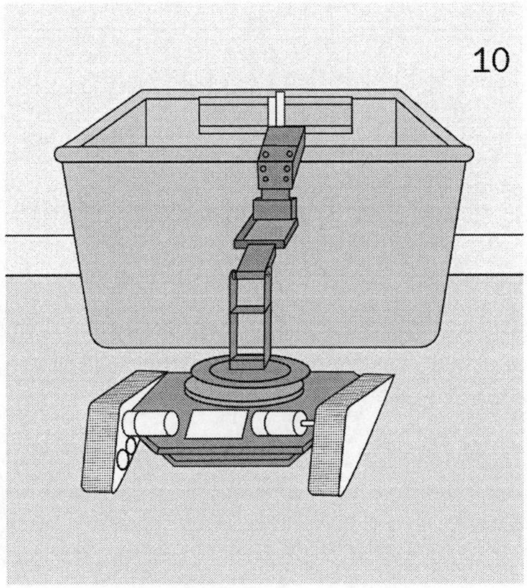

그림 3.17 장난감과 상자 정렬

*스토리보드 10*에서는 장난감을 장난감 상자 상단 위로 높이 들어 올리고 장난감을 놓을 때 장난감 상자 안으로 떨어지도록 배치합니다. 장난감 상자까지 마지막 몇 인치 전에 장난감을 들어 올려야 한다는 점에 유의하세요. 로봇 손을 장난감 상자 입구의 상단에 최대한 앞으로 내밀어 장난감 상자 가운데에 놓습니다.

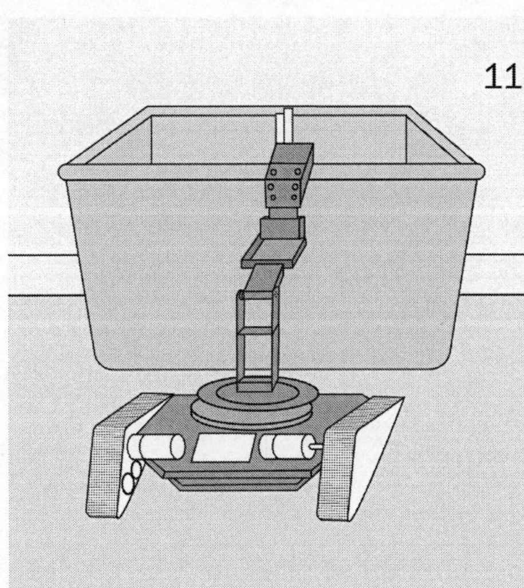

그림 3.18 상자에 장난감 넣기

장난감 이야기의 마지막 단계는 로봇 손을 열어 장난감을 장난감 상자에 넣는 것입니다. 이 단계를 제대로 수행하려면 시행착오를 겪어야 할 것으로 예상됩니다. 장난감을 떨어뜨리기 위해 열린 손을 좌우로 기울여야 할 수도 있습니다. 장난감이 상자 밖으로 떨어지면 장난감은 치워지지 않고 처음부터 다시 시작해서 다시 치워야 합니다. 장난감은 바닥에 놓인 장난감으로 돌아가기 때문에 새로운 상태가 필요하지 않으며, 이미 이에 대한 상태가 있습니다.

여러분이 스토리보드 프로세스가 로봇의 작업을 시각화하는 데 어떤 통찰력을 제공하는지 보셨기를 바랍니다. 가장 중요한 장점은 로봇이 무엇을 하고 있는지 생각하고 각 단계를 점점 더 작은 부분으로 세분화할 수 있다는 점입니다. 필요하다면 주저하지 말고 이 스토리보드를 가지고 개별 패널을 자체 스토리보드로 세분화해 보세요.

프로젝트 목표

이 프로젝트는 AI/머신러닝 프로젝트이므로 단순히 장난감을 치우는 것뿐만 아니라 머신러닝, 적응형 시스템, 신경망 및 기타 도구를 사용하여 이러한 종류의 문제를 해결하기 위한 새로운 접근 방식을 제공하는 것도 프로젝트 목표에 추가해야 합니다. 여러분은 "*왜 귀찮게 하느냐? 표준 프로그래밍 접근 방식을 사용하면 더 잘할 수 있는데?*"라고 생각할 수도 있습니다. 경험상 이런 문제는 그런 식으로 해결하기 어렵고, 크고 작은 회사들이 이런 종류의 문제를 해결하려고 시도했다가 실패했거나 적어도 성공하지 못한 사례를 직접 찾아 볼 수 있습니다. 이 문제는 어떤 방법으로도 쉽게 해결되지 않으며, AI 기반 접근 방식을 사용하면 표준 프로그래밍 기법보다 성공 가능성이 훨씬 더 높습니다. 이 책에서 이 과제를 통해 우리가 꿈꾸던 것 이상으로 성공할 것이라고 말하는 것은 아니지만, 우리의 목표는 그 과정에서 많은 것을 배우는 것입니다!

그래서 우리는 이 시점에서 프로젝트를 정의하는 것을 잠시 멈추고, 다른 방법으로 해결하기 어려운 문제를 풀기 위해 의도적으로 인공지능과 머신러닝을 사용하기로 결정했다고 말합니다.

로봇에게 다양한 작업을 가르칠 예정이므로 나중에 물체 인식에 사용할 데이터를 수집하고 사진을 찍기 위해 로봇을 무선 조종 자동차처럼 원격 조종하여 운전할 수 있다면 더 효과적일 것입니다. 이것은 작전을 위해 필요한 것이 아니라 학습을 위해 필요합니다. 이 필수 작업을 할 일 목록에 추가하겠습니다.

다음 단계에서는 우리가 해낸 모든 어려운 작업에서 로봇이 수행해야 할 **하드웨어** 및 **소프트웨어** 작업을 모두 추출해 보겠습니다. 하지만 그 전에 잠시 멈춰서 사용 사례의 범위를 정의할 때 흔히 저지르는 실수에 대해 논의해 보겠습니다.

사용 사례의 범위 이해

욕구(Desirements, *욕망(desire)*과 *요구 사항(requirements)*을 결합하여 만든 단어)는 *있으면 좋지만* 꼭 필요한 것은 아닌 기능을 말합니다. 예를 들어 로봇이 멋져 보이도록 로봇에 번쩍이는 불빛을 추가하기로 결정했다면 이는 욕구에 해당합니다. 갖고 싶을 수는 있지만 로봇의 임무나 로봇이 수행해야 하는 작업에는 도움이 되지 않습니다.

또 다른 예는 로봇이 어둠 속에서 작동해야 한다고 추가하는 경우입니다. 현재 상황에서는 그럴 이유가 없으며, 사용 사례에서 로봇이 어두운 실내에서만 작동한다고 명시한 바도 없습니다. 이것은 **범위의 확장(scope creep)**, 즉 확실한 이유 없이 운영 조건을 확장하는 것의 한 예가 될 것입니다. 요구 사항과 사용 사례를 최소한으로 유지하고 불필요하거나 중복되는 사용 사례를 버리기 위해 매우 열심히 노력하는 것이 중요합니다. 저는 장난감을 색깔별로 정리하는 요구사항을 추가할 수도 있었지만, 정리는 장난감을 집는 데 도움이 되지 않고, 게다가 장난감 상자는 하나밖에 없습니다. 독자 여러분을 위한 교육을 위해 이 작업을 추가했을 수도 있지만 그 목적에도 도움이 되지 않으므로 색상 분류는 포함되지 않았습니다.

이제 하드웨어 요구 사항을 파악해 보겠습니다.

하드웨어 요구 사항 파악

스토리보드를 기반으로 다음과 같은 하드웨어 작업을 추출하거나 도출했습니다.

- 로봇 베이스 구동
- 로봇 팔 운반
- 장난감 들어올리기
- 장난감 상자에 장난감 넣기(팔 길이 고려)
- 센서:
  - 팔 위치
  - 손 상태(펴기/쥐기)
  - 장애물 회피를 위한 로봇 비전(카메라)
- 아래 모든 시스템에 전원 공급하기
  - Nvidia Nano: 5V

- Arduino: 5V
- 팔 전원: 7.2V
- 모터 전원: 7.2V

• 온보드 컴퓨터:

- 원격으로 명령을 수신할 수 있는 컴퓨터(Wi-Fi Nano)
- ROS 2 실행
- Python 3 실행
- 카메라와 인터페이스할 수 있는 컴퓨터
- 모터를 제어할 수 있는 컴퓨터(아두이노)
- 로봇 팔의 서보 모터를 구동할 수 있는 인터페이스(서보 제어기)

이제 소프트웨어 요구 사항을 살펴봅시다.

소프트웨어 요구 사항 분석

이 소프트웨어 작업 목록은 상태 머신 다이어그램, 사용 사례 및 스토리보드를 검토하여 작성되었습니다. AI가 필요한 단계는 강조 표시했으며 다음 장에서 자세히 다룰 예정입니다.

1. **전원 켜기 자가 테스트**(Power on self-test, POST):
   Ⅰ. 로봇 프로그램 시작
   Ⅱ. 나노가 아두이노와 대화할 수 있는지 확인
   Ⅲ. 제어 스테이션과 통신 시도
   Ⅳ. POST 성공 또는 실패를 적절히 보고하고 로그에 입력
2. 원격 조작을 위해 Wi-Fi를 통해 명령 수신
   • 드라이브 모터 베이스(오른쪽/왼쪽/앞/뒤) •
   • 로봇 손을 위/아래/오른쪽/왼쪽/안쪽/바깥쪽/비틀기로 움직이기
   • 동영상 녹화 또는 이미지 파일로 사진 녹화
3. Wi-Fi를 통해 원격 측정(telemetry) 전송
4. 진행 상황 모니터링
5. 동영상 보내기

6. 안전하게 이동하기

- 장애물 피하는 법 배우기
- 계단에서 넘어지지 않는 법 배우기

7. 장난감 찾기

- 물체 감지
- 물체 분류하기(장난감/장난감 아님) 배우기
- 가장 가까운 장난감 결정하기

8. 장난감 픽업하기

Ⅰ. 팔이 장난감에 닿을 수 있는 위치로 이동

Ⅱ. 장난감 잡기를 위한 전략 수립

Ⅲ. 잡기 시도

Ⅳ. 잡기에 성공했는지 여부 확인

Ⅴ. 그렇지 않은 경우 다른 전략으로 다시 시도

Ⅵ. 성공에 따른 잡기 기술 점수 가중치 재조정

9. 장난감 상자에 장난감 넣기

- 장난감 상자 식별법 배우기
- 장난감 상자 찾기
- 내비게이션을 사용하여 알려진 장난감 상자 위치로 이동
- 덤프 위치로 이동
  - 장애물 피하기
  - 장난감 상자 뚜껑 위로 장난감을 들어 올리기
- 장난감 놓기
- 장난감 놓기가 성공했는지 확인
- 그렇지 않은 경우 위치를 변경하고 재시도
- 장난감이 장난감 상자에 들어가지 못하면 다시 바닥에 있는 장난감으로 취급

10. 장난감이 더 이상 없는지 확인

11. 명령(instruction)을 기다리기

12. 원격 작업

- 베이스 앞/뒤/왼쪽/오른쪽 이동
- 팔을 위/아래/오른쪽/왼쪽으로 움직이기
- 손 안/밖/비틀기/열기/닫기 이동
- 동영상 녹화/사진 촬영

13. 로봇의 개성(personality)을 시뮬레이션합니다.

- 말하기
- 단어 듣기/인식
- 몇 가지 명령어 이해하기
- 노크-노크 농담 말하기
- 노크-노크 농담 이해하기

14. 음성 명령:

- 정리실(Clean-up room)
- 이걸 치워주세요
- 이리 오세요
- 중지
- 잠깐
- 이력서
- 집으로 돌아가기
- 좌회전/우회전
- 앞으로/뒤로
- 손 위로/아래로
- 손 왼쪽/오른쪽
- 손 펴기/손 쥐기

이 목록에서 원격조종(teleoperate)은 어디에 있나요? 사용 사례와 스토리보드에서 이에 대해 논의한 기억이 없습니다. 로봇에게 탐색하고 장난감을 찾는 방법을 가르쳐야 하는데, 이를 위해서는 로봇을 움직이고 사진을 찍어야 합니다. 이를 위한 쉬운 방법 중 하나는 **원격 조종**(원격 제어)을 통해 로봇을 조종하는 것입니다.

사양 작성

다음 과제는 다양한 구성 요소에 대한 사양을 작성하는 것입니다. 여기서는 장난감 잡는 로봇 *프로젝트*의 일부로 반드시 해야 할 일인 *카메라를 선택*해야 하는 예를 들어 보겠습니다. 아무 카메라나 있으면 안 되고, 우리의 요구 사항을 충족하는 카메라가 필요합니다. 하지만 그 필요성이란 무엇일까요? 구매하려는 카메라를 살펴볼 때 어떤 카메라가 작업을 수행할 수 있는지 알 수 있도록 카메라 사양을 작성해야 합니다.

스토리보드와 사용 사례를 만들었으므로 카메라가 해야 할 일을 파악하는 데 필요한 정보를 확보했습니다. 이 프로세스를 어느 정도 리버스 엔지니어링할 수 있습니다. 카메라마다 어떤 점이 다른지 살펴봅시다. 우선 인터페이스입니다. 이 카메라는 로봇에 탑재되므로 USB, 이더넷 및 특수 카메라 버스가 있는 로봇의 컴퓨터와 인터페이스해야 합니다. 카메라에 대해 우리가 신경 쓰는 다른 요소는 무엇인가요? 당연히 비용입니다. 저렴한 로봇에 1,000달러짜리 카메라를 사용하고 싶지도 않고 사용할 필요도 없습니다. 카메라에는 해상도, 즉 각 이미지의 픽셀 수가 있습니다. 해상도는 320 x 240에서 4,000 x 2,000(4K)까지 다양합니다. 카메라에는 카메라가 볼 수 있는 각도 값을 의미하는 시야각도 있습니다. 시야각은 2.5도(매우 좁음)에서 180도(매우 넓음)까지 다양합니다. 어두운 곳에서도 볼 수 있거나 다양한 유형의 적외선 감도를 가진 카메라도 있습니다. 마지막으로 크기와 무게가 있는데, 로봇에 장착할 수 있는 작은 카메라가 필요합니다.

이를 통해 다음을 결정해야 하는 매개 변수가 만들어집니다.

- **시야**: [180 > 2.5]
- **해상도**: [320 x 280 > 4,000 x 2,000]
- **비용**: (낮음에서 높음) - 저렴할수록 좋습니다.
- **어둠 속에서도 볼 수 있음**: 예/아니요
- **크기와 무게**: 작고 가벼울수록 좋으며, 로봇에 꼭 맞아야 합니다.
- **인터페이스**: USB, 이더넷 또는 카메라 버스, 전원 >11V

이러한 매개변수를 이렇게 나열하는 이유는 이제 선택할 수 있는 기능에 집중할 수 있으므로 중요하지 않은 다른 매개변수를 살펴보는 데 시간을 낭비하지 않기 위해서입니다. 몇 가지 매개변수를 제거할 수 있는지 살펴봅시다.

- **USB를 인터페이스로 사용하면** 커넥터에서 전원이 공급되므로 추가 케이블이나 라우터가 필요하지 않습니다. 또한 비용이 가장 적게 드는 방법이기 때문에 USB를 인터페이스로 선택합니다.
- 또한 우리는 **어두운 곳에서도 볼 수 있는** 사용 사례에 대한 요구 사항이 없으므로 특별한 적외선 카메라가 필요하지 않습니다.
- 다음 문제는 **시야**를 결정하는 것입니다. 로봇 팔이 장난감을 집어들 때 로봇 팔이 움직일 수 있는 전체 영역을 볼 수 있어야 합니다. 또한 장애물을 피하기 위해 운전할 때에도 충분한 시야가 필요합니다. 로봇에서 몇 가지 측정을 할 수 있지만 대부분 로봇 가까이만 볼 수 있고 양쪽의 트랙을 지나서는 볼 수 없다는 것을 금방 알 수 있습니다. 따라서 필요한 시야각은 90도에 가깝게 설정됩니다. 이보다 더 넓은 시야는 허용되지만 더 좁은 시야는 허용되지 않습니다.
- 마지막 문제는 물체 인식을 수행하는 데 필요한 **해상도**를 결정하는 것입니다. 이를 위해서는 추가 데이터 포인트가 필요합니다. 물체를 장난감으로 인식하려면 몇 개의 픽셀이 필요할까요? 이 카메라로 장난감과 장난감이 아닌 사물을 인식하는 것이 바로 우리가 할 일입니다. 또한 장난감을 인식할 수 있는 거리도 정해야 합니다. 사용 사례에 대한 확실한 요구 사항이 없으므로 교육적인 추측을 해야 합니다. 방의 길이가 17피트이고 그 안에 가구가 있다는 것을 알고 있습니다. 8피트의 거리가 필요하다고 가정해 봅시다. 이 추측이 맞는지 어떻게 알 수 있을까요? 사고 실험을 해보면 됩니다. 8피트 떨어진 곳에 있는 장난감을 식별할 수 있다면 과제를 완수할 수 있을까요? 반 방 정도 떨어진 곳에서 장난감을 볼 수 있습니다. 그러면 로봇이 장난감으로 이동할 수 있는 공간이 충분하므로 장난감을 찾는 데 많은 시간을 소비하지 않을 것입니다. 로봇이 장난감을 인식하기 위해 4피트 정도 떨어져 있어야 한다면 로봇을 사용할 수 없을까요? 대답은 '아니요'입니다. 로봇은 정상적으로 작동할 것입니다. 3피트는 어떨까요? 이제 로봇이 장난감 가까이까지 가서 장난감이 무엇인지 판단해야 하는 시점에 이르렀고, 그러면 장난감을 검사하는 로직이 더 복잡해질 수 있습니다. 따라서 3피트는 충분하지 않고, 4피트는 괜찮으며, 8피트가 좋다고 말합니다.

90도 렌즈로 8피트 높이에서 장난감을 인식하려면 카메라에 어떤 해상도가 필요한가요? ImageNet 데이터베이스에 따르면 물체를 인식하려면 가로 35픽셀의 샘플이 필요하므로 이를 벤치마크로 사용할 수 있습니다. 이 시점에서는 가로 35픽셀 이상의 이미지가 필요하다고 가정합니다. 너비가 1,024픽셀인 *1,024 x 768*픽셀의 카메라부터 시작하겠습니다. 90도로 나누면 각 도의 픽셀 수가 11.3픽셀(*1,024/90*)이 됩니다. 가장 작은 장난감의 크기는 8피트인가요? 가장 작은 장난감은 약 3인치 길이의 핫휠 장난감입니다. 8피트에서 이것은 1.79도 또는 20.23픽셀(*1.79도 x 11.3픽셀/도*)입니다. 이것만으로는 충분하지 않습니다. 3인치의 거리 방정식을 풀면 *1,024 x 768*픽셀 카메라의 최대 거리는 4.77피트입니다. 이는 간신히 허용되는 수준입니다. *1,900 x 1200*픽셀의 HD 센서가 있다면 어떨까요? 그러면 8피트에서 75픽셀을 얻을 수 있어 최상의 거리를 확보하기에 충분합니다. 1,200픽셀 너비의 센서를 사용하면 5.46피트의 인식 거리를 확보할 수 있는데, 이는 적당하지만 훌륭하지는 않습니다.

이 과정을 통해 사양을 작성하는 방법과 프로젝트에 사용할 센서를 결정할 때 스스로에게 물어봐야 할 질문의 유형을 안내해 드렸습니다.

요약

이 장에서는 로봇 프로젝트를 개발할 때 할 일 목록을 개발하기 위한 제안 프로세스를 간략하게 설명했습니다. 이 프로세스를 시스템 엔지니어링이라고 합니다. 첫 번째 단계는 사용자 관점에서 로봇이 어떻게 작동해야 하는지에 대한 사용 사례 또는 설명을 만드는 것이었습니다. 그런 다음 스토리보드를 만들어 사용 사례를 단계별로 진행하면서 사용 사례에 대한 자세한 내용을 만들었습니다. 로봇이 장난감을 찾아 인식한 후 장난감을 집어 장난감 상자에 넣는 과정을 예로 들었습니다. 하드웨어 및 소프트웨어 요구 사항을 추출하여 로봇이 수행할 수 있는 작업 목록을 작성했습니다. 마지막으로 중요한 센서 중 하나인 카메라에 대한 사양을 작성했습니다.

다음 장에서는 컴퓨터 비전과 신경망을 사용하여 로봇에게 장난감을 인식하도록 가르치는 첫 번째 로봇 작업에 대해 알아보겠습니다.

질문

1. 영화나 만화의 스토리보드와 소프트웨어 프로그램의 스토리보드의 몇 가지 차이점을 설명하세요.
2. 5가지 W 질문은 무엇인가요? 사용 사례를 검토하는 데 도움이 될 만한 질문을 더 생각해

볼 수 있나요?

3. 이 문장을 완성하세요: 사용 사례는 로봇이 하는 일과 하지 않는 일을 보여줍니다.
4. 로봇이 장난감 상자로 이동하는 *그림 3.16의 스토리보드 9*를 자신의 스토리보드에서 더 많은 단계로 세분화합니다. *프레임 9와 10* 사이에 일어나야 하는 모든 일을 생각해 보세요.
5. 노크-노크 농담의 답장 양식을 작성하면 로봇이 농담을 하는 사용자에게 대답합니다. 마지막 단계는 무엇이라고 생각하시나요?
6. 원격 운영 작업을 보세요. 더 추가할 것이 있나요, 아니면 이 정도면 좋은 목록인가요?
7. 로봇이 아래층으로 주행하는 것을 방지하기 위해 거리 측정을 사용하는 센서에 대한 사양을 작성합니다.
8. 인식에 35픽셀이 필요하다고 가정할 때 320 x 200픽셀, 30도 시야각을 가진 카메라가 6인치 너비의 인형을 볼 수 있는 거리는 어느 정도일까요?

추가 읽기

이 장의 주제에 대한 자세한 내용은 다음 리소스를 참조하세요:

- **모델 기반 시스템 엔지니어링(MBSE)**에 대한 표준 입문서인 SysML: 시스템 모델링 언어 실용 가이드(Sanford Friedenthal, Alan Moore, Rick Steiner 저, Morgan Kaufman Publishing).
- *애자일(agile) 개발자를 위한 핸드북*, Paul Flewelling 저, Packt Publishing

로봇 공학에 인식, 학습 및 상호 작용 추가하기

PART 2

로봇이 환경을 보고, 이해하고, 상호 작용하려면 인식 능력이 필요합니다. AI는 물체를 인식하고 탐색하는 데 사용할 수 있는 한 가지 접근 방식입니다. 이 파트에서는 AI 기술을 사용하여 로봇을 효율적으로 작동하는 데 필요한 필수 기술을 익힐 수 있습니다. 이 책의 예제는 장난감을 줍는 로봇을 만드는 것이므로 신경망으로 장난감을 인식하는 것부터 시작합니다. 그런 다음 강화 학습 및 유전 알고리즘과 같은 도구를 사용하여 로봇 팔로 장난감을 집어 올리도록 작업합니다. 다음 장에서는 사용자의 명령을 듣고 이해할 수 있으며 노크-노크 농담도 할 수 있는 로봇 디지털 비서를 만드는 방법을 다룹니다.

이 파트는 다음과 같은 장으로 구성되어 있습니다.

제4장

신경망과 지도 학습을 사용한 물체 인식하기

이 장에서는 로봇과 **인공지능(AI)**을 결합하여 이전 장에서 주의 깊게 설명한 몇 가지 작업을 수행하기 시작합니다. 이 장의 주제는 **물체 인식으로**, 로봇이 장난감이 무엇인지 인식하여 무엇을 집어들고 무엇을 그대로 둘지 결정할 수 있도록 가르칠 것입니다. 이미지에서 사물을 분리하고 인식하여 카메라 프레임에서 로봇이 사물의 위치를 찾을 수 있도록 머신러닝 도구로 **컨볼루션 신경망(CNN)**을 사용할 것입니다. 좀 더 구체적으로, 이미지를 사용하여 사물을 인식할 것입니다. 사진을 찍은 다음 컴퓨터가 그 사진에서 특정 유형의 물체를 인식하는지 살펴볼 것입니다. 물체 자체를 인식하는 것이 아니라 물체의 이미지나 사진을 인식할 것입니다. 또한 물체 주위에 경계 상자(bounding box)를 배치하여 다른 물체 및 배경 픽셀과 구분할 것입니다.

이 장에서는 다음 주제를 다룹니다.

- 이미지 처리에 대한 간략한 개요
- 객체 인식 작업 이해
- 이미지 조작
- 객체 인식 모델인 YOLOv8 사용

기술 요구 사항

로봇이 아직 걸을 수 없다면 로봇 없이도 이 장의 모든 작업을 수행할 수 있습니다. 하지만 카메라가 로봇의 올바른 위치에 있으면 더 좋은 결과를 얻을 수 있습니다. 로봇이 없는 경우에도 노트북과 USB 카메라로 이 모든 작업을 수행할 수 있습니다.

전반적으로 이 장의 작업을 완료하는 데 필요한 하드웨어와 소프트웨어는 다음과 같습니다.

- 하드웨어:
  - 노트북 컴퓨터
  - 엔비디아 젯슨 나노
  - USB 카메라
- 소프트웨어:
  - Python 3
  - OpenCV2
  - 텐서플로
  - YOLOv8(`https://github.com/ultralytics/ultralytics` 에서 확인 가능)

이 장의 소스 코드는 `https://github.com/PacktPublishing/Artificial-Intelligence-for-Robotics-2e`에서확인할 수 있습니다.

다음 섹션에서는 이미지 처리가 무엇인지에 대해 설명합니다.

이미지 처리에 대한 간략한 개요

여러분 대부분은 컴퓨터 이미지, 포맷, 픽셀 깊이, 심지어 컨볼루션(convolution)에 매우 익숙할 것입니다. 다음 섹션에서 이러한 개념에 대해 설명할 예정이므로 이미 알고 계신다면 건너뛰세요. 처음 접하는 분야라면 이후 설명하는 모든 내용이 이 정보를 기반으로 하므로 주의 깊게 읽어보세요.

이미지는 **픽셀** 또는 그림 요소의 2차원 배열로 컴퓨터에 저장됩니다. 각 픽셀은 작은 점입니다. 수천 또는 수백만 개의 작은 점이 각 이미지를 구성합니다. 각 픽셀은 색상을 설명하는 숫자 또는 일련의 숫자입니다. 이미지가 회색조 또는 흑백 이미지일 경우 각 픽셀은 작은 점이 얼마나 어둡거나 밝은지에 해당하는 단일 숫자로 표시됩니다. 지금까지는 간단합니다.

이미지가 컬러 사진인 경우 각 점에는 세 개의 숫자가 결합되어 색상이 만들어집니다. 일반적으로 이 숫자는 **빨강, 초록, 파랑(RGB)** 색상의 강도를 나타냅니다. (0,0,0) 조합은 검은색(또는 모든 색이 없는 상태)을 나타내고 (255,255,255)는 흰색(모든 색의 합)을 나타냅니다. 이 과정을 덧셈 색상 모델이라고 합니다. 컴퓨터 픽셀 대신 수채화로 작업하는 경우 수채화 상자에 있는 모든 색을 더하면 검정색이 되는 것을 알 수 있는데, 이것이 바로 감산 색상 모델입니다. 빨강,

초록, 파랑은 다른 모든 색을 만드는 데 사용할 수 있는 기본 색상입니다. RGB 픽셀은 세 가지 색상으로 표현되므로 각 픽셀에는 세 개의 숫자가 있어 (가로, 세로, 3)의 배열을 만들기 때문에 실제 이미지는 2차원이 아닌 3차원 배열입니다. 따라서 800 x 600픽셀의 사진은 (800,600,3)의 차원 배열로 표현되며, 이는 1,440,000이라는 엄청난 숫자입니다. 우리는 주어진 시간에 처리하는 픽셀 수를 최소화하기 위해 매우 열심히 노력할 것입니다.

RGB는 픽셀을 설명할 수 있는 세 가지 숫자로 이루어진 하나의 집합이지만, 색상 공식을 설명하는 다른 방법도 다양하게 사용할 수 있습니다. 예를 들어 그림 4.2에 표시된 것처럼 RGB의 보색인 **시안, 노랑, 마젠타(CYM)**를 사용할 수도 있습니다. 색을 색조(색의 음영), 채도(색의 강도), 값(색의 밝기)으로 분류하는 **HSV(색조, 채도 및 값)** 모델을 사용하여 색을 분류할 수도 있습니다. HSV는 컬러 이미지를 그레이스케일(흑백)로 변환하는 등 특정 계산에 매우 유용한 색 공간입니다. RGB를 그레이스케일 픽셀로 변환하려면 약간의 계산을 해야 하는데, 한 채널만 뽑아서 그대로 유지할 수는 없습니다. **미국 텔레비전 시스템 위원회(NTSC)**에서 정의한 RGB를 그레이스케일로 변환하는 공식은 다음과 같습니다.

*0.299*빨강 + 0.587*초록 + 0.114*파랑*

이는 빛의 다른 파장이 녹색에 더 민감한 우리 눈에서 다르게 작용하기 때문입니다. HSV 색상 모델에 컬러가 있는 경우 회색조 이미지를 만들려면 *V*(값)를 고려하고 *H*와 *S* 값을 버리면 됩니다. 상상할 수 있듯이 이것은 훨씬 더 간단합니다. 이 장에서 이미지 조작을 꽤 많이 할 것이므로 이 점을 이해하는 것이 중요합니다. 하지만 먼저 다음 섹션에서 이 장에서 수행할 이미지 인식 작업에 대해 설명하겠습니다.

객체 인식 작업 이해

컴퓨터나 로봇이 장난감의 이미지를 인식하는 것은 두 장의 사진을 찍고 '사진 A = 사진 B'라고 말하는 것만큼 간단하지 않습니다. 무작위로 회전하고 흩어져 있고 다양한 거리에 있는 다양한 물체를 인식하려면 꽤 많은 작업을 해야 합니다. 예를 들어 육각형이나 단순 컬러 얼룩과 같은 단순한 모양을 인식하는 프로그램을 작성할 수는 있지만, 장난감 강아지 인형처럼 복잡한 물체는 인식할 수 없습니다. 이미지를 분석하고 가능한 모든 순열의 픽셀, 색상, 분포, 범위를 계산하는 프로그램을 작성하는 것은 매우 어렵고, 결과는 매우 취약해서 조명이나 색상에 조금만 변화가 있어도 실패할 것입니다.

제 경험에 비추어 말씀드리자면, 최근 대형 로봇이 기존의 컴퓨터 비전 시스템을 사용하여 배터리 충전기 스테이션을 찾다가 실수를 한 적이 있습니다. 그 로봇은 낡고 색이 바랜 청량음료 기계를 충전기로 착각했고, 저는 퓨즈를 더 사러 가야만 했습니다.

대신 로봇에게 다양한 각도에서 촬영할 장난감에 해당하는 이미지 세트를 인식하도록 가르칠 것입니다. 이를 위해 이미지에 대해 컨볼루션 연산을 수행하는 특수한 유형의 **인공 신경망**(ANN)을 사용할 것입니다. 이는 AI 기술로 분류되는데, 코드를 작성하여 소프트웨어가 물체를 인식하도록 프로그래밍하는 대신 신경망을 학습시켜 이미지의 픽셀 그룹을 정확하게 *분할*(이미지의 나머지 부분과 분리)하고 네트워크가 학습받은 라벨링된 픽셀 그룹과 얼마나 유사한지에 따라 픽셀 그룹에 *라벨을 지정*(분류)하기 때문입니다. 로봇의 행동을 결정하는 것은 코드가 아니라, 우리가 네트워크를 학습시키는 데이터입니다. 우리(인간)는 세그먼트화되고 레이블이 지정된 이미지를 제공하여 신경망을 학습시킬 것이므로 이를 **지도 학습**(supervised learning)이라고 합니다. 여기에는 네트워크에 학습할 내용을 알려주고 네트워크가 얼마나 잘 수행하느냐에 따라 네트워크를 강화(보상)하는 것이 포함됩니다. 8장에서 **비지도 학습**에 대해 설명하겠습니다. 이 과정에서는 소프트웨어에 정확히 무엇을 학습할지 알려주지 않으므로 소프트웨어가 스스로 결정해야 합니다.

명확하게 설명하자면, 이 섹션에서는 ANN이 무엇을 학습하기를 원하는지, 즉 이 경우에는 *장난감*이라고 부르는 물체 클래스를 인식하고 해당 물체 주위에 경계 상자(bounding box)를 그리는 방법을 알려줄 것입니다. 이 경계 상자는 로봇의 다른 부분에 장난감이 보이는지, 이미지에서 어디에 있는지 알려줍니다.

이미지에서 장난감을 인식하는 작업을 수행하기 위해 사용할 고유한 구성 요소에 대해 강조하겠습니다. 3장의 스토리보드에서 무엇을 하라고 했는지 기억하시나요?

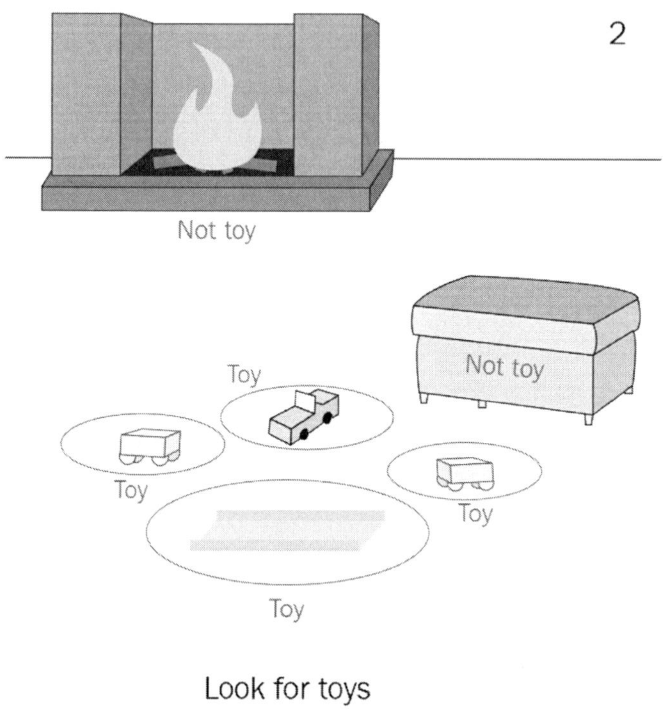

그림 4.1 물체를 장난감으로 식별하는 사용 사례

이미지 인식기는 어떤 물체가 장난감인지 파악한 다음 이미지에서 해당 물체의 위치를 찾아야 합니다. 앞의 스케치에서 장난감으로 표시된 물체 주위에 원이 그려져 있는 것을 볼 수 있습니다. 이미지 인식기는 사물이 *무엇*인지뿐만 아니라 *어디에* 있는지도 인식해야 합니다.

이미지 조작

이제 이미지가 생겼으니 이미지로 무엇을 할 수 있을까요? Adobe Photoshop이나 GIMP 같은 이미지 조작 프로그램을 사용해 본 적이 있다면 이미지에 수백 가지의 작업, 필터, 변경 및 트릭을 수행할 수 있다는 것을 알고 있을 것입니다. 예를 들어 밝기를 조정하여 이미지를 더 밝게 또는 더 어둡게 만들 수 있습니다. 이미지의 흰색 부분과 어두운 부분의 대비를 높일 수 있습니다. 가우시안 블러 필터를 적용하여 이미지를 흐릿하게 만들 수 있습니다. 흐릿한(unsharp) 마스크 같은 필터를 사용하여 이미지를 (다소) 선명하게 만들 수도 있습니다. 캐니(Canny) 필터와 같은 가장자리 검출기 필터를 사용하여 색상이나 값이 변경되는 이미지의 가장자리를 분리할 수도 있습니다. 이러한 모든 기술을 사용하여 컴퓨터가 이미지를 식별하는 데 도움을 줄 것입니다.

그림 4.2 이미지에 적용된 다양한 컨볼루션 연산들

이러한 조작을 수행함으로써 컴퓨터 소프트웨어가 이미지의 크기(**스케일 불변성**), 사진을 촬영한 각도(**각도 불변성**), 사용 가능한 조명(**조명 불변성**)에 민감하지 않도록 하려는 것입니다. 이는 컴퓨터 비전 시스템에서 매우 바람직한 현상입니다. 우리는 원본 이미지와 동일한 각도와 거리에서만 장난감을 인식하는 AI 시스템을 원하지는 않을 것입니다. 미리 촬영한 라벨이 붙은 학습 이미지 세트를 기반으로 장난감을 인식하도록 비전 시스템을 학습시키고, 로봇은 학습 세트에서 학습한 내용을 기반으로 사물을 인식해야 한다는 점을 기억하세요. 여기서는 크기, 각도, 거리 또는 조명에 따라 대부분 변하지 않는 이미지의 특징을 사용할 것입니다. 어떤 종류의 특징이 있을까요?

의자와 같은 일반적인 가정용품을 여러 각도에서 살펴본다면 의자가 변하지 않는 것은 무엇일까요? 쉬운 대답은 가장자리와 모서리입니다. 의자는 항상 같은 수의 모서리를 가지고 있으며 대부분의 각도에서 모서리의 수가 일정하게 보입니다. 또한 모서리의 개수도 일정합니다.

물론 이는 접근 방식을 지나치게 단순화한 것입니다. 우리는 이 객체에 고유할 수도 있고 그렇지 않을 수도 있는 수많은 이미지 특징에 대해 ANN을 학습시키고 어떤 것이 작동하고 어떤 것이 작동하지 않는지 결정하도록 할 것입니다. 이를 위해 **컨볼루션**이라는 이미지 조작에 대한 일반적인 접근 방식을 사용할 것입니다.

컨볼루션

가끔 복잡한 작업을 더하기, 빼기, 곱하기, 나누기만 하면 되는 수학적 구조를 접할 때가 있습니다. 기하학에서 벡터는 이와 같은 방식으로 작동하며, 이미지 처리에는 **컨볼루션 커널**이 있습니다. 가장자리 감지, 모서리 감지, 흐릿하게 하기, 선명하게 하기, 향상 등 대부분의 일반적인 이미지 처리 기술을 간단한 배열 구성으로 수행할 수 있습니다.

이미지에서 픽셀의 이웃 픽셀이 픽셀 자체만큼이나 중요하다는 것은 쉽게 이해할 수 있습니다. 상자의 모든 가장자리 픽셀을 찾으려면 한쪽에는 한 가지 유형의 색상이 있고 다른 한쪽에는 다른 유형의 색상이 있는 픽셀을 찾아야 합니다. 픽셀의 한쪽에 있는 픽셀과 다른 쪽의 픽셀을 비교하여 가장자리를 찾는 함수가 필요합니다.

컨볼루션 커널은 분석 중인 한 픽셀 주변의 픽셀 또는 픽셀 이웃에 가중치를 적용하는 행렬 함수입니다. 이 함수는 일반적으로 3x3 행렬로 다음과 같이 작성됩니다.

표 4.1 컨볼루션 커널 예시

-1	0	1
-2	0	2
-1	0	1

소벨 에지 감지(Sobel edge detection)는 *Y*축 방향으로 표시됩니다. 이는 위아래로 움직이는 가장자리를 감지합니다. 각 블록은 픽셀을 나타냅니다. 처리 중인 픽셀은 중앙에 있습니다. 각 측면에 있는 픽셀의 이웃은 위, 아래, 왼쪽, 오른쪽의 다른 블록입니다. 컨볼루션을 계산하기 위해 각 픽셀의 값에 해당 픽셀의 값(강도)을 곱하여 해당 가중치를 적용한 다음 모든 결과를 더합니다. 이 이미지가 컬러(RGB)인 경우 각 색상에 대한 컨볼루션을 개별적으로 계산한 다음 결과를 합칩니다. 다음은 이미지에 컨볼루션을 적용한 예시입니다.

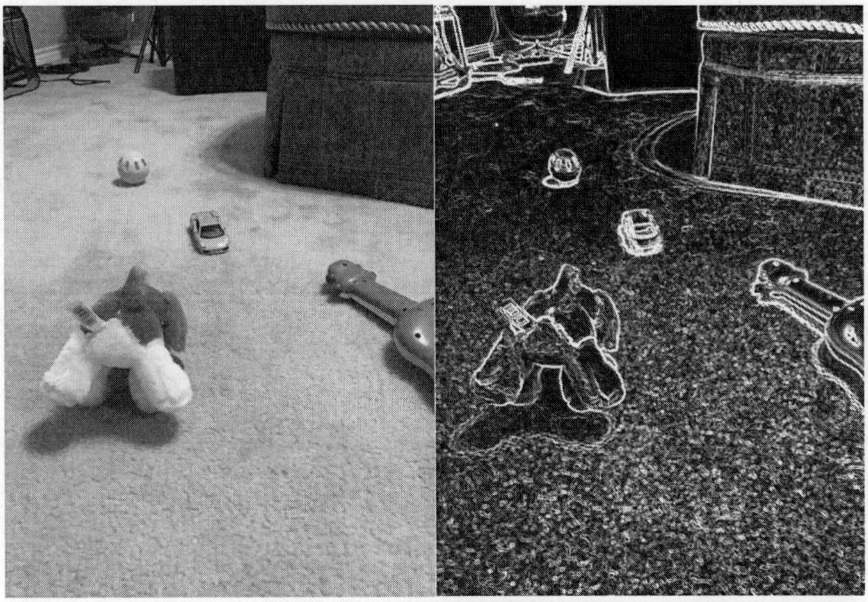

그림 4.3 소벨 에지 감지 컨볼루션 결과

결과 이미지는 원본과 같은 크기입니다. 중앙 픽셀의 양쪽 색상이 같으면 서로 상쇄되어 0, 즉 검은색이 됩니다. 색상이 다르면 255, 즉 흰색이 답이 됩니다. 더 복잡한 결과가 필요한 경우, 하나의 픽셀이 아닌 양쪽에서 가장 가까운 두 개의 픽셀을 고려하는 5x5 컨볼루션을 사용할 수도 있습니다.

좋은 소식은 입력 이미지에 어떤 컨볼루션 연산을 적용할지 선택할 필요가 없다는 것입니다. 모든 컨볼루션을 설정하는 소프트웨어 프론트엔드(frontend)를 구축할 것입니다. 이 *프론트엔드*는 네트워크 학습을 시작하기 전에 네트워크를 설정하는 프로그램의 일부일 뿐입니다. 우리가 사용할 신경망 패키지는 어떤 컨볼루션이 가장 많은 데이터를 제공하고 우리가 원하는 학습 결과를 지원하는지 결정합니다.

"하지만 잠깐만요." 이렇게 말씀하실 수 있습니다. "픽셀이 이미지의 가장자리에 있고 한쪽에 이웃 픽셀이 없으면 어떻게 하나요?" 이 경우 가장자리 픽셀도 고려할 수 있도록 이미지에 여분의 픽셀 테두리인 패딩을 추가해야 합니다.

다음 섹션에서는 신경망의 핵심에 대해 자세히 알아보겠습니다.

인공 뉴런

뉴런(neuron)이란 무엇인가요? 그리고 뉴런으로 어떻게 네트워크를 만들 수 있을까요? 생물학에서 배운 내용을 기억하신다면, 생물학적 또는 자연적 뉴런에는 다른 뉴런이나 센서 입력에 연결되는 입력, 즉 수상 돌기(dendrite)가 있습니다. 모든 입력은 중앙 몸체로 들어온 다음 축삭(axion) 또는 연결을 통해 다른 수상 돌기를 통해 다른 뉴런으로 나갑니다. 뉴런 사이의 연결을 **시냅스**(synapse)라고 하는데, **시냅스**는 신경의 신호가 통과해야 하는 작은 틈새입니다. 뉴런은 입력을 받아 처리한 후 특정 임계값에 도달하면 활성화하거나 출력을 보냅니다. **인공 뉴런**은 뇌의 뉴런 작동을 근사화한 소프트웨어 구조로, 자연 뉴런의 매우 단순화된 버전입니다. 다음 그림과 같이 여러 입력, 가중치 세트, 바이어스, 활성화 함수, 그리고 네트워크의 결과로 다른 뉴런에 대한 일부 출력이 있습니다.

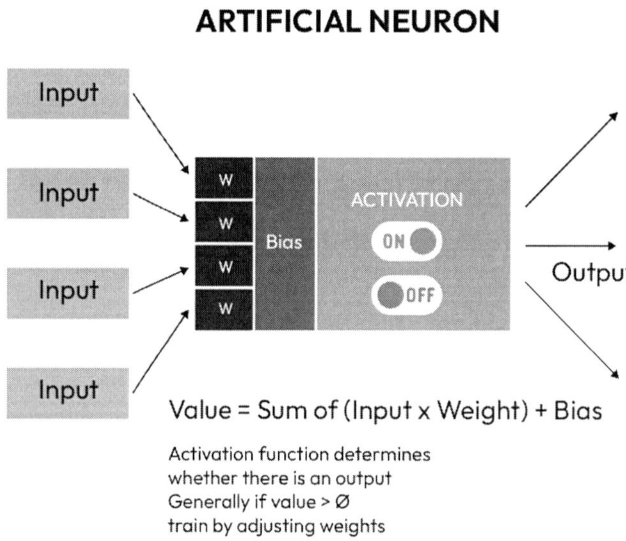

그림 4.4 인공 뉴런의 다이어그램

각 구성 요소에 대해 자세히 설명해 보겠습니다.

- **입력**(Input): 다른 뉴런으로부터 또는 네트워크에 대한 입력으로 받은 숫자 또는 값입니다. 이미지 처리 예제에서는 픽셀입니다. 이 숫자는 실수나 정수일 수 있지만 반드시 하나의 숫자이어야 합니다.
- **가중치**(Weight): 뉴런을 *학습시키기* 위해 변경할 수 있는 조정 가능한 값입니다. 가중치를 높인다는 것은 해당 입력이 정답에 더 중요하다는 것을 의미하며, 반대로 가중치를 낮춘다는 것은 해당 입력이 덜 사용된다는 것을 의미합니다. 뉴런의 값을 결정하려면 모든 입력 값을 결합해야 합니다. 신경망이 학습됨에 따라 각 입력에 대한 가중치가 조정

되어 일부 입력이 다른 입력보다 선호됩니다. 입력에 가중치를 곱한 다음 모든 결과를 합산합니다.

- **바이어스(Bias)**: 가중치의 합에 추가되는 숫자입니다. 바이어스는 뉴런이 0에서 멈추는 것을 방지하고 학습을 개선합니다. 이 값은 일반적으로 작은 숫자입니다. 뉴런에 대한 모든 입력이 0인 상황을 상상해 보세요. 이 경우 가중치는 아무런 영향을 미치지 않습니다. 작은 편향을 추가하면 뉴런이 여전히 출력을 가질 수 있고 네트워크는 이를 사용하여 학습에 영향을 줄 수 있습니다. 편향이 없으면 입력이 0인 뉴런은 학습할 수 없고(가중치를 변경해도 효과가 없음) *멈춰 버립니다*.
- **활성화 함수(Activation function)**: 이는 입력의 가중치 합계에 따라 뉴런의 출력을 결정합니다. 가장 일반적인 유형은 뉴런의 값이 0보다 작으면 출력이 0이고, 그렇지 않으면 입력값이 출력인 **정류 선형 단위(Rectified Linear Unit, ReLU)**와 로그 함수인 **시그모이드(S자형)** 함수입니다. 활성화 함수는 네트워크 전체에 정보를 전파하고 뉴런의 출력에 비선형성을 도입하여 신경망이 비선형 함수를 근사화 할 수 있도록 합니다.

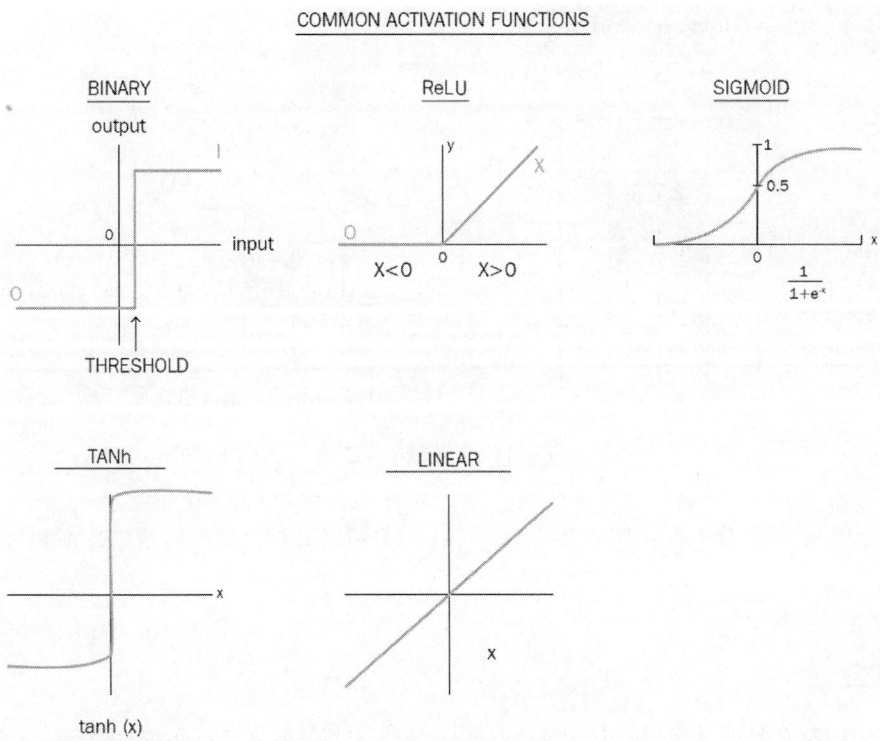

그림 4.5 일반적인 활성화 함수들

- **출력(Output)**: 순차적 신경망의 각 레이어는 다음 레이어에 연결됩니다. 일부 계층은 첫 번째 계층의 각 뉴런이 두 번째 계층의 각 뉴런에 연결되어 완전히 연결됩니다. 다른 층은 드문드문 연결되어 있습니다. 신경망 학습에는 무작위로 연결을 제거하는 **드롭아웃(drop out)**이라는 일반적인 프로세스가 있습니다. 이렇게 하면 네트워크가 학습하는 각 정보 비트에 대해 여러 경로를 갖게 되어 네트워크가 강화되고 더 다양한 입력을 처리할 수 있게 됩니다.
- **출력의 최대 풀링(Max pooling)**: 이미지의 영역(예: 2x2 픽셀 블록)에 해당하는 뉴런 그룹이 다음 단계의 하나의 뉴런으로 전달되는 최대 풀링이라는 특별한 유형의 네트워크 계층(완전 연결 또는 희소(sparse) 계층과 비교)을 사용합니다. 최대 풀링 뉴런은 4개의 입력 뉴런 각각에서 가장 큰 값만 가져옵니다. 이는 이미지를 다운샘플링하는(더 작게 만드는) 효과가 있습니다. 이를 통해 네트워크는 대상 물체의 작은 특징(예: 작고 컬러풀한 금속 장난감 자동차인 Hot Wheels 자동차의 바퀴)을 후드나 앞 유리와 같은 큰 특징과 연결하여 장난감 자동차를 식별할 수 있습니다.

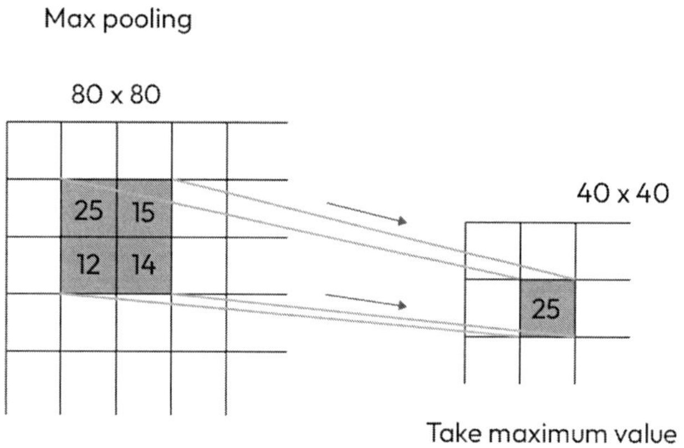

그림 4.6 최대 풀링 작업

이제 신경망의 구성 요소를 이해했으니 신경망을 학습시키고 테스트하는 방법을 살펴보겠습니다.

CNN 학습

이 장의 나머지 부분에서 코드에서 수행하게 될 작업을 처음부터 끝까지 살펴보겠습니다. 우리는 비디오 프레임의 픽셀을 검사하여 이미지에 장난감과 유사한 픽셀 영역이 하나 이상 있는지 여부와 그 위치를 출력하는 CNN을 구축하고 있다는 것을 기억하세요. 다음 다이어그램은 신경망을 학습시키는 과정을 단계별로 보여줍니다.

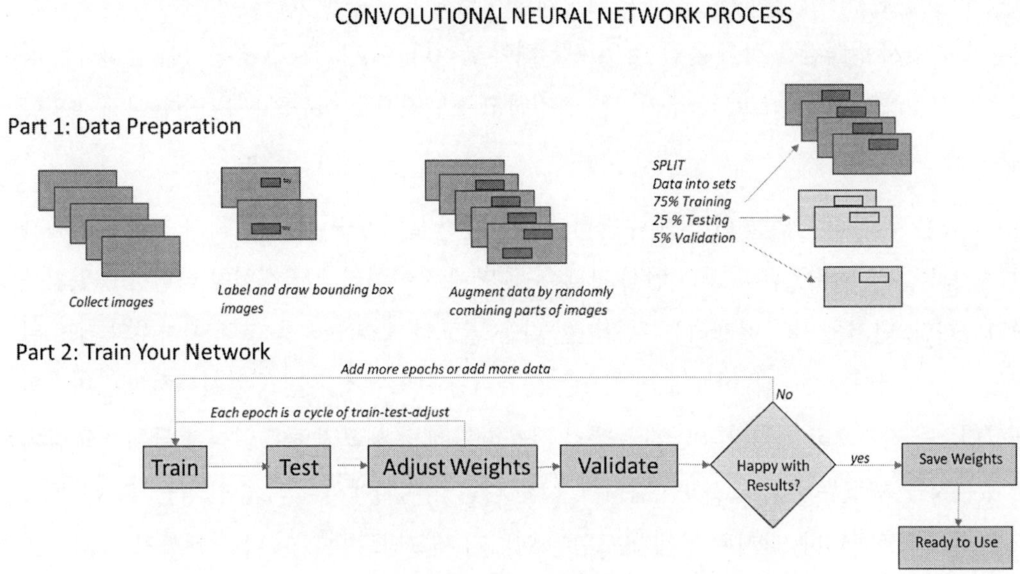

그림 4.7 CNN 프로세스

이 작업에서는 신경망을 처음부터 새로 구축하기보다는 이미 존재하는 신경망을 사용하기로 결정했습니다. 좋은 CNN 객체 감지기가 많이 나와 있고, 솔직히 기존 모델 구조를 개선하기는 어렵습니다. 이 책에서 제가 선택한 것은 YOLOv8*이라는 것으로, 여기서 YOLO는 You Only Look Once*의 약자입니다. 이 모델을 우리 작업에 어떻게 사용할 수 있는지 이해해 보겠습니다.

객체 인식 모델인 YOLOv8 사용

YOLOv8 모델에 대해 자세히 알아보기 전에 제가 이 모델을 선택한 이유에 대해 이야기해 보겠습니다. 우선, 학습 과정은 우리가 사용할 수 있는 모든 CNN과 거의 동일합니다. YOLO는 강력한 오픈 소스 객체 감지 모델로서 많은 개발이 이루어진 모델입니다. YOLO는 최첨단으로 간주되며 우리가 필요로 하는 기능을 잘 수행합니다. 물체를 감지하고 그 주위에 경계 상자를 그려서 이미지에서 물체가 어디에 있는지 보여줍니다. 따라서 어떤 물체가 무엇인지, 그리고 그 물체가 어디에 있는지 알려줍니다. 보시다시피 이 기능은 사용하기 매우 쉬우며 원래 학습된 것 이외의 다른 종류의 물체를 감지하도록 확장할 수 있습니다. 로봇 공학용 AI 객체 인식에 대한 학습에 많은 지원과 좋은 기반을 제공할 수 있으므로 YOLO의 사용자가 많이 있습니다.

이 장의 서두에서 언급했듯이 로봇으로 장난감을 줍는다는 목표를 달성하기 위해 수행해야 할 두 가지 작업이 있습니다. 먼저 로봇이 카메라로 장난감을 감지할 수 있는지 확인하고(카메라 이미지에 장난감이 있는지 확인), 그 이미지에서 장난감이 어디에 있는지 파악하여 로봇이 장난감으로 가서 장난감을 집어 올릴 수 있도록 해야 합니다. 이 장에서는 장난감을 감지하는 방법을 배우고, 7장에서는 로봇과의 거리를 결정하고 장난감으로 이동하는 방법에 대해 설명합니다.

YOLOv8은 두 가지 작업을 한 번에 수행하므로 이름이 붙여졌습니다. 이 책의 초판에서 제가 만든 것과 같은 다른 종류의 객체 인식 모델은 두 단계로 이미지에서 객체를 식별하고 위치를 찾았습니다. 먼저 물체가 존재하는지 확인한 다음 별도의 패스(pass)를 통해 이미지의 어느 위치에 있는지 알아냈습니다. 이 별도의 패스는 슬라이딩 윈도우 접근 방식을 사용하여 이미지의 세그먼트를 가져오고 신경망의 감지 부분을 사용하여 해당 세그먼트에 인식한 물체가 포함되어 있는지를 *예* 또는 *아니오*로 표시합니다. 그런 다음 이미지에서 고려 중인 창을 슬라이드하고 다시 테스트합니다. 감지된 물체가 포함된 이미지 세그먼트가 많이 나올 때까지 이 과정을 반복했습니다. 그런 다음 *minmax*라는 프로세스를 통해 물체의 모든 보이는 부분(최대)을 포함하는 가장 작은 상자(최소)를 선택합니다.

YOLOv8은 두 개의 신경망을 결합한 다른 접근법을 택하는데요, 인식하도록 학습된 물체를 감지하는 신경망과 물체의 중심을 기준으로 경계 상자를 그리도록 학습된 신경망을 사용합니다. YOLOv8의 직접적인 출력에는 물체에 대한 감지와 경계 상자가 모두 포함됩니다. 또한 YOLOv8은 이미지를 픽셀 단위로 분할하여 물체가 있는 상자뿐만 아니라 해당 물체에 속한 모든 픽셀을 식별할 수 있습니다. 이는 경계 상자를 사용하여 로봇이 장난감으로 이동하는 데 도움을 줄 것입니다.

YOLOv8은 전체 개체 클래스(약 80개)에 대해 사전 학습된 상태로 제공되지만, 감지하려는 장난감에 대해 이미 작동하는지 확인할 수 있습니다. YOLOv8의 장난감 감지 기능을 테스트해 보겠습니다. PC에서 다음 간단한 명령어를 사용하여 YOLOv8을 설치할 수 있습니다.

```
pip install ultralytics
```

이제 놀이방에 있는 장난감 사진으로 감지 여부를 테스트하기 위해 YOLOv8 감지 모델 중 가장 작은(모델 크기 측면에서) **나노 크기 모델**(yolov8n.pt라고 함)을 사용하겠습니다. 이것은 Ultralytics가

YOLOv8과 함께 제공하는 사전 학습된 신경망입니다.

```
yolo task=detect mode=predict model=yolov8n.pt source="test.png"
```

다음 그림에서 볼 수 있듯이, 기성품 YOLOv8 객체 모델이 감지한 것은 거꾸로 된 성냥갑 자동차뿐이며, 이 자동차는 스케이트보드로 잘못 레이블이 지정되어 있습니다.

그림 4.8 우리 장난감에 대해 학습되지 않은 YOLOv8 출력

이 각도에서 보면 작은 장난감 자동차가 스케이트보드와 비슷해 보이지만 이는 우리가 원하는 결과가 아닙니다. 이미지에 있는 모든 장난감을 감지해야 하며, 한 개만 감지해서는 안 됩니다. 이 문제를 어떻게 해결할 수 있을까요?

해답은 네트워크에 새로운 학습을 추가하고, YOLOv8의 모든 장점을 활용하고, 사용자 지정 객체도 감지할 수 있다는 것입니다. 이를 위해 **전이 학습**(transfer learning)이라는 프로세스를 사용할 수 있습니다.

다음은 장난감 탐지기를 학습시키는 방법에 대한 개요이며, 그 후에 이러한 단계에 대해 더 자세히 설명하겠습니다.

1. 먼저 장난감이 있는 방의 학습용 이미지 세트를 준비합니다. 즉, 로봇이 사용할 것과 동일한 카메라를 사용하여 로봇의 관점에서 장난감의 사진을 많이 찍어야 합니다. 장난감의 모든 다른 각도와 측면에서 사진을 찍어야 합니다. 방을 시계 방향으로 돌고 반시계 방향으로 돌면서 몇 인치마다 사진을 찍었습니다. 이 단계에서 48장의 사진을 찍었습니다.
2. 다음으로 RoboFlow(`https://roboflow.com`)와 같은 데이터 라벨링 프로그램을 사용하여 이미지에 주석을 달아야 합니다(자세한 지침은 관련 문서를 참조하세요). 이 프로그램

을 사용하면 인식하려는 물체(장난감) 주위에 상자를 그리고 태그를 붙일 수 있습니다(toy라는 이름을 사용하겠습니다). 이미지에서 장난감이 포함된 부분을 분리하고 신경망에 이 유형의 물체를 무엇이라고 부를지 알려줍니다.

그림 4.9 무료 데이터 라벨링 도구인 RoboFlow를 사용한 주석 달기

3. 그런 다음 이 데이터 세트를 네트워크 학습에 사용할 세트, 검증에 사용할 세트, 네트워크 테스트에 사용할 세트의 세 부분으로 분할해야 합니다. 학습용 이미지에 87%, 검증용 이미지에 8%, 테스트용 이미지에 5%의 데이터 세트를 할당하겠습니다. 학습 데이터와 테스트 데이터를 별도의 폴더에 넣겠습니다. RoboFlow의 Generate 탭에는 Train/Test Split이라는 섹션이 있으며, 이를 위한 절차가 있습니다.
4. 이제 각 이미지를 가져와 모자이크에서 다른 이미지의 일부를 결합하여 학습값(training value)을 곱해야 합니다. 무작위로 서로 다른 사진 네 장의 일부를 가져와서 결합하겠습니다. 이렇게 하면 학습 세트가 세 배로 증가하는데, 이를 **데이터 증강**(data augmentation)이라고 합니다. 이 과정은 RoboFlow에 내장되어 있습니다. 36장의 사진으로 시작했는데, 증강을 거친 후에는 99장이 되었습니다.

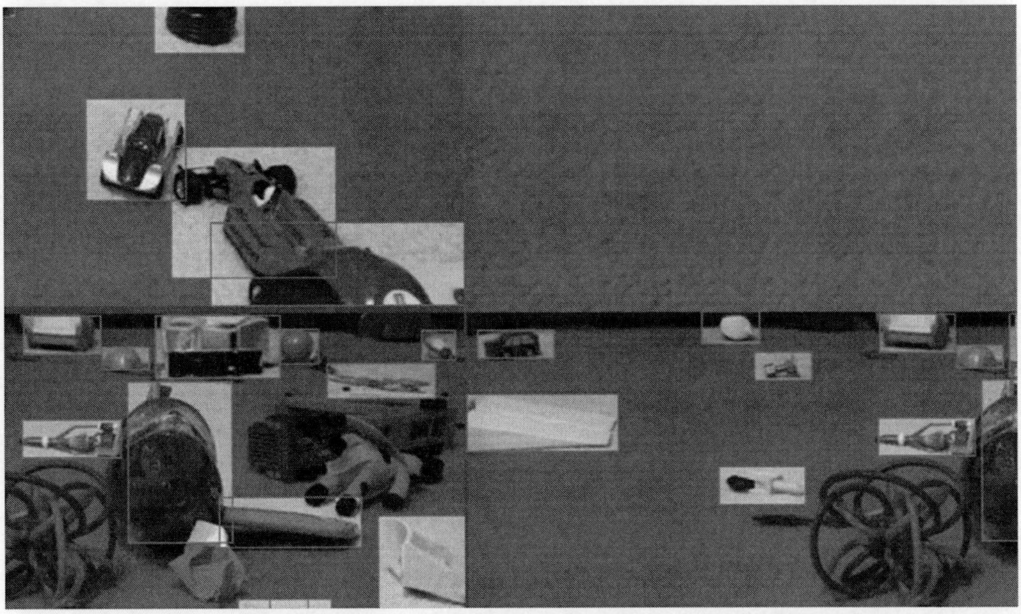

그림 4.9 모자이크 데이터 증강을 통해 제한된 수의 사진에서 더 많은 학습 데이터 생성

모자이크 방식을 사용하는 이유는 무엇일까요? 여전히 유효한 경계 상자를 원하기 때문입니다. 모자이크 프로세스는 가장자리와 교차하는 부분적인 경계 상자의 크기를 조정합니다.

5. 다음으로 데스크톱 컴퓨터에서 실행하여 네트워크를 학습시키는 학습 프로그램(training program)과 학습된 네트워크를 사용하여 장난감을 찾는 작업 프로그램(working program)의 두 가지 프로그램을 구축할 것입니다. 학습 과정은 로봇에 탑재된 소형 컴퓨터에서는 실행되지 않거나 실행하는 데 시간이 오래 걸릴 수 있으므로 데스크톱 컴퓨터를 사용하겠습니다.

6. 이제 네트워크를 학습시켜야 합니다. 이를 위해서는 다음을 수행해야 합니다.

   Ⅰ. 먼저 모든 이미지의 크기를 축소하여 처리 시간을 합리적인 수준으로 줄여야 합니다.

   Ⅱ. 그런 다음 균일한 무작위 가중치로 네트워크를 초기화해야 합니다.

   Ⅲ. 다음으로 레이블이 지정된 이미지를 엔코딩하고 이를 네트워크에 입력해야 합니다. 신경망은 이미지 데이터만 사용하여 그림에 있는 물체의 종류와 그 경계 상자가 무엇인지 예측합니다. 이미지에 정답을 미리 라벨링하고 올바른 경계 상자를 사용했기 때문에 정답이 맞는지 틀린지 판단할 수 있습니다. 정답이 맞으면 이 답변에 기여한 입력에 대한 가중치(학습 값)를 증가시켜 강화할 수 있습니다. 정답이 틀린 경우 대신 가중치를 줄일 수 있습니다. 신경망에서는 원하는 결과와 실제 결과 사이의 오차를 **손실**

(loss)이라고 합니다. 각 이미지에 대해 이 과정을 반복합니다.

Ⅳ. 이제 동일한 장난감의 사진이지만 학습 세트에 포함되지 않은 이미지의 테스트 세트를 실행하여 네트워크를 테스트해야 합니다. 이 세트에 대해 어떤 종류의 결과(몇 개가 틀렸고 몇 개가 맞았는지)가 나오는지 분석해야 합니다. 이 답이 90% 이상이면 학습을 중단합니다. 그렇지 않으면 돌아가서 모든 학습 이미지를 다시 실행합니다.

Ⅴ. 결과가 만족스러우면(이를 위해서는 50~100번의 반복이 필요합니다) 트레이닝을 멈추고 최종적으로 얻은 가중치를 트레이닝 네트워크에 저장해야 합니다. 이것이 바로 **학습된 CNN**입니다.

7. 다음 과제는 장난감을 찾는 것입니다. 이를 위해 학습된 네트워크를 로드하고 움직이는 로봇의 비디오 이미지를 사용하여 장난감을 찾도록 *배포해야(deploy)* 합니다. 이미지에 장난감이 포함될 확률은 0%에서 100%까지입니다. 입력된 비디오 이미지를 섹션별로 스캔하여 장난감이 포함된 섹션을 찾습니다. 이 네트워크의 인식결과가 만족스럽지 않으면 이 네트워크를 학습 프로그램에 다시 로드하여 더 학습할 수 있습니다.

이제 이를 단계별로 자세히 살펴보겠습니다. 코드 작성을 시작하기 전에 이론을 좀 더 살펴볼 필요가 있습니다.

장난감 탐지기 학습 방법 이해하기

첫 번째 과제는 학습 세트를 준비하는 것입니다. 로봇에 카메라를 장착하고 원격 조작 인터페이스를 사용하여(또는 손으로 밀어서) 로봇을 움직이면서 1피트 정도마다 정지 사진을 찍을 것입니다. 장난감에 주석을 달 것이므로 이미지에 장난감이 있는 사진만 있으면 됩니다. 약 200장의 사진이 필요하며 많을수록 좋습니다. 또한 자연광이 있는 낮에 사진을 찍고, 밤낮으로 조명이 바뀌는 방의 경우 밤에도 사진을 찍어야 합니다. 이렇게 하면 동일한 조명 조건에서 동일한 방과 동일한 카메라를 사용하여 장난감을 찾을 수 있는 몇 가지 장점이 있습니다.

이제 이미지에 레이블을 지정해야 합니다. 이미지를 RoboFlow에 로드하여 `toydetector`라는 데이터 세트를 만들겠습니다. **Upload** 탭을 사용하여 이미지를 끌어다 놓거나 이미지가 포함된 폴더를 선택합니다.

우리의 과정은 매우 간단합니다. 각 그림을 차례로 살펴보고 장난감 물체 주위에 상자를 그립니다. *Enter* 또는 *Save* 버튼을 누릅니다. 그러면 주석 대화 상자가 열립니다. 짐작할 수 있듯이 이 장난감에 라벨을 붙일 것입니다. 다만 시간이 좀 걸릴 것입니다.

이미지에 약 160개의 장난감에 라벨을 붙이고 나면 RoboFlow의 Generate 버튼을 사용하여 데이터 세트를 만들 수 있습니다. 이미지 크기를 640x640픽셀로 조정하기 위해 전처리 작업을 설정해야 합니다. 이렇게 하면 로봇의 제한된 컴퓨터 용량을 최대한 활용할 수 있습니다. 그런 다음 앞서 언급한 대로 데이터 세트를 보강하여 제한된 세트의 이미지를 추가로 생성해야 합니다. 모자이크 방법을 사용하여 경계 상자를 유지하면서 데이터 세트를 증강할 것입니다. 이렇게 하려면 RoboFlow의 Generate 탭을 클릭한 다음 Add Augmentation Step를 클릭하여 이미지에 영향을 줄 작업 유형을 선택합니다. 그런 다음 학습 세트에서 더 많은 이미지를 생성하려면 모자이크 증강을 추가해야 합니다. 이제 Generate 버튼을 눌러 데이터 세트를 생성할 수 있습니다.

1단계에서 촬영한 48개의 이미지로 시작했지만, 증강 후에는 114개의 이미지가 생겼습니다. 학습 세트에 99개의 이미지, 검증 세트에 9개의 이미지, 테스트 세트에 6개의 이미지(학습 87%, 검증 8%, 테스트 5%)가 포함되도록 학습/테스트 분할을 설정하겠습니다. 이렇게 하면 제한된 데이터 세트를 최대한 활용할 수 있습니다.

RoboFlow에서 데이터 세트를 다운로드하려면 컴퓨터에 RoboFlow의 인터페이스를 설치해야 합니다. 이것은 Python 패키지입니다.

```
pip install roboflow
```

그런 다음 `downloadDataset.py`라는 짧은 파이썬 프로그램을 만들어야 합니다. 여러분의 데이터 세트를 빌드할 때 RoboFlow는 고유한 `api_key` 값을 제공하며, 이 값은 액세스를 승인하는 계정의 비밀번호가 됩니다. 이 값은 다음과 같이 프로그램에 입력되며, 여기에 별표를 넣습니다.

```
from roboflow import Roboflow
rf = Roboflow(api_key="****************")
project = rf.workspace("toys").project("toydetector")
dataset = project.version(1).download("yolov8")
```

다음 섹션에서는 이 명령을 사용하여 네트워크를 다시 학습시키겠습니다.

```
yolo task=detect mode=train model=yolov8n.pt data=datasets/
data.yaml epochs=100 imgsz=640
```

이 작업을 완료하면 다음과 같이 프로그램이 많은 출력을 생성합니다.

```
(p310) E:\BOOK\YOLO>yolo task=detect mode = val model=runs\
detect\train3\weights\best.pt data=ToyDetector-1\data.yaml
Ultralytics YOLOv8.0.78 Python-3.10.10 torch-2.0.0 CUDA:0
(NVIDIA GeForce RTX 2070, 8192MiB)
Model summary (fused): 168 layers, 3005843 parameters, 0
gradients, 8.1 GFLOPs
..................
AMP: checks passed
optimizer: SGD(lr=0.01) with parameter groups 57
weight(decay=0.0), 64 weight(decay=0.0005), 63 bias
train: Scanning E:\BOOK\YOLO\datasets\ToyDetector-1\train\
labels.cache   99 images, 0 backgrounds, 0 corrupt: 100%¦██
val: Scanning E:\BOOK\YOLO\datasets\ToyDetector-1\valid\labels.
cache   9 images, 0 backgrounds, 0 corrupt: 100%¦██████
Plotting labels to runs\detect\train5\labels.jpg
Image sizes 640 train, 640 val
Using 8 dataloader workers
Logging results to runs\detect\train5
Starting training for 100 epochs
```

모델 학습에서 중요한 부분 중 하나는 **학습 최적화** 프로그램(training optimizer)입니다. 이를 위해 **확률적 경사 하강**(stochastic gradient descent, SGD)을 사용합니다. SGD는 이름만 그럴듯한 간단한 개념 중 하나입니다. stochastic은 *무작위*라는 뜻입니다. 우리가 원하는 것은 뉴런의 가중치를 조정하여 처음에 얻은 것보다 더 나은 답을 제공하도록 뉴런의 가중치를 조정하여 학습시키는 것입니다. 가중치를 조금만 변경하고 싶은데 어느 방향으로 변경할까요? 우리는 답을 개선하는 방향으로 가중치를 변경하여 예측을 우리가 원하는 것에 더 가깝게 만들고 싶습니다.

이를 더 잘 이해하기 위해 간단한 사고 실험을 해보겠습니다. 오답을 생성하고 있어 조정이 필요한 뉴런이 있다고 가정해 보겠습니다. 가중치에 소량을 추가하고 답이 어떻게 변하는지 살펴봅시다. 숫자가 정답에서 점점 더 멀어지는 것을 볼 수 있습니다. 따라서 소량을 반대로 빼야 하는데, 예상대로 답이 더 좋아집니다. 오차 값이 약간 줄었습니다. 뉴런이 생성한 오차의 그래프를 보면 오차가 0을 향해 이동하거나 그래프가 최소값을 향해 내려가는 것을 볼 수 있습니다. 이를 다른 말로 표현하면 선의 기울기가 음수, 즉 0을 향해 가고 있다는 것입니다. 언덕의 경사나 가파른 정도를 경사도라고 하는 것처럼 기울기 값을 그래디언트(gradient)라고 부릅니다. 우리는 선의 기울기를 알려주는 편미분함수(즉, 이 지점 근처의 오차 곡선의 기울기)를 계산할 수 있습니다.

기준값과 예측값 사이의 손실을 최소화하기 위해 네트워크 전반의 가중치를 조정하는 방법을 **역전파**(backpropagation)라고 합니다. 이는 짐작할 수 있듯이 정답이 무엇인지 알고 있는 네트워크의 끝에서 시작하여 시작 부분으로 작업해야 하기 때문입니다. 각 뉴런이 원하는 답에 어떻게 기여하는지 계산하고 매번 올바른 방향으로 조금씩(이를 **학습률**(learning rate)이라고 함) 조정하여 정답을 향해 나아가야 합니다. 이를 위해서는 뉴런의 개념으로 돌아가야 합니다. 뉴런에는 입력, 각 입력에 대한 가중치, 바이어스, 그리고 출력을 생성하기 위한 활성화 함수가 있습니다. 출력이 무엇인지 알면 뉴런을 거꾸로 작동하여 가중치를 조정할 수 있습니다. 간단한 예를 들어보겠습니다. `Y1`, `Y2`, `Y3`의 세 가지 입력이 있는 뉴런이 있습니다. 가중치는 `W1`, `W2`, `W3`의 세 가지가 있습니다. 바이어스 `B`와 활성화 함수인 `D`, 즉 ReLU 정류기(recitifier)가 있습니다. 입력 값은 0.2, 0.7, 0.02입니다. 가중치는 0.3, 0.2, 0.5입니다. 바이어스는 0.3이고 원하는 출력은 1.0입니다. 입력과 가중치의 합을 계산하면 0.21이라는 값이 나옵니다. 바이어스를 더하면 0.51이 됩니다. ReLU 함수는 0보다 큰 값을 전달하므로 이 뉴런의 활성화된 출력은 0.51입니다. 우리가 원하는 값은 참값(레이블) 데이터에서 나온 1.0입니다. 그래서 오차는 0.49입니다. 각 가중치에 학습률 값을 더하면 어떻게 될까요? 다음 다이어그램을 보세요:

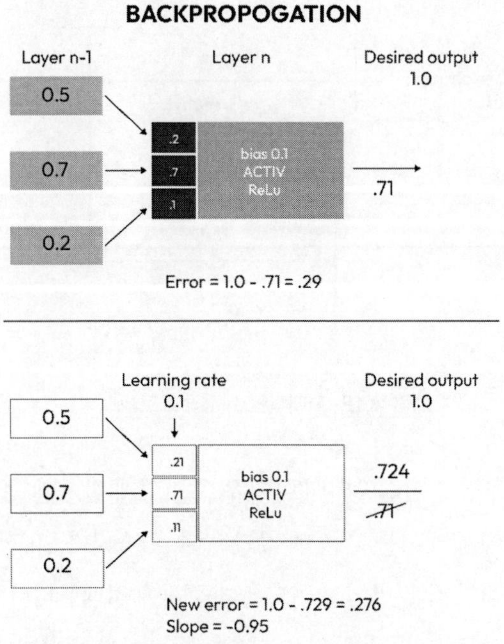

그림 4.11 가중치 조정을 위한 역전파 작동 방식

이제 출력 값이 0.5192로 올라갑니다. 오류는 0.4808로 내려갑니다. 올바른 방향으로 가고 있습니다! 오차 기울기의 그래디언트는 *(.4808-.49) / 1 = -0.97*입니다. 분모의 1은 지금까지 학습 샘플이 하나뿐이기 때문입니다. 그렇다면 확률적인 부분은 어디에서 오는 것일까요? 우리의 인식 네트워크에는 5천만 개의 뉴런이 있을 수 있습니다. 각각의 뉴런에 대해 이 모든 연산을 수행할 수는 없습니다. 따라서 모든 입력이 아닌 무작위 샘플링을 통해 학습이 긍정적인지 부정적인지를 결정해야 합니다.

수학 용어로 방정식의 기울기는 해당 방정식의 미분에 의해 제공됩니다. 따라서 실제로 역전파는 학습 에포크 사이의 오차의 편미분함수를 사용하여 오차의 기울기를 결정하고, 이를 통해 네트워크를 올바르게 학습시키고 있는지 여부를 결정합니다. 기울기가 작아질수록 학습 속도를 더 작은 수치로 줄여 정답에 점점 더 가까워집니다.

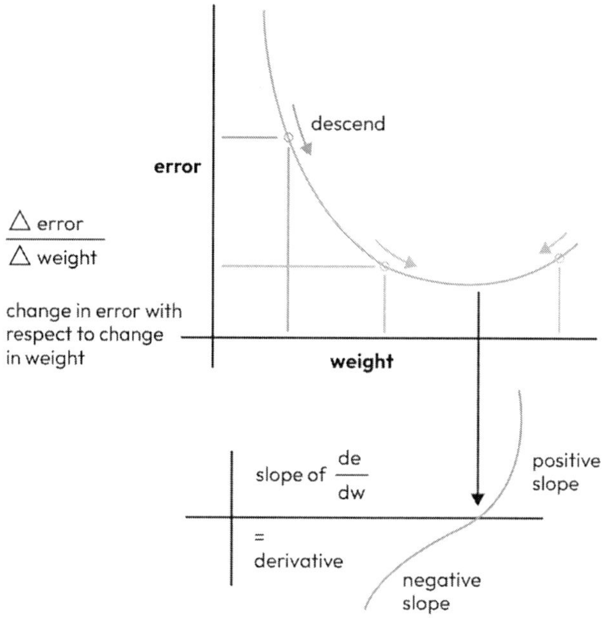

그림 4.12 그래디언트 하강 프로세스

이제 다음 문제인 가중치 조정을 신경망의 레이어 위로 어떻게 전파할 수 있을까요? 출력 뉴런의 오차, 즉 네트워크의 출력에서 레이블 값을 뺀 값만 알 수 있습니다. 이 정보를 이전 레이어에 어떻게 적용하나요? 오차에 대한 각 뉴런의 기여도는 가중치에 비례합니다. 오차를 각 입력의 가중치로 나누면 그 값이 체인 위쪽의 다음 뉴런에 적용되는 오차가 됩니다. 그런 다음 가중치 등을 다시 계산할 수 있습니다. 이것이 바로 신경망이 많은 연산 능력을 필요로 하는 이유입니다.

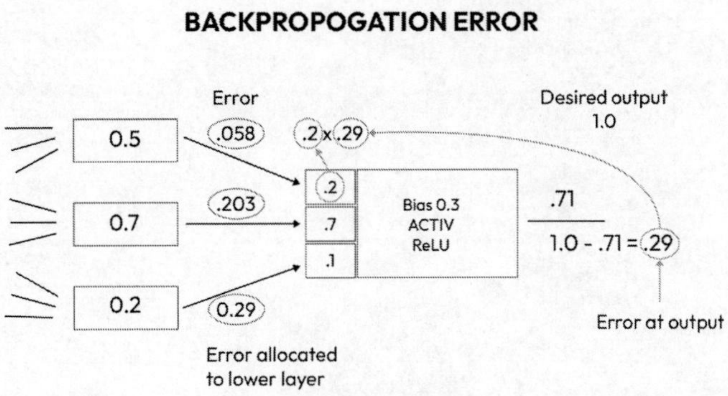

그림 4.13 역전파 오류

이렇게 오류는 네트워크의 끝에서 시작 부분으로 역전파합니다. 그 후 다음 주기로 다시 시작합니다.

이제 장난감 탐지기를 테스트할 수 있습니다. 어떻게 하는지 살펴봅시다.

장난감 탐지기 만들기

다음 명령을 사용하여 테스트해 볼 수 있습니다.

```
yolo task=detect mode=predict model=last.pt source=toy1.jpg
imgsz=640
```

프로그램은 다음과 같은 출력을 생성합니다. 우리는 탐지를 수행한 횟수에 따라 번호가 추가된 `./runs/detect/predict` 디렉토리에서 레이블이 지정된 탐지 결과를 포함한 이미지를 찾을 수 있습니다

```
Speed: 4.0ms preprocess, 44.7ms inference, 82.6ms postprocess
per image at shape (1, 3, 640, 640)
Results saved to runs\detect\predict4
```

예측 결과는 다음 그림과 같습니다.

그림 4.14 작동 중인 장난감 감지기

이를 통해 신경망을 사용하여 장난감 감지기를 성공적으로 만들었습니다. 5장에서 로봇과 로봇 팔이 장난감으로 이동한 다음 장난감을 집어 올리도록 지시하는 데 사용할 감지기의 출력은 다음과 같습니다.

```
"predictions": [
{
"x": 287.5,
"y": 722.5,
"width": 207,
"height": 131,
"confidence": 0.602,
"class": "toy"
},
```

각 감지에 대해 신경망은 여러 비트의 정보를 제공합니다. 경계 상자의 중앙의 x와 y 위치를 구한 다음 해당 상자의 높이와 너비를 구합니다. 그런 다음 네트워크가 이것이 감지라는 결정을 얼마나 확신하는지에 대한 신뢰도를 얻습니다. 마지막으로 객체의 클래스(어떤 종류의 객체인지)를 구하는데, 당연히 toy입니다.

신경망에 대한 `training` 프로세스를 실행했을 때 `runs/detect/train`에 있는 학습 폴더를 보면 일련의 그래프가 있습니다. 이 그래프는 무엇을 알려줄까요?

가장 먼저 살펴봐야 할 것은 `F1_curve`입니다. 이것은 정밀도(precision)와 재현율(recall)의 곱입니다. **정밀도**는 전체 양성 중에서 진양성(true positive, 올바르게 분류된 개체)의 비율입니다. **재현율**은 올바르게 식별된 양성 탐지 비율입니다. 따라서 정밀도는 다음과 같이 정의됩니다.

정밀도 = *TP* / (*TP* + *FP*)

정밀도는 진양성을 진양성과 위양성(false positive, 탐지된 것으로 확인되었지만 탐지되지 않은 항목)로 나눈 값입니다.

재현율은 약간 다르게 정의됩니다.

재현율 = *TP* / (*TP* + *FN*)

여기서 재현율은 진양성을 진양성과 위음성(false negative)으로 나눈 값입니다. 위음성은 감지를 놓쳤거나 실제로 존재하는데도 감지되지 않은 물체를 말합니다.

F1 곡선을 만들려면 정밀도와 재현율을 함께 곱하고 이를 신뢰도(confidence)와 비교하여 그래프로 그려야 합니다. 이 그래프는 정밀도와 재현율의 균형을 맞출 때 가장 좋은 결과를 만들어 내는 탐지 신뢰 수준을 보여줍니다.

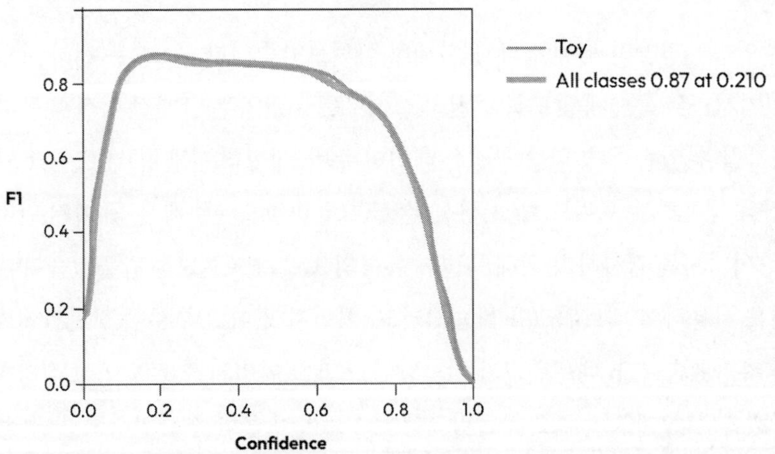

그림 4.15 F1 신뢰도 곡선

이 경우 신뢰 수준이 0.21이면 탐지율은 0.87이 됩니다. 이는 오탐지 대비 실제 탐지 비율이 가장 좋다는 것을 의미합니다. 그러나 이 최상의 비율인 87%는 신뢰도 0.21에서 발생하며, 이는 다소 낮은 수치입니다. 이렇게 낮은 신뢰도 수준에서의 감지는 구별하기 어렵고 측정 시 노이즈로 인해 발생할 수 있습니다. 더 높은 신뢰 수준에서 피크가 발생하는 것이 더 바람직할 수 있습니다. 이 문제를 해결하기 위해 몇 가지 접근 방식을 시도해 보았습니다. 100회가 아닌 200회를 실행하고 피크 F1 신뢰 수준을 51%로 이동했지만 감지 수준은 85%로 약간 떨어졌습니다. 그런 다음 목표에 가까워질수록 학습 속도를 낮추는 적응형 경사 하강 기법인 SDM에서 **아담**

(Adam)으로 경사 하강 기법을 변경했습니다. 다음 코드를 사용하여 변경할 수 있습니다.

```
yolo task=detect mode=train model=yolov8n.pt data=datasets/
data.yaml epochs=100 optimizer='adamW' imgsz=640
```

그 결과 49%의 신뢰도에서 88%의 실제 감지라는 만족스러운 결과를 얻었으며, 장난감 감지기가 더 잘 작동할 것이라고 생각합니다. 탐지 결과를 검토하면서 몇 가지 오탐지(가구 및 기타 물체가 장난감으로 탐지됨)가 있었기 때문에 이 버전이 장난감 탐지기 신경망이 될 것이라고 생각합니다. 상당히 작은 데이터 세트를 사용했지만 다양한 각도에서 작업할 수 있는 더 많은 사진이 있으면 나쁘지 않을 것입니다. 이 장을 마무리하기 전에 지금까지 배운 내용을 간략하게 요약해 보겠습니다.

요약

이 장에서는 인공신경망의 세계에 대해 자세히 살펴보았습니다. ANN은 원하는 입력과 원하는 출력을 일치시키는 곡선에 맞도록 천천히 스스로를 조정하는 단계적 비선형 근사 함수의 네트워크로 생각할 수 있습니다. 학습 과정은 데이터 준비, 데이터 라벨링, 네트워크 생성, 가중치 초기화, 출력을 제공하는 포워드 패스 생성, 손실(오류라고도 함) 계산 등 여러 단계로 구성됩니다. 우리는 이미지를 검사하기 위해 특별한 유형의 ANN인 CNN을 만들었습니다. 장난감이 있는 이미지를 사용하여 네트워크를 학습시키고, 이미지의 어떤 부분이 장난감인지 알려주는 경계 상자를 추가했습니다. 네트워크가 장난감이 포함된 이미지를 87% 이상 정확하게 분류하도록 학습시켰습니다. 마지막으로 네트워크를 테스트하여 출력을 확인하고 아담 적응 하강 알고리즘을 사용하여 결과를 조정했습니다.

다음 장에서는 강화 학습과 유전 알고리즘 측면에서 로봇 팔의 머신 러닝에 대해 살펴보겠습니다.

질문

1. 이 장에서는 많은 내용을 다루었습니다. 제공된 프레임워크를 사용하여 신경망의 속성을 조사할 수 있습니다. 여러 가지 활성화 함수 또는 컨볼루션에 대한 다양한 설정을 시도하여 학습 과정에서 어떤 변화가 있는지 확인해 보세요.
2. 인공 뉴런의 다이어그램을 그리고 각 부분에 라벨을 붙입니다. 자연적인 인간의 생물학

적 뉴런을 찾아서 비교합니다.

3. 실제 뉴런과 인공 뉴런의 어떤 특징이 같을까요? 어떤 점이 다른가요?
4. 학습률은 경사도 하강에 어떤 영향을 미치나요? 학습 속도가 너무 크면 어떻게 되나요? 너무 작으면?
5. 신경망의 첫 번째 계층은 입력과 어떤 관계가 있나요?
6. 신경망의 마지막 계층은 출력과 어떤 관계가 있나요?
7. 세 가지 종류의 손실 함수를 찾아보고 그 원리를 설명합니다. 평균 제곱 손실과 두 종류의 교차 엔트로피 손실을 포함합니다.
8. 네트워크가 학습을 마치고 분류 정확도 40%에 도달했는데 멈춰 있거나 더 이상 학습할 수 없다면 어떻게 바꾸시겠습니까?

추가 읽기

이 장에서 다룬 주제에 대한 자세한 내용은 다음 리소스를 참조하세요:

- *Python Deep Learning Cookbook*, Indra den Bakker 저, Packt Publishing, 2017
- *Artificial Intelligence with Python, Prateek Joshi* 저, Packt Publishing, 2017
- *Python Deep Learning,* Valentino Zocca, Gianmario Spacagna, Daniel Slater, and Peter Roelants저, Packt Publishing, 2017
- *PyImageSearch Blog*, Adrian Rosebrock 저, pyimagesearch.com에서 제공, 2018

제5장

강화 학습과 유전알고리즘을 이용한 장난감 집기 및 치우기 알고리즘

이 장에서는 로봇이 도전을 시작하며 여러분은 재미를 느낄 것입니다. 이제 로봇의 매니퓰레이터 팔이 물체를 집어 들기 시작하도록 할 것입니다. 그뿐만 아니라 팔의 움직임과 잡는 동작을 미리 프로그래밍하는 대신 로봇이 물건을 집는 방법과 스스로 부딪히지 않고 팔을 움직이는 방법을 학습할 수 있기를 원합니다.

아이에게 방에 있는 장난감을 줍도록 어떻게 가르치시겠습니까? "*장난감을 주우면 간식을 줄게*"와 같이 과제 완수에 대한 보상을 제공하시겠습니까? 아니면 "*장난감을 치우지 않으면 태블릿에서 게임을 할 수 없다*"와 같은 처벌의 위협을 제공하시겠습니까? 좋은 행동에 대해서는 긍정적인 피드백을, 바람직하지 않은 행동에 대해서는 부정적인 피드백을 제공하는 개념을 **강화 학습**이라고 합니다. 이 장에서 로봇을 학습시키는 방법 중 하나입니다.

목표에 도달하면 점수를 얻고 목표를 놓치면 점수를 잃는 게임처럼 들린다면 맞습니다. 우리는 달성하고자 하는 승리라는 개념을 가지고 있으며, 로봇이 우리가 원하는 대로 행동할 때 일종의 포인트 시스템을 만들어 행동을 강화하는, 즉 보상을 제공합니다.

이 장에서는 다음 주제를 다룹니다.

- 소프트웨어 설계
- 해결법 설정
- 물체 파악을 위한 Q-러닝 소개
- 경로 계획을 위한 **유전 알고리즘**(genetic algorithm, GA) 소개
- 다른 로봇 팔 ML 접근 방식

기술 요구 사항

이 장의 연습에는 이전 장에서 보지 못한 새로운 소프트웨어나 도구가 필요하지 않습니다. 파이썬과 ROS 2를 사용하여 시작하겠습니다. 소스 코드를 편집하려면 파이썬용 IDE(IDLE 또는 Visual Studio Code)가 필요합니다.

이 장에서는 로봇 팔을 움직이는 것에 관한 것을 다루므로 코드를 실행하려면 로봇 팔이 필요합니다. 제가 사용한 로봇 팔은 Amazon.com에서 구매한 **LewanSoul 로봇 xArm**입니다. 이 로봇 팔은 디지털 서보를 사용하기 때문에 프로그래밍이 훨씬 쉬워지고 위치 피드백을 제공하므로 팔이 어떤 위치에 있는지 알 수 있습니다. 제가 구매한 로봇팔은 `http://tinyurl.com/xarmRobotBook`에서 확인할 수 있습니다.

> **참고**
>
> 로봇 팔을 구입하고 싶지 않거나 구입할 수 없는 경우 이 코드를 ROS 2와 시뮬레이션 엔진인 Gazebo를 사용하여 로봇 팔의 시뮬레이션에 대해 실행할 수 있습니다. 자세한 내용은 `https://community.arm.com/arm-research/b/articles/posts/do-you-want-to-build-a-robot`에서 확인할 수 있습니다.

이 장의 코드는 이 책의 GitHub 리포지토리(`https://github.com/PacktPublishing /Artificial-Intelligence-for-Robotics-2e`)에서 찾을 수 있습니다.

작업 분석

이 장의 과제는 매우 간단합니다. 로봇 팔을 사용하여 이전 장에서 식별한 장난감을 집어 올리겠습니다. 이 작업은 다음과 같은 작업으로 나눌 수 있습니다.

- 먼저 로봇 팔을 제어하기 위한 인터페이스를 구축합니다. ROS 2를 사용하여 로봇의 다양한 부품을 서로 연결하므로 이 인터페이스를 통해 나머지 시스템이 팔에서 명령을 보내고 데이터를 수신합니다. 그런 다음 로봇 팔이 장난감을 집는 기능을 수행하도록 가르치는 단계에 들어갑니다. 첫 번째 수준의 기능은 장난감을 집거나 잡는 것입니다. 장난감마다 조금씩 다르기 때문에 매번 같은 전략이 통하지 않습니다. 또한 장난감의 방향이 다를 수 있으므로 로봇의 엔드 이펙터(end effector, 로봇 손의 멋진 이름)에 장난감을 제시하는 방식에 적응해야 합니다. 따라서 항상 작동할 수도 있고 작동하지 않을 수도 있는 사용

자 지정 코드를 많이 작성하는 대신 로봇이 스스로 학습할 수 있는 구조를 만들고자 합니다.

• 다음으로 직면한 문제는 팔을 움직이게 하는 것입니다. 팔에 위치만 있는 것이 아니라 시작점에서 끝점까지의 경로도 있어야 합니다. 팔은 단일 부품이 아니라 그림 5.3에 표시된 것처럼 각각 다른 역할을 하는 6개의 모터로 구성되어 있습니다. 모터 중 두 개(그립과 손목)는 팔을 전혀 움직이지 않고 손에만 영향을 줍니다. 따라서 팔의 경로는 4개의 모터에 의해 제어됩니다. 또 다른 큰 문제는 조심하지 않으면 팔이 로봇의 몸체와 충돌할 수 있으므로 팔의 경로를 계획할 때 충돌을 피해야 한다는 것입니다.

  팔 경로 학습에는 완전히 다른 기법을 사용합니다. GA는 진화의 아날로그를 사용하여 단순한 동작에서 복잡한 동작을 진화시키는 머신 러닝 기법입니다.

이제 우리가 무엇을 가지고 작업해야 하는지 먼저 이야기해 보겠습니다. 우리는 6자유도 팔이 부착된 **이동식 베이스**가 있습니다. 다행히도 알버트의 로봇 팔은 디지털 서보 모터로 구성되어 있습니다. 서보 모터의 위치를 읽을 수 있기 때문에 팔의 모든 부품이 어디에 있는지 알 수 있습니다. 또한 서보에 어떤 명령을 내렸는지도 알 수 있습니다. 서보 위치는 0도에서 360도 회전을 나타내는 0에서 1,024까지의 단위로 피드백됩니다. 서보에게 600 위치로 이동하라고 명령했는데(모터가 움직일 수 있는 짧은 시간 간격이 지난 후) 서보 위치가 421인 것을 확인했다면 무언가가 모터가 설정한 목표에 도달하지 못하게 방해하고 있다는 뜻입니다. 이 정보는 로봇 팔을 학습시키는 데 매우 유용합니다.

팔의 모든 각도와 레버를 합산하여 손의 위치를 추론하는 **정기구학(forward kinematics)**을 사용할 수 있습니다(이 장의 뒷부분에서 해당 코드를 제공하겠습니다). 이 손의 위치를 원하는 상태, 즉 **보상 기준(reward criteria)**으로 사용할 수 있습니다. 손이 우리가 원하는 위치와 방향에 얼마나 가까운지에 따라 로봇에게 포인트, 즉 보상을 줄 것입니다. 우리는 로봇이 해당 위치에 도달하는 데 필요한 것이 무엇인지 알아내기를 원합니다. 로봇이 팔을 움직일 수 있는 다양한 이론이나 동작을 테스트할 수 있는 방법을 제공해야 합니다.

로봇 손, 또는 멋진 로봇 용어를 사용하자면 **엔드 이펙터**로 작업하는 것부터 시작하겠습니다.

다음 다이어그램은 손목을 회전하여 로봇 팔을 정렬하여 장난감을 집어 올리는 방법을 보여줍니다.

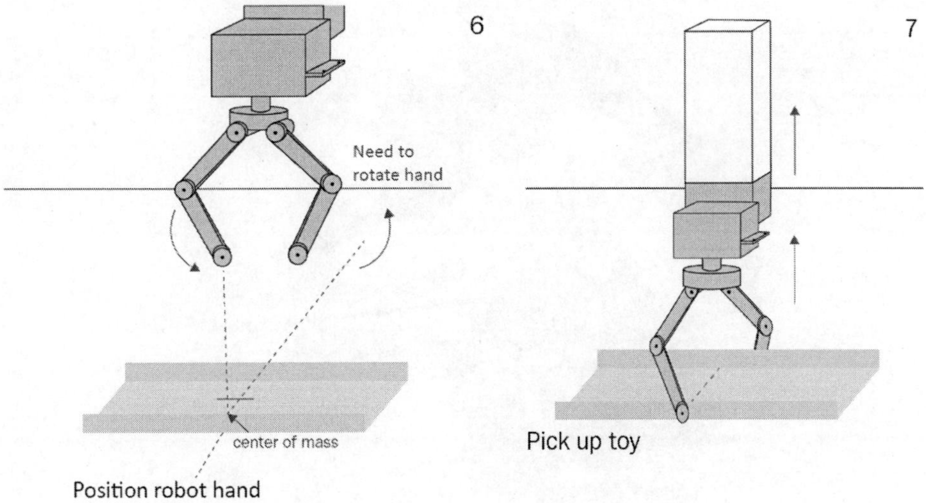

그림 5.1 장난감 픽업을 위한 스토리보드

잡기에는 세 가지 동작이 있습니다. 장난감을 집기 위해 팔의 위치를 정하고, 손목 서보로 손을 회전시켜 손의 각도를 조정하고, 물체를 잡기 위해 손을 닫습니다. 손이 완전히 닫히면 장난감을 놓친 것이고 손이 비어 있는 것입니다. 장난감을 집었기 때문에 그리퍼가 닫히지 않는다면 장난감을 잡는 데 성공한 것입니다. 이 과정을 통해 로봇이 장난감의 모양에 따라 손 위치를 다르게 하여 장난감을 집도록 가르칠 것입니다.

소프트웨어 설계

로봇 팔 제어 소프트웨어를 설계하는 첫 번째 단계는 좌표계(움직임을 측정하는 방법)를 설정한 다음, 상태(팔 위치)와 동작(위치를 변경하는 움직임)을 생성하여 해(solution) 공간을 설정하는 것입니다. 다음 다이어그램은 로봇 팔의 좌표 프레임을 보여줍니다.

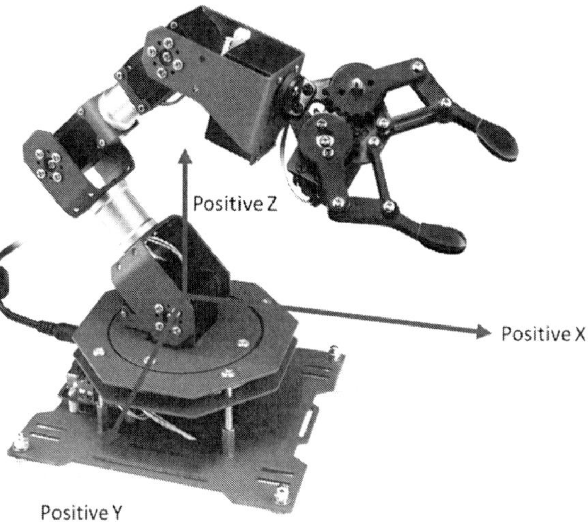

그림 5.2 로봇 팔의 좌표계

앞의 그림과 같이 로봇의 좌표계(움직임을 측정하는 데 사용하는 기준)을 정의해 보겠습니다. X 방향은 로봇의 앞쪽을 향하므로 앞뒤로 움직이는 것은 X축을 따라 움직입니다. 수평 이동(왼쪽 또는 오른쪽)은 Y축을 따라 이동합니다. 수직 이동(위아래)은 Z 방향입니다. 좌표의 원점인 영점을 로봇 팔의 중앙에 두고 바닥을 제로 Z(Z=0)로 설정합니다. 따라서 로봇 손이 X 방향으로 양으로 움직인다고 하면 로봇 손이 로봇의 앞쪽 방향으로 나아가고 있다는 뜻입니다. 로봇 손이 Y 방향으로 움직이고 있다면 왼쪽 또는 오른쪽으로 움직이고 있는 것입니다.

이제 팔의 서보 모터를 부를 일련의 이름을 정해야 합니다. 의인화된 이름을 약간 붙이고 팔 부분에 해부학적인 제목을 붙이겠습니다. 모터는 제어 시스템에서 번호가 매겨지고 로봇 팔의 서보에는 라벨이 붙습니다.

- *모터 1*은 그리퍼(gripper)를 열고 닫습니다. 그리퍼를 손이라고 부르기도 합니다.
- *모터 2*는 손을 회전하는 손목 회전입니다.
- *모터 3*은 손목 피치(pitch, 위아래) 방향입니다.
- *모터 4*를 팔꿈치라고 부르겠습니다. 팔꿈치는 예상대로 팔을 가운데에서 구부립니다.
- *모터 5*는 어깨 피치 서보로, 팔이 정면을 향하고 있을 때 Y축을 중심으로 회전하면서 팔을 위아래로 움직입니다.
- *모터 6*은 팔 아래쪽에 있으므로 어깨 요(yaw, 오른쪽 또는 왼쪽) 서보라고 부릅니다. 이 모터는 Z축을 중심으로 팔 전체를 회전시킵니다. 옴니 휠로 인해 로봇의 바닥 전체가 회전

할 수 있으므로 이 축은 움직이지 않기로 했습니다. 문제를 단순화하기 위해 팔을 위아래로만 움직이겠습니다. 8장에서 개발할 내비게이션 시스템은 팔을 올바른 방향으로 가리킬 것입니다.

먼저 로봇 제어 시스템의 나머지 부분이 사용할 수 있는 로봇 팔에 대한 인터페이스를 정의하겠습니다.

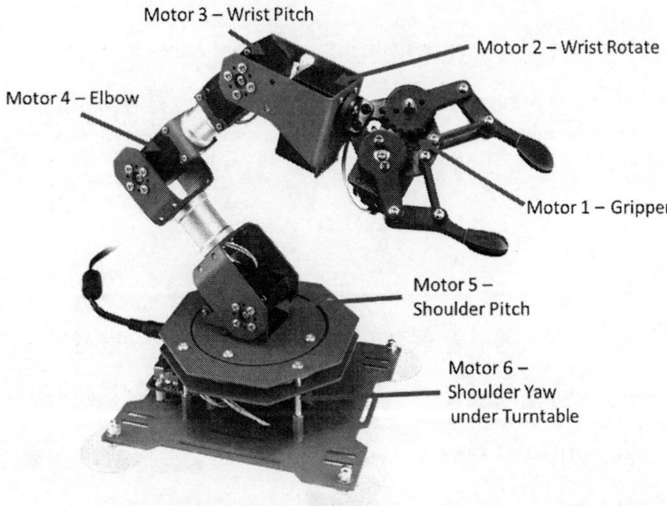

그림 5.3 로봇 팔 모터의 명명법

여기서 피치는 위/아래 동작을, 요는 오른쪽/왼쪽 동작을 의미합니다.

로봇 세계에서 흔히 사용되는 두 가지 용어를 사용하여 보유한 데이터를 기반으로 로봇 팔의 위치를 계산하는 방법을 설명하겠습니다.

- **정기구학**(Forward Kinematics, FK)은 로봇 팔의 받침대(base)에서 시작하여 그리퍼를 향해 나아가면서 각 조인트의 위치와 방향을 차례로 계산하는 프로세스입니다. 조인트의 위치와 각도를 취하고 해당 조인트와 다음 조인트 사이의 팔 길이를 더합니다. 로봇 손가락 끝의 X-Y-Z 위치와 피치-롤-요 방향을 생성하는 이 계산 과정을 정기구학이라고 하는데, 이는 베이스에서 팔까지 전방으로 계산하기 때문입니다.
- **역기구학**(Inverse Kinematics, IK)은 반대의 접근 방식을 취합니다. 우리는 손이 있는 위치 또는 있기를 원하는 위치의 좌표와 방향을 알고 있습니다. 그런 다음 팔을 역방향으로 계산하여 해당 손 위치를 생성할 수 있는 관절 각도를 결정합니다. IK는 주어진 손의 결과

를 생성할 수 있는 솔루션(관절 위치의 조합)이 두 가지 이상 있을 수 있으므로 조금 더 까다롭습니다. 자신의 팔로 직접 해보세요. 손잡이를 잡습니다. 이제 손잡이를 잡은 손을 그대로 유지하면서 팔을 움직입니다. 여러 가지 관절 조합을 통해 손이 같은 위치와 방향으로 움직일 수 있습니다. 이 책에서는 IK를 사용하지 않겠지만 로봇 팔에서 로봇 엔드 이펙터(그리퍼 또는 손)의 위치를 구동하는 데 자주 사용되는 이 용어에 익숙해지길 바랍니다.

이러한 개념에 대한 자세한 설명은 `https://control.com/technical-articles/robot-manipulation-control-with-inverse-and-forward-kinematics/`를 참조하세요.

다음으로 팔을 움직일 수 있는 방법에 대해 논의해 보겠습니다.

솔루션 설정

모터를 다른 위치로 설정하는 행위를 **동작**(action)이라고 하고, 로봇 팔과 손의 위치를 **상태**(state)라고 하겠습니다. 상태에 액션을 적용하면 로봇 팔이 새로운 상태가 됩니다.

로봇이 상태(손의 시작 위치)와 동작(해당 상태에 있을 때 사용되는 모터 명령)을 긍정 또는 부정 **결과**를 생성할 확률과 연관시켜 어떤 동작 세트가 **보상**을 최대화할 수 있는지 파악하도록 로봇을 학습시킬 것입니다. 보상이란 무엇인가요? 로봇이 달성한 학습이 우리가 원했던 긍정적인 학습인지, 아니면 원하지 않았던 부정적인 학습인지를 정의하는 데 사용하는 임의의 값입니다. 로봇의 행동이 긍정적인 학습을 가져왔다면 보상을 늘리고, 그렇지 않다면 보상을 줄입니다. 로봇은 알고리즘을 사용하여 보상을 최대화하기 위해 노력하며 점진적으로 작업을 학습합니다.

머신러닝의 역할을 살펴봄으로써 이 과정을 더 잘 이해해 보겠습니다.

로봇 팔을 위한 머신 러닝

점진적 학습(incremental learning)도 신경망의 일부이므로 이전에 신경망에서 사용한 것과 동일한 도구를 사용하여 손이 특정 위치로 이동하는 일련의 움직임에서 각 단계에 보상을 전파할 것입니다. 강화 학습에서는 이를 **보상 할인**(discounting the reward)이라고 하며, 다단계 프로세스에서 보상의 일부를 각 단계에 분배합니다. 마찬가지로 상태와 동작의 조합을 **정책**(policy)이라고 하는데, 로봇에게 "네가 이 위치에 있을 때 저 위치로 가고 싶으면 이 동작을 하라"고 말하는 것과 같습니다. 로봇 팔의 학습 과정을 자세히 살펴봄으로써 이 개념을 더 잘 이해해 보겠습니다.

1. 로봇 손의 목표 위치는 로봇 손의 회전 중심으로부터 밀리미터 단위의 X 및 Z 좌표로 설정합니다.
2. 로봇은 목표에 근접하기 위해 일련의 동작을 시도합니다. 로봇에게 목표에 도달하는 데 필요한 모터 위치를 알려주는 것이 아니라 로봇이 학습해야 합니다. 초기 동작은 완전히 무작위로 생성됩니다. 델타 동작(이전 장의 학습 속도와 유사)을 작은 크기로 제한하여 팔이 격렬하게 흔들리지 않도록 할 것입니다.
3. 점진적으로 움직일 때마다 팔이 목표 위치에 가까워졌는지 여부에 따라 동작에 점수를 매깁니다.
4. 로봇은 시작 상태와 동작(움직임)을 보상 점수와 연결하여 이러한 동작을 기억합니다.
5. 나중에 시작 상태와 움직임 동작의 입력을 기반으로 긍정적인 결과의 확률을 생성하도록 신경망을 학습합니다. 이렇게 하면 팔이 어떤 동작 시퀀스가 긍정적인 결과를 가져오는지 학습할 수 있습니다. 그러면 시작 위치에 따라 팔이 올바르게 움직일 수 있는 동작을 예측할 수 있습니다.
6. 또한 작업을 빨리 완료하면 보상을 추가해야 한다고 추측할 수도 있습니다. 즉, 결과가 효율적이기를 원하므로 작업을 완료하는 데 가장 짧은 시간이 걸리면 보상을 추가하고, 목표에 도달하는 데 필요한 각 단계마다 보상을 빼서 가장 적은 단계의 프로세스가 가장 많은 보상을 받도록 할 수도 있습니다.
7. 다음과 같이 Q **함수**를 사용하여 보상을 계산합니다.

$$Q = Q(s,a) + (reward(s,a) + g * max(Q(s',a')))$$

   여기서 Q는 로봇이 특정 동작에서 얻을 수 있는(또는 얻을 것으로 기대하는) 보상을 나타냅니다. $Q(s,a)$는 시작 상태가 주어진 동작에 대해 전체적으로 기대하는 최종 보상입니다. $reward(s,a)$는 해당 동작(현재 수행하는 작은 점진적 단계)에 대한 보상입니다. g는 목표에 더 빨리 도달할수록, 즉 단계 수가 적을수록 보상하는 할인 함수입니다(단계 수가 많을수록 g 할인이 더 커짐(보상 제거)). $max(Q(s',a'))$는 해당 상태에서 가능한 동작 집합 중에서 가장 큰 보상을 가져오는 동작을 선택합니다. 이 방정식에서 s와 a는 각각 현재 상태와 행동을 나타내고, s'과 a'은 후속 상태와 행동을 나타냅니다. 이 설명은 의사결정을 위한 벨만(Bellman) 방정식의 제 버전이며, 이 특정 문제에 맞게 일부 조정을 했습니다. 더 긴 솔루션(단계가 많아서 실행하는 데 시간이 오래 걸리는)에 대해 할인을 추가하여 빠른 팔 움직임(적은 단계)에 보상하고, 각 상태에 대해 전체 단계를 수행하기 때문에 학습 속도(알파)는 제외했습니다(학습할 중간 상태가 없음).

다음으로 로봇 팔에 동작 학습 방법을 가르치는 방법을 이해해 보겠습니다.

액션은 어떻게 선택하나요?

로봇 팔은 어떤 동작을 수행할 수 있나요? 그림 5.3에서 볼 수 있듯이 6개의 모터가 있으며 각 모터에는 세 가지 옵션이 있습니다.

- 아무것도 할 수 없습니다 - 즉, 전혀 움직이지 않습니다.
- 시계 반대 방향으로 움직이면 모터 각도가 작아집니다.
- 시계 방향으로 움직일 수 있으므로 모터 각도가 더 커집니다.

> **참고**
>
> 대부분의 서보 모터는 양의 위치 변경을 시계 방향 회전으로 처리합니다. 따라서 회전을 200도에서 250도로 변경하도록 명령하면 모터가 시계 방향으로 50도 더 회전합니다.

로봇 팔의 각 동작에 대한 동작 공간은 각 모터를 시계 방향, 반시계 방향 또는 전혀 움직이지 않는 것입니다. 이렇게 하면 6개의 모터로 729개의 조합(3^6 가지 동작 가능)이 가능합니다. 꽤 많은 숫자입니다. 우리가 구축할 소프트웨어 인터페이스는 로봇 팔 모터를 숫자로 표시하며, *1*은 손, *6*은 어깨 회전 모터를 의미합니다.

이 숫자를 줄이고 **어깨 피치**(*모터5*), **팔꿈치 피치**(*모터4*), **손목 피치**(*모터3*) 등 세 가지 모터의 동작만 고려해 봅시다. 지금은 어깨 요를 잠그고 팔만 똑바로 앞으로 움직이도록 하고, 손을 회전하고 손가락을 움직여도 손의 위치나 방향이 바뀌지 않으므로 그것도 무시할 수 있습니다. 이제 고려해야 할 조합 또는 정책이 27개($3^{3개}$)가 되었습니다. 이를 **액션 행렬**(action matrix)로 표시해 보겠습니다. 각 액션에는 세 가지 값이 있습니다. 모터 5의 각도를 줄이고 *모터4*를 제자리에 고정하고 *모터3*을 증가시키면 `[-1, 0, 1]`로 표시됩니다. 액션 매트릭스에서 +/-1 또는 0의 값을 사용하여 모터를 조금씩 단계적으로 조정합니다. 손의 X-Y 좌표는 각 관절 각도의 합에 팔의 길이를 곱한 값으로 계산할 수 있습니다.

다음은 각 팔 세그먼트의 길이가 10cm라고 가정할 때 로봇 손의 위치를 계산하는 Python 함수입니다. 여러분은 로봇 팔 세그먼트의 길이를 바꿀 수 있습니다. 이 함수는 손 위치를 나타내는 모터 각도를 도 단위에서 센티미터 단위의 x-y 좌표로 변환합니다.

```
def forward_kinematics(theta1, theta2, theta3, segment_length):# 도를 라디안으로 변환
    theta1_rad = math.radians(theta1)
    theta2_rad = math.radians(theta2)
    theta3_rad = math.radians(theta3)
    # 각 관절의 위치 계산
    x1 = segment_length * math.cos(theta1_rad)
    y1 = segment_length * math.sin(theta1_rad)
    x2 = x1 + segment_length * math.cos(theta1_rad + theta2_rad)
    y2 = y1 + segment_length * math.sin(theta1_rad + theta2_rad)
    x3 = x2 + segment_length * math.cos(theta1_rad + theta2_rad + theta3_rad)
    Y3 = Y2 + segment_length * math.sin(theta1_rad + theta2_rad + theta3_rad)
return X3, Y3
```

팔의 동작(가능한 움직임)은 로봇 팔의 동작 공간을 구성하며, 이는 가능한 모든 동작의 집합입니다. 이 장에서는 작업을 수행하기 위해 어떤 동작을 언제 수행할지 선택하는 다양한 방법을 살펴보고 이를 위해 머신 러닝을 사용하는 방법을 살펴볼 것입니다.

이 프로세스를 바라보는 또 다른 방법은 **의사 결정 트리**(decision tree)를 생성하는 것입니다. 아마 이 개념에 익숙하실 겁니다. 이 개념을 로봇 팔에 적용하면 약간 독특한 점이 있는데, 로봇 팔은 일련의 관절로 연결되어 있고 하나를 움직이면 다른 모든 관절이 팔에서 더 멀리 이동하기 때문입니다. *모터 5*를 움직이면 모터 4와 3이 공간에서 위치를 이동하고 지면과 목표물과의 각도와 거리가 달라집니다. 가능한 각 모터 이동은 의사 결정 트리에 27개의 새로운 분기를 추가하고 27개의 새로운 팔 위치를 생성할 수 있습니다. 어느 것을 유지할지 선택하기만 하면 됩니다.

이 장의 나머지 부분에서는 모션을 선택하는 방법에 대해 다룰 것입니다. 이제 코드 작성을 시작할 차례입니다. 가장 먼저 할 일은 나머지 로봇이 사용할 수 있는 로봇 팔에 대한 인터페이스를 만드는 것입니다.

팔에 대한 인터페이스 만들기

앞서 언급한 바와 같이, 우리는 **모듈형 개방형 시스템 아키텍처**(MOSA)를 생성하는 인터페이스 서비스로 ROS 2를 사용하고 있습니다. 이를 통해 컴포넌트를 스마트폰의 앱처럼 추가, 제거 또

는 수정할 수 있는 *플러그 앤 플레이(plug-and-play)* 장치로 전환할 수 있습니다. 이를 가능하게 하는 비결은 유용하고 일반적인 인터페이스를 만드는 것입니다.

> **참고**
>
> 저는 이 책만을 위한 ROS 2 인터페이스를 직접 만들고 있습니다. 이 책에서는 다른 ROS 패키지를 사용하지 않고 우리가 만든 것만 사용할 것이기 때문에 작업을 완료할 수 있는 최소한의 인터페이스를 원했습니다.

이 인터페이스를 Python으로 만들겠습니다. 다음 단계를 따르세요:

1. 먼저 ROS 2에서 로봇 팔용 **패키지**를 생성합니다. 패키지는 ROS 2에서 어떤 기능을 위한 이동식 구성 단위입니다. 로봇 팔에 여러 프로그램과 여러 기능이 있으므로 이를 함께 묶을 수 있습니다.

```
cd ~/ros2_ws/src
ros2 pkg create —build-type ament-cmake ros_xarm
colcon build
```

   이 명령은 필요한 모든 부분을 저장할 디렉터리 구조를 src 디렉터리에 생성합니다.

2. 파이썬에서 사용할 수 있도록 xArm용 드라이버를 설치해야 합니다.

```
pip install xarm
```

3. 이제 새 소스 디렉토리로 이동합니다.

```
cd ~/ros2_ws/src/ros_xarm/src
```

   여기에 코드를 넣을 것입니다. 로봇 팔의 인터페이스를 `xarm manager`의 줄임말인 `xarm_mgr.py`라고 부르겠습니다.

4. 에디터를 열고 코딩을 시작해 보겠습니다. 먼저 몇 가지 임포트가 필요합니다.

```
import rclpy
import xarm
import time
from rlcpy.node import Node
from std_msgs.msg import String, Int32MultiArray, Int32
```

rclpy는 ROS 2 파이썬 인터페이스입니다. xarm은 로봇 팔에 대한 인터페이스이고, time은 타이머를 설정하는 데 사용할 시간 모듈입니다. 마지막으로 통신을 위해 몇 가지 표준 ROS 메시지 형식을 사용합니다.

5. 다음으로, 미리 정의된 팔의 명명된 위치를 바로가기로 만들 것입니다. 이렇게 하면 필요한 곳에 팔을 배치하는 간단한 방법이 됩니다. 호출할 수 있는 5개 팔의 사전 설정 위치를 정의했습니다.

그림 5.4 로봇 팔 위치

이러한 포지션을 좀 더 자세히 설명해 보겠습니다.

- *높게 운반(High Carry)*은 장난감과 같은 물체를 운반할 때 우리가 원하는 팔의 위치입니다. 팔은 로봇 위에 있고 손은 위로 올라갑니다. 이렇게 하면 장난감이 손에서 떨어지는 것을 방지합니다.
- *중립 운반(Neutral Carry)*은 로봇이 주행할 때 팔이 카메라 앞에 있지 않도록 하는 표준 위치입니다.
- *픽업(Pick Up)*은 *잡기 (Grasp)*와 *잡고 닫기(Grasp Close)*의 조합입니다(그림에는 개별적으로 표시되지 않음). 전자는 로봇의 팔이 로봇 앞쪽으로 최대한 멀리 나와서 손이 땅에 닿도록 하여 물체를 집어 올릴 수 있도록 하는 팔의 위치입니다. 후자는 장난감을

잡기 위해 엔드 이펙터를 닫습니다.

- *드롭 오프(Drop Off)*는 장난감 상자에 장난감을 넣기 위해 로봇 위로 팔을 높이 올려놓는 동작으로, 높이가 꽤 높습니다.
- *정렬(Align, 표시되지 않음)*은 팔의 정렬을 확인하는 유틸리티 모드입니다. 모든 서보가 중간 위치로 설정되고 암이 일직선으로 천장을 향해야 합니다. 그렇지 않은 경우 함께 제공된 유틸리티를 사용하여 팔을 조정해야 합니다.

ROS 인터페이스를 설정하는 방법을 살펴봅시다. 숫자는 0(완전히 시계 반대 방향)에서 1000(완전히 시계 방향)까지의 단위로 서보 모터 위치(각도)를 나타냅니다. 9999 코드는 해당 위치에서 서보를 변경하지 않음을 의미하므로 그리퍼와 같은 팔의 일부 위치를 변경하지 않는 명령을 만들 수 있습니다.

```
HighCarry=[9999,500,195,858,618,9999]
MidCarry=[9999, 500, 500, 807, 443, 9999]
Grasp = [100,500,151,553,117,9999]
GraspClose=[700,9999,9999,9999,9999]
Align=[500,500,500,500,500,500]
```

6. 이제 로봇 팔 제어 클래스를 정의할 수 있습니다. 클래스 정의와 초기화 함수부터 시작하겠습니다.

```
class xarmControl(Node):
    def init (self):
        super(). init ('xarm_manager') # 노드 이름
        self.publisher = self.create_publisher(Int32MultiArray, 'xarm_pos', 10)
        self.armAngPub = self.create_publisher(Int32MultiArray, 'xarm_angle', 10)
```

로봇 팔을 위한 ROS 인터페이스를 설정하는 데는 꽤 많은 작업이 필요합니다.

- 먼저 객체 클래스 구조(super)를 호출하여 xarm_manager라는 이름으로 ROS 2 노드를 초기화합니다.
- 그런 다음 팔 위치 정보에 대한 퍼블리셔를 생성하는데, 이 퍼블리셔를 xarm_pos라고 합니다. 여기서 POS는 위치를 의미합니다. 이렇게 하면 팔 위치가 서보 단위로 게시됩니다. 0(완전히 시계 반대 방향)~1000(완전히 시계 방향)입니다. 또한 정보가 필요한 경우를 대비하여 팔 각도를 도 단위로 xarm_angle로 게시합니다. 서보 이동의 중심은 0도(서보 단위로 500)입니다. 시계 반대 방향 위치는 음의 각도이고 시계 방향 위치는

양의 각도입니다. 팔에 그 정도의 정밀도가 필요하지 않으므로 정수형 각도(소수점 없음)를 사용했습니다. 서보 단위의 하이 캐리 위치는 [666,501,195,867,617,500]이고 서보 각도는 [41,0,-76,91,29,0]입니다. 우리는 우리의 결과물을 게시하고 우리의 입력을 구독합니다.

7. 입력 또는 구독은 팔에 외부 인터페이스를 제공합니다. 저는 팔을 어떻게 사용할 수 있을지 고민한 끝에 제가 원하는 인터페이스를 생각해냈습니다. 우리의 경우 매우 간단한 팔이 있고 몇 가지 명령만 필요합니다. 우선 로봇의 모드나 상태를 제어하는 명령을 생성할 수 있는 RobotCmd라는 문자열 명령이 있습니다. 이 명령은 로봇의 팔뿐만 아니라 로봇의 많은 명령에 사용될 것입니다. 몇 단락에서 다룰 몇 가지 팔 모드 명령을 만들었습니다. RobotCmd의 유용성은 이 입력에 어떤 문자열이든 보낼 수 있고 수신 측에서 이를 처리할 수 있다는 점입니다. 매우 유연하고 유용한 인터페이스입니다. 각 구독자에 대해 콜백 루틴에 대한 함수 호출을 생성한다는 점에 유의하세요.

   데이터가 인터페이스에 게시되면 콜백 루틴이 프로그램(xarm_mgr.py)에서 자동으로 호출됩니다.

```
self.cmdSubscribe = self.create_subscribe(String, 'RobotCmd', self.cmdCallback,10)
```

8. 인터페이스의 다음 부분에서는 팔의 바닥을 요로 움직이고 손과 손목을 독립적으로 조작할 수 있습니다. 이 장에서는 그리퍼만 학습시키는 것으로 시작하므로 그리퍼를 회전하고, 열고, 닫을 수 있는 독립적인 인터페이스를 갖는 것이 도움이 됩니다. 손을 조작해도 그리퍼의 좌표 위치는 변하지 않으므로 분리할 수 있습니다. 마찬가지로 손을 좌우로 움직여 잡을 장난감과 정렬합니다. 이 기능은 잠긴 상태로 시작하고 나중에 요 기능을 추가하겠습니다. 이 기능은 이전 장에서 설계한 컴퓨터 비전 시스템에 의해 제어되므로 별도의 인터페이스가 필요합니다. 손목을 회전하는 xarmWrist 명령, 그리퍼 손가락을 열고 닫는 xarmEffector, 팔의 바닥을 오른쪽이나 왼쪽으로 움직이는 xarmBase 명령이 있습니다.

```
        self.wristSubscribe = self.create_subscribe(Int32,
'xarmWrist', self.wristCallback,10)
        self.effSubscribe = self.create_subscribe(Int32,
'xarmEffector', self.effCallback,10)
        self.baseSubscribe = self.create_subscribe(Int32,
'xarmBase', self.baseCallback,10)
```

9. 마지막 명령 인터페이스를 사용하면 팔을 지정한 위치로 이동할 수 있습니다. 일반적으로 다음과 같이 숫자 배열을 사용하여 팔을 움직이도록 명령합니다. `[100,500,151,553,117,500]`. 이 명령에 비밀 기능을 추가했습니다. 비전 시스템에서 오는 요 각도나 손 위치(장난감을 들고 있을 수도 있고 아닐 수도 있음)를 변경하지 않고 팔을 움직이고 싶을 수 있으므로 팔은 움직이지만 손과 같은 일부 서보에는 영향을 미치지 않는 명령을 보낼 수 있습니다. 저는 이러한 don't-move-this-servo 값으로 9999를 사용했습니다. 따라서 팔 위치 명령이 `[9999, 9999, 500, 807, 443, 9999]`인 경우 요 위치(모터 6)와 손 위치(모터 0 및 1)는 변경되지 않습니다.

```
        self.baseSubscribe = self.create_subscribe(
Int32MultiArray, 'newArmPos', self.moveArmCallback,10)
```

10. 이제 게시 및 구독 인터페이스가 모두 정의되었으므로 로봇 팔에 대한 USB 인터페이스를 열고 로봇 팔이 응답하는지 확인할 수 있습니다. 그렇지 않은 경우 오류 메시지를 표시합니다.

```
        timer_period = 1.0 # 초
        self.timer = self.create_timer(timer_period, self.timer_callback)
        self.i = 0 # 카운터
        try:
            self.arm = xarm.Controller('USB')
            print("ARM OPEN")
        except:
            self.get_logger().error("xarm_manager init NO ARM DETECTED")
            self.arm = None
            print("ERROR init: NO ARM DETECTED")
        return
```

참고

다음은 xarmPos 명령어 배열의 서보에 대한 빠른 팁 가이드입니다.

`[grip open/close, wrist rotate, wrist pitch, elbow pitch, shoulder pitch, shoulder yaw]`

11. 소스 코드의 다음 함수는 원격 측정 타이머를 설정하는 것입니다. 나머지 로봇이 사용할 수 있도록 로봇 팔의 위치를 주기적으로 게시하고 싶습니다. 지정한 속도로 주기적으로

실행되는 타이머 콜백을 만들겠습니다. 1초에 한 번으로 시작하겠습니다. 이것은 정보 값이며 제어에는 사용하지 않고 서보 컨트롤러가 처리합니다. 이것이 우리에게 필요한 코드입니다.

```
        timer_period = 1.0 # 초
        self.timer = self.create_timer(timer_period, self.timer_ callback)
        self.i = 0 # 카운터
```

timer_period는 인터럽트 사이의 간격입니다. self.timer 클래스 변수는 타이머 함수에 대한 함수 포인터이며, 다음 코드 블록에서 정의할 또 다른 함수인 self.timer_callback을 가리킵니다. 매초마다 인터럽트가 발생하고 timer_callback 루틴을 호출합니다.

12. 다음 코드는 하드웨어 인터페이스의 일부입니다. 팔 컨트롤러를 초기화 중이므로 **휴먼 인터페이스 장치**(HID) 프로토콜을 사용하여 USB 포트인 팔에 대한 하드웨어 연결을 열어야 합니다.

```
        try:
            self.arm = xarm.Controller('USB')
            print("ARM OPEN")
        except:
            self.get_logger().error("xarm_manager init NO ARM DETECTED")
            self.arm = None
            print("ERROR init: NO ARM DETECTED")
        return
```

먼저 try 블록을 생성하여 예외를 처리할 수 있도록 합니다. 로봇 팔의 전원이 켜지지 않거나 연결되지 않을 수 있으므로 이를 처리할 수 있도록 준비해야 합니다. 하드웨어에 대한 인터페이스가 될 팔 객체(self.arm)를 생성합니다. 팔이 성공적으로 열리면 반환합니다. 그렇지 않으면 예외 루틴을 실행합니다.

- 먼저 ROS 오류 로그에 팔을 찾지 못했음을 기록합니다. ROS 로깅 기능은 매우 다재다능하며 디버깅에 필요한 정보를 저장할 수 있는 편리한 공간을 제공합니다.
- 그런 다음 나중에 프로그램에서 불필요한 오류가 발생하지 않도록 팔을 Null 객체(None)로 설정하고 팔이 연결되었는지 테스트할 수 있습니다.

13. 다음 코드 블록은 팔에 대한 원격 측정을 게시하는 타이머 콜백입니다. 팔 위치와 팔 각도라는 두 가지 출력 메시지를 정의했음을 기억하세요. 여기서 두 가지 메시지를 모두 서

비스할 수 있습니다.

```
def timer_callback(self):
    msg = Int32MultiArray()
    # 팔 정보 호출 및 위치 가져오기
    armPos=[]
    for i in range(1,7):
        armPos.append(self.arm.getPosition(i))
    msg.data = armPos self.publisher.publish(msg)
    # 팔 위치를 도 단위로 가져오기
    armPos=[]
    for i in range(1,7):
        armPos.append(int(self.arm.getPosition(i, True)))
    msg.data = armPos
    #print(armPos)
    self.armAngPub.publish(msg)
```

우리는 팔의 위치 데이터를 정수 배열로 게시할 수 있도록 `Int32MultiArray` 데이터 타입을 사용합니다. 그리고 self.arm.getPosition(servoNumber)을 호출하여 팔에서 데이터를 수집합니다. 출력을 배열에 추가하고, 완료되면 ROS 게시 루틴(`self.<토픽 이름>.publish(msg)`)을 호출합니다. 팔 각도에 대해서도 동일한 작업을 수행하며, `arm.getPosition(servoNumber,True)`를 호출하여 서보 단위 대신 각도를 반환할 수 있습니다.

14. 이제 다른 프로그램에서 명령을 받을 수 있습니다. 다음으로 로봇에 명령을 보내고 로봇의 모드를 설정할 수 있는 로봇 제어판을 만들 것입니다.

```
def cmdCallback(self, msg):
    self.get_logger().info("xarm rec cmd %s" % msg.data)
    robotCmd = msg.data
    if robotCmd=="ARM HIGH_CARRY":
        self.setArm(HighCarry)
    if robotCmd=="ARM MID_CARRY":
        self.setArm(MidCarry)
    if robotCmd=="ARM GRASP_POS":
        self.setArm(Grasp)
    if robotCmd=="ARM GRASP_CLOSE":
        self.setArm(GraspClose)
    if robotCmd=="ARM ALIGN":
        self.setArm(Align)
```

이 섹션은 매우 간단합니다. 명령이 포함된 문자열 메시지를 수신하고, 메시지를 구문 분석하여 이 프로그램이 인식할 수 있는 메시지인지 확인합니다. 그렇다면 메시지를 처리하고 적절한 명령을 수행합니다. 팔을 중간 위치로 배치하라는 명령인 ARM MID_CARRY를 받으면 6개의 모터 모두의 서보 위치가 있는 MidCarry 전역 변수를 사용하여 setArm 명령을 전송합니다.

15. 다음으로 로봇이 그리퍼를 회전시키는 손목 서보 명령을 수신하고 실행하는 코드를 작성합니다. 이 명령은 *모터 2*로 전달됩니다.

```
    def wristCallback(self, msg):
        try:
            newArmPos = int(msg.data)
        except ValueError:
            self.get_logger().info("Invalid xarm wrist cmd %s" %)
msg.data)
            print("invalid wrist cmd ", msg.data) return
        # 한도 설정
        newArmPos = float(min(90.0,newArmPos))
        newArmPos = float(max(-90.0,newArmPos))
        self.arm.setPosition(2,newArmPos, True)
```

이 함수 호출은 xarmWrist 토픽이 게시될 때 실행됩니다. 이 명령은 손목의 회전을 움직여 손의 손가락을 집어 들고 있는 물체에 정렬하는 데 사용합니다. 유효하지 않은 값에 대한 예외 처리와 함께 외부 입력의 표준 관행으로 간주되는 입력 범위에 대한 제한 검사를 추가했습니다. 누군가 xarmWrist 항목에 정수 대신 문자열을 전송한 경우와 같이 잘못된 입력으로 팔이 이상한 동작을 하는 것을 원하지 않기 때문입니다. 우리는 또한 명령에 있는 데이터의 범위가 유효한지 확인합니다. 이 경우, 그 범위는 0부터 1000 서보 단위까지입니다. 범위를 벗어난 오류가 발생하면 최소 및 최대 함수를 사용하여 명령을 허용 범위로 제한합니다.

16. 엔드 이펙터 명령과 베이스 명령(전체 팔의 좌우 회전을 제어하는 명령)은 완전히 동일한 방식으로 작동합니다.

```
    def effCallback(self, msg):
    # 엔드 이펙터 위치만 설정하기
        try:
            newArmPos = int(msg.data)
        except ValueError:
            self.get_logger().info("Invalid xarm effector cmd.
s" % msg.data)
            return
```

```
        # 한도 설정
        newArmPos = min(1000,newArmPos)
        newArmPos = max(0,newArmPos)
        self.arm.setPosition(1,newArmPos)

    def baseCallback(self, msg):
    # 기본 방위각 위치만 설정하기
        try:
            newArmPos = int(msg.data)
        except ValueError:
            self.get_logger().info("Invalid xarm base cmd%s" %)
msg.data)
            return
        # 한도 설정
        newArmPos = min(1000,newArmPos)
        newArmPos = max(0,newArmPos)
        self.arm.setPosition(6,newArmPos)
```

setArm 명령을 사용하면 하나의 명령으로 모든 서보 모터의 위치를 한 번에 설정하는 코멘트를 보낼 수 있습니다. 6개의 정수 배열을 보내면 이 프로그램이 이를 서보 모터 컨트롤러에 전달합니다.

앞서 언급했듯이 9999라는 특수 값을 넣어 이 코드에 해당 모터를 움직이지 않도록 지시했습니다. 이렇게 하면 서보의 일부 또는 서보 중 하나만 움직이는 명령을 팔에 보낼 수 있습니다. 이렇게 하면 팔 끝의 위/아래 축과 왼쪽/오른쪽 축을 독립적으로 움직일 수 있는데, 이 점이 중요합니다.

또 한 가지 중요한 점은 이 파이썬 코드는 거의 즉시 실행되지만 서보 모터가 움직이는 데는 시간이 한정되어 있다는 것입니다. 서보 컨트롤러가 서보 명령을 처리하고 올바른 모터로 보낼 수 있도록 서보 명령 사이에 약간의 지연 시간을 넣어야 합니다. 저는 명령 사이에 0.1초(1/10초)의 간격을 두는 것이 효과가 있다는 것을 알아냈습니다. 이 값을 빼면 하나의 서보만 움직이고 나머지 명령은 팔이 처리하지 않습니다. 서보는 데이지 체인 방식으로 직렬 인터페이스를 사용하므로 서로에게 메시지를 전달합니다. 각 서보는 다른 서보에 연결되므로 모든 서보를 개별적으로 연결할 때보다 크게 개선되었습니다.

17. 우리는 프로그램의 실행 부분인 MAIN으로 로봇 팔 제어 코드를 완성할 수 있습니다.

```
#########################MAIN######################################
rclpy.init()
print("Arm Control Active")
xarmCtr = xarmControl()
# ROS 2 실행
rclpy.spin(xarmCtr)
# 명시적으로 노드 제거
xarmCtr.destroy_node()
rclpy.shutdown()
```

여기서는 ROS 2 파이썬 인터페이스인 `rclpy`를 초기화하여 프로그램을 ROS 인프라에 연결합니다. 그런 다음 우리가 만든 xarm 제어 클래스의 인스턴스를 생성합니다. `xarmCtr`이라고 부르겠습니다. 그런 다음 ROS 2에 실행을 지시하기만 하면 됩니다. 루프도 필요 없습니다. 프로그램은 게시 및 구독 호출을 수행하고, 타이머는 원격 측정을 전송하며, 이 모든 것이 `xarmControl` 객체에 포함되어 있습니다. 스핀에서 벗어나면 프로그램이 종료되므로 ROS 노드를 종료한 다음 프로그램을 종료합니다.

이제 로봇 팔 학습을 시작할 준비가 되었습니다! 이를 위해 세 가지 방법을 사용하여 팔이 물체를 집도록 학습할 것입니다. 첫 번째 단계에서는 로봇 손, 즉 엔드 이펙터가 물체를 잡도록 학습할 것입니다. 이를 위해 RL의 일종인 Q러닝을 사용할 것입니다. 로봇이 물건을 집어 올리도록 하고, 로봇이 성공하면 보상 또는 포인트를 주고 실패하면 포인트를 차감할 것입니다. 소프트웨어는 게임처럼 가장 많은 포인트를 얻기 위해 보상을 최대화하려고 노력할 것입니다. 이를 위해 다양한 정책 또는 실행 계획을 수립할 것입니다.

물체 집기를 위한 Q-러닝 소개

로봇 팔 엔드 이펙터가 **Q러닝** RL 기법을 사용하여 이상한 모양의 물체를 집도록 학습시키려면 여러 단계가 필요합니다. 다음은 프로세스에 대한 단계별 설명입니다.

1. 상태 공간과 액션 공간을 정의합니다.
    - **상태 공간 정의:** 상태 공간은 물체의 위치와 방향, 엔드 이펙터의 위치와 방향, 그리고 다른 관련 센서 데이터 등 환경과 로봇 팔에 관한 모든 관련 정보를 포함합니다.
    - **동작 공간 정의:** 동작 공간은 엔드 이펙터 회전, 다른 방향으로 이동, 그리퍼 조정 등 로봇 팔이 수행할 수 있는 동작을 정의합니다.

2. **Q-테이블 설정**: 상태-작업 쌍을 나타내는 Q-테이블을 만들고 임의의 값으로 초기화합니다. Q-테이블에는 각 상태에 대한 행과 각 동작에 대한 열이 있습니다. 팔이 움직이는 각 위치를 테스트할 때 나중에 참조할 수 있도록 이 테이블에 Q 학습 방정식(*로봇 팔을 위한 머신 러닝* 섹션에서 소개)에 의해 계산된 보상을 저장합니다. 상태와 동작별로 Q 테이블을 검색하여 어떤 상태-행동 쌍이 가장 큰 보상을 가져오는지 확인할 것입니다.
3. **보상 함수 정의**: 로봇 팔의 동작에 따라 로봇 팔에 피드백을 제공하는 보상 함수를 정의합니다. 보상 함수는 로봇 팔이 물체를 성공적으로 집어 올리도록 장려하고 바람직하지 않은 동작을 억제해야 합니다.
4. **트레이닝 루프 시작**: 여러 개의 에피소드로 구성된 트레이닝 루프를 시작합니다. 각 에피소드는 교육 과정의 한 번의 반복을 나타냅니다.
   - 환경 초기화 및 초기 상태 설정하기
   - 현재 상태를 바탕으로 엡실론-탐욕 알고리즘과 같은 탐험-활용(exploration-exploitation) 전략을 사용하여 행동을 선택합니다. 여기서는 특정 확률(epsilon)로 무작위 행동을 탐색하거나 가장 높은 Q값을 가진 행동을 선택합니다.
   - 선택한 동작을 실행하고 새로운 상태와 보상을 관찰합니다.
   - Q-러닝 업데이트 방정식을 사용하여 Q-테이블에서 Q값을 업데이트합니다. 이 방정식은 보상, 다음 상태에 대한 최대 Q값, 학습률(alpha) 및 할인율(gamma) 파라미터를 포함합니다.
   - 현재 상태를 새 상태로 업데이트합니다.
   - 물체를 성공적으로 집어 올리거나 최대 스텝 수에 도달하여 에피소드가 종료될 때까지 이전 단계를 반복합니다.
5. **탐험과 활용**: 시간이 지남에 따라 탐색 속도(엡실론으로 표시)를 조정하여 탐색을 점차 줄이고 학습한 지식의 활용을 선호하도록 합니다. 이를 통해 로봇 팔은 처음에는 다양한 동작을 탐색하고 점차 학습한 정보를 활용하는 데 집중하여 성능을 향상시킬 수 있습니다.
6. **학습 반복**: Q값이 수렴하거나 성능이 만족스러운 수준에 도달할 때까지 여러 에피소드에 대해 학습 루프를 계속합니다.
7. **테스트 수행**: 학습이 끝난 후 학습한 Q값을 사용하여 테스트 환경에서 수행할 작업에 대한 결정을 내립니다. 학습된 정책을 로봇 팔의 엔드 이펙터에 적용하여 로봇 팔이 학습된 지

식을 기반으로 이상한 모양의 물체를 집어 올릴 수 있도록 합니다.

> **참고**
>
> 로봇 팔 엔드 이펙터를 학습시키기 위한 Q러닝을 구현하려면 시뮬레이션 환경, 로봇 팔 컨트롤러, 감각 입력 인터페이스와 같은 소프트웨어 및 하드웨어 구성 요소의 조합이 필요합니다. 구현의 세부 사항은 로봇 팔 플랫폼과 사용 중인 도구 및 라이브러리에 따라 달라질 수 있습니다.

코드 작성

이제 이전 섹션에서 만든 로봇 팔 인터페이스를 사용하여 로봇 팔을 학습시키는 코드를 작성하여 방금 설명한 7단계 프로세스를 구현해 보겠습니다.

1. 먼저, 교육 코드를 구현하는 데 필요한 함수인 임포트를 포함시킵니다.

```
import rclpy
import time
import random
from rclpy.nod import Node
from std_msgs.msg import String, Int32MultiArray, Int32
from sensor_msgs.msg import Image
from vision_msgs.msg import Detection2D
from vision_msgs.msg import ObjectHypothesisWithPose
from vision_msgs.msg import Detection2DArray
import math
import pickle
```

`rclpy`는 ROS 2 파이썬 인터페이스입니다. 이전 장(YOLOV8)의 비전 시스템과 통신하기 위해 `Detection2D`를 사용합니다. 피클 참조는 나중에 설명하겠습니다.

2. 다음으로 나중에 사용할 몇 가지 함수를 정의해 보겠습니다.

```
global learningRate = 0.1 # 학습 속도
def round4(x):
  return (math.round(x*4)/4)
# 함수를 사용하여 변수를 범위로 제한합니다. if x < minx, x=min x 등
def rangeMinMax(x,minx,maxx):
  xx = max(minx,x)
  xx = min(maxx,xx)
  return xx
def sortByQ(listByAspect):
  return(listByAspect[2])
```

학습 속도는 다른 머신러닝 알고리즘과 마찬가지로 강화 학습에서 입력에 따라 시스템이 변경되는 속도를 조정하는 데 사용됩니다. 0.1부터 시작하겠습니다. 이 값이 너무 크면 학습이 급격하게 진행되어 불규칙한 출력이 발생할 수 있습니다. 너무 작으면 많은 반복을 해야 합니다. actionSpace는 우리가 가르칠 수 있는 손 동작의 목록입니다. 이 값은 손목의 각도(도)입니다. 파지에 관한 한 -90과 +90은 동일하다는 점에 유의하세요.

round4 함수는 경계 상자의 종횡비를 반올림하는 데 사용됩니다. 기억하시겠지만 물체 인식 시스템은 장난감을 감지하면 장난감 주위에 상자를 그립니다. 이 경계 상자를 로봇을 기준으로 장난감의 방향에 대한 단서로 사용합니다. 학습할 수 있는 화면 각도가 제한되어 있으므로 가장 가까운 0.25로 반올림합니다.

sortbyQ 함수는 사용자 지정 정렬 키로, 가장 높은 보상(문자 Q로 표시됨)을 먼저 정렬하는 데 사용할 수 있습니다.

3. 이 단계에서는 로봇에게 물체를 잡는 방법을 가르칠 클래스를 선언합니다. LearningHand 클래스를 호출하고 ROS 2의 노드로 만들겠습니다.

```
class LearningHand(Node):
    def__init__(self):
        super().__init__('armQLearn') # 노드 이름
        # RobotCmd 토픽을 게시하고 구독해야 합니다.
self.armPosSub = self.create_subscription(Int32MultiArray,
"xarm_pos", self.armPosCallback, 10)
        self.cmdSubscribe = self.create_subscribe(String,
'RobotCmd', self.cmdCallback,10)
        self.cmdPub = self.create_publisher(String, 'RobotCmd', 10)
  self.wristPub = self.create_publisher(Int32,'xarmWrist', 10)
  # 반복 횟수에 대한 파라미터를 선언합니다.
  self.declare_parameter('ArmLearningRepeats', rclpy.Parameter. Type.INTEGER)
  # 설정에서 현재 값 가져오기
  self.repeats =   self.get_parameter('ArmLearningRepeats').get_
parameter_value().int_value
```

여기서는 부모 클래스(super 포함)에 init 함수를 전달하여 객체를 초기화합니다. 노드에 armQLearn이라는 이름을 지정하여 나머지 로봇이 이 노드를 찾을 수 있도록 합니다.

ROS 인터페이스는 여러 토픽을 구독합니다. 로봇 팔과 대화해야 하므로 xarm_pos(팔 위치)를 구독합니다. 로봇과 대화하는 모든 프로그램과 마찬가지로 마스터 모드 명령 채널인 RobotCmd를 구독해야 합니다. 또한 RobotCmd에서 명령을 보낼 수 있어야 하므로 해당

주제에 대한 퍼블리셔를 생성합니다. 마지막으로 ROS 매개변수를 사용하여 각 학습 작업에 대해 원하는 반복 횟수 값을 설정합니다.

4. 다음 코드 블록으로 학습 기능의 설정이 완료됩니다.

```
self.mode = "idle"
self.armInterface = ArmInterface()
# 상태 공간 정의
self.stateActionPairs = []
# 상태 공간은 대상 측면과 손 각도입니다.
# 가로세로비는 X축(앞뒤)의 길이/세로(Y축의 너비)입니다.
aspects = [0.25, 0.5, 0.75, 1, 1.25, 1.5, 1.75]
handAngles = [90, -45, 0, 45] # 참고 +90과 -90은 같은 각도입니다.
for jj in range(0,len(aspects)):
  for ii in range(0,4):
    self.stateActionPairs.append([aspects[jj], handAngles[ii],0.0])
```

학습 시스템 모드를 idle로 설정했는데, 이는 "사용자가 학습을 시작할 때까지 기다린다"는 의미입니다. 임포트한 `ArmInterface` 클래스 객체를 인스턴스화하여 팔 인터페이스를 생성합니다. 다음으로, 가능한 측면(볼 수 있는 것)과 가능한 동작(할 수 있는 것)을 저장하는 학습 매트릭스를 설정해야 합니다. 여기서 0으로 설정한 마지막 요소는 학습 결과를 저장하는 Q 값입니다.

5. 다음 함수 세트는 팔에 명령을 내리는 데 도움이 됩니다.

```
def sndCmd(self,msgStr):
    msg = String()
    msg.data = msgStr
    self.cmpPub.publish(msg)

def setHandAngle(self,ang):
    msg = Int32()
    msg.data = ang
    self.wristPub.publish(msg)

def armPosCallback(self,msg):
    self.currentArmPos = msg.data

def setActionPairs(self,pairs):
    self.stateActionPairs = pairs
```

`sndCmd`(명령 보내기)는 `RobotCmd` 항목에 게시하고 팔 모드를 설정합니다. `SetHandAngl` e은 예상대로 손목 서보의 각도를 설정합니다. armPosCallback은 팔 제어 프로그램에서 게시한 팔의 현재 위치를 수신합니다. setActionPairs는 학습할 새로운 동작 쌍을 생성할 수 있도록 합니다.

6. 이제 팔 학습을 할 준비가 되었습니다. 이것은 인간과 로봇이 함께 하는 활동으로, 정말 재미있게 할 수 있습니다. 같은 동작을 20번 시도해 보겠습니다.

```
def training(self, aspect):
  # 비전 시스템에서 측면 가져오기
  #aspect = 1.0 # 여기서 시작하기

  stateActionPairs.sort(key=sortByQ) # Q 값으로 정렬
  if len(stateActionPairs)<1:
    #오류 - 외형을 찾을 수 없습니다!
    #
    self.get_logger().error("qLearningHand No Aspect for
    Training")
    return
  else:
    mySetup = stateActionPairs[0] # 가장 높은 q 값 사용
    handAngle = mySetup[1]
    myOldQ = mySetup[2]
```

이로써 로봇 팔에 대한 학습 프로그램이 시작됩니다. 외형을 기반으로 학습시키는 것으로 시작합니다. 먼저 stateActionPairs를 살펴보고 이 외형에 대해 가장 높은 Q 값을 기준으로 정렬합니다. 사용자 지정 SortbyQ 함수를 사용하여 stateActionPairs의 목록을 정렬합니다. 손 각도를 가장 높은 Q, 즉 예상 보상을 가진 각도로 설정합니다.

7. 이 부분은 로봇 팔이 수행하는 물리적 동작입니다.

```
    sndCmd("ARM MID_CARRY")
    timer.pause(1.0)
    sndCmd("ARM GRASP")
    time.sleep(1.0)
    setHandAngle(handAngle)
    time.sleep(0.3)
    # 그리퍼를 닫습니다
    sndCmd("ARM GRASP_CLOSE")
    time.sleep(0.5)
    # 이제 팔을 들어 올리세요
    sndCmd("ARM MID_CARRY")
    time.sleep(1.0)
```

먼저 팔을 반쯤 위로 올린 *Mid Carry* 위치로 이동하도록 지시합니다. 그런 다음 팔이 동작을 완료할 때까지 1초간 기다린 다음 팔을 잡기 위치로 이동합니다. 다음 단계에서는 손목을 Q 기능에서 얻은 각도로 움직입니다. 그런 다음 ARM GRASP_CLOSE 명령으로 그리퍼를 닫습니다. 이제 ARM MID_CARRY 명령을 사용하여 그리퍼가 장난감을 들어 올릴 수 있는지 확인하기 위해 팔을 들어 올립니다. 성공하면 이제 로봇 팔이 장난감을 들고 있을 것입니다. 그렇지 않으면 그리퍼가 비어 있습니다.

8. 이제 그리퍼에 물체가 들어있는지 확인할 수 있습니다.

```
#그립이 정상인지 확인
handPos = self.currentArmPos[0]
gripSccess = False
if handPos > 650: ## 실패
    gripSuccess = -1 # 물체를 잡지 않았을 때의 보상 값
else: # success!
    gripSuccess = +1 # 물체를 잡았을 때의 보상 값
```

로봇 손의 그립이 정확하면 장난감은 그리퍼가 닫히는 것을 방지합니다. 팔이 1초에 두 번 보내는 손의 위치를 확인하여 위치를 확인합니다. 제 특정 팔의 경우 650 서보 유닛 이상에 해당하는 위치가 완전히 닫힙니다. 팔에 따라 다를 수 있으므로 완전히 닫힌 상태와 비어 있는 그리퍼에 대해 팔이 무엇을 보고하는지 확인하세요. 그리고 `gripSuccess` 변수를 적절하게 설정합니다.

9. 이제 기계 학습 부분을 해보겠습니다. *로봇 팔을 위한 머신 러닝* 섹션에서 소개한 특별한 수정된 벨만 방정식을 사용하여 이 상태-행동 쌍의 Q 값을 조정합니다.

```
# 벨만 방정식
### Q(s, a) = Q(s, a) + α * [R + γ * max(Q(s', a') - Q(s, a'))
newQ = myOldQ + (learningRate*(gripSuccess))
mySetup[2]=newQ
```

우리는 미래 보상 값을 사용하지 않으므로(그리퍼를 닫고 팔을 올리는 이 한 가지 동작에서 완전한 보상을 얻습니다) 예상되는 미래 보상이 필요하지 않고 현재 보상만 필요합니다. 그립 성공 값(`+1` 또는 `-1`)에 학습률을 곱하고 이를 이전 Q 점수에 더하여 새로운 Q 점수를 얻습니다. 성공할 때마다 보상이 증가하고 실패할 때마다 보상이 감소합니다.

10. 학습 기능을 완료하려면 테스트한 화면 각도와 손목 각도와 일치하는 업데이트된 Q 값

을 학습 테이블에 다시 삽입합니다.

```
  foundStateActionPair = False
  # 다시 q 학습 배열에 삽입합니다
  for i in range (0,len(stateActionPairs):
      thisStateAction = stateActionPairs[i]
      if thisStateAction[0] == mySetup[0] and
thisStateAction[1] == mySetup[0]:
          foundStateActionPair=True
          stateActionPairs[2]=mySetup[2] # 테이블에 새 q 값 저장
      if not foundStateActionPair:
          # 테이블에 이 항목이 없으니 추가해 보겠습니다.
          stateActionPairs.append(mySetup)
  input("Reset and Press Enter") # 입력 키가 계속될 때까지 기다림
```

이 상태-행동 쌍이 테이블에 없는 경우(있어야 하는 경우) 추가합니다. 팔 각도를 이상하게 지정해도 프로그램이 오류를 일으키지 않도록 하기 위해 이 값을 넣었습니다. 마지막으로 프로그램을 일시 중지하고 사용자가 *엔터* 키를 누를 때까지 기다렸다가 계속 진행합니다.

11. 이제 프로그램의 나머지 부분을 살펴봅시다. 매우 간단합니다. 몇 가지 집안일을 하고, 몇 가지 통화를 처리하고, 주요 학습 루프를 만들어야 합니다.

```
def cmdCallBack(self,msg):
  robotCmd = msg.data
  robotCmd == "GoLearnHand":
    self.mode = "start"
  if robotCmd == "StopLearnHand":
    self.mode = "idle"
```

이 `cmdCallBack`은 `RobotCmd` 토픽에서 명령을 받습니다. 이 프로그램에서 제공하는 명령은 학습 프로세스를 시작하는 `GoLearnHand`와 학습을 중지할 수 있는 `StopLearnHand` 두 가지뿐입니다.

12. 이 섹션은 로봇 팔에 대한 팔 인터페이스이며 팔에 명령을 내리는 데 필요한 게시/구독 인터페이스를 설정합니다.

```
class ArmInterface():
  init(self):
    self.armPosSub = self.create_subscription(Int32MultiArray,
'xarm_pos',self.armPosCallback, 10)
    self.armAngSub = self.create_subscription(Int32MultiArray,
'xarm_angle',self.armAngCallback, 10)
    self.armPosPub = self.create_publisher(Int32MultiArray, 'xarm')

  def armPosCallback(self,msg):
    self.armPos = msg.data

  def armAngCallback(self, msg):
    self.armAngle = msg.data
    # 디코더 링: [그립, 손목 각도, 손목 피치, 팔꿈치 피치, 숄더 피치, 숄더 요]

  def setArmPos(self,armPosArray):
    msg = Int32MultiArray
    msg.data = armPosArray
    self.armPosPub.publish(msg)
```

우리는 xarm_pos(서보 단위의 팔 위치) 및 xarm_angle(각도 단위의 팔 위치)을 구독합니다. xarm 토픽에 로봇 팔 위치를 설정하는 기능을 추가했지만 필요하지 않을 수도 있습니다. 각 구독에 대해 콜백 함수가 필요합니다. 팔이 위치를 게시할 때 호출되는 armPosCallback과 armAngleCallback이 있는데, 이 함수는 2헤르츠, 즉 1초에 두 번 호출되도록 설정했습니다. 필요하다면 xarm_mgr 프로그램에서 이 속도를 높일 수 있습니다.

13. 이제 메인 프로그램으로 이동합니다. 많은 ROS 프로그램에서 이 메인 섹션은 매우 짧습니다. 여기에 추가해야 할 루틴이 하나 더 있습니다. 학습을 마친 후 학습 기능을 저장하기 위해 저는 상태-행동 쌍을 *pickle*하여 파일에 넣는 이 솔루션을 생각해 냈습니다.

```
### MAIN ####
# 팔을 작동시키기 위한 영구 학습 파일
ArmTrainingFileName = "armTrainingFile.txt“
armIf = ArmInterface()
armTrainer = LearningHand()
#다음을 추가한 후 파일을 열고 읽습니다.
try:
  f = open(ArmTrainingFileName, "r")
  savedActionPairs = pickle.load(f)
  armTrainer.setActionPairs(savedActionPairs)
  f.close()
```

```
except:
  print("No Training file found")
  self.get_logger().error("qLearningHand No Training File Found
armTrainingFile.txt")
```

이 프로그램을 실행할 때 이 파일을 로드하고 액션-쌍 테이블을 저장된 값으로 설정해야 합니다. 이 학습 파일을 찾을 수 없을 때 오류 메시지를 보내도록 try/except 블록을 설정했습니다. 이 문제는 프로그램을 처음 실행할 때 발생하지만 다음 번을 위해 잠시 후에 새 파일을 만들겠습니다.

또한 팔 학습기와 팔 인터페이스에 대한 클래스 변수를 인스턴스화하여 학습 프로그램의 주요 부분을 생성합니다.

14. 이것이 우리 학습 루프의 핵심입니다. 우리는 학습할 양상과 시험 반복 횟수를 설정합니다.

```
aspectTest = [1.0, 0.5, 1.5, 2]
trainingKnt = 20
for jj in aspectTest:
  for ii in range(0,trainingKnt):
    print("Starting Training on Aspect ", jj)
    armTrainer.training(jj)
```

로봇의 앞면과 평행한 장난감으로 시작하세요. 장난감을 집어 올리는 동작을 20회 반복한 다음, 다음 동작을 위해 장난감을 오른쪽으로 45도 움직입니다. 그런 다음 20번 더 시도합니다. 그런 다음 장난감을 로봇과 90도가 되도록 움직입니다. 20번 실행합니다. 마지막으로 장난감을 -45도(왼쪽)로 설정하고 20회 실행합니다. 머신 러닝에 오신 것을 환영합니다!

15. 마지막으로 하는 일은 이렇게 트레이닝 데이터를 저장하는 것입니다.

```
f = open("ArmTrainingFileName", "w")
# 쓰기 모드에서 파일 열기
pickle.dump(armTrainer.stateActionPairs,f)
print("Arm Training File Written ")
f.close()
```

이것으로 학습 프로그램이 완료되었습니다. 보유한 장난감의 종류에 따라 이 학습을 반복하면 로봇의 팔이 다양한 각도에서 일관되게 장난감을 집어 올릴 수 있게 됩니다. 로봇이 집어들기를 원하는 장난감을 선택하여 시작하세요. 로봇에 대한 장난감의 각도를 0으로 설정합니다. 장난감의 가장 긴 부분이 로봇의 앞면과 평행이 되도록 설정한다고 가정해 보겠습니다. 그런 다음 로봇 팔을 학습 모드로 전환하기 위해 `RobotCmd`에서 `GoLearnHand`를 전송합니다.

우리는 몇 가지 다른 구성으로 Q러닝을 시도해 보았지만 로봇을 학습시키는 데는 제한적인 성공을 거두었습니다. Q러닝의 가장 큰 문제는 로봇 팔이 취할 수 있는 가능한 상태 또는 위치가 매우 많다는 것입니다. 즉, 반복적인 시도를 통해 한 가지 위치에 대한 많은 지식을 얻는 것이 매우 어렵다는 뜻입니다. 다음에는 GA를 사용하여 이동 동작을 생성하는 다른 접근 방식을 소개하겠습니다.

GA 소개

로봇 팔을 움직이려면 세 개의 모터를 동시에 조정하여 부드러운 움직임을 만들어야 합니다. 로봇을 테스트하기 위해 다양한 모터 움직임의 조합을 생성하는 메커니즘이 필요합니다. 무작위 숫자를 사용할 수도 있지만 비효율적이며 원하는 수준의 학습에 도달하려면 수천 번의 시도가 필요할 수 있습니다.

다양한 운동 동작의 조합을 시도한 다음 서로 경쟁하여 가장 좋은 동작을 선택하는 방법이 있다면 어떨까요? GA 프로세스와 같은 팔 움직임 스크립트에는 일종의 다윈(Darwin)의 *적자생존*이 적용될 수 있을 것입니다. 이 개념을 우리의 사례에 어떻게 적용할 수 있는지 살펴봅시다.

GA 프로세스의 작동 방식 이해

GA 프로세스와 관련된 단계는 다음과 같습니다.

1. 1번 위치(중립 운반)에서 2번 위치(픽업)로 이동하기 위해 실행 시도를 합니다. 로봇이 팔을 100번 움직여 손을 올바른 위치로 가져옵니다. 왜 100번일까요? 알고리즘이 다양한 솔루션을 탐색할 수 있도록 충분히 큰 샘플 공간이 필요하기 때문입니다. 값이 50이면 솔루션이 만족스럽게 수렴하지 못했고, 200이면 100과 동일한 결과를 얻었습니다.
2. 목표 달성률에 따라 각 동작에 점수를 매겨 해당 동작이 목표에 얼마나 기여했는지를 나타냅니다.
3. 10가지 베스트 동작을 뽑아 데이터베이스에 저장합니다.
4. 테스트를 다시 실행하고 동일한 작업을 수행하면 이제 데이터베이스에 10개의 *베스트* 동작과 20개의 동작이 추가됩니다.

5. 첫 번째 세트에서 가장 좋은 다섯 수를 가져와 두 번째 세트에서 가장 좋은 다섯 수와 무작위로 선택한 다섯 수, 그리고 완전히 무작위로 구성된 다섯 수를 더합니다. 두 솔루션을 교차하는 것은 첫 번째 세트의 세그먼트와 두 번째 세트의 세그먼트를 가져오는 과정을 말합니다. 유전학적으로 비유하자면, 두 *부모*로부터 각각 절반의 *DNA*를 가져와 새로운 *아이*를 만드는 것과 같습니다.
6. 이 일련의 동작을 실행한 다음 개별적으로 가장 좋은 10개의 동작을 가져와서 계속 진행합니다.

이제 선택 과정을 통해 작업을 수행하는 시퀀스로 빠르게 내려가야 합니다. 최적은 아닐 수 있지만 효과가 있을 것입니다. 우리는 *유전자 풀*(문제에 대한 해결책 시도 목록)을 관리하여 연속적인 근사치를 통해 문제에 대한 해결책을 만들고 있습니다. 우리는 팔을 목표 지점까지 이동하는 문제를 해결하기 위해 다양한 방식으로 조합할 수 있는 여러 가지 가능성을 열어두고자 합니다.

실제로 움직임 순서(sequence)를 교배하는 데는 여러 가지 방법을 사용할 수 있습니다. 제가 설명한 것은 첫 번째 부모의 유전 물질 절반과 두 번째 부모의 유전 물질 절반(생물학적 비유를 용서해 주신다면)을 섞는 단순한 교배입니다. 대신 ¼ 첫 번째, ¼ 두 번째, ¼ 첫 번째, ¼ 두 번째 등 4분의 1을 사용하여 두 개의 교배를 가질 수 있습니다. 또는 둘 중 하나에서 무작위로 비트를 가져올 수도 있습니다. 지금은 반반 전략을 고수하겠지만, 마음껏 실험해 보셔도 좋습니다. 본질적으로 이 모든 옵션에서 우리는 하나의 솔루션을 가져와서 반으로 쪼개고 다른 실험의 솔루션의 절반과 무작위로 결합하는 것입니다.

여러분은 "10 스텝 미만으로 이동하면 어떻게 하나요?"라고 이의 제기를 할 수 있습니다. 답은 쉬운데요, 목표에 도달하면 멈추고 남은 스텝 수를 버리면 됩니다.

> **참고**
>
> 우리는 완벽하거나 최적의 작업 실행을 원하는 것이 아니라 작업을 완료할 수 있을 정도로 좋은 것을 찾고 있습니다. 많은 실시간 로봇 공학에서는 완벽한 솔루션을 개발할 여유가 없으므로 작업을 완료할 수 있는 솔루션이면 충분합니다.

5개의 무작위 샘플 이동과 5개의 완전 무작위 이동을 추가한 이유는 무엇인가요? 이 또한 자연 선택, 즉 돌연변이의 힘을 모방한 것입니다. 우리의 유전 암호(우리 몸의 DNA)는 완벽하지 않으며, 때로는 열등한 물질이 전달되기도 합니다. 또한 유전자, 우주선(cosmic rays), 바이러스의 잘못된 복사본으로 인해 무작위 돌연변이가 발생하기도 합니다. 자연 선택의 요소인 알고리즘의 조정을 위해 몇 가지 무작위 요인을 도입하여 국소 최소값에 수렴하거나 이전에는 발생하지 않았던 단순한 경로를 놓칠 경우를 대비하고 있습니다.

그런데 도대체 왜 이 모든 수고를 하는 걸까요? GA 프로세스는 소프트웨어로서는 매우 어려운 일을 할 수 있는데, 기본적으로 무엇이 효과가 있고 무엇이 효과가 없는지 알아낼 때까지 여러 가지를 시도함으로써 원시적인 동작에서 새로운 솔루션을 혁신하거나 발전시킬 수 있습니다. 우리는 도구 상자에 추가할 또 다른 머신 러닝 프로세스를 제공했는데, 프로그래머들이 선입견을 갖지 못했던 솔루션을 만들 수 있는 프로세스입니다.

이제 GA 프로세스에 대해 자세히 알아보겠습니다. 투명성을 위해 우리는 처음부터 자체 GA 프로세스를 구축할 것입니다.

> **참고**
>
> 이 버전에서는 자체 도구를 구축할 예정이지만, `https://github.com/DEAP` 에서 찾을 수 있고 `pip install deap`을 입력하여 설치할 수 있는 DEAP(Distributed Evolutionary Algorithms in Python)과 같은 GA를 만드는 데 도움이 되는 몇 가지 사전 구축된 도구 세트가 있습니다.

GA 프로세스 구축

*적자생존(survival of the fittest)*의 개념을 느슨하게 도입하여 어떤 계획이 가장 적합한지 결정하고 생존하고 번식할 수 있도록 합니다. 모든 부품에 액세스할 수 있고 커튼 뒤에 숨겨진 것은 아무것도 없는, 유전공학자 역할을 할 수 있는 샌드박스(사용자가 자유롭게 실험하고 탐색할 수 있는 안전하고 통제된 환경, 역자주)를 제공하고자 합니다. 이 문제의 경우 코드가 그렇게 복잡하지 않다는 것을 알게 될 것입니다.

1. 먼저 유전자 자료의 점수를 매기는 `computefitness` 함수를 만들겠습니다. **적합도(fitness)**는 알고리즘의 등급을 매기는 기준입니다. 우리는 필요에 따라 적합성을 마음껏 변경하여 결과를 조정할 수 있습니다. 이 사례에서는 로봇 팔이 시작 위치에서 최종 목표 위치까지 3차원 공간에서 경로를 만들고 있습니다. 경로의 어느 지점이 목표 지점에 얼마나 근접했는지를 기준으로 경로를 평가합니다. 이전 프로그램에서와 마찬가지로 로봇의 움직임은 시계 방향, 시계 반대 방향 또는 움직이지 않는 세 개의 모터의 27가지 조합으로 구성됩니다. 우리는 움직임을 작은 단계로 나누고, 각각 3개의 모터 유닛이 1.8도씩 움직입

니다. 이러한 스텝을 한데 묶어 경로를 만듭니다. 피트니스 함수는 경로를 따라 이동하고 각 단계에서 손 위치를 계산합니다.

2. predictReward 함수는 해당 단계의 결과로 로봇 손이 어디로 이동했는지 시험적으로 계산합니다. *모터 1*을 시계 방향으로 3단계 이동하고 *모터 2*는 그대로 둔 채 *모터 3*을 시계 반대 방향으로 3단계 이동한다고 가정해 봅시다. 이렇게 하면 손이 약간 위쪽과 바깥쪽으로 움직입니다. 각 단계가 목표에 얼마나 가까워졌는지에 따라 개별적으로 점수를 매깁니다. 점수는 100점 만점으로 계산되며, 100점은 정확히 목표에 도달한 것이고 팔이 목표에서 떨어진 거리의 1/100마다 1점씩, 최대 340mm까지 감점합니다. 왜 340인가요? 팔의 총 길이이기 때문입니다. 총 움직임에 대한 점수는 여러분이 생각하는 것과는 조금 다릅니다. 목표에 가장 가깝게 접근한 지점을 원하기 때문에 보상을 합산하는 것은 아무런 의미가 없습니다. 따라서 보상이 가장 높은 한 스텝을 선택하고 그 값을 저장합니다. 그 이후의 단계는 더 멀어질 뿐이므로 버립니다. 따라서 목표에서 끝나도록 경로를 자동으로 잘라냅니다.

3. 저는 allele(대립유전자)이라는 용어를 사용하여 전체 경로 중 한 단계를 표시했는데, 이를 염색체(chromosome)의 줄임말인 chrom이라고 불렀습니다.

```
def computeFitness(population, goal, learningRate, initialPos):
  fitness = []
  gamma = 0.6
  state=initialPos
  index = 0
  for chrom in population:
    value=0
    for allele in chrom:
      action = ACTIONMAT[allele]
      indivFit, state =
      predictReward(state,goal,action,learningRate) value +=
      indivFit
      if indivFit > 95:
        # 우리는 목표 지점에 도달했습니다 - 여기서 DNA를 자르세요
        break
    fitness.append([value,index])
    index += 1
  return fitness
```

4. 어떻게 팔의 경로를 생성할까요? make_new_individual 함수는 임의의 숫자로 염색체 또는 경로의 초기 집단을 구축합니다. 각 염색체에는 모터 명령의 모든 유효한 조합을 나타

내는 0에서 26까지의 숫자로 구성된 경로가 포함됩니다. 경로 길이는 10에서 60 사이의 임의의 숫자로 설정합니다.

```
def make_new_individual():
  # 개별 스텝 수
  lenInd = random.randint(10,60)
  chrom = [] # 범위 설명
  for ii in range(lenInd):
    chrom.append(randint(26))
  return chrom
```

5. 우리는 roulette 함수를 사용하여 집단(population)의 일부를 계속 선발합니다. 각 세대마다 상위 50%의 점수를 받은 개체 중에서 다음 세대를 만들기 위해 자신의 DNA를 기증할 개체를 선택합니다. 우리는 경로 또는 염색체의 보상 값에 따라 선발 과정을 평가하며, 보상 점수가 높을수록 자녀를 가질 확률이 높아집니다. 이것이 바로 우리 선발 과정의 일부입니다.

```
# 값에 비례하여 개체 선택
def roulette(items):
  total_weight = sum(item[0]
  for item in items)
  weight_to_target = random.uniform(0, total_weight)
  for item in items:
   weight_to_target -= item[0]
   if weight_to_target <= 0:
    return item
# 메인 프로그램
initial_pos = [127,127,127]
GOAL=[-107.39209423, -35.18324771]
robotArm=RobotArm()
robotArm.setGoal(GOAL)
population = 300
learningRate = 3
crossover_chance = .50
mutate_chance = .001
pop = []
```

6. 우리는 무작위 부품으로 초기 모집단을 구축하는 것으로 시작합니다. 이들의 원래 적합도는 약 13% 이하로 매우 낮을 것입니다. 우리는 염색체라고 부르는 300개의 개별 경로 풀을 유지합니다.

```
for i in range(population): pop.append(make_new_individual())
  trainingData=[] epochs = 100
```

7. 여기서는 100세대(generation)에 걸친 자연 선택(natural selection) 과정을 거치도록 루프를 설정했습니다. 먼저 각 개체의 적합성을 계산하고 그 점수를 염색체를 가리키는 인덱스가 있는 적합성 목록에 추가합니다.

```
for jj in range(epochs):
  # 집단 평가하기
  fitnessList = computeFitness(pop,GOAL,learningRate, INITIAL_ POS)
```

8. 최고의 개체를 얻기 위해 피트니스 순서를 역순으로 정렬합니다. 그러면 가장 큰 숫자가 먼저 표시됩니다.

```
fitnessList.sort(reverse=true)
```

9. 우리는 집단의 상위 50%는 유지하고 하위 50%는 버립니다. 하위 절반은 부적합한 것으로 간주하여 유전자 풀에서 제외됩니다.

```
fitLen = 150
fitnessList = fitnessList[0:fitLen] # 적자생존...
```

10. 전체 목록에서 최고의 성과를 거둔 사람을 뽑아 **명예의 전당(hall of fame, HOF)**에 올립니다. 이것이 결국 우리 프로세스의 결과물이 될 것입니다. 그 동안 우리는 이 세대의 적합성을 측정하는 척도로 HOF 또는 **HOF 적합성(HOFF)** 값을 사용합니다.

```
hoff = pop[fitnessList[0][1]]
print("HOF = ",fitnessList[0])
```

11. 프로그램이 끝날 때 결과를 그래프로 표시할 수 있도록 학습 데이터 목록에 HOFF 값을 저장합니다.

```
trainingData.append(fitnessList[0][0])
newPop = []
for ddex in fitnessList: newPop.append(pop[ddex[1]])
  print ("Survivors: ",len(newPop))
```

12. 이 단계에서는 하위 50%를 삭제하여 최악의 성과자를 제거했습니다. 이제 그들을 이 세대의 최고 성적을 거둔 개체의 자녀들로 대체해야 합니다. 우리는 자녀를 얻기 위해 교배(crossover)를 사용할 것입니다. 성공적인 자손을 생산할 수 있는 몇 가지 유형의 유전적 교배가 있습니다. 교배는 대중적이고 시작하기 좋은 방법일 뿐만 아니라 코딩하기도 쉽습니다. 게놈의 한 지점을 골라 한쪽 부모로부터 전반부를, 다른 부모로부터 후반부를 가져오는 것입니다. 나머지 개체군에서 무작위로 *짝을 이룰* 부모를 선택하고, 적합도에 비례해 가중치를 부여합니다. 이를 **룰렛 휠 선택(roulette wheel selection)**이라고 합니다. 적합도가 높은 개체일수록 더 큰 가중치를 받고 번식을 위해 선택될 가능성이 높습니다. 이번 세대의 자손으로 140개의 새로운 개체가 탄생합니다.

```
# 크로스오버
# 무작위로 적합도를 기준으로 개체 선택
numCross = population-len(newPop)-10
print ("New Pop Crossovers",numCross) # #
# 범위(10)의 kk에 대해 무작위로 5개의 새로운 개인을 추가합니다.
newPop.append(make_new_individual())
for kk in range(int(numCross)):
  p1 = roulette(fitnessList)[1]
  p2 = roulette(fitnessList)[1]
  chrom1 = pop[p1]
  chrom2 = pop[p2]
  lenChrom = min(len(chrom1),len(chrom2))
  xover = randint(lenChrom)
  # xover는 염색체가 교차하는 지점입니다.
  newChrom = chrom1[0:xover]+chrom2[xover:]
```

13. 다음 단계는 **돌연변이(mutation)**입니다. 실제 자연 선택에서는 우주선, 염기서열의 오복사 또는 기타 요인에 의해 DNA가 손상되거나 변경될 가능성이 적습니다. 어떤 돌연변이는 유익하고 어떤 돌연변이는 그렇지 않습니다. 우리는 새로운 자손 경로의 한 유전자가 무작위로 다른 값으로 변경될 확률이 1/100 정도라는 작은 확률로 이 과정을 만들어냅니다.

```
# 이제 bitDex = 0으로 돌연변이를 수행합니다.
for kk in range(len(newChrom)-1):
  mutDraw = random.random()
  if mutDraw < mutate_chance: # 돌연변이 발생!
    bit = randint(26)
    newChrom[kk]=bit
    print ("mutation")
newPop.append(newChrom)
```

14. 이제 모든 처리를 마쳤으므로 이 새로운 자녀 경로를 모집단에 추가하고 다음 세대를 평가할 준비를 합니다. 일부 데이터를 기록하고 다시 처음으로 돌아갑니다.

```
# 부모 1(p1)과 부모 2(p2)의 새 아기를 환영합니다
print("Generation: ",jj,"New population = ",len(newPop))
pop=newPop
mp.plot(trainingData) mp.show()
```

그렇다면 우리의 유전자 실험은 어떻게 되었을까요? 다음 결과 차트를 보면 알 수 있습니다.

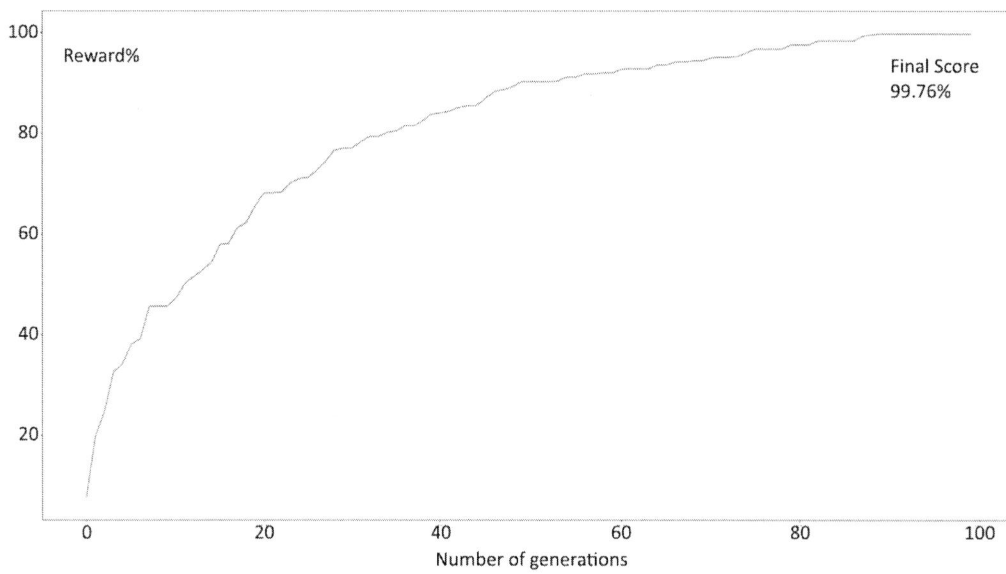

그림 5.5 GA 솔루션의 학습 곡선

GA는 약간 부두교(voodoo)의 마법 프로그래밍처럼 보이지만 로봇 팔을 학습시키는 이 특정 사례에서 머신 러닝 도구로 매우 잘 작동합니다. 우리 솔루션은 90세대 정도 만에 목표의 99.76%(약 2mm)에 도달했는데, 이는 AI 학습 과정으로서는 상당히 빠른 속도입니다. 이 접근 방식이 로봇 팔의 경로 계획 문제를 해결하는 데 사용될 수 있음을 보여주는 학습의 매끄러운 특성을 볼 수 있습니다. 저는 이 프로세스에 대해 상당히 회의적이었지만, 이 특정 문제 영역에서는 꽤 잘 작동하는 것 같습니다.

프로그래밍은 그리 어렵지 않았고, GA의 매개 변수를 조정하여 프로세스를 개선하는 데 시간을 할애할 수 있습니다. 모집단이 더 작다면 어떨까요? 적합성 기준을 변경하면 어떨까요? 직접 실행해보고 무엇을 배울 수 있는지 확인해 보세요.

다른 로봇 팔 ML 접근 방식

머신러닝을 통한 로봇 팔 제어의 영역은 이제 막 시작 단계에 있습니다. 앞으로의 연구를 위해 몇 가지 연구 방법을 소개하고자 합니다. 로봇 움직임에 대한 이해를 접근하는 한 가지 방법은 *활용(exploitation)*과 *탐험(exploration)* 간의 균형을 고려하는 것입니다. 활용은 로봇을 가능한 한 빨리 목표에 도달하게 하는 것입니다. 탐험은 로봇 주변의 공간을 활용하여 새로운 것을 시도하는 것입니다. 경로 계획 프로그램이 국부적인 최소값에 머물러 있을 수 있으며(이를 막다른 골목이라고 생각하세요), 고려하지 않았던 더 나은 최적의 솔루션이 있을 수 있습니다.

로봇을 가르치는 방법에는 여러 가지가 있습니다. 우리는 학습에 일종의 자기 탐색 방식을 사용해 왔습니다. 로봇에게 무엇을 해야 하는지 보여주고 로봇이 모범을 통해 학습하도록 하면 어떨까요? 로봇이 동일한 작업을 수행하는 사람을 관찰하고 그 결과를 모방하도록 할 수 있습니다. 다음 섹션에서 몇 가지 대체 방법에 대해 논의해 보겠습니다.

Google의 SAC-X

구글은 로봇 팔 문제에 대해 약간 다른 접근 방식을 시도하고 있습니다. 로봇 팔의 개별 동작에 보상 포인트를 할당하는 것이 상당히 어려울 수 있다는 점에 착안하여 **예약된 보조 제어(Scheduled Auxiliary Control, SAC- X)** 프로그램을 개발했습니다. 복잡한 작업을 더 작은 보조 작업으로 나누고, 보조 작업에 보상 포인트를 부여하여 로봇이 복잡한 과제를 수행할 수 있도록 합니다. 예를 들어 로봇 팔로 블록을 쌓는다면 블록을 집는 것을 하나의 작업으로, 블록을 손에 들고 이동하는 것을 다른 작업으로 구분할 수 있습니다. 구글은 블록을 쌓는 주된 작업에만 강화가 사용되는 경우 이를 *희소 보상(sparse reward)* 문제라고 불렀습니다. 로봇에게 블록 쌓기를 가르치는 과정에서 성공적인 이동이 보상을 받기까지 수천 번의 시도가 실패하는 것을 상상할 수 있습니다.

아마존 로보틱스 챌린지

아마존에는 수백만 개의 상자, 부품, 비트 및 기타 물건이 진열대에 있습니다. 아마존은 고객이 주문할 때 최대한 빨리 배송할 수 있도록 선반에 있는 물건을 작은 상자에 넣어야 합니다. 지난 몇 년 동안 Amazon은 대학 팀을 초청하여 로봇 팔을 사용하여 선반에서 물건을 집어 상자에 넣는 *Amazon Robotics Challenge*를 후원해 왔습니다.

아마존이 상상할 수 있는 거의 모든 것을 판매한다는 점을 고려할 때 이것은 정말 어려운 도전입니다. 2017년 호주 퀸즐랜드의 한 팀이 저렴한 비용의 팔과 뛰어난 손 추적 시스템으로 이 도전에서 승리했습니다.

요약

이 장의 과제는 머신러닝을 사용하여 로봇 팔의 사용법을 로봇에게 가르치는 것이었습니다. 두 가지 기법을 약간 변형하여 사용했습니다. 다양한 강화 학습 기법 또는 Q-러닝을 사용하여 로봇의 팔 상태에 따라 개별 동작을 선택하여 이동 경로를 개발했습니다. 각 동작은 개별적으로 보상으로 점수를 매기고 전체 경로의 일부로 값을 매겼습니다. 이 프로세스는 학습 결과를 경로를 생성하는 데 사용할 수 있는 Q-매트릭스에 저장했습니다. 27개 요소로 구성된 모터 조합의 동작을 0에서 26까지의 숫자로 인덱싱(엔코딩)하고 로봇 상태도 마찬가지로 상태 조회 테이블에 인덱싱하여 강화 학습 프로그램의 첫 번째 컷을 개선했습니다. 그 결과 학습 프로세스의 속도가 40배 빨라졌습니다. Q-러닝 접근 방식은 로봇 팔의 상태가 너무 많아서 어려움을 겪었습니다.

두 번째 기법은 GA였습니다. 개별 무작위 경로를 생성하여 모집단을 만들었습니다. 각 경로의 목표 대비 점수를 매기는 적합성 함수를 만들어 각 세대의 최고 성과를 유지했습니다. 그런 다음 다소 무작위로 선택된 두 개체의 유전 물질을 교배하여 새로운 자손 경로를 만들었습니다. 또한 GA는 경로의 단계에 약간의 무작위 변경을 가하여 돌연변이를 시뮬레이션했습니다. GA의 결과는 로봇 팔의 상태 공간 복잡성에 아무런 문제가 없음을 보여주었고 단 몇 세대 만에 유효한 경로를 생성했습니다.

왜 이 모든 수고를 감수할까요? 다른 경험적 방법이 어렵거나 신뢰할 수 없거나 합리적인 시간 내에 해결책을 도출하지 못할 때 머신러닝 기법을 사용합니다. 또한 이러한 기법을 사용하면 무차별 대입이나 수학만으로 해결할 수 없는 훨씬 더 복잡한 작업도 해결할 수 있습니다.

다음 장에서는 로봇에 자연어 처리 기능을 갖춘 음성 인터페이스를 추가하여 사용자가 로봇에게 말을 걸면 로봇이 듣고 대답할 수 있도록 할 것입니다.

질문

1. Q러닝에서 Q는 무엇을 의미하나요?

   힌트: 직접 조사해 보셔야 합니다.

2. Q러닝 알고리즘이 검색해야 하는 상태의 수를 제한하려면 어떻게 해야 할까요?

3. 학습 속도를 변경하면 학습 과정에 어떤 영향을 미치나요?

4. Q 학습 방정식에서 긴 경로에 불이익을 주는 함수 또는 매개 변수는 무엇인가요? 이 함수를 늘리거나 줄이면 어떤 효과가 있나요?

5. 유전 알고리즘에서 짧은 경로(단계 수가 적은 경로)가 선호되도록 긴 경로에 불이익을 주려면 어떻게 해야 할까요?

6. Q-러닝의 SARSA 변형을 찾아봅니다. SARSA 기법을 프로그램 2에 어떻게 구현할 수 있을까요?

7. 유전 알고리즘에서 학습 속도를 변경하면 어떤 영향을 미치나요? 학습률의 상한과 하한은 어떻게 되나요?

8. 유전 알고리즘에서 개체수를 줄이면 어떤 효과가 있나요?

추가 읽기

- *Python Deep Learning*, Zocca, Spacagna, Slater, Roelants 저, Packt Publishing
- *Artificial Intelligence with Python*, Prateek Joshi 저, Packt Publishing
- *AI Junkie: Genetic Algorithm –A Brief Overview*, `http://www.ai-junkie.com/ga/intro/gat2.html`에서 검색됨
- Basic Reinforcement Learning Tutorial 2: SARSA: `https://github.com/vmayoral/basic_reforcement_learning/tree/master/tutorial2`
- Google DeepMind Blog: Learning by Playing (Robot Arm (SAC-X)): `https://deepmind.com/blog/learning-playing/`

제6장
로봇에게 듣기 교육하기

로봇에게 음성 지시를 듣도록 가르치는 것은 그 자체로 하나의 학문입니다. 로봇이 개별 단어나 정형화된 구문을 인식하는 것만으로는 충분하지 않습니다. 우리는 로봇이 일반적인 음성 명령에 대해 일반적인 다양한 문구로 응답하기를 원합니다. "장난감 주워", "장난감 다 주워", "이 어질러진 걸 치워"라고 말하면 로봇이 방에서 주워 치울 장난감을 찾기 시작하도록 지시하는 데 유효한 명령이 될 수 있습니다. 이 장에서는 다양한 기술과 프로세스를 사용할 것입니다. 우리가 직접 프로그래밍하고 확장할 수 있는 AI 기반 음성 인식 및 **자연어 처리(NLP)** 엔진인 **마이크로프트(Mycroft)**라는 오픈 소스 언어 비서를 기반으로 구축할 것입니다. 마이크로프트에 몇 가지 기능을 추가할 예정인데, '빈칸 채우기'라는 명령 처리 방법을 사용하여 사용자의 음성 지시의 의도를 추출함으로써 사용자가 말한 것과 정확히 일치하지 않더라도 로봇이 원하는 작업을 수행할 수 있도록 할 것입니다. 이 장에서는 로봇이 특정 형태의 인간 커뮤니케이션인 노크-노크 농담을 말하고 이에 응답하도록 가르치는 것으로 이 장을 마무리하겠습니다.

이 장에서는 다음 주제를 다룹니다.

- NLP를 사용한 로봇 음성 인식 살펴보기 - **음성 텍스트 변환(STT)**과 **텍스트 음성 변환(TTS)** 모두 살펴보기
- 로봇 프로그래밍

기술 요구 사항

이 장에서는 다음 도구를 사용합니다.

- 마이크로프트 오픈 소스 음성 어시스턴트(`http://mycroft.ai`) - GitHub 저장소(`http s://github.com/MycroftAI)의 소스로 빌드해야 했으므로 로봇을 실행하는 **로봇 운영 체제(ROS)**와 호환성을 유지하기 위해 동일한 작업을 수행할 것으로 예상됩니다.

- Python 3.2.
- GitHub 계정(https://github.com/)이 필요합니다.
- 이 프로젝트에는 소형 USB 스피커와 마이크를 사용했는데, Jetson과 매우 잘 작동했습니다. https://www.amazon.com/gp/product/B08R95XJW8에서 찾을 수 있습니다.

이 장에서 사용된 코드는 이 책의 GitHub 리포지토리("https://github.com/PacktPublishing/Artificial-Intelligence-for-Robotics-2e")에서 찾을 수 있습니다.

NLP를 사용한 로봇 음성 인식 살펴보기

다소 복잡한 장이 되겠지만 모든 개념은 상당히 쉽게 이해할 수 있습니다. 여러분은 음성 인식과 명령을 구축할 수 있는 매우 강력한 프레임워크를 갖추게 될 것입니다. 로봇을 위한 음성 기반 명령 시스템뿐만 아니라 농담을 하는 모든 기능을 갖춘 디지털 비서도 만들 수 있습니다. 먼저 NLP에 대해 간단히 소개해 보겠습니다.

NLP 개념에 대한 간략한 소개

NLP는 단순히 음파를 문자로 변환하는 것(음성을 텍스트로 변환, 즉 STT)뿐만 아니라 그 단어의 의미도 이해하는 것입니다. 사전 프로그래밍된 딱딱한 음성 명령이 아니라 로봇이 사람의 말에 반응할 수 있는 능력을 갖추는 것이 목표입니다.

우리는 두 가지 다른 형태의 STT 처리를 사용할 것입니다.

- **스펙트럼 분석**: 이 유형은 사용자가 로봇의 이름을 말할 때 감지하는 데 도움이 됩니다. 이 기술은 단어를 구성하는 주파수와 진폭을 샘플링하여 단어나 구를 인식합니다. 이 프로세스는 컴퓨터 리소스를 많이 사용하지 않는다는 장점이 있으며, 컴퓨터가 두 번째 유형의 음성 인식으로 전환하게 하는 기동어(wake word)인 단어나 구문 하나만 인식하는 데 능숙합니다. 다른 음성 작동 어시스턴트가 특정 단어(예: Siri 또는 Alexa)를 사용해야 듣기를 시작할 수 있는 이유도 바로 이 때문입니다.
- **음소 인식**: 이 기술은 단어를 구성하는 소리의 일부인 음소를 인식하여 STT를 변환합니다. 모든 소리를 단어로 해석하려는 이 기술은 훨씬 더 어렵기 때문에 기동어를 사용하여

변경을 실행합니다. 이에 대해서는 이 장의 뒷부분에서 자세히 설명하겠습니다.

다음으로 음성 인식을 구현하기 위한 주요 목표를 살펴보겠습니다.

목표 설정

2장에서 로봇에 대한 몇 가지 목표를 설정했는데, 여기에는 기지국 없이 로봇을 사용할 수 있기 때문에 로봇에 음성 명령을 내릴 수 있는 기능이 포함되었습니다. 또한 로봇이 손자와 상호작용할 수 있기를 바랐고, 특히 손자 윌리엄이 가장 좋아하는 활동인 노크-노크 농담을 말하고 이에 반응할 수 있기를 바랐습니다. 우리는 로봇이 정형화되거나 암기된 음성 명령을 사용하는 것이 아니라 자연어 처리(NLP)를 통해 로봇이 말을 이해할 수 있는 형태를 만들고 싶었습니다. 예를 들어 장난감을 집으라는 명령을 내리고 싶다면 인간은 *장난감을 집어*, *장난감을 잡아*, *장난감 자동차를 집어*, 또는 *저걸 가져와* 등 여러 가지 방법으로 표현할 수 있습니다. 우리가 원하는 것은 로봇이 모든 발화를 이해하거나 적어도 동일한 동작으로 반응하여 가장 가까운 장난감으로 이동하여 로봇 팔로 장난감을 집어 들도록 하는 것입니다. STT 시스템은 오늘날 상당히 보편화되어 있지만, 로봇이 실제보다 더 똑똑하다는 착각을 불러일으킬 수 있도록 로봇의 음성 패턴에 약간의 자연스러운 변화를 주고자 합니다. 우리는 이 프로세스를 여러 단계로 나눌 수 있으며, 각 단계를 독립적으로 처리할 것입니다.

- 오디오(사운드) 입력을 수신합니다. 로봇이 소리를 들을 수 있거나 소리를 디지털 형태로 변환할 수 있어야 합니다.
- 이러한 소리는 로봇이 처리할 수 있는 텍스트로 변환해야 합니다.
- 이러한 텍스트 단어에 대한 처리를 사용하여 화자의 의도를 이해합니다. 개별 단어를 인식하는 데 그치지 않고 단어를 조합하여 문장으로 만들고, 그 문장을 통해 화자의 의도를 추론하여 로봇이 무엇을 하려는지 이해해야 합니다.
- 해당 의도를 명령으로 사용하여 작업을 수행하세요.
- 로봇이 명령을 듣고 이해했는지 확인하기 위해 사용자에게 음성(텍스트 음성 변환, TTS) 형태의 구두 응답을 제공하세요.
- 노크-노크 농담을 알려주고 이에 응답하는 맞춤형 언어 인터페이스를 만들 수 있습니다.

다음 섹션에서는 로봇이 사용자의 음성 입력을 받는 방법인 STT 프로세스를 소개하는 것으로 시작하겠습니다.

STT 프로세스 이해

이 장의 나머지 부분에서는 로봇에 AI 기반 음성 인식 및 응답 시스템을 구현하고 사용자 지정 음성 인터페이스를 만들어 보겠습니다. 음성을 잘 이해하고 새로운 기능과 사용자 지정 인터페이스를 위해 쉽게 확장할 수 있는 오픈 소스 음성 인식 디지털 비서인 마이크로프트를 사용할 것입니다.

음성 상호작용과 관련된 각 단계에 대해 자세히 설명하겠습니다. 이 과정에는 로봇의 문제를 크게 단순화하는 두 가지 형태의 STT, 즉 **기동어** 인식과 **STT** 인식이 있습니다. 먼저 기동어 인식을 살펴보겠습니다.

기동어 듣기

첫 번째 접근 방식에서는 로봇이 기동어라는 한 가지 소리만 계속 듣고 있습니다. 이것은 다음 소리를 명령으로 처리할 준비를 하라는 한 가지 의미의 특정 소리입니다. 이것이 왜 필요한가요? 로봇에는 Jetson Nano라는 아주 작은 프로세서만 탑재되어 있기 때문에 강력한 STT 엔진을 실행할 수 있는 온보드 컴퓨팅 성능을 갖추지 못했습니다. 하지만 기동어를 들을 수 있는 간단한 음성 인식기는 실행할 수 있습니다. 특별한 기동어나 버튼을 사용하여 인터페이스가 주의를 기울이도록 하는 Alexa나 Siri와 같은 다른 음성 명령 시스템에서도 이러한 기능을 사용할 수 있습니다(`https://www.howtogeek.com/427686/how-alexa-listens-for-wake-words/` 참조).

기동어가 수신되면 Jetson Nano는 녹음 모드로 전환되어 다음 말을 녹음합니다. 그런 다음 해당 정보를 온라인 시스템인 Google 클라우드 음성 텍스트 변환 시스템(Google 어시스턴트를 실행하는 것과 동일)으로 전송합니다.

로봇은 기동어를 어떻게 인식하나요? 우리가 사용할 음성 시스템인 오픈 소스 시스템 마이크로프트는 두 가지 방법 중 하나를 사용합니다.

- 첫 번째는 스핑크스(Sphynx)라는 **음소 인식 시스템(phoneme recognition system, PRS)**입니다. 음소란 무엇인가요? 단어는 알파벳 문자에 대략적으로 할당된 개별 소리로 구성되어 있다는 것을 이해할 수 있습니다. 예를 들어 *pet* 또는 *pick*이라는 단어의 *p가* 음소의 예입니다. "Albert"라는 단어에는 A음(아), L음, B음, ER음, 마지막으로 T음 등 여러 음소가 있습니다. 이러한 소리와 연관된 글자(예: *체리의 ch, 알버트의 er*)를 그래픽으로 표현하는 것을 **문자소(grapheme)**라고 부릅니다. STT 문제는 이러한 음소를 자소에 매핑하는 문제라고 말할 수 있지만, 영어에는 발음과 철자가 멀리 떨어져 있는 모든 종류의 차용 단어

와 구문이 있습니다.

마이크로프트 음성 인식 프로세스의 프런트엔드는 음소를 사용하여 깨어난 단어를 인식합니다. 여러분은 상당히 민감하다는 것을 알 수 있습니다. 음성 프로세서가 8피트 떨어진 곳에서도 깨우기 단어를 수신하는 데 아무런 문제가 없었습니다. 설정에 들어가면 기본 마이크로프트 깨우기 단어를 "안녕, 마이크로프트"에서 "안녕, 알버트"로 변경하겠습니다.

- 마이크로프트는 또한 **스펙트럼 파워 그래프**(spectral power graph)를 통해 전체 단어를 한 번에 인식하도록 학습된 **신경망**을 사용할 수도 있습니다. 스펙트럼 그래프란 무엇인가요? 목소리는 한 가지 주파수의 소리 에너지가 아니라 입과 성대에서 만들어지는 다양한 주파수의 복잡한 집합체입니다. 만약 우리가 순수한 주파수로 말한다면, 우리는 대부분 한 주파수의 순수한 음색인 플루트처럼 들릴 것입니다. **고속 푸리에 변환**(fast Fourier transform)이라는 프로세스를 사용하여 선택한 음성을 각 주파수에서 에너지(음량)의 양을 나타내는 그래프로 변환할 수 있습니다. 이를 스펙트럼 플롯 또는 스펙트럼 그래프라고 합니다. 낮은 주파수는 왼쪽에, 높은 주파수는 오른쪽에 표시됩니다. 대부분의 사람 말의 에너지는 300Hz에서 4,000Hz 사이의 주파수에 집중되어 있습니다. 각 단어는 이러한 주파수에서 고유한 소리 에너지 양의 분포를 가지며, 이러한 방식으로 신경망에 의해 인식될 수 있습니다.

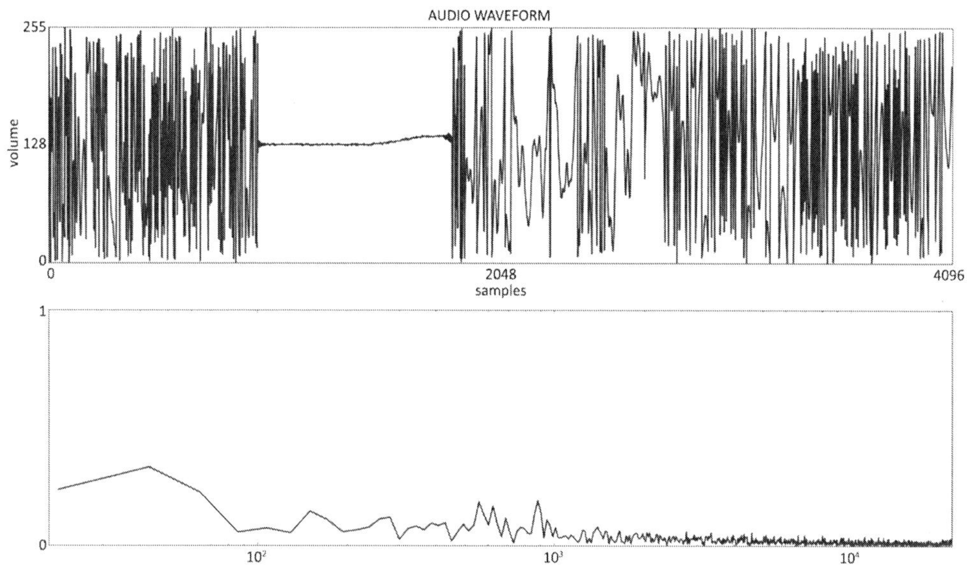

그림 6.1 아날로그 오디오 파형(위)과 "Hey, Albert" 문구에 대한 스펙트럼 그래프(아래)

앞의 다이어그램은 "Hey, Albert"라는 문구에 대한 시간 도메인의 오디오 파형(위쪽 그래프)과 주파수 도메인의 스펙트럼 플롯(아래쪽 그래프)을 모두 보여줍니다.

음소 방식과 신경망 방식 모두 스펙트럼 플롯을 사용하여 소리를 단어로 인식하지만, 음소 프로세스는 단어를 개별 소리로 나누고 신경망은 전체 단어를 한꺼번에 듣고 인식합니다. 이것이 왜 큰 차이를 만들까요? 음소 시스템은 재프로그래밍이나 재학습 없이 영어의 모든 단어를 인식하도록 개발할 수 있지만, 신경망은 각 단어에 대해 개별적으로, 그리고 다양한 억양을 가진 수많은 화자들에 의해 학습되어야 하기 때문입니다. 알버트에게는 신경망 방식을 사용할 것입니다.

> **참고**
>
> 4장에서 신경망을 학습시키려면 레이블이 지정된 데이터가 필요하다는 것을 기억하실 것입니다. 사진을 카테고리로 분류하고 각 카테고리에 대해 학습했던 것을 기억하시죠? 인공 신경망(ANN)을 소리로 학습할 때도 마찬가지입니다. 우리에겐 소리와 관련 단어가 필요합니다. 정확히 일치하는 대본이 있는 다양한 목소리의 샘플을 구할 수 있는 곳을 떠올릴 수 있나요? 테이프로 책을 들어본 적이 있나요?

STT 변환

기동어를 수신한 다음 단계는 로봇이 듣는 다음 소리를 녹음하는 것입니다. 그러면 마이크로프트 시스템이 인터넷을 통해 해당 오디오 데이터를 Google 온라인 STT 엔진(`https://cloud.google.com/speech-to-text/`)으로 전송합니다. 이는 강력한 음성 인식 기능을 갖추기에 충분한 처리 능력이나 저장 공간이 없는 작은 Jetson Nano의 문제를 빠르게 해결할 수 있는 방법입니다.

Google 클라우드에서는 어떤 일이 일어나나요? STT 엔진은 음성을 음소(소리)로 분해하고 신경망을 사용하여 해당 소리에 가장 가능성이 높은 자모(문자)를 할당합니다. 출력은 우리가 원하는 것보다 더 음성적으로 철자가 표기됩니다. 예를 들어, *카네기 멜론 대학교 발음 사전을 기준으로* "장난감을 집어주세요?"라는 문장은 `P IH K . AH P . DH AH . T OY Z . P L IY Z`입니다. 왜 그럴까요? 무슨 일이 일어났을까요? 이들은 해당 문장을 구성하는 음소입니다. 마침표는 단어 사이의 공백을 나타냅니다. 이제 시스템이 이를 우리가 예상하는 단어로 변환해야 합니다. STT 시스템은 단어 규칙과 사전을 사용하여 일반 단어로 변환될 가능성이 가장 높은 단어를 찾아냅니다. 여기에는 전문가 시스템(단어 규칙)과 음소를 기반으로 출력 단어를 예측하는 학습된 신경망이 모두 포함됩니다.

이 단계를 **언어 모델**이라고 부를 수 있습니다. STT는 "1갤런에 몇 온스?"라는 문장을 2초 이내에 출력하여 로봇에게 다시 전송합니다.

이제 영어 문장인 텍스트로 명령을 내렸으니 로봇은 사용자의 의도(intent)를 어떻게 인식할까요?

의도 명확히 하기

우리가 하고 있는 NLP에는 하나의 목적, 즉 목표가 있습니다. 음성 인터페이스를 사용하여 로봇에게 명령을 내리는 것입니다. 영어로 된 명령은 일반적으로 "너 - 이렇게 해"와 같은 문장 패턴을 따릅니다. 종종 문장의 '당신'이라는 주어가 암시되거나 이해되어 생략되는 경우가 많습니다. "이 방을 청소해." 또는 "저 장난감을 집어."와 같은 문장이 남게 됩니다. 이러한 명령의 의도는 로봇이 장난감을 집어서 치우도록 하는 프로그램을 시작하도록 하는 것입니다. 로봇과 로봇의 프로세서는 사용자가 말한 단어에서 사용자의 의도를 파악하거나 추론해야 합니다. 우리가 원하는 것은 합리적인 문장이 그 의미를 갖는 것입니다. "로봇, 장난감 픽업 프로세스를 시작하세요."

로봇에게 이 명령을 얼마나 많은 방법으로 말할 수 있는지 생각해 보세요. 다음은 몇 가지 예시입니다.

- 이 방을 정리해 보겠습니다.
- 장난감 치우기
- 장난감 픽업
- 모든 장난감 픽업
- 이 방 정리하기
- 그것들을 치워주세요.
- 이걸 치워주세요.
- 정리할 시간

이 문구들의 공통점은 무엇일까요? 모두 동작을 수행하는 주체가 로봇이라는 것을 암시합니다. 명령의 대상을 나타내는 '당신', '로봇', '알버트'와 같은 단어는 없습니다. "장난감"이라는 단어가 많이 등장하며 "고르다", "청소하다", "치우다"와도 마찬가지입니다. 이러한 키워드에 주의를 기울이면 이 명령을 이해할 수 있습니다. 일반적인 접속사 및 대명사 단어를 모두 제거하면 목록이 어떻게 될까요?

- 클린룸
- 장난감 넣기
- 장난감 선택
- 장난감 선택
- 클린룸
- 치우기
- 치우기
- 정리 시간

이 장에서 중요한 개념은 모든 음성을 이해하려는 것이 아니라 로봇이 실행할 수 있는 명령어인 음성 하위 집합만을 이해하려는 것임을 이해하는 것입니다. 이 음성 인식 문제에 대한 일반적인 해결책은 로봇에게 주어진 명령에서 사용자의 의도가 다른 명령보다 한 명령을 가리킬 가능성을 예측할 수 있는 능력을 갖추는 것입니다. "청소"라는 단어의 경우 다른 명령("드라이브 어라운드", "팔 이동", "정지")은 "청소"와 전혀 관련이 없다는 것을 알 수 있습니다. 따라서 "clean"이 포함된 문장은 *장난감 집어 올리기* 명령과 연관되어 있을 가능성이 높습니다. 이 의도를 결정하는 프로세스는 이 장의 뒷부분에서 마이크로프트를 사용하여 로봇에 명령을 보낼 때 사용됩니다.

이제 바로 마이크로프트를 사용하여 명령을 듣고 이해하도록 알버트 로봇을 프로그래밍해 보겠습니다.

로봇 프로그래밍

이 장의 앞부분에서 설명한 것처럼, 마이크로프트는 대부분 일반적인 방식으로 음성 명령을 듣고 해당 명령을 컴퓨터에 연결할 수 있다는 점에서 Apple의 Siri나 Amazon의 Alexa와 유사한 디지털 어시스턴트 버전입니다. 우리는 Jetson Nano 3에서 실행되는 인터페이스를 가지고 있기 때문에 이를 사용하고 있습니다. 이 섹션에서는 하드웨어와 소프트웨어(즉, 마이크로프트)를 설정하겠습니다.

하드웨어 설정

Nvidia Jetson Nano(또는 사용 중인 마이크로프로세서에 상관없이)에 마이크로프트를 설치합니다. 젯슨 나노가 제공하지 않는 몇 안 되는 기능 중 하나는 **오디오 기능**입니다. 스피커나 마이크가 없습니다. 이 기능을 추가하는 빠르고 효과적인 방법은 로봇 친화적인 폼 팩터에 고품질 스피커와 우수한 스테레오 마이크 세트를 모두 제공하는 기존 하드웨어 키트를 사용하는 것이었습니다. 이 방법은 거의 모든 Linux **단일 보드 컴퓨터**(SBC)에서 작동합니다.

이 키트는 Jetson Nano에 꽂을 수 있는 소형 USB 오디오 보드입니다. 스피커와 마이크가 모두 포함되어 있습니다.

> **참고**
>
> 저에게는 매우 잘 작동하고 로봇의 아주 작은 공간에도 잘 맞는 USB 오디오 보드(브랜드는 중요하지 않습니다. 어떤 것이든 상관없습니다)를 Jetson Nano에 사용했습니다. 설치는 이보다 더 간단할 수 없습니다. 오디오 보드를 연결합니다. 화면 오른쪽 상단의 **설정**으로 이동하여 USB 오디오 버전을 선택해야 합니다. 몇 가지 다른 옵션이 나열됩니다.

새 스피커와 마이크를 사용하여 Jetson Nano 3를 켭니다. 오디오가 작동하는지 확인하기 위해 YouTube로 간단한 테스트를 실행했으며 Settings 사용자 인터페이스에서 직접 테스트할 수 있습니다. 이제 소프트웨어로 들어가 보겠습니다.

마이크로프트 소프트웨어 설정

이미 사용하고 있는 다른 소프트웨어 위에 마이크로프트를 설치해야 하므로 여러 가지 방법으로 마이크로프트를 설치할 수 있습니다.

1. 마이크로프트는 ROS 및 설치한 모든 AI 라이브러리(예: TensorFlow, Theano, Keras)와 함께 작동해야 하므로 git 복제 방법을 사용하여 소스 코드를 다운로드하고 Jetson Nano에서 마이크로프트를 빌드하는 것이 가장 좋습니다.

```
git clone https://github.com/MycroftAI/mycroft-core.git cd Mycroft-core
bash dev_setup.sh
```

마이크로프트는 실행에 필요한 가상 환경을 생성합니다. 또한 마이크로프트 패키지를 Jetson Nano의 나머지 패키지에서 분리합니다.

> **참고**
>
> 마이크로프트를 루트 사용자(또는 수퍼유저)로 설치하지 마세요. 이렇게 하면 구성 파일에 권한 문제가 발생할 수 있습니다.

2. 이러한 방식으로 마이크로프트 시스템을 작동시키기 위해 저는 한 가지 단계를 더 수행해야 했습니다. 마이크로프트 시스템을 처음 실행하려고 했을 때 계속 실패했습니다. 디버거를 시작하려고 하면 시스템이 종료되거나 멈췄습니다. 이 문제를 해결하기 위해 다음 단계에 따라 전체 시스템을 다시 컴파일해야 했습니다.

   ```
   sudo rm -R -/.virtualenvs/Mycroft
   cd ~/mycroft-core
   ./dev_setup.sh
   ```

   이 작업이 완료되면(몇 시간 정도 걸렸지만) 여러분은 mycroft-core 디렉터리에서 시작 명령을 사용하여 마이크로프트 시스템을 실행할 수 있어야 합니다.

3. 디버그 모드에서 시작할 수 있습니다.

   ```
   ./start-mycroft.sh debug
   ```

   또는 일반 모드에서 시작할 수도 있습니다.

   ```
   ./start-mycroft.sh all
   ```

   여러분은 음성 명령을 개발할 때 디버그 모드를 자주 사용하게 될 것입니다. 이 모드가 없으면 무슨 일이 일어나고 있는지 확인할 수 없습니다. 모든 것이 제대로 작동하면 일반 모드로 전환할 수 있지만 로봇의 음성 외에는 사용자 인터페이스가 없습니다.

4. 이제 마이크로프트가 제대로 작동하는지 테스트합니다. 마이크로프트를 처음 실행할 때 마이크로프트 웹 서버의 계정과 페어링해야 합니다. 마이크로프트 웹 사이트(`http://home.mycroft.ai`)에서 서비스 계정을 설정해야 합니다. 그러면 웹 사이트 맨 오른쪽의 햄버거 메뉴에 있는 Devices 아래에 있는 웹 사이트에 입력할 수 있는 6글자 코드가 Jetson Nano에 제공됩니다.

   로봇이 마이크로프트 서버와 페어링되면 데이터를 주고받을 수 있습니다. 기동어는 기본값인 "안녕, 마이크로프트(Hey, Mycroft)."로 시작합니다. 먼저 "마이크로프트, 지금 몇 시야?(Hey, Mycroft, what time is it?)"라고 물어서 모든 것이 제대로 작동하는지 테스트할 수 있습니다. 마이크로프트의 기능은 각각 별도의 스크립트로 제어되는 스킬로 나뉩니다. 시간 스킬은 Jetson Nano 내부에 완전히 독립적으로 포함되어 있습니다. 로봇은 디버그 콘솔에 복제된 음성 응답을 제공해야 합니다.

5. 다음으로, 마이크로프트에게 인터넷에서 정보를 찾는 것과 같은 고급 기술을 물어볼 수 있습니다. "마이크로프트, 1갤런에 몇 온스니?"라고 물어보세요. 마이크로프트는 인터넷을 사용하여 답을 찾아 답할 것입니다.
6. 다음으로, 마이크로프트 웹사이트의 기동어를 더 적절한 것으로 변경할 수 있습니다(이 로봇의 이름은 마이크로프트로 지정하지 않았습니다). 우리는 이 로봇을 알버트라고 불렀지만 원하는 이름을 선택할 수 있습니다. Bob과 같이 매우 짧은 이름은 너무 짧아서 기동어가 되지 않을 수 있으므로 두 음절 이상의 이름을 선택하세요. 이렇게 하려면 마이크로프트 웹 페이지(`http://home.mycroft.ai`)로 이동하여 4단계에서 만든 계정에 로그인합니다. 오른쪽 상단 모서리에 있는 내 이름을 클릭하고 메뉴에서 Settings를 선택합니다. 이 페이지에서 원하는 음성 유형, 측정 단위, 시간 및 날짜 형식을 변경할 수 있습니다. Advanced Settings을 선택하면 기동어를 변경할 수 있는 페이지로 이동합니다.
7. 첫 번째 필드인 **기동어** 필드를 Custom(사용자 지정)으로 변경합니다. 다음 줄을 변경하여 사용자 지정 기동어인 "Hey, Albert"를 입력합니다.
8. 또한 이 기동어의 음소를 찾아야 합니다. 카네기 멜론 대학교의 *CMU 발음 사전*("`http://www.speech.cs.cmu.edu/cgi-bin/cmudict`"으로 이동하세요. 우리 구문을 입력하면 음소 구문이 나옵니다. 이 구문을 복사하여 붙여넣고 마이크로프트 페이지로 돌아가서 Phonemes 필드에 음소 구문을 붙여넣습니다. 완료되었으니 다른 설정은 변경하지 마세요.
9. 페이지 상단에서 Save를 눌러 저장 후 이동합니다.

새 기동어를 Jetson Nano에서 다시 테스트할 수 있습니다. 디버그 모드에서 마이크로프트를 다시 시작하고 메시지가 표시될 때까지 기다립니다. 새 깨우기 문구를 말하고 응답을 즐겨보세요. 로봇의 목소리가 되는 마이크로프트의 실력을 보여주기 위한 표준 테스트 문구 세트가 있습니다. 다음을 시도해 보세요:

- 안녕, 알버트. 지금 몇 시예요? (Hey, Albert. What time is it?)
- 안녕하세요, 알버트. 내일 날씨가 어떻게 되나요? 안녕, 알버트. 1갤런에 몇 온스?(Hey, Al

bert. What is the weather for tomorrow? Hey, Albert. How many ounces in a gallon?)

- 안녕, 알버트. 영국의 왕은 누구인가요?(Hey, Albert. Who is the king of England?)

이러한 질문에 대한 적절한 답변을 얻어야 합니다.

마이크로프트에는 타이머 설정, 알람 설정, 판도라(Pandora)에서 음악 듣기, 뉴스 재생 등 우리가 활용할 수 있는 다른 많은 기술이 있습니다. 앞으로는 이러한 기능에 방 청소 로봇에 특화된 자신만의 기술을 추가할 예정입니다.

기술 추가

우리가 만들 첫 번째 스킬은 장난감을 집어 올리는 명령입니다. 이 명령을 ROS에 연결하여 로봇을 제어할 것입니다. 나중에 노크-노크 농담을 하는 스킬을 추가할 것입니다.

대화 상자 디자인하기

첫 번째 단계는 로봇과 대화하는 방법에 대한 대화 상자를 디자인하는 것입니다. 먼저 로봇에게 놀이방에 있는 장난감을 집어 오라고 말할 수 있는 방법의 목록을 작성하세요. 다음은 ChatGPT(버전 3.5)를 사용하여 생성한 제 목록입니다.

- 로봇아, 장난감 좀 주워줄래?
- 정리할 시간입니다. 장난감 좀 모아줄래요?
- 도움이 필요해, 로봇아. 장난감을 모두 주워서 장난감 통에 넣어줄래요?
- 함께 청소합시다. 먼저 장난감을 모두 수거해 주세요.
- 깨끗한 방이 필요해요. 여기저기 흩어져 있는 장난감부터 치워주시겠어요?
- 로봇아, 장난감을 모두 모아 방을 정리해 주겠니?
- 이 방을 깨끗하게 만들어 봅시다. 먼저 장난감을 모두 수거해 주세요.
- 정리 시간입니다.
- 장난감을 다 주울 수 있나요?
- 모든 장난감을 가져가세요.
- 모든 장난감을 모아서 장난감 상자에 넣을 수 있습니다.
- 이제 여러분의 청소 실력을 뽐낼 시간입니다. 먼저 장난감을 모두 수거해 주세요.
- 장난감을 모두 치워 방을 깔끔하게 정리해 주시겠어요?

이 목록에서 방을 청소하라는 명령과 관련된 몇 가지 키워드가 있음을 알 수 있습니다. 물론 "청소"라는 단어가 있습니다. "픽업"과 "멀리"라는 문구가 있습니다. 또한 "장난감들" 또는 "장난감"이라는 단어와 마지막으로 "엉망"이라는 단어도 있습니다. 이러한 키워드는 자연어 프로세서에 신호를 보내고 사용되는 정확한 단어에 약간의 변형을 허용합니다.

다음으로 로봇이 대답할 내용을 적습니다. 매번 똑같은 정형화된 답변은 원하지 않으며, 로봇의 답변에 자연스러운 변화가 있으면 좋을 것입니다. 다음은 ChatGPT3에서 다시 작성한 응답 목록으로, 다양한 로봇의 태도가 표현되어 있습니다.

- 명령 수신 - 장난감 픽업.
- 물론 바로 방 청소를 시작하겠습니다.
- 알겠습니다, 방을 정리하고 모든 것이 제자리에 있는지 확인하겠습니다.
- 청소 모드가 활성화되었습니다! 방을 깨끗하고 깔끔하게 정리해 드리겠습니다.
- 원하시는 대로 방 청소는 제가 대신 해드리겠습니다.
- 제가 가진 청소 능력을 활용해 방을 효율적으로 정리하고 어수선함을 제거하겠습니다.
- 다 끝났다고 생각하세요! 제가 방을 쓸고, 먼지를 털고, 걸레질을 해서 깨끗하게 만들어 드릴게요.
- 청소 중! 부지런히 방을 청소하고 깔끔하고 보기 좋게 정리하겠습니다.
- 제가 할게요! 제가 가진 청소 도구와 기술을 사용해 방을 깔끔하게 정리해드리겠습니다.
- 알겠습니다, 방을 청소하고 정리하여 바로 사용할 수 있도록 준비하겠습니다.
- 청소 작업 수락! 원하는 대로 방을 깨끗하고 쾌적하게 만들기 위해 부지런히 노력하겠습니다.

여러분은 이 중에서 원하는 만큼 사용할 수 있습니다. 마이크로프트 시스템은 이 목록에서 임의의 문구를 가져옵니다. 이렇게 하면 창의력을 발휘할 여지가 생기고 로봇이 실제보다 더 똑똑한 것처럼 착각할 수 있습니다. 이러한 유형의 응답 시스템을 통해 대화 상자를 빠르게 개발할 수 있습니다.

다음 섹션에서는 음성 명령을 ROS 인터페이스에 연결하는 방법을 살펴보겠습니다.

기술 만들기

이 섹션에서는 우리가 말한 문구를 로봇에게 보낼 명령과 연결할 수 있는 프레임워크를 마이크로프트에 구축하겠습니다. 여기에는 로봇이 보유하기를 원하는 각 기술을 추가하는 작업이 포함됩니다.

장난감 정리하기

먼저, 알버트에게 가장 기본적인 기술인 장난감을 집어 방을 청소하는 기술을 추가해 보겠습니다. 이렇게 하려면 다음 단계를 따르세요.

1. mycroft-msk create 명령을 사용하면 기술을 적절한 형식으로 정리하는 데 도움이 됩니다.

```
mycroft-msk create
```

2. 스킬 이름을 입력하라는 메시지가 표시됩니다. Cleanroomrobot-skill을 사용하겠습니다.
3. 그런 다음 클래스 이름과 리포지토리 이름을 묻는 메시지가 표시되며, 저는 둘 다 Cleanroomrobot을 사용했습니다.
4. 자신의 기술에 대한 한 줄 설명을 입력합니다. Pick up all of the toys in the room.
5. 로봇에게 긴 설명을 입력합니다. Command the robot to detect toys, move to grab a toy, pick it up, and put it into the toybox.
6. 기술을 활성화할 몇 가지 예시 문구를 입력하세요.
    - 로봇아, 장난감 좀 주워줄래?
    - 정리할 시간입니다. 장난감 좀 모아줄래요?
    - 장난감을 다 주울 수 있나요?
7. 다음 매개변수를 입력합니다.
    - Author: <이름 입력>
    - Category: 생산성
    - Secondary Category: IoT
8. 태그를 입력하면 (선택 사항이지만) 로봇, 청소, 픽업, 장난감 등 원하는 스킬을 더 쉽게 검색할 수 있습니다.
9. 다음과 같이 /opt/Mycroft/skills/cleanroomrobot-skill의 디렉토리 구조가 완성됩니다.

```
Cleanroomrobot-skill
    Git
```

```
__pycache__
Locale
  En-us
      cleanroomrobot.dialog
      cleanroomrobot.intent
__init__.py
LISCENSE.md
Manifest.yml
README.md
Settingsmeta.yaml
```

10. 이제 로봇에 명령을 활성화할 파이썬 코드를 채울 수 있습니다. 템플릿에서 복사한 `skill_pickup_toys` 디렉토리에 있는 `init.py` 파일을 편집해야 합니다.

11. 마이크로프트에서 필요한 라이브러리를 가져옵니다(`IntentBuilder`, `MycroftSkill`, `getLogger` 및 `intent_handler`). 또한 ROS 파이썬 인터페이스인 `rclpy`와 ROS 표준 메시지 `String`을 가져와서 `syscommand` 토픽에 게시하여 로봇에 명령을 보내는 데 사용합니다.

```
from mycroft import MycroftSkill, intent_handler, intent_file_handler
import rclpy
from rclpy.node import Node
from std_msgs.msg import String, Int32MultiArray, Int32
from adapt.intent import IntentBuilder
from mycroft.util.log import getLogger
```

참고

`MycroftSkill`은 마이크로프트 인텐트 엔진에서 해당 구문 중 하나가 인식될 때 호출되는 함수입니다. 따라서 본문이나 메인 함수가 없고 `MycroftSkill` 객체를 인스턴스화하는 `create_skill` 함수에 대한 함수 정의만 있습니다. `init` 함수는 스킬에 대한 다양한 대화 상자, 인텐트 핸들러 및 어휘를 설정하는 대부분의 작업을 수행합니다. 이 방식은 로봇에게 명령을 내리거나 농담을 하는 제한된 환경에서 매우 잘 작동합니다.

12. 다음 줄은 응답을 저장할 수 있도록 마이크로프트의 로거입니다. print 문과 같이 stdout에 출력하는 모든 내용은 로그에 기록되거나 디버그 모드인 경우 화면에 표시됩니다.

```
LOGGER = getLogger( name )
```

13. 다음 단계는 스킬 객체에 대한 클래스를 설정하는 것입니다. 앞서 정의한 것과 일치하도록 Cleanroomrobot이라고 부르겠습니다.

```
class Cleanroomrobot(MycroftSkill):
    def __init__(self):
        MycroftSkill__init__(self)

    def setRobotInterface(self,interfce):
        self.interface = interfce

    def initialize(self):
        pass # 지금은 그냥 리턴함
```

14. 우리는 ROS에서 syscommand 토픽에 대한 퍼블리셔를 설정했습니다. 이것이 ROS 게시/구독 시스템을 통해 로봇 제어 프로그램에 명령을 보내는 방법입니다. 여기서는 명령만 게시할 것이며, 필요한 메시지 형식은 문자열뿐입니다.

```
pub = rospy.Publisher('/syscommand', String, queue_size=1000)
# 로봇 제어 시스템에 명령을 게시하는 서비스를 정의합니다.
# 모든 로봇 명령은 syscommand 토픽으로 나갑니다.
def pubMessage(str):
    pub.publish(str)
```

15. 우리의 마이크로프트 스킬은 MycroftSkill 객체의 하위 객체로 생성됩니다. 스킬 오브젝트 클래스의 이름을 CleanRoomSkill로 변경합니다.

```
class CleanRoomSkill(MycroftSkill):
def __init__(self):
super(CleanRoomSkill, self).__init__(name="PickupToys")
```

템플릿에 따르면 마이크로프트에는 init 메서드와 initialize 메서드가 모두 필요합니다. 이 명령은 마이크로프트의 인텐트 빌더 부분에서 인텐트를 설정하고 문구가 발화될 때 핸들러를 등록합니다.

16. 다음으로 *스킬 만들기* 섹션에서 만든 대화 상자를 참조합니다. require("CleanRoomKeyword")를 사용하므로 철자가 모두 올바른지 주의하세요:

```
def initialize(self):
        clean_room_intent = IntentBuilder("cleanroomrobot").
require("cleanroomrobot").build()
        self.register_intent(clean_room_intent, self.handle_cleanroomrobot)
```

17. 다음 섹션에서는 시스템이 문구 중 하나를 인식하고 이 명령에 대한 작업을 수행하고자 할 때를 위한 핸들러를 생성합니다. 여기에서 앞서 정의한 pubMessage 함수를 사용하여 ROS를 통해 로봇의 제어 프로그램에 게시 명령을 시작합니다.

```
    @intent_file_handler('cleanroomrobot.intent')
    ##@intent_handler('cleanroomrobot.intent')
    def handle_cleanroomrobot(self, message):
        self.speak_dialog('cleanroomrobot')
        self.interface.cmdPublisher("CleanRoom")
```

18.또한 *미키 마우스 - 마법사의 제자*와 같은 사고를 방지하기 위해 필요한 경우 로봇에게 청소를 중지하도록 명령할 수 있는 중지 기능이 필요합니다.

```
    def stop(self):
        self.interface.cmdPublisher("STOPCleanRoom")
        pass
```

참고

영화 판타지아(Fantasia)에서 미키 마우스는 동화 속 마법사의 견습생 역을 연기합니다. 이야기에서 견습생은 빗자루를 움직이는 법을 배우고 우물에서 물을 길어오는 법을 가르칩니다. 문제는 제자가 마법을 멈추는 방법을 배우지 못했고 곧 방이 물에 잠긴다는 것입니다.

19. 이제 프로그램에서 스킬을 생성하려면 로봇에 대한 ROS 인터페이스를 스킬에 연결할 수 있는 코드 블록이 필요합니다. 마이크로프트가 스킬을 생성하고 스킬을 활성화하는 함수 포인터를 가질 수 있도록 create_skill 함수를 추가하겠습니다.

```
def create_skill():
    newSkill = Cleanroomrobot()
    newSkill.setRobotInterface(rosInterface())
    return newSkill
```

20. 다음으로 ROS 인터페이스가 있습니다. 로봇에 명령을 보내 RobotCmd 토픽에 모드 명령을 게시하기만 하면 됩니다.

```
class rosInterface(Node):
    def __init__(self):
        super().__init__('mycroftROS') # 노드 이름
        self.cmdSubscribe = self.create_subscription(String,
'RobotCmd', self.cmdCallback,10)
        self.cmdPublisher = self.create_publisher(String,
'RobotCmd', 10)
    def cmdCallback(self,msg):
        robotCmd = msg.data
```

ROS 인터페이스를 정의하고 인터페이스 역할을 할 mycroftROS라는 제어 노드를 만듭니다. 그런 다음 ROS 2 인터페이스에서 명령을 주고받을 수 있도록 RobotCmd 토픽에 대한 구독자 및 게시자를 만듭니다.

21. 나머지 프로그램은 집안일만 하면 됩니다. ROS 노드를 시작하고, 마이크로프트 로거를 시작하고, ROS 인터페이스 객체와 ROS 및 마이크로프트용 cleanSkill 객체를 각각 인스턴스화해야 합니다. 그런 다음 cleanSkill 객체를 ROS 인터페이스를 가리키도록 하여 통신할 수 있도록 합니다. 마지막으로 .spin 함수를 사용하여 ROS 2 인터페이스를 시작합니다. 프로그램이 중지되면 .spin에서 벗어나 프로그램을 종료합니다.

```
## 메인 ###
rclpy.init()
LOGGER = getLogger(__name__)
interface = rosInterface()
cleanSkill = Cleanroomrobot()
cleanSkill.setRobotInterface(interface)

rclpy.spin(interface)

rosInterface.destroy_node()
rclpy.shutdown()
```

22. 스킬이 작동하려면 디렉터리를 /opt/mycroft/skills에 복사해야 합니다. 거기에서 디버그 모드에서 테스트할 수 있습니다. ROS 2 디렉터리를 소싱(source /opt/ros/foxy/local_setup.sh 및 source ~/ros2_ws/ install/local_setup.sh)하지 않으면 프로그램이 모든 포함 파일이나 ROS 노드를 찾을 수 없다는 점을 기억하세요.

다음 기술은 노크-노크 농담을 좋아하는 손자 윌리엄의 요청에 따라 준비했습니다. 윌리엄은 7살이니 이 기술을 하기에 딱 맞는 나이입니다. 어떻게 구현할 수 있는지 살펴봅시다.

농담하기

이 섹션에서는 로봇이 노크-노크 농담을 하는 경우를 다루겠습니다. 아시다시피 노크-노크 농담은 말장난을 기반으로 하는 농담으로 항상 같은 형태를 취합니다.

사람 1: 노크, 노크

사람 2: 거기 누구야?

사람 1: 나무

사람 2: 나무 누구?

사람 1: 당신이 알고 싶어하는 나무!

보시다시피 대화는 매우 간단합니다. 처음 두 줄인 "노크, 노크" 및 "거기 누구세요?"와 같은 몇 가지 부분은 표준입니다. 일반적인 노크-노크 농담은 다음과 같은 형태로 만들 수 있습니다.

1. 노크, 노크.
2. 거기 누구세요?
3. <단어 1>
4. <단어 1> 누구?
5. <핵심 문구>

농담을 정의할 때 *3단계의* 단어와 *5단계의* 핵심 문구라는 두 가지 가변 요소만 있는 것을 알 수 있습니다. 이 단어는 *4단계에서* 반복됩니다.

먼저 한 줄 농담으로 구성된 농담 데이터베이스를 만들어 텍스트 파일에 넣습니다. 두 개의 요소만 있으므로 슬래시(/)로 구분할 수 있습니다. 다음은 그 예입니다.

```
tarzan / tarzan stripes forever
orange / orange you glad I can tell jokes?
```

이 장의 저장소 파일 섹션에 약 10개의 농담이 담긴 데이터베이스를 제공하고 있습니다. 마음에 드는 농담을 자유롭게 추가하거나 저에게 보내주시면 추가해 드리도록 하겠습니다.

이제 농담을 하는 단계를 살펴보겠습니다.

1. 다른 스킬과 마찬가지로 "안녕, 알버트"라는 인사말로 시작하겠습니다.
2. 그런 다음 농담을 듣고 싶다는 것을 나타내는 문구가 필요하므로 "농담을 들려주세요"의 변형어인 "노크-노크 농담을 듣고 싶어요"와 같은 문구를 사용합니다.
3. 이렇게 하면 스킬 프로그램이 농담을 찾도록 트리거됩니다. 로봇과 대화하는 사용자(또는 어린이)에게 응답하기 위해 몇 가지 인텐트 또는 응답 기능을 만들 것입니다. 먼저 "누구세요?" 대화 인텐트로 시작하겠습니다. 그러면 로봇이 농담의 다음 부분, 즉 우리 말을 말하라는 것을 알 수 있습니다.
4. 그런 다음 "누구세요?" 대화 상자를 비활성화하고 <word> 및 "누구"라는 문구를 듣기 위한 대화 상자를 활성화합니다.
5. 그런 다음 농담의 핵심 문구를 낭송하여 농담의 마지막 부분을 전달하면 완료됩니다.

어떻게 구현할 수 있을까요? 다음 단계를 따르면 됩니다.

1. 먼저 어휘 파일을 만드는 것으로 시작하는데, 이 중 3개가 필요합니다. 사용자가 로봇에게 말하게 될 단어들입니다. 첫 번째 "tell me a knock, knock joke"라는 문구가 있으므로 knockknock.voc라는 파일을 만들고(텍스트 편집기를 사용하여 파일을 만들 수 있음) 그 안에 다음을 입력해 보겠습니다.

```
Tell me a knock-knock joke Can I have a knock-knock joke Give me a knock-knock joke
Play me a knock-knock joke
```

   마이크로프트 STT 시스템은 "knock, knock"라는 문구를 하이픈이 있는 knock-knock로 해석하므로 이를 스크립트에 입력하는 것이 중요하다는 점에 유의하세요.
2. 이제 두 번째 어휘는 "Who's there"이므로 이를 두 번째 .voc 파일인 whosthere.voc로 만들고 Whos there 줄을 넣습니다.
3. 마지막 문장은 조금 더 까다롭습니다. 펀치라인(핵심 코드)을 트리거할 키워드는 'who'뿐이므로 이 키워드만 찾으면 됩니다. who.voc라는 파일을 만들고 그 안에 who라는 단어 하나를 넣습니다. 이 파일은 모두 skill 디렉토리의 dialog/en-us 폴더에 있다는 것을 기억하세요.
4. 이제 응답을 해보겠습니다. "노크-노크 농담을 해줘(tell me a knock knock joke)"라는 질문에 "노크, 노크"라는 문구로 대답하는 하나의 정형화된 응답이 있습니다. 정교한 대화 시스템이 필요 없이 로봇이 "노크, 노크"라는 문구를 말하기만 하면 됩니다. 이를 위해 먼저

이 프로그램에서 호출해야 하는 라이브러리인 MycroftSkill 클래스와 intent_file_handler 함수를 임포트합니다.

```
from mycroft import MycroftSkill, intent_file_handler
```

5. 우리는 스킬을 MycroftSkill 객체의 하위 객체로 정의하는데, 이는 표준 객체 지향 디자인입니다. MycroftSkill 부모 객체의 모든 기능과 데이터를 상속하고 여기에 우리만의 기능을 추가합니다. 초기화 함수를 생성한 다음 부모 클래스의 코드도 실행하기 위해 부모 함수를 호출합니다. 우리는 init 부모 함수의 기능을 보강하고 있습니다. 이 호출이 없으면 init 함수를 우리 함수로 대체하게 되고 상당한 양의 작업을 중복해야 할 수도 있습니다.

```
class Knockknock(MycroftSkill):
    def __init__(self):
        MycroftSkill.__init__(self)
```

6. 다음 단계는 **인텐트 핸들러**를 만드는 것입니다. 인텐트 핸들러는 인텐트 엔진이 우리가 원하는 것을 나타내는 키워드를 인식할 때 호출됩니다. 사용자가 "노크노크 농담 알아?"라고 질문하거나 해당 의미를 가진 문구를 입력할 때마다 이 코드가 호출됩니다. 이 문구를 knockknock.intent 파일에 넣고 해당 파일을 voc 디렉터리(dialog/voc-en)에 배치합니다.

```
@intent_file_handler('knockknock.intent')
def handle_knockknock(self, message):
```

이제 훌륭하고 재치 있는 노크-노크 농담 데이터베이스에서 농담을 하나 골라야 합니다. 다음에는 pick_joke 함수를 정의하겠습니다.

```
name,punchline = self.pick_joke()
```

여기서는 농담 데이터베이스에서 두 부분을 가져옵니다.

- "누구세요(who's there)" 뒤에 붙이는 이름
- 농담의 끝을 장식하는 펀치라인

7. 로봇이 명령문을 작성한 다음 텍스트 문자열로 변환되어 응답 변수에 저장되는 응답을 기

다리기 위해 MycroftSkill의 get_response 함수를 사용합니다.

```
response=self.get_response(announcement="knock, knock")
# 응답은 항상 "누가 거기 있나(who's there)"입니다.
response=self.get_response(announcement=name)
```

8. 이제 로봇이 응답으로 이름을 말하는 단계에 이르렀습니다. 예를 들어 사용자가 "거기 누구야?"라고 물으면 로봇이 "해롤드"라고 대답합니다. 다음에는 사용자가 "해롤드(또는 다른 이름) 누구?"라고 말하는 것이 예상됩니다. 응답을 확인하여 "누구"라는 단어가 포함되어 있는지 확인합니다. 포함되지 않은 경우 사용자에게 농담을 따라 하라는 메시지를 표시할 수 있습니다. 이 작업은 반복되는 것을 방지하기 위해 한 번만 수행합니다. 사용자가 따라하지 않으면 로봇은 그냥 계속 진행합니다.

```
# 응답은 "이름 누구"입니다.
# 호흡의 끝이 누구라는 단어가 아닌 경우 응답에 '누구'가 없으면 다시
if "who" not in response:
    prompt = "You are supposed to say "+name+" who"
    response=self.get_response(announcement=prompt)
```

9. 농담이 끝났으니 이제 "해롤드, 안아줄래요(Harold you like a hug)?"(어떻게 안아줄까요?)와 같은 펀치라인을 말하게 됩니다. 작업이 완료되면 코미디 루틴과 프로그램 루틴 모두 루틴을 종료합니다.

```
self.speak(punchline)
```

10. 앞서 정의한 농담 데이터베이스를 읽는 함수가 필요합니다. 앞서 설명한 것처럼 데이터베이스에는 한 줄당 하나의 노크-노크 농담이 있으며, 이름과 요점 사이에 슬래시(/)가 있습니다. 모든 농담을 읽고 목록에 넣은 다음 무작위 선택 함수를 사용하여 무작위로 하나를 선택합니다. 이름과 요점을 따로 반환합니다. 이 루틴은 농담의 인스턴스당 한 번만 호출해야 합니다.

```
def pick_joke():
  jokeFile="knockknock.jokes“
  jfile = open(jokeFile,"r")
  jokes = []
  for jokeline in jfile:
    jokes.append(jokeline)
```

```
  joke = choice(jokes)
  jokeParts = joke.split("/")
  name = jokeParts[0]
  punchline = jokeParts[1]
  return name, punchline
```

11 Knockknock 클래스의 인스턴스를 정의하고 해당 객체를 호출 프로그램인 마이크로프트에 반환하는 것으로 프로그램을 마무리합니다.

```
def create_skill():
  return Knockknock()
```

다음으로, 노크-노크 농담 개념의 다른 쪽 끝인 농담을 받는 것, 즉 아이가 로봇에게 농담을 하고 싶어하는 경우에 대해 설명하겠습니다. 7세 어린이를 아는 분이라면 이 역시 로봇에게 농담을 하고 싶어 한다는 것을 알고 계실 것입니다.

농담 받기

수신 대화 상자도 매우 간단합니다. 사용자가 "노크, 노크"라고 말하면 로봇이 *receive knock-knock joke* 모드로 전환하는 신호가 됩니다. 그러면 로봇은 "누구세요(who's there)?"라는 한 가지 응답만 할 수 있습니다. 로봇이 축약어를 사용하지 않는다는 일반적인 공상 과학 개념을 유지하려면 "who is there?" 라고 추가할 수도 있습니다.

> **참고**
>
> Star Trek: The Next Generation 영화에서 안드로이드인 데이터(Data)는 작가들이 가끔 실수를 하긴 했지만 축약어를 사용할 수 없다고 여러 번 언급했습니다.

새로운 마이크로프트 스킬에 대한 스키마를 만들기 위해 **마이크로프트 스킬 키트(MSK)**를 사용하겠습니다. `pip3 install msk`를 입력하여 MSK를 설치할 수 있습니다. MSK는 대화 파일과 어휘를 위한 모든 하위 디렉터리를 포함하여 프레임워크를 만드는 스킬을 구축하는 대화 중심 접근 방식을 제공합니다. 시간을 많이 절약할 수 있으니 한번 사용해 보세요:

1. 다음은 *수신 노크-노크 농담* 코드를 생성하는 명령어입니다.

```
$ msk create
Enter a short unique skill name (ie. "siren alarm" or "pizza
orderer"): receiveKnock
Class name: ReceiveKnockSkill
Repo name: receive-knock-skill
Looks good? (Y/n) y
Enter some example phrases to trigger your skill:
knock knock
-
Enter what your skill should say to respond:
who's there
Enter a one line description for your skill (ie. Orders fresh
pizzas from the store): This skill receives a knock knock joke
from the user
Enter a long description:
This is the other half of the Knock Knock joke continuum - we
are giving the robot the ability to receive knock knock jokes.
The user says knock knock, the robot responds whos there and so
on
>
Enter author: Francis Govers
Would you like to create a GitHub repo for it? (Y/n) Y
=== GitHub Credentials === Username: **********
Password:*********
Counting objects: 12, done.
Delta compression using up to 4 threads. Compressing objects:
100% (5/5), done.
Writing objects: 100% (12/12), 1.35 KiB | 0 bytes/s, done. Total
12 (delta 0), reused 0 (delta 0)
To https://github.com/FGovers/receive-knock-skill
* [new branch] master -> master
Branch master set up to track remote branch master from origin.
Created GitHub repo: https://github.com/FGovers/receive-knock
skill Created skill at: /opt/mycroft/skills/receive-knock-skill
```

2. 그런 다음 방금 만든 GitHub 리포지토리에 로그인하여(제 이름이 아닌 여러분의 이름을 사용하여) 프로그램을 편집하거나 `/opt/Mycroft/skills/receive-knock-skill`에서 소스 코드를 편집할 수 있습니다. 프로그램은 여전히 init.py 파일입니다.

3. 먼저 `MycroftSkill`과 `intent_file_handler`라는 임포트로 시작합니다. 또한 일시 중지를 수행하려면 시간 라이브러리가 필요합니다.

```
from mycroft import MycroftSkill, intent_file_handler import time
```

4. 다음은 임포트한 MycroftSkill 객체의 자식 클래스인 ReceiveKnock 클래스에 대한 클래스 정의입니다. 부모 클래스(MycroftSkill)에 init 명령을 다시 전달하여 초기화 함수를 시작하고 초기화를 수행하도록 합니다. 그런 다음 그 위에 사용자 지정 기능을 추가합니다.

```
class ReceiveKnock(MycroftSkill):
  def __init__(self):
        MycroftSkill.__init__(self)
```

5. 다음 섹션은 노크-노크 농담을 수신하기 위한 인텐트 핸들러입니다. @decorator를 사용하여 인텐트 핸들러를 확장하고, 이 경우 knock.receive.intent라는 파일에서 인텐트의 매개 변수를 읽습니다. 인텐트 핸들러에는 불명의 문구인 knock, knock라는 두 개의 키워드만 있습니다. 다행히도 모든 농담은 정확히 같은 방식으로 시작하기 때문에 이 두 단어만 있으면 됩니다.

   인텐트 엔진이 "노크, 노크"라는 문구를 보고 handle_knock_receive 함수가 활성화되면 핸들러에 제어권이 전달됩니다. 다음 단계는 무엇일까요? "누구세요(Who is there)?"라는 단 하나의 대답으로 응답합니다. 로봇은 축약어를 사용하지 않는다고 말씀드린 것을 기억하실 겁니다. 이를 위해 다른 함수를 사용합니다. 다른 인텐트 핸들러를 사용하고 싶지 않지만 다행히도 마이크로프트는 get_response라는 자유 형식 인터페이스를 제공합니다. 이 다용도 함수에 대한 설명서를 찾아봐야 하지만, 이 함수를 사용하면 농담 루틴이 훨씬 더 간단해집니다. get_response 함수를 사용하면 응답을 말한 다음 사용자가 다음에 말하는 내용을 수신하여 response 변수에 문자열로 저장할 수 있습니다.

```
@intent_file_handler('knock.receive.intent')
def handle_knock_receive(self, message):
  response =self.get_response('who.is.there')
```

   이제 응답이 나왔으니 "누구?"라는 단어를 추가하여 로봇의 음성으로 다시 반복하면 됩니다. 따라서 아이가 "하워드(Howard)"라고 말하면 로봇은 "하워드 누구(Howard who)?"라고 대답합니다.

6. 다시 get_response를 사용하여 로봇이 말하도록 한 다음 어린이 또는 성인이 다음에 말하는 모든 내용을 녹음합니다. 이 기능은 필요하지 않지만 로봇의 음성 시스템이 다음에 나오는 말을 모두 듣도록 하고 싶습니다. 응답은 버리되, 대화 디렉토리에 있는 파

일인 veryfunny.dialog에서 농담에 대한 우리만의 코멘트를 삽입합니다. 이 파일은 로봇의 농담에 대한 응답을 저장하기 위해 만들었습니다. 손주들이 재미있어 할 만한 답변을 만들려고 노력했는데, 제 이력서에 '로봇 농담 작가'라는 직업을 추가해도 될 것 같네요. 그 후 제어권을 되찾기 전에 모든 것이 안정될 수 있도록 수면 타이머를 추가했습니다. 모든 마이크로프트 스킬에 필요한 표준 stop 함수를 포함하고, create_skill 함수가 ReceiveCall 객체를 만들어 반환하도록 했습니다.

```
response2= response + " who?"
response3 =self.get_response(announcement=response2)
self.speak_dialog('veryfunny')
time.sleep(3)
def stop(self):
  pass
def create_skill():
  return ReceiveKnock()
```

답변은 얼마든지 창의적으로 만들 수 있지만, 제가 제안하는 답변은 다음과 같습니다.

- 정말 재밌었어요!
- 하하하.
- 아주 좋은 농담입니다.
- 마음에 드네요. 고마워요!
- 호호! Ho.
- 귀여웠어요!
- 저는 "thththththpppppp" 같은 신음 소리(보통 실망이나 좌절, 혹은 짜증을 표현할 때 내는 소리, 역자주)냅 를 낼 수 없어요.

다음은 수신 노크-노크 농담 스킬을 위한 디렉토리 구조와 파일입니다.

```
receive-knock-skill directory:
init .py README.md
settingsmeta.json
./dialog/en-us:
knock.receive.dialog veryfunny.dialog
./vocab/en-us:
knock.receive.intent
```

스킬의 로컬 버전은 `/opt/mycroft/skills/receive-knock-skill` 디렉토리에 있다는 것을 기억하세요. 이제 로봇에게 얼마나 많은 노크-노크 농담을 할 수 있는지 마음껏 테스트해 보세요.

요약

이 장에서는 로봇을 위한 NLP를 소개하고 *pick up toys* 프로세스 시작, 노크-노크 농담 말하기, 노크-노크 농담 듣기라는 세 가지 작업을 수행하는 로봇용 자연어 인터페이스 개발에 집중했습니다.

음소로 단어를 인식하고, 음소를 자소로, 자소를 단어로 바꾸고, 문장의 의도를 분석하고, 음성 인터페이스로 컴퓨터 프로그램을 실행하는 등의 개념이 소개되었습니다. 오픈 소스 AI 엔진인 마이크로프트는 젯슨 나노에서 실행되는 AI 기반 음성 비서 프로그램입니다. 또한 아주 간단한 대화로 아이들을 즐겁게 해줄 수 있는 농담 데이터베이스도 만들었습니다.

다음 장에서는 랜드마크, 신경망, 장애물 회피, 머신러닝을 이용한 **로봇 내비게이션에** 대해 알아보겠습니다.

질문

1. AI 엔진의 이름이 마이크로프트인 이유에 대해 인터넷 검색을 해보세요. 얼마나 다양한 이야기를 찾았고 어떤 이야기가 마음에 들었나요?
2. 의도에 대한 논의에서 자연어 문장에서 명령 의도를 예측하는 신경망을 어떻게 설계할 수 있을까요?
3. "노크-노크 농담 받기"를 다시 작성하여 "노크-노크 농담 말하기" 프로그램에서 사용하는 농담 데이터베이스에 추가하여 로봇에게 말한 농담을 기억합니다. 이것이 머신 러닝인가요?
4. "농담 말하기" 프로그램을 수정하여 음악 클립과 같은 웨이브 파일에서 소리를 재생하고 TTS를 수행합니다.
5. 이 장에서 사용된 문장 구조는 모두 영어 문법을 기반으로 합니다. 프랑스어나 일본어와 같은 다른 언어는 구조가 다릅니다. 그러면 문장 구문 분석이 어떻게 달라질까요? 우리가 작성한 프로그램이 요다(Yoda)를 이해할 수 있을까요?
6. 마이크로프트의 인텐트 엔진이 실제로 인텐트를 이해하고 있다고 생각하시나요, 아니면

단순히 키워드를 뽑아내는 것에 불과하다고 생각하시나요?

7. 로봇이 물체를 인식하지 못한 상태에서 로봇이 물체까지 이동하여 물체를 집어 올리도록 지시하는 데 필요한 음성 명령을 설명하세요. 얼마나 많은 명령이 필요하나요?
8. 질문 7에서 명령어의 수를 최소화하도록 노력하세요. 몇 개를 제거하거나 결합할 수 있나요?
9. 또한 질문 7에서 고유 키워드는 몇 개가 포함되나요? 고유하지 않은 키워드는 몇 개인가요?

추가 읽기

- *Python Natural Language Processing*, Jalaj Thanaki 저, Packt Publishing
- *Artificial Intelligence with Python*, Prateek Joshi 저, Packt Publishing
- 기술 개발을 위한 마이크로프트 튜토리얼은 `https://mycroft.gitbook.io/mycroft-docs/developing_a_skill/introduction-developing-skills`에서 확인할 수 있습니다.
- 마이크로프트 사용에 대한 추가 설명서는 `https://media.readthedocs.org/pdf/mycroft-core/stable/mycroft-core.pdf`에서 확인할 수 있습니다.

고급 개념 - 내비게이션, 조작, 감정 등

PART 3

책의 마지막 부분에서는 AI 기반 내비게이션과 장애물 회피 등 보다 고급 주제를 다룹니다. 비지도 학습을 위한 의사 결정 트리와 분류 알고리즘에 대해 알아보고 로봇의 성격 시뮬레이션을 만드는 흥미로운 장을 시작합니다. 로봇에 실제 감정을 부여할 수는 없지만 상태 머신과 몬테카를로 기법을 사용하여 감정 시뮬레이션을 만들 수 있습니다. 마지막으로 AI 철학에 대한 논의와 저자의 관점에서 바라본 미래를 살펴보고, 로봇 공학 및 자율성을 직업으로 삼고자 하는 사람들을 위한 조언으로 책을 마무리합니다.

이 파트는 다음과 같은 장으로 구성되어 있습니다.

- 7장, 로봇에게 내비게이션 및 계단 피하기 교육하기
- 8장, 물건 정리하기
- 9장, 로봇에 인공 인격 부여하기
- 10장, 결론 및 반성

제7장
로봇에게 내비게이션 및 계단 피하기 교육하기

장난감을 줍는 로봇을 만드는 과정을 간단히 살펴봅시다. 장난감 감지기를 만들고 로봇 팔을 학습시켰습니다. 다음 할 일은 무엇일까요? 장난감을 집어 올리려면 로봇을 장난감의 위치로 이동시켜야 합니다. 중요한 일인 것 같네요.

이 장에서는 장난감 잡는 로봇 도우미를 위한 내비게이션 및 **경로 계획**(path planning)에 대해 다룹니다. 이것은 로봇 공학에서 가장 어려운 문제 중 하나라는 사실을 인정해야 합니다. 이 작업에는 두 가지 부분이 있습니다. 현재 위치를 파악하는 것(localization)과 어디로 가고 싶은지 파악하는 것(경로 계획)이 그것입니다. 이 시점에서 대부분의 로봇은 먼저 방을 매핑한 다음 로봇이 그 안에 있는 위치를 파악하는 일종의 **동시 위치 파악 및 매핑**(simultaneous localization and mapping, SLAM) 알고리즘을 사용합니다. 하지만 이것이 정말 필요할까요? 우선, SLAM에는 일반적으로 일종의 3D 센서가 필요한데, 우리는 이를 보유하고 있지 않고 많은 처리 작업이 필요하기 때문에 이를 원하지 않습니다. 또한 머신러닝을 사용하지 않는다는 점도 추가할 수 있는데, 이 책은 **인공지능**(AI)에 관한 책입니다.

지도를 만들거나 센서의 거리를 측정하지 않고도 작업을 수행할 수 있을까요? 방을 청소하지만 매핑을 하지 않는 다른 로봇을 떠올릴 수 있나요? 물론 가능합니다. 로봇 청소기인 룸바(Roomba, 저는 세 대를 보유하고 있습니다)는 대부분의 모델이 매핑을 전혀 하지 않고 의사 무작위 통계 청소 루틴을 통해 탐색합니다.

이 장에서 우리가 할 일은 방 한 칸이나 장난감 바닥을 청소하는 임무에 적합하고 이미 가지고 있는 센서를 사용하는 로봇을 위한 안정적인 내비게이션 시스템을 만드는 것입니다.

이 장에서는 다음 주제를 다룹니다.

- SLAM 방법론 이해
- 다른 내비게이션 기술 살펴보기
- 장애물을 피하기 위한 바닥 찾기 알고리즘 소개
- 신경망 구현하기

기술 요구 사항

이 장에서는 **로봇 운영 체제 버전 2(ROS 2)**가 필요합니다. 이 책에서는 Foxy Fitzroy 릴리스(`http://wiki.ros.org/foxy/Installation`)를 사용합니다. 이 장에서는 로봇에 음성을 부여하고 음성 명령을 수신할 수 있는 기능을 부여한 6장을 완료했다고 가정합니다. 여기서는 Mimic(`https://github.com/MycroftAI/mimic3`)이라는 마이크로프트 인터페이스와 음성 텍스트 음성 변환 시스템을 사용할 것입니다. 이 장의 코드는 이 책의 GitHub 리포지토리(`https://github.com/PacktPublishing/Artificial-Intelligence-for-Robotics-2e`)에서 찾을 수 있습니다.

또한 머신 러닝 애플리케이션을 위한 강력한 라이브러리이자 맞춤형 신경망을 구축할 수 있는 Python용 Keras 라이브러리(`https://keras.io`)를 사용할 것입니다. 여러분은 다음 명령을 사용하여 설치할 수 있습니다.

```
pip install keras
```

또한 이 명령과 함께 설치되는 PyTorch가 필요합니다.

```
pip3 install torch torchvision torchaudio --index-url https://
download.pytorch.org/whl/cu118
```

작업 분석

각 장마다 그랬듯이 우리가 달성하고자 하는 목표가 무엇인지 살펴봅시다. 우리는 로봇을 몰고 집 안을 돌아다니며 장난감을 찾을 것입니다. 장난감을 찾으면 그 장난감을 장난감 상자로 가져가서 장난감 상자에 떨어뜨려서 치워 버릴 것입니다. 그런 다음 로봇은 더 많은 장난감을 찾으러 갈 것입니다. 그 과정에서 로봇을 손상시킬 수 있는 아래쪽으로 내려가는 계단 등 장애물과 위험을 피해야 합니다.

> **참고**
>
> 테스트의 첫 번째 부분에서는 베이비 게이트를 사용하여 계단을 막고 두 번째 부분에서는 계단에 베개를 놓았습니다. 로봇이 아직 학습하는 동안에는 계단에서 로봇을 튕길 필요가 없습니다.

이 작업 목록에서 로봇이 로봇의 위치를 알 필요가 없다는 가정부터 시작하겠습니다. 정말 그럴까요? 우리는 장난감 상자를 찾아야 하는데, 이것이 중요합니다. 장난감 상자가 어디에 있는지 몰라도 찾을 수 있을까요? 물론 답은 로봇이 장난감 상자를 찾을 때까지 카메라를 사용하여 검색할 수 있다는 것입니다. 4장에서 신경망을 사용하여 장난감 상자를 인식하는 기술을 개발했습니다.

로봇이 1,000,000평방피트 규모의 창고를 청소하는 등 더 큰 작업을 수행한다면 지도가 필요할 것입니다. 하지만 우리의 임무는 16×16 평방피트 크기의 방 하나를 청소하는 것입니다. 너무 멀리 갈 수 없고 어차피 장난감 상자를 찾으러 가야 한다는 점을 고려하면 장난감 상자를 찾는 데 낭비되는 시간은 그리 크지 않습니다. 그렇다면 지도를 만들지 않고 과제를 완수하는 것을 도전 과제로 설정하겠습니다.

> **참고**
>
> 저는 매사추세츠 공과대학에서 개발한 로봇 시스템의 평가를 감독한 적이 있습니다. 지도를 사용하지 않는 내비게이션 시스템이었는데 저는 상당히 회의적이었습니다. 제 변명을 하자면, 로봇은 실제로 테스트 중에 길을 잃었습니다. 지금은 지도가 필요 없는 내비게이터를 만들고 있는데 비평해 주시면 감사하겠습니다.

또한 로봇이 다음 작업을 수행하도록 해야 합니다.

1. 장애물(장난감 및 가구)과 위험 요소(계단)를 피해 방을 탐색합니다.
2. (앞서 만든 장난감 감지기로) 방에 있는 장난감을 찾습니다.
3. 로봇 팔이 장난감에 닿을 수 있는 위치로 이동합니다.
4. 로봇 팔로 장난감을 집어 올립니다.
5. 장난감을 장난감 상자쪽으로 옮깁니다.
6. 장난감을 장난감 상자에 넣습니다.
7. 다른 장난감을 찾아봅니다.
8. 장난감이 더 이상 없으면 중단합니다.

다른 장에서 장난감을 찾아서 집는 방법을 다루었습니다. 이 장에서는 장난감을 집어 들기 위해 장난감까지 운전하는 방법에 대해 설명합니다.

저는 영화 '*프린세스 브라이드*'의 열렬한 팬입니다. 이 영화에는 칼싸움, 절벽, 두 번의 재치 대결, **특이한 크기의 설치류**(Rodents of Unusual Size, ROUS)가 등장하죠. 또한 우리가 본받을 수 있는 기획의 교훈도 있습니다. 거인 페직, 이니고 몬토야, 웨스트리가 공주를 구하기 위해 성을 습격할 계획을 세울 때 웨스트리가 가장 먼저 하는 질문은 "우리의 책임은 무엇인가요?"와 "우리의 자산은 무엇인가요?"입니다. 이 사용 사례에서 이 질문을 해보겠습니다.

- **우리의 책임**: 센서와 연산 능력이 매우 제한적인 소형 로봇이 있습니다. 방에는 잘못 놓인 장난감으로 가득하고 로봇이 넘어질 수 있는 위험한 계단이 있습니다.
- **우리의 자산**: 주행이 가능한 옴니 휠, 오디오시스템, 카메라, 로봇 팔을 갖춘 로봇이 있습니다. 이 로봇에는 Wi-Fi를 통해 제어 컴퓨터와 데이터 링크가 있습니다. 이 책이 있습니다. 독특한 색상의 장난감 상자가 있습니다. 그리고 **보통 크기의 장난감**(Toys of Usual Size, TOUS)도 많이 있습니다.

로봇을 설계하든 성을 침공하든 적절한 다음 단계는 브레인스토밍을 하는 것입니다. 이 문제를 어떻게 해결하시겠습니까?

SLAM을 사용하여 지도를 만든 다음 지도에서 로봇의 위치를 찾아서 탐색하는 데 사용할 수 있습니다. 궁극적으로 이 방법을 따르지는 않겠지만 작동 방식을 간단히 살펴보겠습니다.

SLAM 방법론 이해

SLAM은 실내 로봇을 탐색하는 일반적인 방법론입니다. 자세한 내용을 살펴보기 전에 두 가지 주요 문제를 살펴보겠습니다.

- 실내 로봇 주행의 첫 번째 문제는 지도가 없다는 것입니다.
- 두 번째 문제는 실내에서는 GPS가 작동하지 않아 위치를 파악할 수 있는 기준이 없다는 것입니다.

지도가 필요하고 그 지도 위에서 자신의 위치를 찾을 수 있는 방법이 필요하다는 두 가지 문제가 있습니다. SLAM은 '동시(simultaneous)'를 뜻하는 문자 *S*로 시작하지만, 사실 대부분의 로봇은 지도를 만들어서 저장한 다음 나중에 그 지도 위에서 주행합니다. 물론 지도가 만들어지는 동안 로봇은 지도를 만든 다음 지도 위에서 자신의 위치(보통 중앙에 위치)를 찾아야 합니다.

SLAM은 어떻게 작동하나요? SLAM과 관련된 센서는 일반적으로 회전하는 LIDAR입니다. 레이저 레이더라고 생각하면 되는데, 레이저를 사용하여 물체까지의 거리를 측정하고 원을 그리며 회전하여 로봇 주변의 모든 데이터를 수집합니다.

SLAM 방법은 다음과 같이 요약할 수 있습니다.

1. 로봇은 레이저 거리 측정기(rangefinder)를 원을 그리며 공간을 측정합니다.
2. 반환되는 데이터는 거리 측정값 목록이며, 각도 측정값은 목록 내 위치의 함수입니다. 원 안에 360개의 측정값 목록이 있는 경우 목록의 첫 번째 숫자는 0도, 다음 숫자는 1도입니다.
3. 모서리, 가장자리, 점프, 불연속성을 찾아 LIDAR 데이터에서 특징을 추출할 수 있습니다.
4. 성공적인 측정에서 각 피처와의 각도와 거리를 살펴보고 로봇이 얼마나 움직였는지 가장 잘 추정할 수 있는 함수를 만듭니다.
5. 이 정보를 사용하여 로봇의 시작 위치를 좌표 0,0으로 가정하여 센서 중심 좌표계에서 일종의 실내 좌표계로 LIDAR 데이터를 변환합니다. 변환 또는 수학적 변환은 로봇의 본체 프레임의 이동(이동)과 회전을 조합한 것입니다.
6. 이 변환을 추정하는 한 가지 방법은 **파티클**을 사용하는 것입니다. 로봇이 움직일 수 있는 모든 지점에서 로봇의 이동 공간 샘플을 생성하고 모든 지점을 따라 무작위로 점을 배치합니다. 이러한 각 샘플에 대한 변환을 계산한 다음 수집된 데이터에 가장 잘 맞는 샘플을 테스트합니다. 이를 **파티클 필터(particle filter)**라고 하며 대부분의 SLAM 프로젝트에 사용하는 기법입니다.

자세한 내용은 `https://www.cs.cmu.edu/~16831-f14/notes/F12/16831_lecture04_dfouhey.pdf`.를 참조하세요.

예를 들어 길고 특징이 없는 복도에서는 SLAM이 작동하기 어렵거나 불가능할 수 있는데, 이는 작업할 정보가 없기 때문에 한 번의 라이더 스윕(sweep)이 다음 스윕과 똑같아 보이기 때문입니다. 이 문제를 해결하기 위해 많은 SLAM 시스템은 로봇에 바퀴 주행 거리를 측정하거나 광학 흐름을 사용하여 움직임을 측정하여 위치 추정을 위한 추가 데이터를 제공하는 다른 센서를 추가해야 합니다. 다음은 ROS로 만든 사무실 건물의 SLAM 맵을 RViz에 표시한 그림입니다. 로봇은 각 라이더 샘플에 대해 500개의 파티클을 사용하여 어떤 로봇 위치의 변화가 라이더 데이터와 나머지 맵의 데이터를 가장 잘 일치시키는지 추정합니다. 이것은 저의 초기 로봇 프로젝트 중 하나입니다.

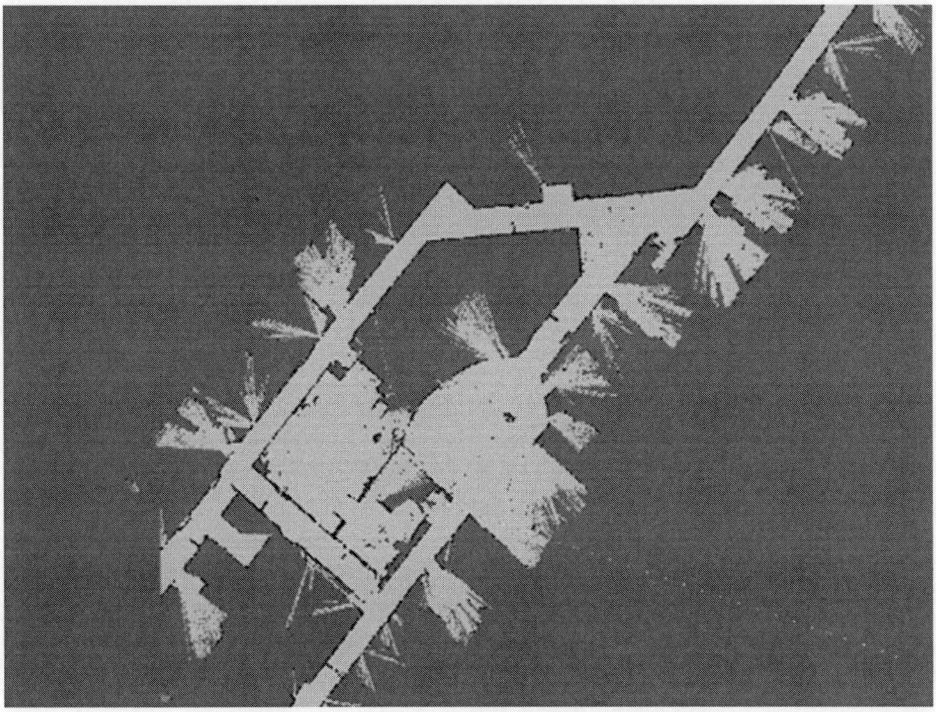

그림 7.1 SLAM 탐색 프로세스를 통해 생성된 맵

SLAM 프로세스에서 해야 할 일은 다음과 같습니다.

1. 먼저 로봇에서 방 안의 모든 물체까지의 거리를 측정하는 스윕을 수행합니다.
2. 그런 다음 로봇을 일정 거리(예: 3인치 앞으로) 이동합니다.
3. 그런 다음 다시 한 번 스윕하여 거리를 다시 측정합니다.
4. 이제 두 번째 스윕의 데이터를 첫 번째 스윕의 데이터와 일치하도록 변환하는 변환을 생각해 내야 합니다. 이렇게 하려면 두 스윕에 모서리, 출입구, 가장자리, 가구 등 상호 연관될 수 있는 정보가 있어야 합니다.

100달러 정도면 아주 작은 로봇 라이다(예: SLAMtec의 RPLidar)를 구입하여 지도를 만드는 데 사용할 수 있습니다. 이 LIDAR를 간단하게 사용할 수 있는 *Hector Mapping이라는* 훌륭한 ROS 패키지가 있습니다. SLAM은 신뢰할 수 있는 프로세스가 아니며 사용 가능한 지도를 만들기 위해 몇 번의 피팅과 시작이 필요하다는 것을 알게 될 것입니다. 지도가 생성된 후에는 가구 재배치 등 공간에 변화가 생기면 계속 업데이트해야 합니다.

SLAM 프로세스는 개별 스캔에서 일어나는 일이 아니라 스캔을 서로 연결하는 방식에서 매우 흥미롭습니다. 독일 Darmstadt 대학교의 Hector SLAM 저자들이 제작한 '*2011 Robocup 구조 경기장에서의 핸드헬드 매핑*'이라는 제목의 훌륭한 비디오가 지도 제작 과정을 설명합니다. 다음 링크에서 확인할 수 있습니다. `https://www.youtube.com/watch?v=F8pdObV_df4list=PL0E462904E5D35E29`.

SLAM을 사용하지 않는 이유에 대해 논의할 수 있도록 SLAM에 대해 간략히 알려드리고자 합니다. SLAM은 중요한 주제이며 내비게이션에 널리 사용되고 있지만 이 방법만이 문제를 해결할 수 있는 유일한 방법은 아닙니다. SLAM의 약점은 다음과 같습니다.

- LIDAR, 초음파 또는 적외선과 같은 일종의 스위핑 센서가 필요한데, 이는 비싸고 기계적으로 복잡하며 많은 양의 데이터를 생성할 수 있습니다. 우리는 로봇을 저렴하고 안정적이며 단순하게 만들고 싶습니다.
- 로봇에 바퀴 주행 거리계가 있는 경우 SLAM이 더 잘 작동하는 경우가 많지만, 알버트와 같은 전륜 차량에서는 작동하지 않습니다. 옴니 휠은 회전하기 위해 표면 위로 미끄러지거나 미끄러지는데, 알버트에는 바퀴가 있는 자동차와 같은 애커먼(Ackerman) 스티어링이 없습니다. 바퀴가 미끄러지면 회전하지 않고 표면 위로 이동하는 것이므로 바퀴가 항상 표면과 접촉하면서 회전한다고 가정하는 모든 종류의 휠 오도메트리가 무효화됩니다.
- SLAM은 변화하는 평면도를 처리하지 않습니다. Albert 로봇은 방 주위에 널려있는 장난감을 처리해야 합니다. 이는 LIDAR를 방해하고 SLAM이 위치를 추정하는 데 사용하는 평면도를 변경합니다. 또한 로봇은 장난감을 집어 치우면서 평면도를 변경하고 있습니다.
- SLAM은 계산 비용이 많이 듭니다. 센서를 사용하여 지도를 개발한 다음 실시간 센서 데이터를 지도와 비교하여 로봇의 위치를 파악하는 복잡한 과정을 거쳐야 합니다.
- 데이터가 모호하거나 로봇이 변화를 예측할 수 있는 특징이 충분하지 않은 경우 SLAM에 문제가 발생합니다. 특징이 없는 복도나 대칭이 매우 강한 방에서 문제가 발생했었습니다.

그렇다면 사용법을 알려줄 것도 아닌데 왜 이렇게 많은 지면을 할애해 SLAM에 대해 이야기할까요? 지도를 만들어야 하는 작업이 있을 수 있기 때문에 그것이 무엇이고 어떻게 작동하는지 알아야 하기 때문입니다. SLAM에 대한 좋은 튜토리얼은 많이 있지만, 제가 다음에 소개할 내용, 즉 지도 없이 안전하게 내비게이션하기 위해 AI를 사용하는 방법에 대한 튜토리얼은 거의 없습니다.

대체 탐색 기술 살펴보기

이 섹션에서는 SLAM 방법론을 배제했으므로 이제 로봇에 사용할 수 있는 몇 가지 잠재적인 대체 탐색 방법을 살펴보겠습니다.

- 그냥 무작위로 운전하면서 장난감을 찾아다니면 되죠. 장난감을 찾으면 로봇이 장난감을 집어 들고 무작위로 돌아다니며 장난감 상자를 찾습니다. 장난감 상자를 발견하면 로봇이 장난감 상자까지 운전하여 장난감을 넣습니다. 하지만 여전히 장애물에 부딪히지 않도록 하는 방법이 필요합니다. **모션으로부터 구조화**(structure from motion, SfM)라는 프로세스를 통해 단일 카메라에서 깊이 정보를 얻고 이를 사용하여 지도를 만들 수 있습니다. 모션으로부터의 구조에는 많은 텍스처와 가장자리가 필요한데, 집에는 없을 수도 있습니다. 또한 맵에 채워야 하는 빈 공간(구멍)도 많이 남습니다. 움직임으로부터의 구조는 비디오 이미지의 시차를 이용해 카메라 시야에서 물체까지의 거리를 추정합니다. 이 분야에서 흥미로운 연구가 많이 이루어졌고, 저는 이를 사용하여 몇 가지 유망한 결과를 만들었습니다. 비디오 이미지에 많은 디테일이 있어야 프로세스가 한 비디오 이미지에서 다음 비디오 이미지로 지점을 일치시킬 수 있습니다. 관심이 있으시면 `https://www.ijcit.com/archives/volume6/issue6/IJCIT060609.pdf`.에서 SfM에 대한 다양한 접근 방식에 대한 설문조사 기사를 참조하세요.
- 다른 로봇과 자율 주행 자동차에 사용되는 **바닥 찾기**라는 기술에 대해 들어보셨을 것입니다. 저는 로봇 비전 시스템의 프로토타입을 제작하는 데 탁월한 도구인 소프트웨어 패키지 *RoboRealm*에서 Stephen Gentner가 작성한 정교한 알고리즘을 통해 바닥 찾기에 대해 많은 것을 배웠습니다. `http://www.roborealm.com` 에서 확인할 수 있습니다.

이 장에서는 이 바닥 찾기 기법을 사용할 것입니다. 다음 섹션에서 이에 대해 자세히 설명하겠습니다.

바닥 찾기(Floor Finder) 기술 소개

이 장에서 소개할 내용은 RoboRealm 또는 다른 바닥 찾기 알고리즘과는 다르지만 동일한 결과를 달성하는 제 버전의 바닥 찾기 기법입니다. 이해하기 쉽도록 이 간단한 개념을 세분화해 보겠습니다.

로봇 바로 앞 바닥에는 장애물이 없다는 것을 알고 있습니다. 로봇 바로 앞 영역의 비디오 이미지 픽셀을 예로 들어 더 멀리 떨어진 곳에서도 동일한 텍스처가 반복되는지 살펴봅니다. 이미지에서 바닥이라고 알고 있는 부분의 텍스처를 더 멀리 떨어진 픽셀과 일치시킵니다. 텍스처가 일치하면 해당 영역을 녹색으로 표시하여 운전할 수 있고 장애물이 없음을 표시합니다. 이 장에서는 이 기법의 일부를 사용하겠습니다. 그런데 제가 *색상*이 아니라 *텍스처*라고 말한 것을 눈치채셨나요? 바닥이 모두 한 가지 색이 아니기 때문에 바닥의 색을 일치시키지 않습니다. 위층 게임방에 갈색 카펫이 있는데 여전히 색상에 상당한 차이가 있습니다. 단순한 컬러 매칭만으로는 충분하지 않습니다. 색상, 강도(밝기), 색조 및 거칠기(표면의 색상이 얼마나 매끄러운지 측정하는 척도)로 설명할 수 있는 텍스처를 일치시켜야 합니다.

제 게임방 바닥 이미지를 가지고 이 영역에서 몇 가지 간단한 실험을 해보겠습니다. 실제로 이 작업을 수행하려면 몇 가지 단계가 필요합니다.

1. 카메라에서 얻은 이미지부터 시작합니다. 처리 속도를 높이고 대역폭을 가장 효율적으로 활용하기 위해 전체 해상도가 1900 x 1200인 카메라의 기본 해상도를 640 x 480으로 낮췄습니다. 로봇의 크기가 작기 때문에 소형 컴퓨터인 엔비디아 젯슨 나노를 사용하고 있습니다.
2. ROS에 통합된 오픈 소스 컴퓨터 비전 라이브러리인 OpenCV를 사용하여 이를 이미지 처리 프로그램으로 옮겼습니다.
3. 첫 번째 단계는 **가우시안 블러**(blur) 기능을 사용하여 이미지를 흐리게 하는 것입니다. 가우시안 블러는 포물선 함수를 사용하여 이미지에서 고주파 정보의 양을 줄이고 인접한 픽셀 간의 차이를 줄여 이미지를 더 흐릿하게 만듭니다. 충분한 블러 효과를 얻기 위해 5 x 5 **컨볼루션 커널**을 사용하여 블러 기능을 세 번 적용해야 했습니다. 컨볼루션 커널은 행렬 함수이며, 이 경우 5 x 5 행렬의 숫자입니다. 이 함수를 사용하여 픽셀의 이웃(주변 픽셀)을 기반으로 픽셀을 수정합니다. 이렇게 하면 색상이 더 균일해지고 노이즈가 줄어들며 다음 단계가 더 쉬워집니다. 이미지를 흐리게 하려면 주변 픽셀에서 양쪽에서 두 개씩 약간을 가져와 중앙 픽셀에 추가합니다. 4장에서 컨볼루션 커널에 대해 설명했습니다.
4. 로봇 앞의 영역을 바닥이 잘 보이는 영역으로 지정합니다. 저는 삼각형 영역을 사용했지만 정사각형 영역도 사용할 수 있습니다. 삼각형 안에 있는 각 색을 선택하고 해당 색의 값이 15단위인 픽셀을 모두 가져왔습니다. 15단위는 무엇을 의미하나요? 각 색상은 0에서 255까지의 RGB 값으로 엔코딩됩니다. 카펫 색상인 갈색은 빨강, 초록, 파랑 단위로 약 162, 127, 22입니다. 빨간색의 경우 해당 색상에서 15단위 이내에 있는 모든 색상을 선택하

면 147에서 177까지입니다. 이렇게 하면 이미지에서 바닥과 비슷한 색상의 영역이 선택됩니다. 우리 벽은 매우 유사한 갈색 또는 베이지색이지만 다행히도 로봇이 벽을 오르지 않도록 분리할 수 있는 흰색 베이스보드가 있습니다.

색상이 바닥의 픽셀을 일치시키는 유일한 방법은 아닙니다. **색조**(hue, 밝거나 어두운 정도에 관계없이 색의 음영)가 비슷한 픽셀, **채도**(saturation, 색의 어둡거나 밝은 정도)가 같은 픽셀, 값 또는 **광도**(luminosity)가 같은 픽셀(흑백 이미지나 회색조 이미지에서 색을 일치시키는 것과 같은 결과)을 찾을 수도 있습니다. 이 원리를 설명하는 차트를 작성했습니다.

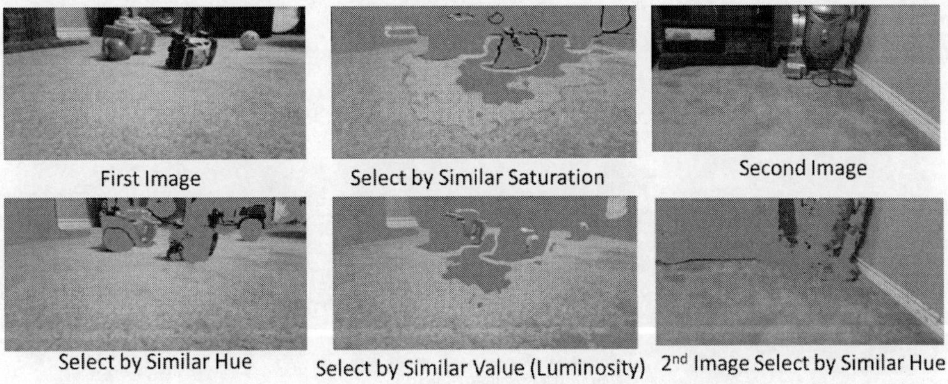

그림 7.2 색상, 색조 또는 채도와 같은 다양한 속성의 유사성을 기준으로 이미지에서 픽셀 선택하기

앞의 그림은 로봇의 바닥 찾기를 수행하는 도구로서 다양한 선택 속성(색상, 색조, 채도 및 광도)의 기능을 보여줍니다. 이 테스트에서는 색조 속성이 가장 좋은 결과를 제공하는 것으로 보입니다. 제대로 작동하는지 확인하기 위해 다른 이미지에서 테스트해 보았는데요, 주행하기에 안전한 영역에 속하지 않는 베이스보드를 구분하지 못하는 것 같습니다.

5. 바닥 색상과 일치하는 모든 픽셀을 선택하고 녹색으로 칠하거나, 더 정확하게 말하면 지정하려는 모든 픽셀이 있는 이미지 복사본에 마스크 영역을 만듭니다. 예를 들어 숫자 10을 사용할 수 있습니다. 이미지 크기만큼 빈 버퍼를 만들고 해당 버퍼의 모든 픽셀을 다른 이미지의 바닥이 되는 10으로 바꿉니다.

   마스크된 데이터에 침식(erode) 기능을 수행하면 도움이 될 수 있습니다. 누군가 쿠키를 떨어뜨린 자리가 있는 경우처럼 한두 개의 픽셀이 카펫 색상과 정확히 일치하지 않는 작은 구멍이나 노이즈가 있을 수 있습니다. 침식 기능은 작은 영역(예: 3 x 3)을 선택하고 주변 픽셀도 모두 10인 경우에만 마스크 픽셀을 10으로 설정하여 마스크의 디테일 수준을 낮춥니다. 이렇게 하면 마스크의 테두리가 1픽셀 줄어들고 1~2픽셀 크기의 작은 반점이나 점이 제거됩니다. 그림 7.3에서 매우 견고한 마스크로 바닥 영역을 분리하는 데 상당히 성공했음을 알 수 있습니다. 이제 바닥이 어디에 있는지 알았으므로 마스크의 다른 픽셀을 빨간색 또는 그곳을 주행하기에 안전하지 않음을 나타내는 숫자로 칠합니다. 255를 사용하겠습니다.

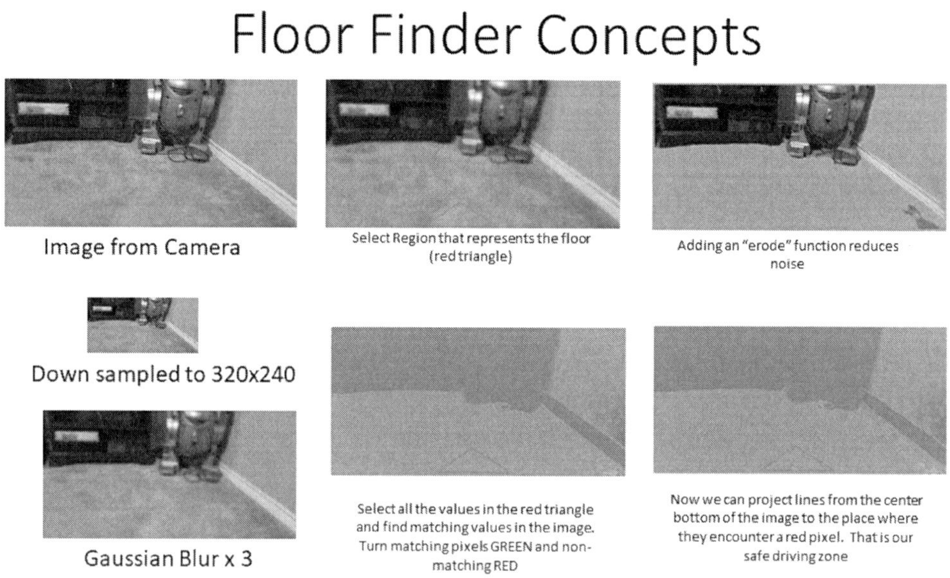

그림 7.3 제 버전의 바닥 찾기 알고리즘

이 경우 주행하기에 안전한 위치를 식별하는 데 매우 효과적입니다. 로봇이 벽을 타고 올라가는 것을 방지하기 위해 투영된 경로가 필요합니다. 구석에 있는 로봇을 식별할 수 있으면 보너스 점수를 받을 수 있습니다.

6. 다음 단계에서는 여러분의 도움이 필요할 수 있습니다. 운전하기에 안전한 지역을 식별해야 합니다. 이 프로세스를 사용할 때 문제가 발생할 수 있는 두 가지 경우가 있습니다.
   - 장난감과 같이 바닥 한가운데에 양쪽에 녹색 픽셀이 있는 물체가 있을 수 있습니다.
   - 로봇이 들어갈 수는 있지만 나올 수 없는 오목한 영역이 있을 수도 있습니다.

그림 7.3에서 알고리즘이 벽 픽셀을 바닥 색상과 일치하도록 녹색으로 칠한 것을 볼 수 있습니다. 베이스보드가 있는 곳에는 이동 금지 픽셀의 강한 빨간색 띠가 있습니다. 이 두 가지 경우를 감지하기 위해 로봇의 위치에서 바닥에서 위로 선을 투사하여 처음 닿는 빨간색 픽셀을 식별합니다. 이를 통해 로봇이 주행할 수 있는 영역의 경계를 설정합니다. 이미지 아래쪽에서 빨간색 픽셀에 도달할 때까지 위쪽으로 똑바로 추적하여 첫 번째 픽셀

에서 멈추면 비슷한 결과를 얻을 수 있습니다. 바닥 찾기 프로세스를 다시 시도해 보되, 원하는 결과를 얻을 수 있도록 이미지에 장난감을 추가해 보겠습니다.

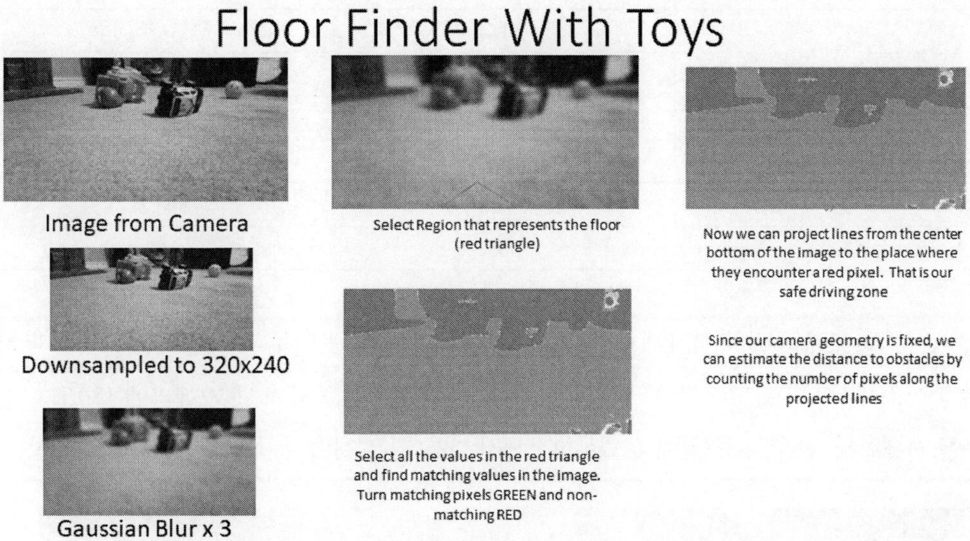

그림 7.4 이미지에 장난감을 추가하여 장난감을 장애물로 감지하는지 확인합니다.

잘 작동하는 것 같습니다. 우리는 주행하기 좋은 경로를 찾을 수 있습니다. 플로어 파인더로 장애물 보기를 지속적으로 업데이트하고 운전하면서 경로를 업데이트하고 있다는 점을 기억하세요. 이 과정에는 한 가지 단점이 있습니다. 장난감이 카펫의 색상과 질감과 일치하는 경우 장난감을 찾는 데 많은 어려움을 겪을 수 있습니다. 이 문제를 해결하기 위해 물체에 마스킹 테이프를 붙여 카메라가 볼 수 있도록 할 수 있습니다.

7. 이 프로세스에서 사용할 수 있는 또 다른 트릭은 고정된 카메라 기하학을 사용하여 거리와 크기를 추정하는 것입니다. 로봇의 위치에 고정되어 있고 바닥에서 높이가 설정되어 있으므로 픽셀의 y 값으로부터 바닥을 따라 거리를 측정할 수 있는 "고정형" 카메라가 있습니다. 줄자와 상자를 사용하여 카메라를 조심스럽게 보정하여 로봇 베이스에서 장애물까지 그린 동일한 경로선을 따라 픽셀 값을 거리와 일치시켜야 합니다. 이 거리는 비선형이며 픽셀이 계속 변화하는 거리까지만 유효합니다. 카메라가 바닥에 수직이기 때문에 카메라에서 약 20피트 정도 떨어진 곳에서 원근 효과가 0으로 줄어드는 일정량의 원근 효과를 얻을 수 있습니다. 제 보정 결과는 다음 표와 같습니다.

표 7.1 픽셀과 인치를 비교한 스케일 측정값 표

인치 단위 측정	상단으로부터의 거리	바닥으로부터의 거리
0	1080	0
12	715	365
24	627	453
36	598.3	481.7
48	581.5	498.5
60	571.8	508.2
72	565	515

다음 이미지는 로봇 카메라 시야에서 거리를 측정하는 기술을 보여줍니다. 물체는 줄자를 따라 로봇 베이스에서 4피트 떨어진 곳에 위치합니다. 알버트는 HD 지원 웹 카메라에 180도 어안 렌즈를 사용합니다. 주행을 할 때 우리는 9장에서 다룰 넓은 시야각이 필요합니다.

그림 7.5 내비게이션 카메라 이미지의 픽셀 배율 결정하기

주의해야 할 한 가지는 로봇이 들어갈 수 없는 좁은 통로입니다. 거리와 픽셀을 기준으로 폭을 추정할 수 있습니다. 일반적인 로봇 기술 중 하나는 모든 장애물 주위에 로봇 폭의 1/2에 해당하는 테두리를 두는 것입니다. 양쪽에 장애물이 있으면 두 테두리가 만나서 로봇이 맞지 않는다는 것을 알 수 있습니다.

다음 섹션에서는 이미지를 가져와 로봇 명령으로 전환하는 **컨볼루션 신경망(CNN)**을 만들어 비

디오 이미지에서 랜드마크나 지형을 보고 로봇에게 운전하는 방법을 가르치겠습니다.

신경망 구현하기

그렇다면 신경망은 어떤 역할을 할까요? 신경망은 입력과 출력의 연관성을 예측하는 데 사용됩니다. CNN을 사용하면 사진을 원하는 출력과 연관시킬 수 있습니다. 이전 장에서는 클래스 이름(장난감)을 특정 이미지와 연관시키는 작업을 수행했습니다. 하지만 다른 것을 이미지와 연관시키려고 한다면 어떨까요?

이건 어때요? 신경망을 사용하여 카메라의 이미지를 분류합니다. 조이스틱을 사용하여 로봇을 수동으로 조종하고 1초에 4번 정도 사진을 찍습니다. 전진, 우회전, 좌회전, 후진 등 각 사진에서 로봇이 무엇을 하고 있는지 기록합니다. 이 정보를 사용하여 이미지를 보고 로봇의 동작 명령을 예측합니다. 카메라 이미지를 입력으로 하고 앞으로 가기, 왼쪽으로 가기, 오른쪽으로 가기 명령 등 네 가지 출력을 사용하여 CNN을 만듭니다. 이렇게 하면 고정된 장애물과 위험을 자동으로 피할 수 있다는 장점이 있습니다. 계단에 도착하면(제 게임방에는 로봇을 손상시킬 수 있는 계단이 있다는 것을 기억하세요) 로봇이 돌아가는 것을 알 수 있습니다. 학습 중에 일부러 로봇을 계단 아래로 몰지 않기 때문입니다(그렇죠?). 우리는 로봇에게 방을 탐색하는 방법을 예시를 통해 가르치고 있습니다.

지금 이 순간 "장난감은 어쩌고요?"라고 책에 소리를 지르고 계실지도 모릅니다(그래야만 합니다). 물론, 여러분이 제 생각 과정을 따라 "아, 그래서 우리가 방금 바닥 찾기에 대해 이야기하는 데 시간을 낭비했구나!"라고 혼자 생각하고 있지 않다면 말입니다. 신경망 접근 방식은 방 안을 돌아다니며 위험 요소와 가구를 피할 수는 있지만 로봇이 학습 세트에 없는 장난감을 피하는 데는 도움이 되지 않습니다. 장난감은 같은 장소에 두 번 있는 적이 없기 때문에 이 학습 세트에 넣을 수 없습니다. 바닥 찾기를 사용하여 장난감을 피할 수 있도록 돕겠습니다. 이 두 가지를 어떻게 결합할까요? 신경망은 로봇에게 더 먼 거리의 목표를 제공하고, 바닥 찾기는 그 목표를 수정하여 국지적인 단거리 물체를 피하도록 합니다. 우리 프로그램에서는 먼저 신경망을 평가한 다음 바닥 찾기를 사용하여 명확한 경로를 선택합니다.

이 주제에서 로봇을 학습시키기 위한 또 다른 트릭을 시도해 보겠습니다. 바닥 표면은 변경될 수 있고 장난감으로 덮여 있을 수 있으므로 이 부분은 학습 이미지에서 제외하겠습니다. 이미지를 신경망으로 보내기 전에 이미지를 반으로 자르고 상단 절반만 사용하겠습니다. 카메라가 고정되어 있고 바닥과 수평을 이루고 있기 때문에 탐색에 사용할 공간의 상단 절반만 확보할 수 있습니다. 이미지는 180도 광각이므로 작업할 정보가 많습니다. 따라서 어떤 조건에서도 탐색할 수 있는 탄력성을 확보할 수 있습니다.

그림 7.6 로봇 구동을 위한 트레이닝 세트에는 이미지의 상단만 포함됩니다.

두 번째 문제는 장난감 상자를 찾는 것입니다. 이를 위해서는 다른 주행 패턴을 나타내는 새로운 이미지 트레이닝 세트를 만들어야 합니다. 다양한 임의의 위치에서 로봇을 시동한 다음 장난감 상자를 향해 운전하기만 하면 됩니다. 이전에 내비게이션에 사용한 것과 똑같은 프로세스를 사용하여 로봇에게 장난감 상자로 가는 방법을 알려주는 학습 집합을 만듭니다. 요령은 가능한 모든 시작 위치의 좋은 샘플을 확보하는 것입니다. 지도의 한 지점(방 안의 위치)이 이미 한 경로에 있는 경우 다시 포함할 필요가 없습니다. 즉, 다른 경로에 포함된 모든 지점을 반복할 필요가 없습니다. 방을 탐색하는 이미지 세트와 장난감 상자로 이동하는 이미지 세트 모두에서 학습할 이미지가 최소 1,000개 이상 필요합니다.

저는 운영자가 조이스틱으로 로봇을 운전할 수 있는 간단한 프로그램을 만들었습니다. 이 프로그램은 1초에 한 번씩 자동으로 스냅샷을 찍습니다. 각 프레임은 로봇 베이스의 동작을 제어하는 방법인 `cmd_vel` 항목의 값을 보고 레이블을 지정합니다. 각속도 Z 항(`angular.z`)이 양수이면 우회전하고 있는 것입니다. 이 항이 음수이면 좌회전하고, 항이 0이면(짐작하셨겠지만) 직진하는 것입니다. 저는 카메라에서 작동하는 독립적인 프로그램을 만들어 ROS 시스템 명령 주제에서 `TAKE PIC LEFT`, `RIGHT`, `CENTER` 또는 `BACK` 명령을 받을 때마다 스냅샷을 저장합니다. 이러한 프로그램은 이 책의 GitHub 리포지토리에 있으므로 여기서는 포함하지 않겠습니다. 각 카테고리의 그림은 별도의 하위 디렉토리에 넣었습니다.

신경망은 다음과 같이 작동한다고 생각하면 됩니다.

1. 신경망에 이미지를 제공합니다.
2. 해당 이미지에서 특징을 선택한 다음 제공된 이미지의 특징과 가장 유사한 학습 데이터베이스의 이미지를 선택합니다.
3. 학습 데이터베이스의 각 사진은 주행 명령(왼쪽, 가운데, 오른쪽)과 연관되어 있습니다. 따라서 이미지가 로봇이 좌회전했던 이미지와 가장 유사하면 네트워크는 *좌회전으로* 돌아갑니다.

이제 이러한 프로세스를 좀 더 자세히 살펴보겠습니다.

이미지 처리

이제 학습을 위해 신경망에 데이터를 제공하기 전에 몇 가지 단계를 거쳐야 합니다. 로봇의 카메라 해상도가 네트워크에 필요한 것보다 너무 높기 때문에 신경망에 사용할 수 있는 최소한의 데이터만 사용하려고 합니다.

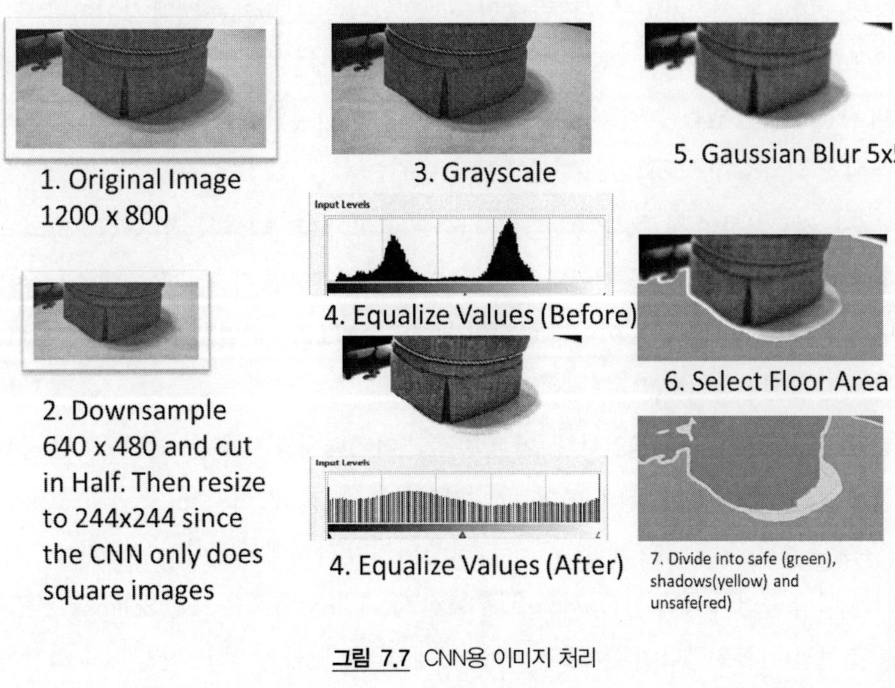

그림 7.7 CNN용 이미지 처리

이 과정을 더 명확하게 이해하기 위해 세분화해 보겠습니다.

1. 앞 그림의 첫 번째 이미지는 원본 이미지를 나타냅니다.

2. 첫 번째 단계는 이미지를 640 x 480으로 다운샘플링하는 것입니다. 이미지를 반으로 자르고 위쪽 절반만 유지하여 고려 대상에서 바닥을 제거합니다. 직사각형 이미지의 크기를 신경망이 처리하기에 적합한 크기인 244 x 244로 조정합니다.
3. 이미지를 회색조로 변환하여 처리할 채널이 하나만 있도록 이 공식(미국 **텔레비전 표준 위원회**(National Television Standards Committee, NTSC)에서 제안)을 사용합니다.

$$Greyscale = 0.299 * R + 0.587 * G + 0.114 * B$$

4. 다음 단계는 이미지를 균등화하여 가능한 모든 범위의 값을 취하는 것입니다. 카메라의 원시 출력에는 순수한 흰색(255)도 순수한 검은색(0)도 포함되어 있지 않습니다. 범위가 127인 경우 가장 낮은 값은 53이고 가장 높은 값은 180으로 될 수 있습니다. 최저값(53)을 빼고 배율(127/255)을 곱하여 회색조 값의 스케일을 조정합니다. 이렇게 하면 이미지의 범위가 전체 스케일로 확장되고 조명과 조도에 따라 발생할 수 있는 많은 변화가 제거됩니다. 신경망에 일관된 데이터를 제공하기 위해 노력하고 있습니다.
5. 다음 단계는 데이터에 가우시안 블러 기능을 수행하는 것입니다. 이미지의 일부 고주파 데이터를 줄여 일부 가장자리를 부드럽게 만들려고 합니다. 이 단계는 선택 사항이며 사용자 환경에 따라 필요하지 않을 수도 있습니다. 로봇의 시야에 디테일이 많아서 블러를 적용하면 더 나은 결과를 얻을 수 있을 것 같습니다. 또한 이전 단계의 균등화(equalization) 프로세스가 남긴 회색조 히스토그램의 일부 공백을 메워줍니다.
6. 데이터를 정규화하여 스케일을 0-255에서 0-1로 줄여야 합니다. 이는 인공 신경망의 입력 요구 사항을 충족하기 위한 것입니다. 이 작업을 수행하려면 각 픽셀을 255로 나누기만 하면 됩니다. 또한 OpenCV 이미지 형식의 데이터를 NumPy 배열로 변환해야 합니다. 이 모든 과정은 일반적인 CNN 전처리의 일부입니다.
7. 우리의 신경망은 9층 CNN입니다. 이 일반적인 아키텍처를 사용한 이유는 이런 종류의 작업에 널리 사용되는 LeNet의 변형이기 때문입니다(`http://vision.stanford.edu/cs598_spring07/papers/Lecun98.pdf`). 그러나 마지막 단계에서는 이진 분류기에 의해 결정되는 이진 출력이 아닌 전진, 좌회전, 우회전 등 네 가지 출력을 가진 Softmax **분류기**를 사용할 것입니다. 원한다면 실제로 더 많은 카테고리를 만들 수 있고, 한 단계의 회전이 아니라 쉬운 우회전, 어려운 우회전을 만들 수도 있습니다. 이 문제를 단순화하기 위해 로봇의 새로운 옴니 휠의 모든 기능을 사용하지는 않습니다. 출력 카테고리의 수는 트레이닝 세트 레이블과 정확히 일치해야 한다는 점을 기억하세요.

우리의 CNN에서 처음 여섯 개의 레이어는 최대 풀링 레이어를 사이에 둔 CNN 쌍입니다. 이를 통해 네트워크는 이미지의 점점 더 큰 디테일을 처리할 수 있습니다. 마지막 두 레이어는 ReLU 활성화로 완전히 연결됩니다. ReLU는 다른 레이어에서 양수 값만 가져온다는 점을 기억하세요. 다음은 4개의 출력을 가진 Softmax 분류기인 최종 레이어입니다.

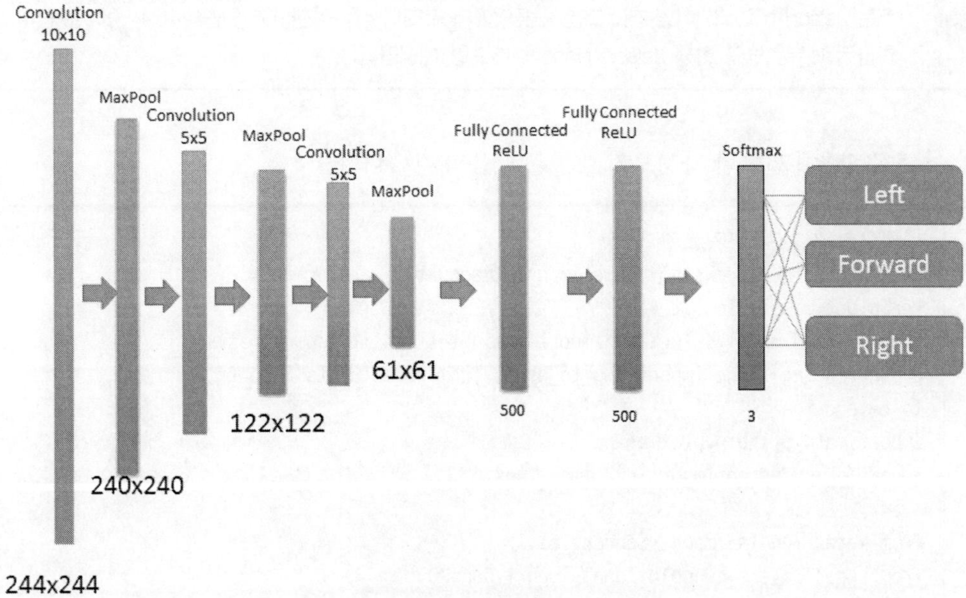

그림 7.8 신경망의 구성

다른 신경망 학습 작업과 마찬가지로, 다음 단계는 입력 데이터를 학습 세트와 검증 세트로 분할하는 것입니다. 다음에는 신경망을 학습시키는 방법을 알아보겠습니다.

내비게이션을 위한 신경망 학습

데이터의 80%는 학습에, 20%는 검증에 사용할 것입니다. 장난감 인식 프로그램에서 했던 것처럼 무작위 회전으로 이미지를 복제하여 데이터를 다듬는 프로세스를 사용할 수 없는 이유는 단순히 이미지를 인식하는 것이 아니라 방향 인식에 사용하기 때문입니다. 회전을 변경하면 방향이 엉망이 될 수 있습니다.

이제 학습 프로그램을 함께 만들어 보겠습니다. 이 프로그램은 부분적으로 Adrian Rosebrock의 *pyImageSearch* 블로그와 해군 연구소의 설리반과 로슨의 논문 *Deep Obstacle Avoidance*에서 영감을 얻었습니다. 다음 단계를 따르세요:

1. 로봇을 운전하고 주행 동작을 기록하여 학습 데이터를 수집해야 합니다. 이렇게 해서 데

이터를 좌회전, 우회전, 직진 등 세 가지 세트로 분리했습니다. 레이블과 일치하도록 3개의 하위 폴더에 학습 이미지를 저장했습니다. 데이터를 읽어 라벨과 연결하고 데이터를 전처리하여 신경망에 제시합니다.

> **참고**
>
> 저는 Jetson Nano가 아닌 데스크톱 컴퓨터에서 트레이닝을 실행하고 있습니다. 나중에 완전히 학습된 네트워크와 함께 Jetson Nano에 배포할 예정입니다.

2. 이 프로그램에 필요한 가져오기 항목은 다음과 같습니다.

```
# 필요한 패키지 가져오기
from keras.preprocessing.image import ImageDataGenerator from
keras.optimizers import Adam
from sklearn.model_selection import train_test_split from keras.
preprocessing.image import img_to_array from keras.utils import
to_categorical
import matplotlib.pyplot as plt
import numpy as np import cv2 import os

from keras.models import Sequential
from keras.layers.convolutional import Conv2D
from keras.layers.convolutional import MaxPooling2D
from keras.layers.core import Activation
from keras.layers.core import Flatten
from keras.layers.core import Dense
from keras import backend as K
```

3. CNN의 설정은 다음과 같습니다.

- 3개의 컨볼루션 레이어와 그 뒤에 각각 `maxpooling` 레이어가 있습니다. 각 `maxpooling` 레이어는 너비와 높이가 절반이기 때문에 네트워크에서 고려하는 이미지의 해상도를 데이터의 ¼인 절반으로 줄인다는 것을 기억하세요. 컨볼루션 레이어에서는 음수 픽셀 값을 원하지 않기 때문에 ReLU 활성화 함수를 사용합니다.
- 컨볼루션 레이어 뒤에는 각각 500개의 뉴런으로 완전히 연결된 두 개의 레이어가 있습니다.
- 마지막 레이어는 3개의 뉴런 출력 레이어이며, 각 분류(왼쪽, 오른쪽, 가운데)의 백분율을 출력하는 Softmax 분류기가 있습니다. 출력은 (0.8, 0.15, 0.05)와 같이 세 개의 숫자가 합쳐져 1이 되는 모양이 됩니다.

이것은 일반적인 다중 클래스 이미지 분류 CNN이므로 다른 용도로 재사용할 수 있는 일반적인 컨볼루션 네트워크 클래스입니다.

```
class ConvNet():
    @staticmethod
    def create(width, height, depth, classes):
        # 네트워크 초기화
        network = Sequential()
        inputShape = (height, width, depth)

        # CONV => RELU => POOL 레이어의 첫 번째 세트
        network.add(Conv2D(50, (10, 10), padding="same", input_
  shape=inputShape))
        network.add(Activation("relu"))
        network.add(MaxPooling2D(pool_size=(2, 2), strides=(2, 2)))

        # CONV => RELU => POOL 레이어의 두 번째 세트
        network.add(Conv2D(50, (5, 5), padding="same"))
        network.add(Activation("relu"))
        network.add(MaxPooling2D(pool_size=(2, 2), strides=(2, 2)))

        # CONV => RELU => POOL 레이어의 세 번째 세트
        network.add(Conv2D(50, (5, 5), padding="same"))
        network.add(Activation("relu"))
        network.add(MaxPooling2D(pool_size=(2, 2), strides=(2, 2)))

        # 완전히 연결된 ReLU 레이어
        network.add(Flatten())
        network.add(Dense(500))
        network.add(Activation("relu"))
        network.add(Dense(500))
        network.add(Activation("relu"))

        # softmax 분류기
        network.add(Dense(classes))
        network.add(Activation("softmax"))

        # 구축된 네트워크 아키텍처 반환
        return network
```

4. 이제 학습 체제를 설정하겠습니다. 학습률을 0.001로 설정하고, 25번의 학습을 실행할 예정입니다. 배치 크기는 배치당 32개의 이미지로 설정하겠습니다. 만약 메모리가 부족하다면 배치 크기를 줄일 수 있습니다.

```
EPOCHS = 25 LEARN_RATE = 1e-3
BATCH = 32 # 배치 크기 - 메모리가 부족하면 수정합니다.
```

5. 다음 섹션에서는 모든 이미지를 로드합니다. 여기에서 이미지가 있는 경로를 설정합니다. 왼쪽, 오른쪽, 가운데라는 이름의 폴더에 세 가지 유형의 학습 이미지를 넣습니다.

```
print ("Loading Images") images=[]
labels=[]
#이미지의 위치
imgPath = "c:\users\fxgovers\documents\book\chapter7\train\"
imageDirs=["left","right","center"]

for imgDir in imageDirs:
  fullPath = imgPath + imgDir
  # 이 디렉토리에 있는 모든 이미지 찾기
  allFileNames =
  os.listdir(fullPath) ifiles=[]
  label = imgDirs.index(imgDir) # 레이블의 정수 버전 사용
  # 0 = 왼쪽, 1 = 오른쪽, 2 = 가운데
  for fname in allFileNames:
    if ".jpg" in fname:
        ifiles.append(fname)
```

6. 이제 이미지 전처리를 위해 진행할 프로세스에 대한 다이어그램(그림 7.7)을 다시 참조할 수 있습니다. 이미지를 반으로 자르고 사진의 위쪽 절반만 처리하겠습니다. 그런 다음 정사각형 이미지가 필요한 신경망에 맞게 이미지를 244 x 244로 줄입니다. 색상은 고려할 필요가 없고 모양만 고려하기 때문에 이미지를 회색조(흑백)로 변환합니다. 이렇게 하면 데이터가 더 줄어듭니다. 이미지를 균등화하여 회색의 범위를 0에서 255까지 전체 영역을 채우도록 재조정합니다. 이렇게 하면 조명이 균일해지고 대비가 설정됩니다.

```
# 모든 이미지를 처리합니다.
for ifname in ifiles:
  # 이미지를 로드하고 전처리한 후 데이터에 저장
  image = cv2.imread(ifname)
  # 수집된 이미지와 상관없이 알려진 크기로 이미지를 가져옵니다.
  image = cv2.resize(image, (800, 600))
  halfImage = 800*300 # 픽셀의 절반
  # 이미지 반으로 자르기 - 상단 절반
  image = image[0:halfimage]
  #신경망에 넣을 이미지 크기 조정
```

```
  image=cv2.resize(image,(224,224))
  # 회색조로 변환
  image = cv2.cvtColor(image, cv2.COLOR_BGR2GRAY) #이미지를 0에서 255까지 전체 범위를
사용하도록 균등화 # 이렇게 하면 많은 조명 변화를 제거할 수 있습니다.
  image = cv2.equalizeHist(image)
```

7. 다음으로 가우시안 블러가 있습니다. 이 옵션은 선택 사항으로, 방에 디테일이 많지 않은 경우 제거할 수 있습니다. 제 게임방에는 가구가 많아서 노이즈를 줄이면 성능이 향상될 것 같습니다.

```
# 고주파 노이즈를 제거하기 위해 이미지를 가우시안 블러 처리 # 5배 커널 사용
image = cv2.GaussianBlur(img,(5,5),0)
```

8. 이미지를 0에서 255까지의 정수 집합이 아닌 0에서 1까지 스케일링된 부동 소수점의 NumPy 배열로 변환합니다. 이 신경망 툴킷은 입력으로 NumPy 배열만 허용합니다. 또한 레이블과 연관된 숫자(왼쪽 = 0, 오른쪽 = 1, 가운데 = 2)를 일치하는 레이블 NumPy 배열에 넣습니다.

```
# numpy 배열로 변환
image = img_to_array(image)
# 데이터를 0에서 1로 정규화
image2 = np.array(image, dtype="float") / 255.0
images=images. append(image)
labels.append(label)
labels = np.array(labels) # 배열로 변환
```

9. 데이터를 신경망을 학습시키는 데 사용하는 학습 세트와 이 학습 세트의 유효성을 검사하는 테스트 세트로 나눕니다. 이미지 샘플의 80%는 학습에, 20%는 테스트에 사용합니다.

```
# 데이터를 테스트 데이터와 학습 데이터로 80/20 분할
(trainData, testData, trainLabel, testLabel) = train_test_split(data, labels,
test_size=0.20, random_state=42)
```

10. 레이블을 특정 데이터 형식인 텐서로 변환해야 합니다.

```
# 레이블을 정수에서 벡터로 변환합니다.
trainLabel = to_categorical(trainLabel, num_classes=3)
testLabel = to_categorical(testLabel, num_classes=3)
```

11. 이제 실제 신경망을 구축하는 ConvNet 객체를 인스턴스화하여 Keras에서 실제 CNN을 구축합니다. 최적화 도구는 적응형 경사 하강의 일종인 적응형 **모멘트 추정(ADAM)**을 설정합니다. ADAM은 마찰이 있는 무거운 공처럼 오차 경사면에 대해 작용하며, 운동량은 있지만 속도가 빠르게 증가하지는 않습니다.

```
# 인공 신경망 초기화
print("compiling CNN...")
cnn = ConvNet.build(width=224, height=224, depth=1, classes=3)
opt = Adam(lr=LEARN_RATE, decay=LEARN_RATE / EPOCHS) model.
compile(loss="categorical_crossentropy", optimizer=opt, metrics=["accuracy"])
```

12. 이 단계에서 네트워크를 학습시킵니다. 이 단계는 이미지 수에 따라 15분에서 한두 시간 정도 소요될 수 있습니다. 학습 결과가 80% 이상이면 좋습니다. 그렇지 않은 경우 학습 곡선이 어느 지점에서 멈추는지 확인하기 위해 몇 개의 기간을 추가합니다.

    그래도 효과가 없다면 더 많은 학습 이미지가 필요합니다. 저는 각 세트에 1,000개의 이미지를 목표로 하고 있는데, 이는 로봇을 약 50분 동안 운전할 수 있는 양입니다.

```
# 네트워크 학습
print("Training network. This will take a while")
trainedNetwork = model.fit_생성기(aug.flow(trainImage,
trainLabel, batch_size=BATCH),
validation_data=(testImage, testLable), steps_per_
epoch=len(trainImage) // BATCH,
epochs=EPOCHS, verbose=1) # 모델을 디스크에 저장
print("Writing network to disk")
cnn.save("nav_model")
```

13. 이제 모든 작업이 완료되었으므로 만든 모델을 디스크에 저장하여 로봇의 컴퓨터인 엔비디아 젯슨 나노로 전송할 수 있도록 합니다.

14. 이제 무작위 위치에서 장난감 상자까지 운전하는 두 번째 학습 세트를 만드세요. 임의의 지점을 선택하고 조이스틱을 사용하여 로봇을 각 지점에서 장난감 상자까지 운전합니다. 1,000개 정도의 이미지가 나올 때까지 계속 진행합니다. 이를 학습 프로그램에서 실행하고 프로그램의 마지막 줄을 변경하여 이 모델에 `toybox_model`이라는 레이블을 붙입니다.

```
cnn.save("toybox_model")
```

이제 신경망을 구축하고 학습했습니다. 이제 로봇을 구동하기 위해 신경망을 사용해야 하는데, 다음 섹션에서 설명하겠습니다.

CNN 로봇 제어 구현

ROS 명령을 내보내는 프로그램을 신경망 분류 프로세스와 결합해야 합니다. 저는 로봇에 주기적이지 않은 명령을 내릴 때 사용하는 ROS syscommand 토픽을 통해 몇 가지 명령을 추가했습니다. syscommand는 문자열만 게시하므로 거의 모든 용도로 사용할 수 있습니다. 다음 단계를 따르세요:

1. 세 라이브러리 모두의 기능을 결합할 것이므로 ROS, OpenCV2, Keras에서 임포트하는 것부터 시작합니다.

```
import roslib import sys import rospy import cv2
from std_msgs.msg import String
from sensor_msgs.msg import Image
from geometry_msgs.msg import Twist
from cv_bridge import CvBridge, CvBridgeError
from keras.preprocessing.image import img_to_array
from keras.models import load_model
import numpy as np
```

2. 이 첫 번째 섹션은 ROS 인터페이스입니다. 저는 모든 게시 및 구독을 한 곳에서 처리할 수 있도록 ROS 인터페이스를 이렇게 캡슐화하고자 합니다. 설정해야 할 몇 가지 토픽이 있는데, 먼저 syscommand 토픽에서 명령을 주고받을 수 있어야 합니다. 로봇의 모터에 대한 명령은 cmd_vel 토픽에 게시할 것입니다. 이미지_토픽에서 카메라로부터 이미지를 수신합니다. 로봇의 다른 곳에 토픽이 게시되면 콜백을 사용하여 이벤트를 처리합니다. 콜백은 언제든지 호출할 수 있습니다. 토픽에 게시할 때 pubTwist 및 pubCmd 메서드를 사용하여 더 많은 제어를 할 수 있습니다. 수신된 명령과 이미지에 플래그를 추가하여 실수로 같은 이미지나 명령을 두 번 처리하지 않도록 했습니다.

```
class ROSIF():
 def init (self):
  self.bridge = CvBridge()
  self.image_sub = rospy.Subscriber("image_topic",Image,self. callback)
  self.cmd_sub = rospy.Subscriber("syscommand",String,self. cmdCallback)
  self.cmd_pub = rospy.Publisher("syscommand",String,queue_size=10)
```

```
    self.twist_pub = rospy.Publisher("cmd_vel",Twist,queue_ size=10)
    self.newImage = False self.cmdReceived=""

  def callback(self):
   try:
    self.image = self.bridge.imgmsg_to_cv2(data, "bgr8")
    self.newImage = True
   except CvBridgeError as e:
    print(e)
  def cmdCallback(self,data):
   # syscommand 로 메시지 받기
   self.cmdReceived = data.data

  def getCmd(self):
   cmd = self.cmdReceived
   self.cmdReceived = "" # 명령을 두 번 수행하지 않도록 명령을 지움
   return cmd
```

3. 이 다음 함수는 나머지 프로그램이 카메라 시스템에서 최신 이미지를 가져오는 수단으로, `image_topic`의 ROS에 게시됩니다. 최신 이미지를 가져와서 `newImage` 변수를 False로 설정하면 다음에 같은 이미지를 연속으로 두 번 처리할지 여부를 알 수 있습니다. 새 이미지를 가져올 때마다 `newImage`를 `True`로 설정하고 이미지를 사용할 때마다 `newImage`를 `False`로 설정합니다.

```
def getImage(self):
  if self.newImage = True:
    self.newImage = False
    # 두 번 처리하지 않도록 플래그를 재설정하여 self.image를 반환합니다.

    self.newImage = False
    # 요소가 0인 목록을 다시 전송합니다.
    img = []
    return img
```

4. 이 섹션에서는 로봇에 속도 명령을 전송하여 CNN 출력에서 예측한 것과 일치하도록 합니다. CNN의 출력은 왼쪽, 오른쪽 또는 직진이라는 세 가지 값 중 하나입니다. 이 값은 신경망에서 0, 1, 2의 세 가지 열거된 값 중 하나로 나옵니다. 이를 다시 왼쪽, 오른쪽, 가운데 값으로 변환한 다음 해당 정보를 사용하여 로봇에 동작 명령을 보냅니다. 로봇은 `Twist` 메시지를 사용하여 모터 명령을 보냅니다. `Twist` 데이터 메시지는 모든 방향으로 움직일

수 있는 매우 복잡한 로봇, 쿼드콥터, 전륜 구동 시스템을 수용하도록 설계되었기 때문에 많은 추가 값이 포함되어 있습니다. 로봇의 전진 및 후진 속도를 설정하기 위해 `Twist.linear.x` 명령을 보내고, 베이스의 회전 또는 선회를 설정하기 위해 `Twist.angular.z` 값을 보냅니다. 이 경우 양수인 `angular.z` 회전 값은 오른쪽으로, 음수인 값은 왼쪽으로 이동합니다. 마지막 줄은 데이터 값을 `cmd_vel` 항목에 `Twist` 메시지로 게시합니다.

```
# 로봇에 명령을 다시 게시하는 방법
def pubCmd(self,cmdstr):
  self.cmd_pub.publish(String(cmdstr)):

def pubTwist(self,cmd):
  if cmd == 0: # 좌회전
    turn = -2
    speed = 1
  if cmd == 1:
    turn = 2
    speed = 1
  if cmd == 3:
    turn = 0
    speed = 1 # 모두 중지
  if cmd==4:
    turn = 0
    speed = 0
  cmdTwist = Twist()
  cmdTwist.linear.x = 속도
  cmdTwist.angular.z = turn self.twist_pub.publish(cmdTwist)
```

5. 하나의 명령으로 모든 이미지 처리를 수행할 수 있는 함수를 만듭니다. 이것은 여러분이 생각할 수 있는 것처럼 학습 프로그램을 위해 이미지를 전처리하는 방법의 정확한 복제본입니다. 이미지를 확대했다가 다시 축소하는 것이 조금 이상하게 느껴질 수도 있습니다. 그 이유는 이미지의 세로 부분의 디테일을 살리기 위해서입니다. 240 x 240으로 축소한 다음 반으로 자르면 나중에 다시 정사각형으로 만들기 위해 픽셀을 늘릴 것입니다. 저는 축소할 때 여분의 픽셀이 있는 것이 좋습니다. 이 기법의 가장 큰 장점은 수신 이미지의 해상도에 상관없이 정확한 크기와 잘린 이미지를 얻을 수 있다는 것입니다.

   다른 단계는 이미지를 회색조로 변환하고, 대비 범위에서 균등화를 수행하여 색상 값을 확장하여 사용 가능한 공간을 채우고, 가우시안 블러를 수행하여 노이즈를 줄이는 것입니다. 0~255의 정수 그레이 스케일 값을 0~1의 부동 소수점 값으로 변환하여 신경망에 맞게 이미지를 정규화합니다.

```
def processImage(img):
  # 이미지 처리 필요
  image = cv2.resize(image, (640, 480))
  halfImage = 640*240 # 픽셀의 절반
  # 이미지 반으로 자르기 - 상단 절반
  image = image[0:halfimage]
  #신경망에 넣을 이미지 크기 조정
  image=cv2.resize(image,(224,224))
  # 회색조로 변환
  image = cv2.cvtColor(image, cv2.COLOR_BGR2GRAY)
  #ful을 사용하도록 이미지를 균등화합니다.
  image = cv2.equalizeHist(image)
  # 고주파 노이즈를 제거하기 위해 이미지를 가우시안 블러 처리 # 5배 커널 사용
  image = cv2.GaussianBlur(img,(5,5),0) # numpy 배열로 변환
  image = img_to_array(image)
  # 데이터를 0에서 1로 정규화합니다.
  image2 = np.array(image, dtype="float") / 255.0
  return image2
```

6. 이제 설정이 완료되었으므로 메인 프로그램으로 이동합니다. ROS 게시/구독 시스템과 통신할 수 있도록 ROS 노드를 초기화해야 합니다. 어떤 프로세싱 브랜치를 제어할지 결정하는 데 사용할 변수인 모드를 만듭니다. 운영자가 탐색 기능을 켜고 끄고 일반 탐색과 장난감 상자 찾기 모드 중에서 선택할 수 있는 인터페이스를 만듭니다.

   이 첫 번째 섹션에서는 이전에 학습한 두 가지 신경망 모델을 모두 로드합니다.

```
# 메인 프로그램
ic = image_converter()
rosif = ROSIF()
rospy.init_node('ROS_cnn_nav')
mode = "OFF"
# 일반 내비게이션용 모델 로드
navModel = load_model("nav_model")
toyboxModel = load_model("toybox_model")
```

7. 이 섹션은 프로그램이 활성화되어 있는 동안 실행되는 처리 루프를 시작합니다. rospy. spin()을 실행하면 ROS 시스템이 대기 중인 메시지를 처리하도록 지시합니다. 마지막 단계는 라즈베리파이가 다른 데이터를 처리하고 다른 프로그램을 실행할 수 있도록 프로그램을 0.02초 동안 일시 정지하는 것입니다.

```
while not rospy.is_shutdown():
  rospy.spin()
  time.sleep(0.02)
```

이것으로 내비게이션 챕터를 마치겠습니다. 신경망을 사용하여 지도 없이 천장에 있는 랜드마크를 이용해 로봇이 운전하도록 학습시키는 장애물 회피와 실내 내비게이션에 대해 살펴보았습니다.

요약

이 장에서는 비정형 환경, 즉 로봇 설계자가 공간의 콘텐츠를 제어할 수 없는 실제 환경에서 로봇 내비게이션에 대한 몇 가지 개념을 소개했습니다. 먼저 지도 기반 내비게이션의 장단점과 함께 SLAM을 소개하는 것으로 시작했습니다. 그리고 무작위 상호작용과 통계적 모델을 통해 Roomba가 탐색하는 방식에 대해 이야기했습니다. 장난감 수집 로봇 프로젝트인 알버트를 위해 선택한 방법은 주로 비전 센서에 의존하는 두 가지 알고리즘을 결합한 것입니다.

첫 번째는 바닥 찾기 알고리즘으로, DARPA 그랜드 챌린지 우승팀에서 사용했던 기술을 배웠습니다. 바닥 찾기 알고리즘은 로봇 옆의 근거리 시야를 사용하여 로봇에서 멀리 떨어진 원거리 시야에 바닥의 질감을 학습시킵니다. 그런 다음 방을 운전하기에 안전한 곳과 안전하지 않은 곳으로 나눌 수 있습니다. 이것은 장애물 회피와 관련이 있습니다. 내비게이션 기술은 학습된 신경망을 사용하여 수평선 위쪽(방의 위쪽 절반)에서 방의 이미지를 이동 방향과 연결하여 방 주변의 경로를 식별했습니다. 이는 로봇이 계단에서 멀리 떨어지도록 가르치는 데도 사용되었습니다. 신경망의 이미지에서 방의 아래쪽 절반은 장난감이 있는 곳이기 때문에 제외했습니다. 동일한 프로세스를 사용하여 다른 신경망을 학습시켜 장난감 상자를 찾도록 했습니다.

이 과정은 4장에서 살펴본 것과 동일하지만, 학습 이미지에는 모두 해당 지점에서 장난감 상자까지의 경로가 표시되어 있습니다. 이 조합을 통해 로봇이 사람처럼 지도 없이 시각으로 길을 찾도록 가르칠 수 있게 되었습니다.

다음 장에서는 객체를 분류하고 다른 경로 계획 방법을 살펴보겠습니다.

질문

1. SLAM과 관련하여, SLAM이 지도를 만드는 데 필요한 데이터를 생성하는 데 가장 일반적으로 사용되는 센서는 무엇인가요?
2. SLAM이 휠 주행 거리계 데이터를 사용할 때 더 잘 작동하는 이유는 무엇인가요?
3. 바닥 찾기 알고리즘에서 가우시안 블러 기능은 결과를 개선하기 위해 어떤 역할을 하나요?
4. 바닥 찾기의 마지막 단계는 로봇 위치에서 첫 번째 빨간색 픽셀까지 위쪽으로 추적하는 것입니다. 이 단계는 어떤 다른 방법으로 수행할 수 있을까요(그림 7.3 참조)?
5. 신경망 처리를 하기 전에 이미지를 가로로 반으로 자른 이유는 무엇인가요?
6. 신경망 접근법을 사용하면 SLAM과 같은 기법에는 없는 어떤 이점이 있나요?
7. 신경망 대신 무작위 주행 기능만 사용한다면 동일한 결과를 얻기 위해 로봇에 어떤 새로운 프로그램이나 기능을 추가해야 할까요?
8. 이 장에서 제시한 접근 방식에서 어떻게 계단을 피하게 되었나요? 이 방법이 적절하다고 생각하시나요? 이 작업을 수행하기 위한 다른 방법을 제안할 수 있나요?

추가 읽기

- *Deep Obstacle Avoidance*, Sullivan and Lawson 저, Naval Research Labs, Rosebrock, Adrian.
- *Artificial Intelligence with Python Cookbook*, Ben Auffarth 저, Packt Publishing, 2020
- *Artificial Intelligence with Python – Second Edition*, Prateek Joshi 저, Packt Publishing, 2020
- *Python Image Processing Cookbook*, Sandipan Dey 저, Packt Publishing, 2020

제8장

물건 정리하기

전설에 따르면 *언덕을 넘어 숲을 지나* 두 개 주에 걸쳐 있는 할머니의 집에 가야 한다고 상상해 보세요. 유럽에 거주하신다면 두 국가나 떨어진 곳입니다. 여행을 계획하려면 두 가지 방법 중 하나로 시작할 수 있습니다. Google이 오늘날 젊은이들의 지도 읽기 및 내비게이션 기술을 대부분 빼앗아 갔다는 사실을 무시하고 지도를 꺼내서 다음 중 하나를 수행합니다.

- 집에서 시작하여 할머니의 집까지 직선으로 가장 가까운 길을 찾아보세요.
- 할머니 집에서 시작하여 집으로 이어지는 길을 찾아보세요.

어느 방향에서든 길을 찾다 보면 갈림길, 교차로, 변화, 구불구불한 길, 심지어 막다른 길에 도달할 수도 있습니다. 또한 모든 도로가 똑같이 만들어지는 것은 아니며, 어떤 도로는 더 크고 제한 속도가 높으며, 어떤 도로는 더 작고 정지 표지판이 더 많습니다. 결국, 가장 낮은 비용을 초래하는 결정의 조합으로 경로를 선택하게 됩니다. 이 비용은 시간, 즉 목적지에 도착하는 데 걸리는 시간이 될 수 있습니다. 또는 몇 마일을 이동해야 하는지 거리로 계산할 수도 있습니다. 또는 추가 요금을 부과하는 유료 도로가 있는 경우와 같이 금전적인 측면일 수도 있습니다.

이 장에서는 비용과 같은 일부 지표가 있는 여러 결정 중에서 어떤 조합이 최선인지 선택하는 문제를 해결하는 몇 가지 방법을 논의할 것입니다. 여기에는 로봇 공학에서 널리 사용되는 많은 정보가 있으며, 장난감 잡는 로봇을 넘어 로봇 경로 계획과 의사 결정 전반을 살펴보기 위해 시야를 조금 더 넓힐 것입니다. 이러한 기술은 모든 로봇 공학 실무자에게 중요한 기술이기 때문에 여기에 포함되어 있습니다. 이 장에서는 **분류 문제**(이 상황이 유사한 상황의 하나 이상의 그룹에 속하는지 판단) 또는 **회귀 문제**(곡선 또는 경로가 될 수 있는 함수를 맞추거나 근사화)로 문제를 설명할 수 있는 **인공지능(AI)**의 의사 결정 프로세스의 기본을 다룹니다. 마지막으로 로봇 문제에 전문가 시스템과 랜덤 포리스트라는 두 가지 접근 방식을 적용하겠습니다.

이 장에서는 다음 주제를 다룹니다.

- 의사 결정 트리(decision tree) 및 랜덤 포리스트(random forests)
- 경로 계획, 그리드 검색 및 A*(A-star) 알고리즘
- D*(D-star) 기법을 사용한 동적 계획 수립
- 전문가 시스템(expert systems) 및 지식 기반

이 섹션에서 다룰 경로 계획, 의사 결정 트리, 랜덤 포레스트(Random Forest), 그리드 검색, GPS 경로 찾기 등의 개념은 언뜻 보기에는 모두 AI에 사용되는 컴퓨터 알고리즘의 일부라는 점 외에는 공통점이 많지 않습니다. 제가 보기에 이들은 모두 기본적으로 같은 개념이며 같은 방식으로 문제에 접근합니다.

기술 요구 사항

이 장에서 사용하는 도구는 이전 장에서 이미 설치했던 **scikit-learn**(`http://scikit-learn.org/stable/developers/advanced_installation.html`)입니다.

또는 파이썬에 pip 설치 프로그램이 있는 경우 다음 명령을 사용하여 설치할 수 있습니다.

```
pip install -U scikit-learn
```

이 챕터의 코드는 `https://github.com/PacktPublishing/Artificial-Intelligence-for-Robotics-2e`에서 찾을 수 있습니다.

작업 분석

이 장의 과제는 스토리보드에 대해 이야기한 3장부터 계속 점수를 매기고 있었다면 여러분도 기다리고 계셨을 것입니다. 우리는 바퀴를 타고 방 안을 돌아다니며 장난감을 집든 장난감 상자로 운전하든 목적지까지 가는 길을 찾아야 합니다.

이를 위해 **의사 결정 트리**, **분류**(일종의 **비지도 학습**), 문제 해결에 좋은 **피쉬본 다이어그램**, 마지막으로 **경로 계획**을 사용할 것입니다.

의사 결정 트리 소개

의사 결정 트리의 개념은 매우 간단합니다. 인도를 걷다가 모퉁이에 이르렀다고 가정해 보겠습니다. 여기서 오른쪽으로 갈지, 왼쪽으로 갈지, 직진할지 결정할 수 있습니다. 그것은 여러분의 결정입니다. 좌회전이라는 결정을 내린 후에는 우회전했을 때와는 다른 결정이 앞에 놓이게 됩니다. 각 결정은 다른 결정으로 이어지는 경로를 만듭니다.

인도를 걸어갈 때 우리는 목표를 염두에 두고 있습니다. 우리는 정처 없이 헤매는 것이 아니라 어떤 목표에 도달하려고 노력합니다. 하나 이상의 결정 조합을 통해 목표에 도달할 수 있습니다. 빵을 사기 위해 식료품점에 가는 것이 목표라고 가정해 봅시다. 마트까지 가는 길은 인도를 따라 4~5개의 경로가 있을 수 있지만, 각 경로의 길이가 다르거나 경로가 다를 수 있습니다. 한 길이 언덕을 오르는 길이라면 평평한 길을 가는 것보다 더 어려울 수 있습니다. 다른 경로는 신호등에서 대기해야 하므로 시간이 소요될 수 있습니다. 이러한 각 속성에 값을 할당하고 일반적으로 문제에 따라 비용이 가장 적게 드는 경로 또는 보상이 가장 높은 경로를 선택하려고 합니다.

다음 의사 결정 트리에서는 장난감을 집어 들기 위한 로봇의 동작을 세분화할 수 있습니다. 먼저 장난감 가로 세로 비율(4장에서 감지한 바운딩 박스의 길이와 너비를 비교한 값)을 살펴봅니다. 장난감의 가장 좁은 부분을 기준으로 로봇 팔의 손목을 조정합니다. 그런 다음 해당 손목 위치로 장난감을 집어 올립니다. 성공하면 장난감을 바닥에서 들어 올려 장난감 상자로 옮깁니다. 실패하면 다른 자세를 시도합니다. 모든 자세를 시도한 후에는 다음 장난감으로 넘어가서 나중에 다른 각도에서 이 장난감에 다시 시도합니다. 이런 식으로 행동을 세분화하는 것이 얼마나 유용한지 알 수 있으며, 결국 이 장에서 살펴볼 것처럼 의사 결정 트리는 많은 경우에 유용합니다.

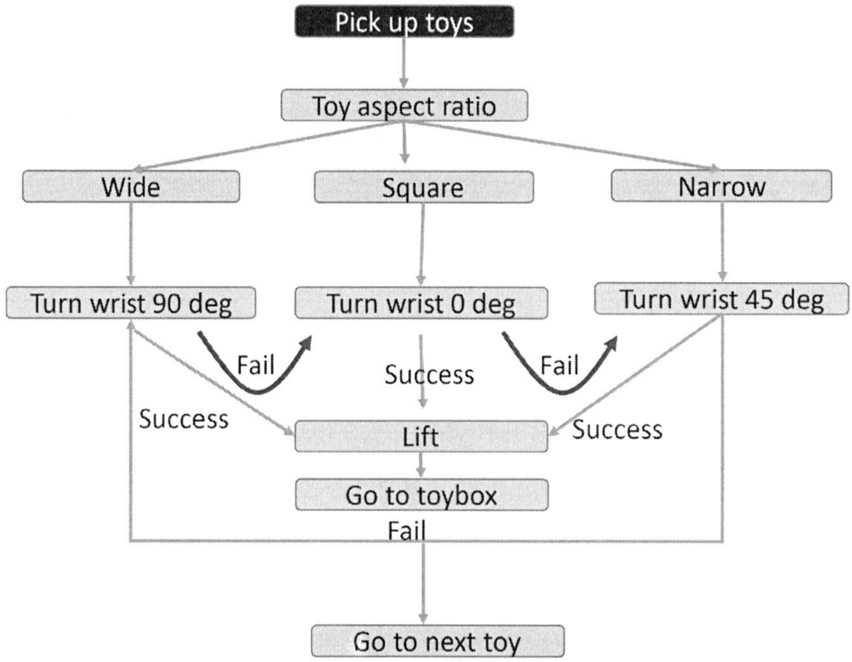

그림 8.1 장난감 집어들기에 대한 간단한 의사 결정 트리

의사 결정 트리 유형 문제의 일반적인 문제는 *기하급수적 증가*입니다. 인공지능이 가장 좋아하는 문제 유형인 체스 게임을 예로 들어 보겠습니다. 첫 수를 두는 데 20개의 선택지가 있습니다(폰(pawn) 8개와 기사 2개, 각각 2개의 가능한 수). 이 20개의 수에는 각각 20개의 가능한 다음 수가 있습니다. 따라서 첫 번째 수에는 20개의 선택지가 있고 두 번째 수에는 400개의 선택지가 있습니다. 세 번째 수에는 197,281개의 선택지가 있습니다! 미리 계획을 세우다 보면 곧 매우 큰 의사 결정 트리를 갖게 됩니다. 이러한 각각의 가능한 결정은 **가지**, 결정을 내린 후의 상태는 **잎**, 전체 개념적 구조는 의사 결정 트리라고 할 수 있습니다.

> **참고**
>
> 의사 결정 트리로 작업하는 비결은 가지를 무자비하게 잘라내어 가능한 한 적은 수의 의사 결정을 고려하는 것입니다.

의사 결정 트리를 다루는 방법에는 두 가지가 있습니다(실제로는 세 가지가 있습니다. 설명하기 전에 세 번째를 맞출 수 있는지 확인해 보세요):

- 첫 번째 방법은 처음부터 시작하여 목표를 향해 나아가는 것입니다. 막다른 골목에 도달할 수도 있는데, 이는 역추적하거나 다시 시작해야 함을 의미합니다. 이를 순방향 추론(fo rward chaining, 나무의 나뭇잎에서 나뭇잎으로 연결되는 경로를 만들기 때문에 체인이라 고 부릅니다)이라고 부릅니다.

- 다른 방법은 목표부터 시작하여 트리의 시작 부분을 향해 올라가는 것입니다. 이것이 바로 역방향 추론(backward chaining)입니다. 역방향 추론의 멋진 점은 통과해야 할 가지가 훨씬 적다는 것입니다. 역방향 추론의 가장 큰 문제점은 모든 나뭇잎이 무엇인지 미리 알고 있어야만 사용할 수 있다는 것입니다. 그리드 검색이나 경로 플래너와 같은 많은 문제에서는 이것이 가능합니다. 하지만 기하급수적으로 방대한 트리가 있는 체스에서는 작동하지 않습니다.
- 세 번째 기술은? 순방향 추론과 역방향 추론을 모두 결합하여 중간 지점에서 만날 수 있습니다.

의사 결정 트리 모양, 체인 기술 및 구성의 선택은 다음을 기반으로 합니다.

- 어떤 데이터를 사용할 수 있나요?
- 어떤 정보가 알려지거나 알려지지 않았나요? 경로의 점수 또는 등급은 어떻게 매겨지나요?

의사 결정 트리를 사용한 경로 계획에는 다양한 종류의 솔루션이 있습니다. 무제한의 리소스, 가장 큰 컴퓨터, 완벽한 지식이 미리 주어지고 기꺼이 기다릴 수 있다면 **최적의 경로** 또는 솔루션을 생성할 수 있습니다.

수년간 실용적인 AI 기반 로봇과 무인 차량을 개발하면서 얻은 교훈 중 하나는 모든 기준이나 목표를 충족하는 모든 솔루션이 수용 가능하고 사용 가능한 솔루션이며, 완벽하거나 최적의 솔루션을 계속 계산하면서 기다릴 필요가 없다는 것입니다. 최적 솔루션은 모든 가능한 경로와 조합을 고려해야 하는 철저한 탐색이 필요하기 때문에 최적 솔루션의 1/10 또는 1/100의 시간 내에 *충분히 좋은(good enough)* 솔루션을 찾는 경우가 많습니다.

그렇다면 의사 결정 트리를 더 빠르게, 또는 더 효율적으로 운영하려면 어떻게 접근해야 할까요? 훌륭한 정원사라면 누구나 하는 일, 즉 나무 가지치기를 시작합니다.

가지치기란 무엇을 의미하나요?

컴퓨터 비즈니스에서 우리는 때때로 사람들에게 어떤 것이 어떻게 작동하는지 설명하기 위해 은유를 만들어야 할 때가 있습니다. Apple과 이후 Windows가 그래픽 운영 체제를 설명하기 위해 채택한 데스크톱 은유를 기억하실 것입니다. 때로는 파일을 삭제하는 휴지통이나 종이 클립

도우미인 *클리피(Clippy)*와 같이 이러한 은유를 바로 실행에 옮기기도 합니다.

의사 결정 나무 **가지치기**에 대해 이야기할 때 제가 은유적으로 너무 깊게 들어갔다고 느낄 수도 있습니다. 다음은 비료와 나무 스파이크인가요? 사실 가지치기는 의사 결정 트리형 시스템에서 매우 중요한 개념입니다. 트리의 각 가지가 수백, 수천 개의 하위 가지로 이어질 수 있습니다. 어떤 가지가 쓸모없다고 조기에 판단할 수 있다면 그 가지를 잘라내면 그 가지에 있는 가지나 잎을 처리할 필요가 없습니다. 어떤 경로가 목표에 도달하지 못한다는 사실을 빨리 발견할수록 로봇, 자율 주행 자동차 또는 자율 비행기와 같은 실시간 시스템인 솔루션을 만드는 데 드는 시간과 노력을 더 빨리 줄일 수 있으며, 이는 쓸모 있는 것과 쓸모 없는 것의 차이를 결정할 수 있습니다.

가지치기 방법을 사용하는 간단한 예제를 살펴보겠습니다. 의사 결정 트리 프로세스의 훌륭한 용도 중 하나는 **결함 감지, 격리 및 복구(Fault Detection, Isolation, and Recovery, FDIR)**입니다. 이것은 로봇의 일반적인 기능입니다. Tinman 로봇이 움직이지 않는 경우 FDIR을 위한 의사 결정 트리를 만들어 봅시다. 오류를 감지하고 문제를 격리한 다음 복구하기 위해 어떤 자동화된 단계를 수행할 수 있을까요? 우리가 사용할 수 있는 한 가지 기술은 **근본 원인 분석(root cause analysis)**으로, 원인 요인을 체계적으로 나열한 다음 제거(가지치기)하고 증상이 일치하는지 확인하여 문제를 파악하려고 시도합니다. 근본 원인 분석에 접근하는 한 가지 방법은 **피쉬본 다이어그램(fishbone diagram)** 또는 **이시카와 다이어그램(Ishikawa diagram)**이라는 특수한 형태의 의사 결정 트리를 사용하는 것입니다. 이 다이어그램은 발명자인 도쿄 대학의 이시카와(Kaoru Ishikawa) 교수의 이름을 따서 명명되었습니다. 1968년 그의 논문인 '*품질 관리 가이드(Guide to Quality Control)*'에서 피쉬본 다이어그램은 중앙에 척추가 있고 양쪽에 갈비뼈가 튀어나온 모양 때문에 붙여진 이름입니다. *물고기* 모양의 의사 결정 *트리를 사용하면* 은유가 깊어지는 것을 알 수 있습니다.

이제 문제가 발생하기 시작합니다. 로봇에서 문제는 원인이 아니라 증상이라는 점을 기억하세요. 로봇이 움직이지 않는 것이 문제입니다. 이 문제의 원인은 무엇일까요? 목록을 만들어 봅시다.

- 드라이브 시스템
- 소프트웨어
- 커뮤니케이션 시스템
- 배터리 및 배선

- 센서
- 연산자 오류

이제 이들 각각에 대해 분기를 더 작은 분기로 세분화합니다. *구동 시스템*의 어떤 부분이 로봇을 움직이지 못하게 할 수 있나요? 바퀴가 끼었을 수 있습니다. 모터에 동력이 공급되지 않을 수 있습니다. 기어가 걸렸을 수 있습니다. 모터 드라이버가 과열되었을 수 있습니다. 다음은 로봇이 움직이지 않는 문제를 설명하기 위한 피쉬본 다이어그램입니다.

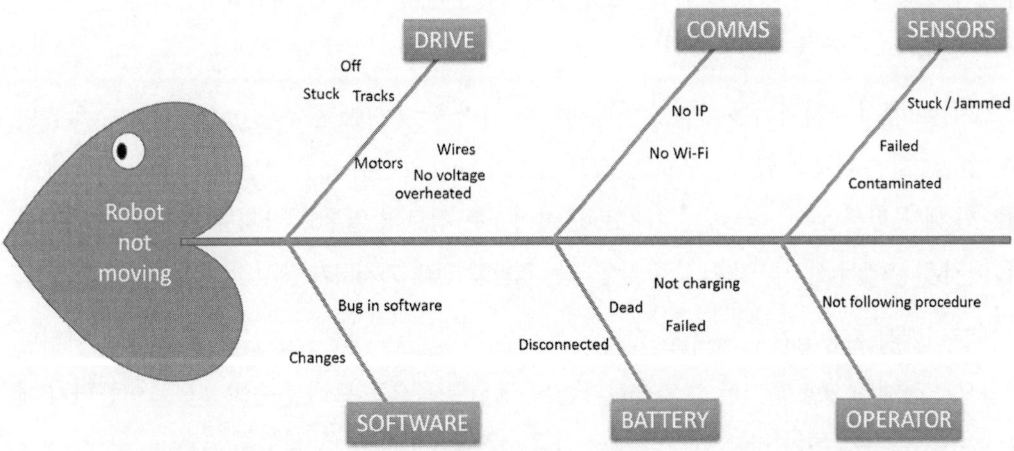

그림 8.2 피쉬본 또는 이시카와 다이어그램은 일반적으로 문제 해결에 사용됩니다.

이러한 각 요인에 대해 해당 문제의 원인이 되는 증상이 무엇인지 생각해 볼 수 있습니다. 모터의 기어가 걸리면 모터가 회전할 수 없고 바퀴가 회전할 수 없습니다. 이러한 요인 중 하나라도 확인할 수 있다면 다이어그램이나 의사 결정 트리에서 기어를 정리하거나 제거할 수 있습니다. 기어를 확인해보니 바퀴와 모터를 손으로 돌릴 수 있으므로 기어가 원인이 아닙니다. 그 가지를 잘라냅니다. 테스트를 자동화하는 방법이 있다면 자동으로 가지를 잘라낼 수 있으며, 이 장의 후반부 예제에서 이를 수행할 수 있습니다.

배터리는 어떤가요? 배터리를 충전해야 하거나(배터리 방전), 배터리가 분리되었거나, 전원선이 느슨해졌을 수 있습니다. 배터리 전압이 정상이라면 나무에서 잎을 잘라냅니다. 배선을 확인합니다 - 느슨한 부분이 없습니다. 배터리 가지를 잘라냅니다.

그래서 모든 증상과 일치하거나 마지막 남은 증상이 될 때까지 계속 진행합니다. 마지막 지점이 통신이라고 가정해 봅시다. 이제 어떻게 할까요? "통신의 어떤 부분이 우리를 움직이지 못하게 할까요?"라고 물어볼 수 있습니다. 첫 번째 대답은 네트워크를 통해 모터 명령 메시지가 로봇에 전달되지 않는다는 것입니다. 로그를 확인해보니 실제로 모터 메시지(이 경우 `cmd_vel`)가 존재하지 않습니다. 문제가 있지만 무엇이 문제일까요? 네트워크가 고장났거나(확인 - 아니요, 네트워크는 정상입니다), IP 주소가 잘못되었을 수 있습니다(아니요, 정상입니다). 제어 소프트웨어에 최근에 변경된 사항이 있는지 살펴보고 실제로 변경된 사항이 있는지 확인합니다. 이전 버전으로 되돌리고 로봇이 움직이는 것을 확인합니다. 문제가 있고 의사 결정 트리를 사용하여 문제를 찾았습니다.

따라서 이 경우에는 나무에서 가지와 잎을 잘라내어 하나의 길만 남거나 목표에 도달할 때까지 거의 전적으로 문제를 해결했습니다.

소프트웨어에서 가지치기를 하려면 어떻게 해야 하나요? *막다른 길(dead end)*을 찾을 수 있습니다. 막다른 길은 나무의 끝부분으로, 앞으로 가지가 나지 않는 부분을 말합니다. 막다른 길에 도달하면 해당 잎뿐만 아니라 해당 가지로만 이어지는 경로의 일부도 가지치기를 할 수 있습니다. 이것은 끝에서 시작하여 거꾸로 작업하는 **역방향 연쇄 가지치기** 방식입니다.

또한 트리에서 사용되지 않거나 참조 또는 호출된 적이 없는 섹션을 볼 수도 있습니다. 이러한 방식으로 전체 섹션을 제거할 수 있습니다. 앞쪽에서 뒤쪽으로 트리를 순방향으로 이동하기 때문에 이를 **포워드 체인**이라고 합니다.

지금까지는 이야기 속 인간인 우리가 직접 의사 결정 트리를 만들었습니다. 로봇이 트리를 사용하여 의사 결정을 내릴 수 있도록 프로그램을 작성하는 방법에 대해서는 논의조차 하지 않았습니다. 컴퓨터가 우리 대신 트리를 만들고, 가지를 결정하고, 노드에 레이블을 붙이는 모든 힘든 작업을 수행한다면 훨씬 더 멋지지 않을까요? 이것이 바로 다음 섹션에서 논의할 내용입니다.

자체 분류 의사 결정 트리 만들기

장난감을 분류하는 문제를 생각해 봅시다. 장난감을 상자에 그냥 버리는 대신 어떤 방식으로든 분류하는 더 효율적인 로봇을 생각해내고 싶을 수 있습니다. 이상적인 세계에서는 20개의 장난감 집단 중에서 10개와 10개로 절반씩 균등하게 나누는 몇 가지 특성이 있을 것입니다. 예를 들어 장난감의 절반은 길이가 6인치 미만이고 절반은 그 이상이라고 가정해 보겠습니다. 그런 다음 다른 어떤 특성이 10개로 이루어진 각 그룹을 5개씩 4개의 그룹으로 반으로 나눈다면 이상적일 것입니다.

빨간색 장난감 5개, 파란색 장난감 5개, 초록색 장난감 5개, 노란색 장난감 5개가 있다고 가정해 봅시다. 생물학자들이 새로운 종을 분류할 때 하는 일, 즉 **분류법(taxonomy)**을 만드는 일을 하고 있다는 것을 알 수 있습니다. 이제 장난감을 더 작은 그룹으로 구분하는 또 다른 속성을 선택합니다. 어떤 종류의 장난감인지, 바퀴의 크기는 얼마인지 등입니다. 이해가 되시겠죠? 예를 들어 보겠습니다.

이제 모든 장난감과 모든 속성을 테이블에 나열하고 컴퓨터가 몇 개의 그룹과 어떤 종류가 있는지 알아낼 수 있다면 얼마나 좋을까요? 다음과 같은 테이블을 만들 수 있습니다.

표 8.1 분류에 사용되는 장난감 그룹에 대한 속성 표

유형	길이	너비	무게	색상	바퀴 수	소음	부드러움 여부	재료	눈	장난감 이름
car	3	1	35	빨간색	4	0	hard	금속	0	hotwheels
car	3	1	35	오렌지	4	0	hard	금속	0	hotwheels
car	3	1	35	파란색	4	0	hard	금속	0	hotwheels
car	3	1	35	파란색	4	0	hard	금속	0	hotwheels
car	3	1	35	흰색	4	0	hard	금속	0	hotwheels
stuffed	5	5	50	흰색	0	0	very soft	헝겊	2	plush
stuffed	7	5	55	갈색	0	0	very soft	헝겊	3	plush
action	2	4	80	회색	0	0	hard	금속	0	slinky
build	2	2	125	나무	0	0	hard	나무	0	나무 블록 2x2
build	2	2	75	나무	0	0	hard	나무	0	나무 블록 삼각형
build	4	2	250	나무	0	0	hard	나무	0	나무 블록 4x2
dish	3	3	79	파란색	0	0	hard	세라믹	0	찻주전자
aircraft	7	5	65	흰색	4	1	hard	플라스틱	0	우주 왕복선
aircraft	13	7	500	녹색	8	1	hard	플라스틱	0	Thunderbird 2
car	5	1	333	노란색	6	1	hard	금속	0	스쿨버스
music	12	4	130	나무	0	2	hard	나무	0	장난감 기타
music	5	2	100	노란색	0	1	hard	플라스틱	0	플레이 마이크
music	4	4	189	흰색	0	2	hard	나무	0	장난감 드럼

이제 해결해야 할 문제가 있습니다. DecisionTreeClassifier라는 scikit-learn Python 패키지와 함께 제공되는 의사 결정 트리 분류기를 사용하겠습니다. 이 프로그램은 문자열을 입력 데이터로 사용할 수 없습니다. 모든 문자열 데이터를 일종의 숫자로 변환해야 합니다. 다행히도 scikit-learn 라이브러리는 이러한 용도로만 사용할 수 있는 함수를 제공합니다. 이 라이브러리는 문자열을 숫자로 변환하는 여러 엔코딩 함수를 제공합니다. 우리가 사용할 함수는 LabelEncoder라고 합니다. 이 함수는 문자열 배열을 받아 열거된 정수 집합으로 변환합니다.

장난감의 종류가 있는 첫 번째 열을 살펴볼 수 있습니다. 제 명명법은 *toy = toy car, stuffed = stuffed animal, aircraft = toy aircraft, music = toy musical instrument*입니다. 또한 *action toy*에는 *action, building toy*(블록, 레고™ 등과 같은 조립식 장난감)에는 *build*라고 명명했습니다. 이를 일종의 숫자로 바꿔야 합니다.

LabelEncoder는 문자열로 채워진 데이터 테이블의 열을 변환합니다. 유형열은 다음 코드에 나와 있습니다.

```
['car' 'car' 'car' 'car' 'car' 'stuffed' 'stuffed' 'action' 'build' 'build'
'build' 'dish' 'aircraft' 'aircraft' 'car' 'music' 'music' 'music']
```

이 인코더는 라벨이 엔코딩된 장난감 유형으로 변환합니다.

```
[3 3 3 3 3 6 6 0 2 2 2 4 1 1 3 5 5 5]
```

자동차라고 표시된 모든 곳에 숫자 3이 있는 것을 볼 수 있습니다. 또한 6 = stuffed, 0 = action 등입니다. 왜 홀수 번호인가요? 인코더는 먼저 문자열을 알파벳 순서로 정렬합니다.

여기서부터 바로 들어가서 분류 프로그램을 만들어 보겠습니다.

1. 다음은 의사 결정 트리 분류기 프로그램입니다.

```
# 의사 결정 트리 분류기
# 저자 프란시스 X 고버즈 3세
# "로봇 공학을 위한 인공지능" 책에 나오는 예시.
```

2. 먼저 사용할 라이브러리를 가져옵니다. 의사 결정 트리 그림을 그리는 데 유용한 그래프비즈라는 추가 라이브러리가 있습니다. 다음 링크를 통해 설치할 수 있습니다.

```
pip install graphviz
```

3. 여기서는 다양한 데이터 테이블 처리 도구를 제공하는 pandas 패키지를 사용할 예정입니다.

```
from sklearn import tree
import numpy as np
import pandas as pd
import sklearn.preprocessing as preproc
import graphviz
```

4. 첫 번째 단계는 데이터를 읽어오는 것입니다. 저는 마이크로소프트 엑셀에서 테이블을 만들고 CSV(comma-separated values) 형식으로 내보냈습니다. 이렇게 하면 열 헤더를 사용하여 데이터 파일을 직접 읽을 수 있습니다. 참조를 위해 데이터 파일의 모양과 크기를 인쇄해 두었습니다. 제 버전의 파일에는 18개의 행과 11개의 열이 있습니다. 마지막 열은 각 장난감의 실제 이름에 대한 메모입니다. 마지막 열은 아무 용도로도 사용하지 않을 것입니다. 장난감을 유형별로 구분하는 분류기를 만들고 있습니다.

```
toyData = pd.read_csv("toy_classifier_tree.csv")
print ("Data length ",len(toyData))
print ("Data Shape ",toyData.shape)
```

5. 이제 의사 결정 트리 분류기 구축을 시작할 수 있습니다. 먼저 DecisionTreeClassifer 객체의 인스턴스화를 구축합니다. 선택할 수 있는 **의사 결정 트리 분류**(DTC) 알고리즘에는 두 가지 유형이 있습니다.

   - **지니 계수**(Gini coefficient): 지니 계수는 1912년 이탈리아의 통계학자 코라도 지니 (Corrado Gini)가 그의 논문 '*가변성과 변동성(Variabilita e Mutabilita)*'에서 개발했습니다. 이 계수 또는 지수는 숫자 그룹의 불평등 정도를 나타냅니다. 0 값은 그룹의 모든 멤버가 동일하다는 의미입니다.
   - **엔트로피**(Entropy) **방법**: 엔트로피는 AI에 대해 이야기할 때 데이터 집합의 불확실성을 의미합니다. 이 개념은 정보 이론에서 비롯된 것으로, 무작위 변수의 불확실성 정도를 측정하는 것입니다. 이 개념은 1940년대에 클로드 섀넌(Claude Shannon)에 의해 도입되었습니다. 의사 결정 트리를 만들기 위해 알고리즘은 (불확실성을 줄이기 위해) 엔트로피를 감소시키려고 시도하는데, 각 자식 노드가 부모 노드보다 더 동질적이게 되는 지점에서 그룹을 분할합니다.

   여기서는 지니 계수를 사용하겠습니다. 크기가 모두 같고 모두 빨간색인 장난감 자동차 그룹이 있다면 그룹의 지니 계수는 0이 되고, 그룹의 구성원이 모두 다르면 지니 계수는 1에 가까워집니다. 지니 계수는 다음 방정식으로 구할 수 있습니다.

$$G(S) = 1 - \sum_{i=1}^{n} p_1^2$$

식에서 n은 클래스의 총 개수이며, p_i는 i 번째 클래스의 확률 (또는 i 번째 클래스에 속하는 데이터 포인트의 비율)을 의미합니다. 장난감 18개 중 장난감 자동차가 4개이므로 장난감 자동차가 한 그룹에 속할 확률은 4/18 또는 0.222입니다. 의사 결정 트리는 그룹의 지니 계수가 0이 될 때까지 계속해서 클래스를 세분화합니다.

```
dTree = tree.DecisionTreeClassifier(criterion ="gini")
```

6. 데이터 테이블의 값을 구분해야 합니다. 파이썬에서 열 인덱스가 0이라고 하는 첫 번째 열의 데이터는 분류 레이블입니다. 장난감을 클래스로 구분하는 데 사용되므로 이를 별도로 분리해야 합니다. 이전의 신경망 작업에서, 이것들은 우리의 출력값이거나 다른 머신러닝 과정에서 사용한 레이블 데이터가 될 것입니다. 우리는 표의 속성(크기, 무게, 색상 등)을 기반으로 장난감의 클래스를 예측하도록 분류기를 학습시킬 것입니다. 슬라이싱을 사용하여 pandas 테이블에서 데이터를 가져옵니다. 우리의 pandas 데이터 테이블을 `toyData`라고 합니다. 테이블의 항목을 얻고 싶다면, `toyData.values`를 요청해야 하며, 이는 2D 배열로 반환될 것입니다.

```
dataValues = toyData.values[:,1:10]
classValues = toyData.values[:,0]
```

파이썬의 슬라이싱 표기법에 익숙하지 않은 경우, `toyData.values[:,1:10]` 문은 테이블의 열을 1부터 10까지만 반환하고 0 열은 제외합니다. 실제로는 테이블에 11개의 열이 있지만 파이썬은 0부터 번호를 매기기 시작하므로 결국 1~10이 필요합니다. 다른 표기법은 첫 번째 열의 데이터만 가져온다는 것을 짐작할 수 있습니다.

7. 라벨 인코더는 데이터의 문자열을 숫자로 변환합니다. 예를 들어 *빨강, 초록, 파랑*과 같은 색상은 *0, 1, 2*와 같은 숫자로 변환됩니다. 엔코딩할 첫 번째 항목은 데이터에 레이블을 지정하는 데 사용하는 클래스 값 목록입니다. `LabelEncoder.fit()` 함수를 사용하여 문자열을 숫자로 변환하는 공식을 만든 다음 `LabelEncoder.transform()` 함수를 사용하여 이를 적용합니다. `fit()`은 출력을 생성하지 않는다는 점에 유의하세요.

8. 마지막으로 문자열 텍스트와 엔코딩된 숫자 목록이 일치하도록 만들어야 합니다. LabelEncoder가 할 일은 문자열을 알파벳순으로 정렬하고 중복은 무시한 채 알파벳 순으로 번호 매기기를 시작하는 것입니다. car, car, car, block, stuffed, airplane를 입력하면 2,2,2,1,3,0이 엔코딩 결과로 나오며 airplane = 0, block = 1, car = 2, and stuffed = 3이라는 것을 알아야 합니다. airplane, block, car, stuffed처럼 보이는 숫자와 텍스트 설명을 일치시키기 위해 **디코더 링(decoder ring)**을 생성해야 합니다. 문자열 형식의 클래스 이름 목록에 다음 두 함수를 사용하여 LabelEncoder 함수를 복제합니다.

   - set() 함수를 사용하여 중복을 제거합니다.
   - sorted() 함수를 사용하여 올바른 순서로 정렬합니다.

   이제 클래스 이름 테이블과 LabelEncoder에서 생성된 열거형이 일치합니다. 이것은 나중에 필요할 것입니다.

```
lencoder = preproc.LabelEncoder()
lencoder.fit(classValues)
classes = lencoder.transform(classValues)
classValues = list(sorted(set(classValues)))
```

9. 저는 데이터에서 어떤 열이 문자열로 구성되어 있는지 자동으로 찾아내고 해당 열을 숫자로 변환하는 함수를 만들었습니다. 먼저 데이터를 담을 빈 목록을 만듭니다. 데이터의 열을 반복해서 살펴보고 첫 번째 데이터 값이 문자열인지 확인합니다. 문자열인 경우, 우리가 만든 레이블 인코더 객체(lencoder)를 사용하여 해당 열 전체를 숫자로 변환합니다. 레이블 엔코딩 프로세스는 두 부분으로 구성됩니다. lencoder.fit()을 호출하여 열에 얼마나 많은 고유 문자열이 있는지 확인하고 각 문자열에 대한 숫자를 생성합니다. 그런 다음 lencoder.transpose를 사용해 해당 숫자를 목록에 삽입합니다.

```
newData = []
for ii in range(len(dataVues[0]))
line = dataVues[:,ii]
if type(line[0])==str:
    lencoder.fit(line)
line = lencoder.transform(line)
```

10. 이제 모든 데이터를 새로운 데이터 목록에 다시 넣었지만 모든 열이 행으로 바뀐 문제가 있습니다! 이 문제를 해결하기 위해 numpy의 transpose 함수를 사용합니다. 하지만 잠깐

만요! 배열을 분리했다가 다시 합칠 수 있도록 목록으로 바꿨기 때문에 더 이상 배열이 없습니다(numpy 배열로는 불가능합니다. 제가 해봤습니다):

```
newData.append(line)
newDataArray = np.asarray(newData)
newDataArray = np.transpose(newDataArray)
```

11. 이제 모든 전처리가 완료되었으므로 이제 실제 DecisionTreeClassifer를 호출할 수 있습니다. 여기에는 두 개의 인수가 필요합니다.

    - 데이터 값의 배열
    - 의사 결정 트리에서 그룹을 나눌 클래스 유형의 배열입니다.

    DecisionTreeClassifier는 테이블에서 어떤 특정 데이터가 장난감 중 하나가 어떤 클래스에 속하는지 예측하는 데 유용한지 결정합니다.

```
dTree = dTree.fit(newDataArray,classes)
```

한 줄이면 끝입니다. 하지만 잠깐만요 - 결과를 보고 싶어요. 의사 결정 트리를 인쇄하려고 하면 다음과 같은 결과가 표시됩니다.

```
DecisionTreeClassifier(class_weight=None,
criterion='gini', max_depth=None, max_features=None, max_leaf_nodes=None,
min_impurity_split=1e-07, min_samples_leaf=1,
min_samples_split=2,
min_weight_fraction_leaf=0.0, presort=False, random_state=None, splitter='best').
```

이 코드는 DecisionTreeClassifier 객체에 대한 설명으로서, 우리에게 아무 것도 알려주지 않습니다(설정할 수 있는 모든 매개변수를 보여주기 때문에 여기에 넣었습니다).

12. 그래서 우리는 의사 결정 트리를 출력하는 데 매우 능숙한 graphviz라는 패키지를 사용합니다. 열 이름과 클래스 이름도 그래프에 전달할 수 있습니다. 마지막 두 줄은 그래프를 .pdf 파일로 출력하여 하드 드라이브에 저장합니다.

```
c_data=tree.export_graphviz(dTree,out_file=None,
feature_names=toyData.colum ns,class_names=classValues,
filled=True,rounded=True,special_characters=True)
graph = graphviz.Source(c_data)
graph.render("toy_graph_gini")
```

결과는 다음과 같습니다. 경고하건대, 중독성이 강합니다.

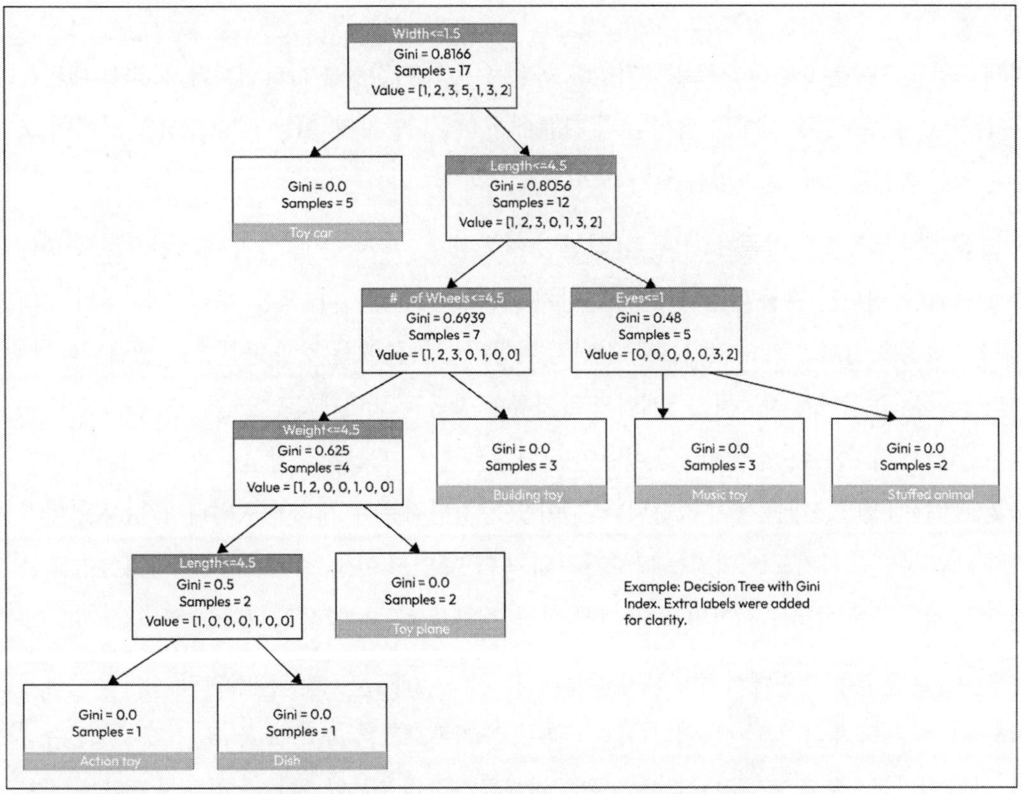

그림 8.3 지니 인덱스 방법을 사용한 의사 결정 트리의 출력

입력 테이블을 보고 숫자가 일치하는지 확인하면 솔루션을 빠르게 확인할 수 있습니다. 다음과 같은 내용이 표시되어야 합니다.

- 5개의 장난감 자동차
- 3개의 조립식 장난감
- 1개의 접시
- 1개의 액션 장난감
- 2개의 봉제 동물 인형
- 3개의 악기
- 2개의 장난감 비행기

그리고 실제로도 그렇습니다.

살펴봐야 할 또 다른 숫자는 지니 지수입니다. 그림 8.3에 표시된 것처럼 최상위 상자는 다음을 보여줍니다.

전체 그룹의 지수는 0.8166으로 1에 가깝고 높은 수준의 이질성을 나타냅니다. 트리를 내려갈수록 지니 지수는 점점 작아져 식별된 각 그룹에서 0에 도달하며, 이는 해당 그룹의 항목이 모두 동일한 속성을 공유하고 있음을 나타냅니다.

이 그래프는 무엇을 알려줄까요? 우선, 장난감 자동차를 *너비*라는 한 가지 속성만으로 구분할 수 있습니다. 장난감 자동차만 너비가 1.5인치(38mm) 미만입니다. 색상, 무게 또는 너비 이외의 다른 속성을 살펴볼 필요 없이 모든 장난감 자동차를 다른 모든 것과 구분할 수 있습니다. 18개의 장난감 중 장난감 자동차가 5개이므로 분류할 장난감은 13개가 남았습니다. 다음 분할은 길이입니다. 길이가 4.5인치(11cm) 미만인 장난감은 7개, 그보다 긴 장난감은 5개입니다. 5개 중 2개는 눈이 있고 3개는 눈이 없습니다. 눈이 있는 장난감은 두 개의 인형입니다. 나무를 따라가다 보면 장난감 악기로 이어지는 나뭇가지의 폭이 1.5인치 이상, 길이가 4.5인치 이상이고 눈이 없는 장난감은 실제로 길이와 폭이 다른 장난감보다 크고 눈이 없습니다.

다른 요소들은 분류 측면에서 중요하지 않습니다. 즉, *색상*과 같은 속성은 장난감이 어떤 등급에 속하는지 예측하기 어렵다는 뜻입니다. 다른 유용한 기준으로는 *바퀴의 수*, *무게*, *길이*가 있습니다. 이 데이터만으로도 모든 장난감을 그룹으로 분류하기에 충분합니다. 각 리프 노드의 지니 지수가 실제로 0임을 알 수 있습니다. 프로그램에서 그래프에 클래스 이름 대신 클래스 번호를 사용하므로 그림을 더 명확하게 하기 위해 그래프에 몇 가지 추가 레이블을 추가했습니다.

장난감 데이터로 장난감을 분류하는 자동 의사 결정 트리를 만들 수 있었기 때문에 이 작업은 만족스러웠습니다. 심지어 이 데이터를 사용하여 새 장난감을 분류하고 어떤 분류에 속할지 예측할 수도 있습니다. 만약 새 장난감이 어떤 식으로든 분류를 위반하는 것으로 밝혀지면 분류 프로세스를 다시 실행하고 새로운 의사 결정 테이블을 만들어야 합니다.

의사 결정 트리를 만들고 데이터를 카테고리로 세분화하는 또 다른 유형의 프로세스가 있습니다. 이를 **엔트로피 모델** 또는 **정보 이득**(information gain)이라고 합니다. 이에 대해 설명하겠습니다.

엔트로피 이해

엔트로피는 제공된 데이터 샘플에서 무질서의 양을 측정한 값입니다. 각 기준이 어느 클래스에 속하는지에 대한 지식에 얼마나 기여했는지를 측정하기 때문에 이를 프로세스 **정보 이득**이라고 부를 수도 있습니다.

엔트로피 공식은 밑이 2인 음의 로그 함수로, 각 클래스에 속하는 개체 수를 표본의 총 수로 나눈 값으로, 여전히 주로 모집단에 속할 확률을 살펴봅니다.

$$엔트로피 = -p*log2(p) - p\_i*log2(p\_i)$$

프로그램에서 엔트로피를 그룹 기준으로 대체하려면 한 줄만 변경하면 됩니다.

```
dTree = tree.DecisionTreeClassifier(criterion ="entropy")
```

결과는 다음 다이어그램에 나와 있습니다.

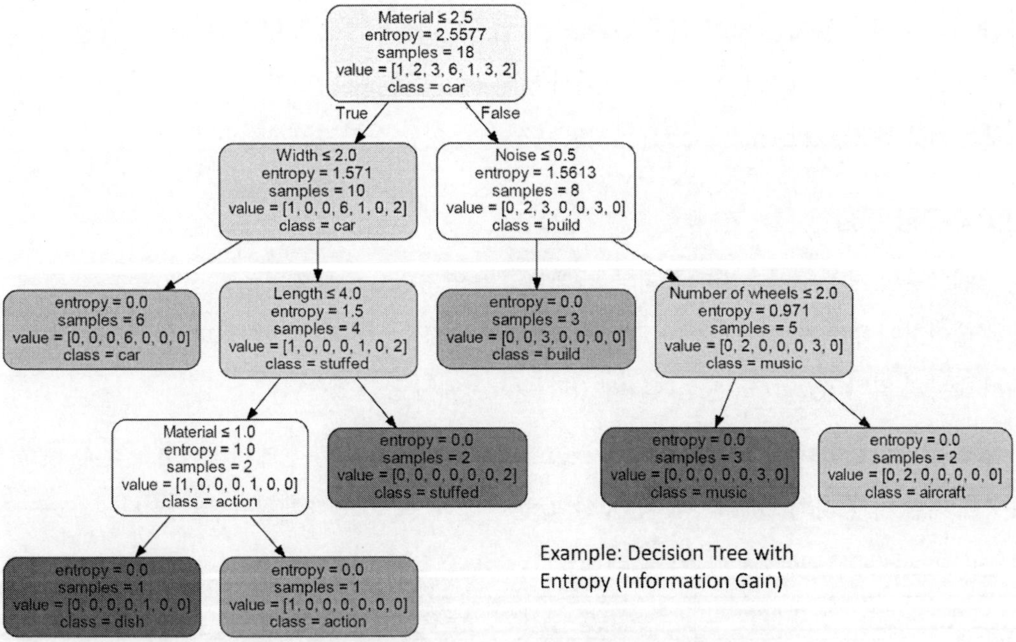

그림 8.4 엔트로피(정보 이득)를 사용한 의사 결정 트리의 출력

엔트로피가 전체 그룹에서 2.55에서 시작하여 잎 노드(가지 끝)에서 0으로 감소하는 것을 볼 수 있습니다. 7개의 분류가 있음을 확인할 수 있지만 엔트로피 방식은 지니 방식과 다른 기준을 선택했음을 알 수 있습니다. 예를 들어, 지니 분류기는 길이로 시작했지만 엔트로피 분류기는 재질로 시작했습니다. 엔트로피 방법 또한 `Noise`(장난감이 소리를 내는지 여부)를 선택했고, 소리를 내는 유일한 장난감이 장난감 악기와 장난감 비행기라는 것을 정확히 선택했습니다. 이들 장난감에는 비행기 소리를 내는 전자 사운드 박스가 장착되어 있습니다.

그러나 한 가지 우려되는 항목이 있습니다. `Material`을 보여주는 두 개의 블록이 있으며, 이 블록들은 장난감의 값을 `Material`이 2.5보다 작은 것으로 나눕니다. Material은 이산 값(discrete value)입니다. 머티리얼 목록을 생성하고 이를 정렬된 순서대로 `sorted (set(list))` 프로세스를 통해 실행하여 고유 값을 가져올 수 있습니다.

```
['ceramic', 'fur', 'metal', 'plastic', 'wood']
```

따라서 Material 값이 2.5 이하이면 세라믹 또는 헝겊입니다. 헝겊과 세라믹은 알파벳의 위치를 제외하면 공통점이 없습니다. 이는 다소 문제가 되는 관계로, 데이터를 순차적인 숫자 집합으로 엔코딩하는 방식에서 비롯된 결과물입니다. 이는 실제로 존재하지 않는 관계와 그룹화를 의미합니다. 이 문제를 어떻게 해결할 수 있을까요?

사실 이런 종류의 문제를 처리하는 프로세스가 있습니다. 이 기술은 AI 프로그램에서 널리 사용되며 의사 결정 트리 섹션이나 신경망에서 분류 작업을 할 때 반드시 필요한 도구입니다. 이 도구는 **원핫 엔코딩(one-hot encoding)**이라는 생소한 이름을 가지고 있습니다.

원핫 엔코딩 구현

원핫 엔코딩의 개념은 매우 간단합니다. 카테고리를 열거형으로 대체하는 대신 가능한 각 값에 대해 데이터에 하나의 열을 추가하고 해당 값에 따라 1 또는 0으로 설정합니다. 이 이름은 집합에서 하나의 열만 *핫(hot)* 또는 선택되어 있다는 사실에서 유래했습니다.

이 원리를 예제에 적용할 수 있습니다. `Material`이라는 하나의 열을 데이터베이스의 각 재료 유형에 대한 다섯 개의 열(세라믹, 헝겊, 금속, 플라스틱, 목재)로 대체할 수 있습니다.

표 8.2 머티리얼 카테고리의 원핫 엔코딩 데이터 구조

재료	세라믹	헝겊	금속	플라스틱	나무
금속	0	0	1	0	0
금속	0	0	1	0	0
금속	0	0	1	0	0
금속	0	0	1	0	0
금속	0	0	1	0	0
헝겊	0	1	0	0	0
헝겊	0	1	0	0	0
금속	0	0	1	0	0
나무	0	0	0	0	1
나무	0	0	0	0	1
나무	0	0	0	0	1

세라믹	1	0	0	0	0
플라스틱	0	0	0	1	0
플라스틱	0	0	0	1	0
금속	0	0	1	0	0
나무	0	0	0	0	1
플라스틱	0	0	0	1	0
나무	0	0	0	0	1

이로 인해 프로그램에 몇 가지 구조적 문제가 발생합니다. 각 유형에 대해 열을 삽입해야 하므로 3개의 열이 14개의 새 열로 대체됩니다.

텍스트 카테고리를 원핫 엔코딩된 여러 열로 변환하는 데 사용할 수 있는 두 가지 함수를 찾았습니다.

- 하나는 `scikit-learn`의 일부인 `OneHotEncoder`입니다. 이 함수는 `LabelEncoder`와 비슷하게 사용되며, 실제로는 두 함수를 동시에 사용해야 합니다. 레이블 인코더로 문자열 데이터를 숫자 형식으로 변환한 다음, 원핫인코더를 적용하여 원하는 값 당 1비트 형식으로 변환해야 합니다.
- 더 간단한 방법은 `get_dummies()`라는 판다 함수를 사용하는 것입니다. 이 이름은 문자열을 숫자로 대체하기 위해 더미 값을 만들기 때문에 붙여진 이름입니다. 동일한 기능을 수행합니다. 관련된 단계는 `OneHotEncoder` 프로세스를 사용하는 것보다 훨씬 간단하므로 이 예제에서는 이 프로세스를 사용하겠습니다.

이를 구현하기 위해 따라야 할 단계를 살펴보겠습니다.

1. 상단 헤더 섹션은 이전과 동일하며 가져오기 항목도 동일합니다.

```
# 의사 결정 트리 분류기
# 하나의 핫 엔코딩 및 지니 기준 #
# 저자: 프란시스 X 고버즈 3세 #
# "로봇 공학을 위한 인공지능" 책에서 인용한 예 #
from sklearn import tree
import numpy as np
import pandas as pd
import sklearn.preprocessing as preproc
import graphviz
```

2. 이전과 마찬가지로 표를 읽는 것으로 시작하겠습니다. 어떤 장난감이 어떤 장난감인지

추적할 수 있도록 끝에 Toy Name 이라는 열을 추가했습니다. 의사 결정 트리에는 이 열이 필요하지 않으므로 제거할 열의 이름을 지정하여 pandas의 del 함수를 사용하여 제거할 수 있습니다.

```
toyData = pd.read_csv("toy_classifier_tree.csv")
del toyData["Toy Name"]   # 지금은 필요하지 않습니다.
```

3. 이제 pandas의 dataTable에서 제거하고 바꿀 열의 목록을 만들어 보겠습니다. Color, Soft, Material 열입니다. 딱딱한 플라스틱이나 금속에 비해 부드럽고 쉽게 찌그러지는 장난감을 식별하기 위해 *Soft*라는 용어를 사용했는데, 이는 로봇 손을 사용하는 데 필요한 별도의 기준이기 때문입니다. 더미(dummy) 값을 생성하고 3개의 열을 18개의 새로운 열로 바꿉니다. 판다는 이전 열 이름과 값을 조합하여 자동으로 열의 이름을 지정합니다. 예를 들어, 단일 Color 열은 Color_white, Color_blue, Color_green 등으로 대체됩니다.

```
textCols = ['Color','Soft','Material']
toyData = pd.get_dummies(toyData,columns=textCols)
```

4. 모든 것이 올바르게 조립되었는지 확인하기 위해 여기에 print 문을 넣었습니다. 선택 사항입니다. 저는 데이터 테이블용 팬더에 깊은 인상을 받았습니다. 데이터베이스 유형의 함수와 데이터 분석을 수행할 수 있는 많은 기능이 있습니다.

```
print toyData
```

5. 이제 의사 결정 트리를 생성할 준비가 되었습니다. 객체를 인스턴스화하고 dTree라고 부르며 분류 기준을 Gini로 설정합니다. 그런 다음 장난감 데이터 프레임에서 데이터 값을 추출하고 배열 조각화 연산자를 사용하여 첫 번째(0번째) 열에 있는 클래스 값을 classValues 변수에 넣습니다.

```
dTree = tree.DecisionTreeClassifier(criterion ="gini")
dataValues = toyData.values[:,1:]
classValues = toyData.values[:,0]
```

6. 앞의 두 예제에서와 마찬가지로 LabelEncoder를 사용하여 클래스 이름을 열거형 유형으로 변환해야 합니다. 한 번에 엔코딩할 필요는 없습니다. 각 클래스는 분류 예제의 최종 상태, 즉 의사 결정 트리의 나뭇잎을 나타냅니다. 신경망 분류기를 사용한다면 이것이 출력

뉴런이 될 것입니다. 한 가지 큰 차이점은 의사 결정 트리를 사용할 때 컴퓨터가 항목을 분류하고 분리하는 데 사용한 기준이 무엇인지 알려준다는 것입니다. 신경망을 사용하면 분류는 컴퓨터가 하지만 어떤 기준이 사용되었는지 알 방법이 없습니다.

```
lencoder = preproc.LabelEncoder()
lencoder.fit(classValues)
classes = lencoder.transform(classValues)
```

7. 앞서 말했듯이 최종 출력에서 클래스 값 이름을 사용하려면 중복된 이름을 제거하고 알파벳순으로 정렬해야 합니다. 이 중첩된 함수 쌍이 이를 수행합니다.

```
classValues = list(sorted(set(classValues)))
```

8. 이것이 우리 프로그램의 결론입니다. 이제 모든 데이터를 설정했으므로 실제로 의사 결정 트리를 만드는 데는 한 줄의 코드만 있으면 됩니다. 이전과 동일한 단계를 거친 다음 그래프 시각화를 사용하여 그래픽을 만들고 이미지를 PDF로 저장합니다. 이제 모든 설정 연습을 마쳤기 때문에 전혀 어렵지 않습니다.

```
print ""
dTree = dTree.fit(dataValues,classes)
c_data=tree.export_graphviz(dTree,out_file=None,feature_names=toyData.columns),
class_names=classValues, filled = True, rounded = True, special_characters = True)
graph = graphviz.Source(c_data)
graph.render("toy_decision_tree_graph_oneHot_gini")
```

그 결과는 다음 그림과 같은 순서도입니다. 원핫 엔코딩을 사용한 이 출력은 각 카테고리의 숫자를 볼 수 있기 때문에 그림 8.4보다 조금 더 읽기 쉽습니다. 각 리프(끝 노드)에는 개수가 있는 카테고리가 하나만 있습니다(인형 2개와 악기 3개):

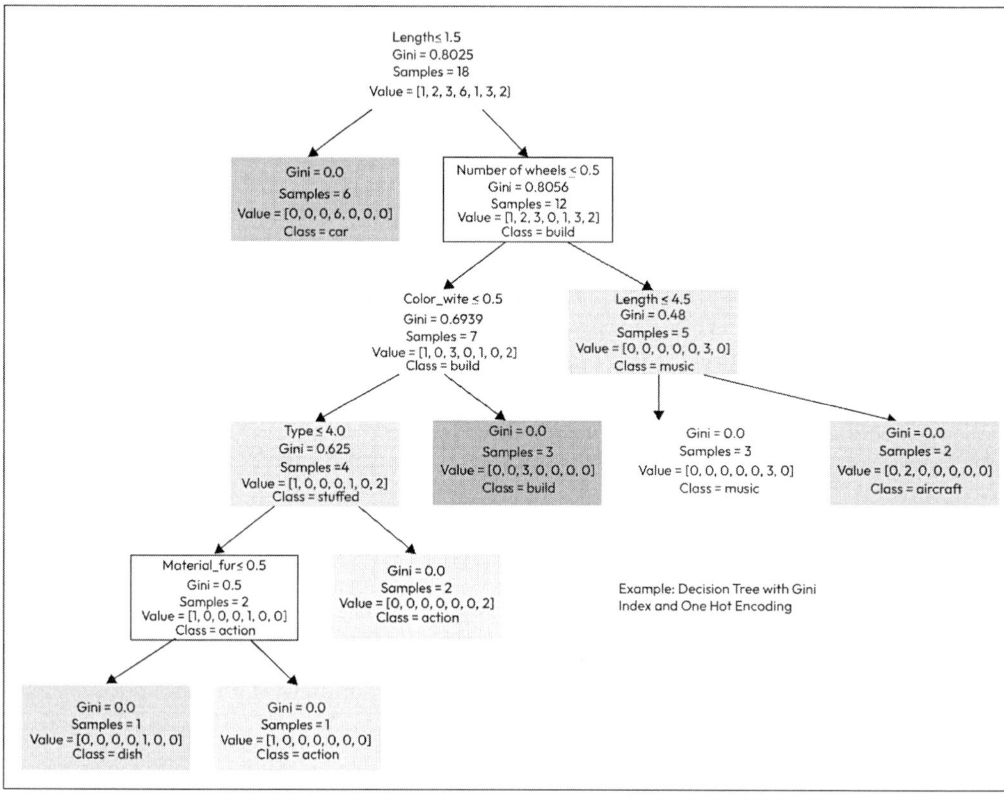

그림 8.5 원핫 엔코딩을 사용하는 의사 결정 트리의 출력은 훨씬 더 읽기 쉽습니다.

모든 종류의 의사 결정 트리를 설명하고 만들 수 있게 되었으니, 이 트리를 모두 사용한다면 어떤 결과를 얻을 수 있을까요? 바로 숲이겠죠! 어떤 모습일지 살펴봅시다.

랜덤 포레스트

랜덤 포레스트 분류기에 대한 이 섹션을 추가하고 싶었던 이유는 단지 이름이 너무 멋지게 들리기 때문만은 아닙니다. 제가 은유를 한계점까지 늘린다는 비난을 받았을 수도 있지만, 이번에는 의사 결정 트리 프로세스의 이름에서 영감을 얻었을 수도 있습니다. 우리는 의사 결정 트리를 만드는 방법을 배웠고, 의사 결정 트리에 몇 가지 약점이 있다는 것을 알게 되었습니다. 데이터가 실제로 뚜렷하고 차별화된 그룹에 속하는 경우에 가장 적합합니다. 의사 결정 트리는 데이터의 노이즈에 그다지 관대하지 않습니다. 그리고 규모를 확장하려고 하면 정말 다루기 힘들어집니다. 우리가 다루던 6~7개의 클래스가 아닌 200개의 클래스로 그래프가 얼마나 커질지 상상할 수 있습니다.

의사 결정 트리의 단순성과 유용성을 활용하고 싶지만 더 많은 데이터, 더 많은 불확실성 및 더 많은 클래스를 처리하려면 이름에서 알 수 있듯이 무작위로 생성된 의사 결정 트리의 전체 배치인 랜덤 포리스트를 사용할 수 있습니다. 그 과정을 단계별로 살펴보겠습니다.

1. 정보 데이터베이스를 수집하지만 데이터베이스에는 18개의 행이 아니라 10,000개의 레코드 또는 1백만 개의 레코드가 있습니다. 이 데이터를 무작위 집합으로 세분화하여 모든 데이터에서 *무작위*로 선택한 100개의 데이터 집합을 각각 생성하고 무작위 순서로 배치합니다. 또한 신경망에서와 마찬가지로 테스트 세트로 사용할 데이터 세트를 하나 뽑아냅니다.
2. 이제 각 무작위 데이터 세트에 대해 이미 학습한 것과 동일한 프로세스를 사용하여 의사 결정 트리를 만듭니다.
3. 이제 각각 다른 무작위로 생성된 데이터의 하위 집합에서 생성된 100개의 분류 엔진 모음이 생겼습니다. 이제 테스트 세트에서 데이터를 가져와 포리스트에 있는 100개의 트리를 모두 실행하여 무작위 포리스트를 테스트합니다. 각 트리는 테스트 레코드에 있는 데이터의 분류 추정치를 제공합니다. 여전히 장난감을 분류하고 있다면 나무 중 하나는 장난감 자동차를 설명하는 것으로 추정할 것입니다. 다른 트리는 악기라고 생각할 수도 있습니다. 우리는 각각의 추정을 투표로 처리합니다. 그런 다음 다수결의 원칙에 따라 다수의 나무가 선택한 클래스가 승자가 됩니다. 그게 전부입니다.

설정과 프로그램은 이전에 했던 것과 동일하지만, 의사 결정 트리가 필요한 경우 의사 결정 트리가 필요하지 않으므로 무작위 포리스트에서 의사 결정 트리를 그릴 수 없거나 그 자체로 트리를 만들 수 없습니다. 신경망과 같은 랜덤 포리스트를 분류 엔진(이 데이터가 어떤 클래스에 속하는가?)이나 비선형 곡선을 근사화하는 회귀 엔진으로 사용할 수 있습니다.

이쯤 되면 의사 결정 트리가 정말 많은 용도로 유용하다는 결론을 내릴 수 있을 것입니다. 하지만 의사 결정 트리로 탐색할 수 있다는 사실을 알고 계셨나요? 다음 섹션에서는 다른 유형의 의사 결정 트리를 사용하여 로봇을 위한 경로 계획에 대해 설명합니다.

로봇 경로 계획 소개

이 섹션에서는 의사 결정 트리 기법을 적용하여 로봇 내비게이션을 수행합니다. 어떤 사람들은 이를 **그래프 기반 솔루션**이라고 부르기도 하지만, 모든 종류의 내비게이션 문제는 결국 의사 결정 트리로 귀결됩니다. 자동차를 운전할 때 내비게이션 문제를 우회전, 좌회전, 직진 등 일련의 결정으로 나눌 수 있다고 생각해 보세요.

지금까지 배운 내용을 바탕으로 분류와 관련된 문제, 즉 **그리드 탐색**(grid search)과 **경로 찾기**(path finding)에 대해 알아보겠습니다. 유명하고 널리 사용되는 A*(A–star로 발음) 알고리즘에 대해 배우게 될 것입니다. 그리드 탐색 방법, GPS 경로 찾기와 같은 위상 경로 찾기, 마지막으로 전문가 시스템으로 시작하겠습니다. 이 모든 것이 우리가 이미 배운 의사 결정 트리 주제에 대한 버전과 변형이라는 것을 알게 될 것입니다.

특히 로봇 공학에서 일부 문제와 데이터 세트는 내비게이션 문제를 단순화하기 위해 그리드 기반 솔루션에 적합합니다. 로봇이 집 주변이나 들판을 통과하는 경로를 그리려고 할 때, 지면을 일종의 바둑판 격자로 나누고 이를 사용하여 로봇이 주행할 수 있는 좌표를 그리는 것은 매우 합리적입니다. 위도와 경도를 사용하거나 시작 위치와 같은 기준점을 0으로 지정하고 로봇을 기준으로 직사각형 격자를 측정할 수 있습니다. 그리드는 체스에서도 같은 용도로 사용되며, 미래의 잠재적 이동을 위해 고려 중인 위치의 수를 제한하고 공간을 통과하는 가능한 경로를 제한하고 묘사합니다.

이 섹션에서는 격자형 경로 찾기에 대해 다루지만, 지도의 사용 여부와 관계없이 지도를 사용하지 않거나 격자를 사용하지 않거나 간격이 고르지 않은 격자를 사용하는 로봇 내비게이션 패러다임도 있습니다. 저는 다층(multiple-layer) 맵으로 로봇 내비게이션 시스템을 설계했는데, 일부 레이어는 변경이 가능하고 일부 레이어는 변경이 불가능했습니다. 이것은 상상력과 실험을 위한 풍부하고 비옥한 토대이며, 이 주제에 흥미를 느낀다면 추가 연구를 권장합니다. 지금은 우리가 사용할 좌표계에 대한 설명부터 시작하겠습니다.

좌표계 이해

다시 본론으로 돌아가 보겠습니다. 대략 직사각형의 로봇과 방이 있고 그 직사각형 안에는 가구, 의자, 책장, 벽난로 등의 형태로 된 대략 직사각형의 장애물도 있습니다. 이 공간을 나타내기 위해 그리드를 표시하고 실제 방과 가상 방을 일치시키는 숫자 배열을 만든다고 생각하면 간단합니다. 그리드 간격을 1cm로 설정하면 각 그리드 정사각형은 1cm x 1cm이므로 580 x 490 정사각형 또는 284,200개 정사각형의 그리드가 됩니다. 우리는 각 정사각형을 로봇의 메모리 내 2D 배열에서 부호 없는 정수로 나타냅니다

이제 다른 데이터가 필요합니다. 그리드 좌표로 지정된 시작 위치와 목표 위치가 있습니다. 모

든 방향과 각도가 양수가 되도록 방의 가장 가까운 왼쪽 모서리에 그리드 좌표를 0,0으로 설정하겠습니다. 그림 8.6에서 방 지도를 그린 방식에서 해당 모서리는 항상 지도의 왼쪽 하단 모서리가 됩니다. 표준 *오른손 규칙(right-hand rule)* 표기법에서 좌회전은 양의 각도이고 우회전은 음의 각도입니다. 페이지에서 x방향은 수평이고 y방향은 수직입니다. 로봇의 경우 x축은 오른쪽 바깥쪽이고 y축은 동작 방향입니다.

제가 이런 세부 사항을 설명하는 것이 이상하다고 생각할 수도 있지만, 적절한 좌표계를 설정하는 것은 그리드 검색과 경로 계획을 수행하는 첫 번째 단계입니다. 실내에서는 직교좌표계(Cartesian coordinates)를 사용합니다. 실외에서는 위도와 경도에 다른 규칙을 사용합니다. 실외에서는 북-동-하(북쪽은 양수, 남쪽은 음수, 동쪽은 양수, 서쪽은 음수, z축은 아래, x축은 로봇의 이동 방향과 정렬)를 사용해야 할 수 있습니다.

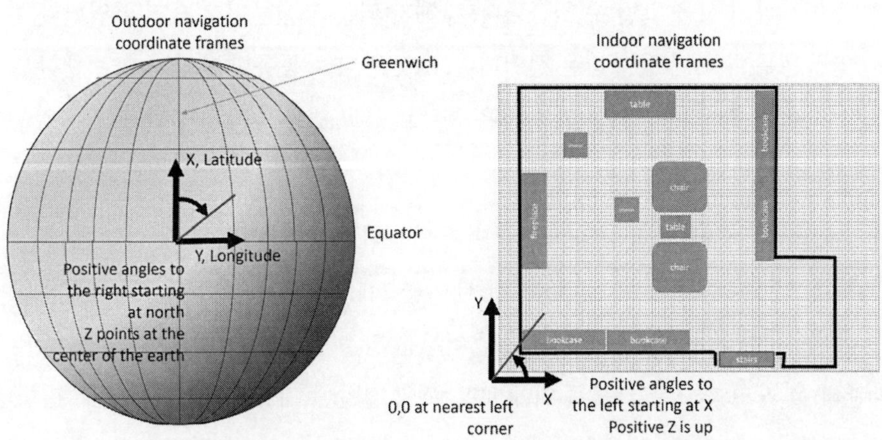

그림 8.6 지구 내비게이션 및 실내 내비게이션용 좌표 프레임

이 방 지도에 대해서는 나중에 더 자세히 살펴보겠습니다.

따라서 우리는 서로 동의하거나 적어도 서로가 이해한다고 동의하는 그리드와 좌표계를 가지고 있습니다. 또한 시작 위치와 종료 위치도 있습니다. 우리의 목표는 로봇이 시작 지점부터 끝 지점까지 최적의 경로를 결정하는 것입니다. 그리고 그 사이에 방해가 될 수 있는 장애물을 피할 수 있는 경로를 계획해야 합니다.

다음으로 지식(knowledge)에 대해 이야기해야 합니다.

지식을 기반으로 지도 개발하기

기본적으로 그리드 검색과 경로 찾기 루틴에는 두 가지 종류가 있습니다.

- 지도에서 모든 것이 어디에 있는지 알고 있는 **선험적 지식**(a priori knowledge)
- 장애물이 어디에 있는지 알 수 없는 **사후 지식**(a posteriori knowledge)

방의 레이아웃을 완벽하게 파악한 상태에서 경로 계획을 세울 수 있는 쉬운 위치, 즉 지도가 있는 곳에서부터 시작하겠습니다.

우리는 경로 계획과 동시에 달성하고자 하는 세 가지 목표가 있습니다.

- 목표 달성
- 장애물 피하기
- 최단 경로로 이동

이 작업을 어떻게 진행할지 이야기할 수 있습니다. 시작 지점에서 연필로 시작하여 시작점에서 목표 지점까지 가상의 선을 그릴 수 있습니다. 방해가 되는 장애물이 없으면 끝입니다. 하지만 잠깐만요. 연필은 종이 위에 있는 작은 선입니다. 로봇은 다소 통통한 모양이며, 주행할 때 폭이 상당히 넓습니다. 로봇이 들어갈 수 없는 좁은 통로로 가고 있는지 어떻게 판단할 수 있을까요? 지도를 수정해야 합니다!

우리에게 그리드 또는 그리드를 나타내는 종이가 있습니다. 그 그리드에 모든 장애물의 윤곽을 그려서 크기를 조정할 수 있습니다. 의자 2개, 테이블 2개, 벽난로, 오토만(ottoman) 2개, 책장 4개가 있습니다. 모든 장애물을 가능한 한 가장 어두운 검정색으로 채색합니다. 이제 밝은 색 연필(예: 파란색)을 가져와 모든 가구 주위에 로봇 폭의 절반에 해당하는 윤곽선을 그립니다. 로봇의 너비는 32cm이므로 그 절반은 짝수인 16cm입니다. 그리드는 정사각형당 1cm이므로 모든 가구 주위에 16스퀘어 테두리를 만듭니다. 이렇게 생겼습니다.

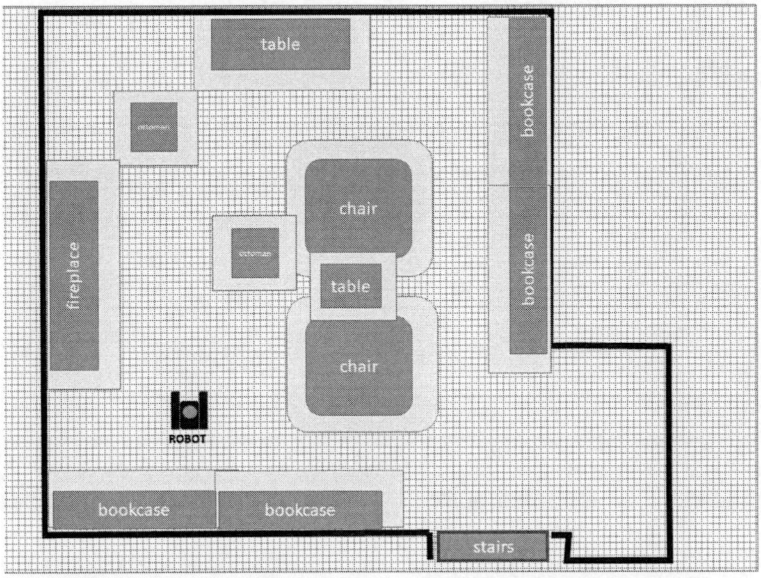

그림 8.7 장애물에 안전 경계를 추가하면 충돌을 방지하는 데 도움이 됩니다.

이제 맵에는 장애물과 *접근금지(keep-out)* 경계라는 두 가지 색상이 있습니다. 로봇의 중앙을 접근금지 영역에서 벗어나게 하면 아무것도 부딪히지 않을 것입니다. 이제 이해가 되실 겁니다. 통로와 출입구를 판단할 때 접근금지 영역이 양쪽에 닿으면(즉, 가운데에 흰색 사각형이 남아 있지 않으면) 로봇이 너무 커서 통과할 수 없는 것입니다. 그림의 왼쪽 상단 모서리에 있는 오토만 주변에서 이를 확인할 수 있습니다.

이제 우리의 라인을 살펴봅시다. 로봇이 통과할 수 있는 흰색 사각형을 결정하는 컴퓨터 알고리즘을 작성하여 시작 지점에서 결승점까지 이동하는 방법이 필요합니다.

직교좌표계에 목표 지점과 시작 지점이 있으므로 시작점에서 목표점까지의 거리를 직선으로 표현할 수 있습니다. 시작 지점이 x1, y1이고 끝 지점이 x2, y2인 경우 거리는 두 지점 사이의 차이의 합의 제곱근입니다.

distance = sqrt((x2-x1)^2 + (y2-y1)^2)

경로 계획 알고리즘을 개발하기 위한 한 가지 접근 방식은 **파면 방법(wavefront method)**을 사용하는 것입니다. 우리는 시작점이 어디인지 알고 있습니다. 시작 지점에 인접한 8개의 사각형으로 사방으로 나갑니다. 그 중 장애물이나 금지 구역에 부딪히면 가능한 경로에서 제외합니다. 각 사각형에 어떻게 도착했는지 추적하는데, 그림 8.8에서는 화살표로 표시되어 있습니다. 우리는 아직 다음에 어디로 갈지 모르기 때문에 사각형에 어떻게 도착했는지에 대한 정보를 사용합니다. 이제 새로운 사각형을 모두 가져와서 동일한 작업을 다시 수행합니다. 한 사각형을 잡고 8개의 이웃 사각형 중 어느 것이 허용된 이동인지 확인한 다음 화살표(또는 이전 사각형의 위치를 가리키는 포인터)를 넣어 어떻게 그곳에 도달했는지 추적합니다. 목표에 도달할 때까지 이 작업을 계속합니다. 살펴본 사각형의 순서를 기록하고 화살표를 따라 거꾸로 출발점으로 돌아갑니다.

현재 사각형으로 이어지는 경로가 두 개 이상 있는 경우 가장 가까운 경로, 즉 최단 경로를 선택합니다. 이 이전 경로를 따라 시작점으로 되돌아가는 경로가 바로 우리의 경로입니다.

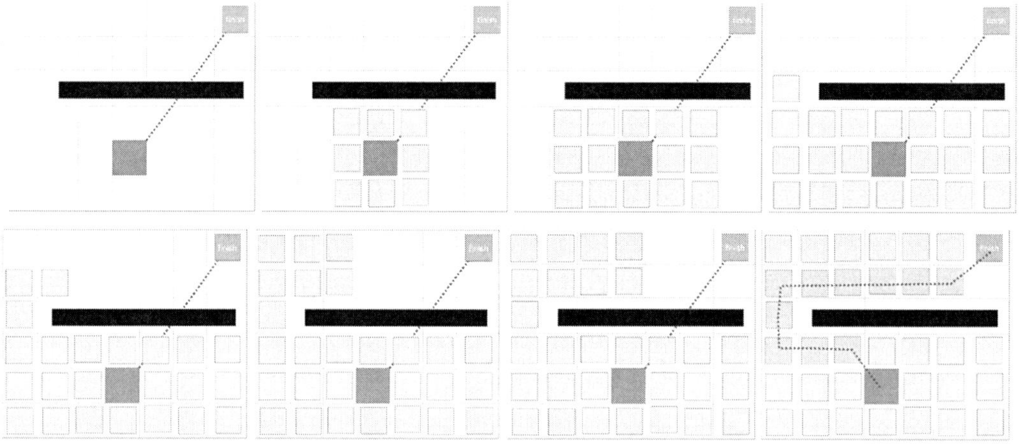

그림 8.8 경로 계획에 대한 파면 접근 방식에는 수학적 계산이 거의 필요하지 않습니다. 각 그림은 왼쪽 상단에서 시작하여 가로지르며 아래로 내려가는 프로세스의 한 단계입니다.

이 예제에서는 로봇이 한 사각형에서 다른 사각형으로 이동하기 위해 대각선으로 회전할 수 있도록 허용한 것을 볼 수 있습니다. 직각 회전만 허용하도록 지정할 수도 있었지만 그렇게 하면 효율성이 떨어지고 로봇의 구동 시스템에 무리를 줄 수 있습니다. 직각 회전만 허용하면 사각형 주변의 이웃을 8개가 아닌 4개만 고려하면 되기 때문에 처리가 다소 간소화됩니다.

유망해 보이는 경로 계획 알고리즘을 개발하기 위한 또 다른 접근 방식은 Greedy Best-First (GBF) 접근 방식입니다. 파면 방식에서처럼 모든 그리드 점을 기록하고 확인하는 대신 방금 테스트한 8개의 경로 중 가장 좋은 단일 경로 정사각형만 유지합니다. 어떤 사각형을 유지할지 결정하는 데 사용하는 척도는 직선 경로에 가장 가까운 경로입니다. 이를 다른 말로 표현하면 목표에 가장 가까운 사각형이라고 할 수 있습니다. 물론 장애물에 의해 막힌 사각형은 제거합니다. 결과적으로 파면 경로 계획 방법보다 훨씬 더 적은 수의 사각형만 고려하게 됩니다(정말 많이!):

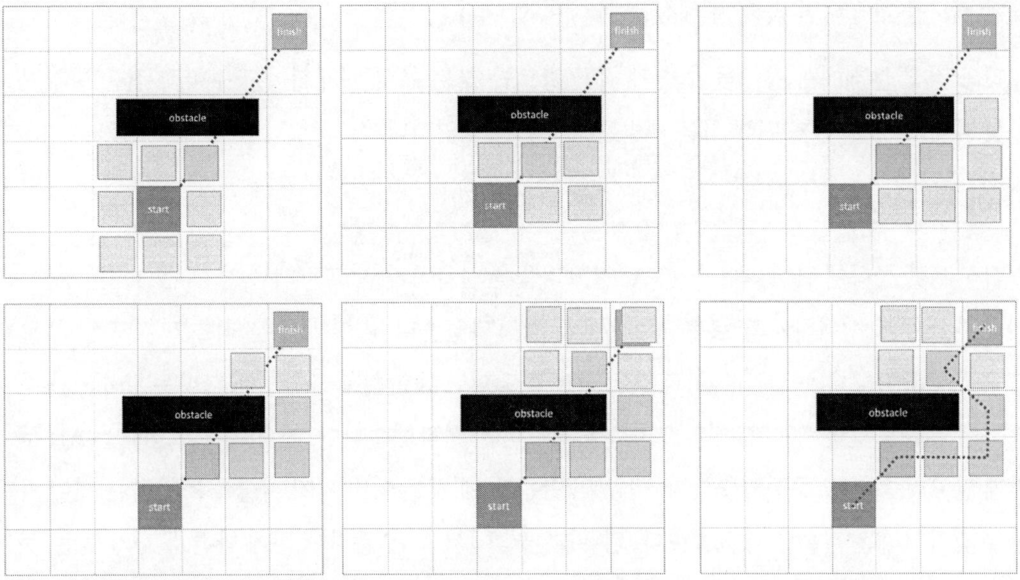

그림 8.9 적절한 이름을 가진 "Greedy Best-First" 알고리즘은 빠르지만 막힐 수 있습니다.

이러한 탐욕 기법이 모든 경우에 효과가 있나요? 그렇지 않습니다.

왜 안 되나요? 이는 간단한 알고리즘으로 보이며, 우리는 허용된 움직임만 고려하고 있습니다. 문제는 **지역(local) 최소값**을 처리할 수 없다는 것입니다. 지역 최소값이란 무엇인가요? 지도에서 로봇이 좋은 경로를 찾기 위해 뒤로 돌아가야 하는 지점입니다. 시각화하기 가장 쉬운 유형의 최소값은 로봇이 들어갈 수는 있지만 다시 나올 수 없는 U자형 영역입니다. GBF 알고리즘도 최단 경로를 찾는 것이 아니라 유효한 경로를 찾으려고 합니다.

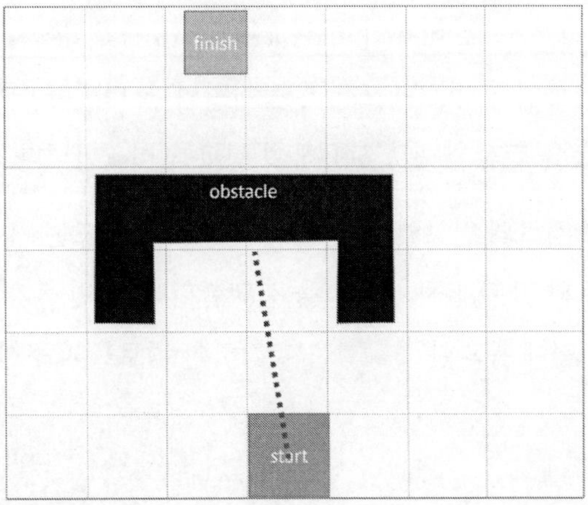

그림 8.10 직선 경로가 존재하지 않는 경우 "로컬 최소값"이 발생할 수 있으며 로봇은 백업 또는 역방향으로 이동해야 합니다.

최단 경로를 찾으려면 몇 가지 계산을 더 해야 합니다.

그리드 검색 문제에서 장애물 주변의 최단 경로를 찾는 보다 체계적이고 수학적 접근 방식은 로봇 셰이키(Shakey)를 위해 처음 개발된 **A* 알고리즘**입니다.

A* 알고리즘 소개

솔직히 로봇 공학에 관한 책을 쓸 때 A* 알고리즘을 언급하지 않고는 책을 쓸 수 없습니다. A*는 1968년 스탠포드 대학교의 *로봇 셰이키*에서 시작되었습니다. 이 로봇은 최초의 지도 탐색 로봇 중 하나였습니다. Nils Nilsson과 그의 팀은 스탠퍼드 대학의 복도를 돌아다니는 Shakey가 주행하는 방법을 찾던 중 다양한 알고리즘을 시도하기 시작했습니다. 첫 번째 알고리즘은 A1, 두 번째 알고리즘은 A2 등이었습니다. 몇 번의 반복 끝에 팀은 여러 가지 기술을 조합하는 것이 가장 효과적이라는 결론을 내렸습니다. 컴퓨터 과학에서 A*는 문자 A 뒤에 다른 문자가 붙는 것을 의미하므로 A-star라는 이름이 붙여졌습니다.

A* 프로세스의 개념은 다른 경로 플래너에서 이미 수행해 온 것과 매우 유사합니다. 파면 플래너와 마찬가지로 시작 위치 주변의 이웃을 고려하는 것부터 시작합니다. 시작 위치로부터의 거리와 목표까지의 직선 거리라는 두 가지 요소를 기반으로 각 사각형에 대한 추정치를 계산합니다. 이러한 요소를 사용하여 누적 비용이 가장 낮은 경로를 찾을 것입니다. 경로의 일부인 각 그리드 사각형의 값을 합산하여 비용을 계산합니다. 공식은 다음과 같습니다.

$$F(n) = g(n) + h(n)$$

여기서 $F(n)$은 경로 비용에 대한 이 사각형의 기여도를, $g(n)$은 선택한 경로를 따라 시작 위치에서 이 사각형까지의 거리, 즉 경로 비용의 합을, $h(n)$은 이 사각형에서 목표까지의 직선 거리로, 목표까지 남은 거리에 대한 휴리스틱 또는 추정치입니다. 나중에 어떤 다른 장애물이 있는지 알 수 없으므로 이 추측을 측정 막대로 사용하여 경로를 비교합니다.

이 값은 이 사각형이 최종 경로의 일부인 경우 이 사각형의 비용 또는 기여도를 나타냅니다. 결합 비용이 가장 낮은 경로의 일부가 될 사각형을 선택합니다. 파면 플래너와 마찬가지로 이전 사각형 또는 이 사각형 이전에 통과한 사각형을 추적하여 경로를 재구성합니다.

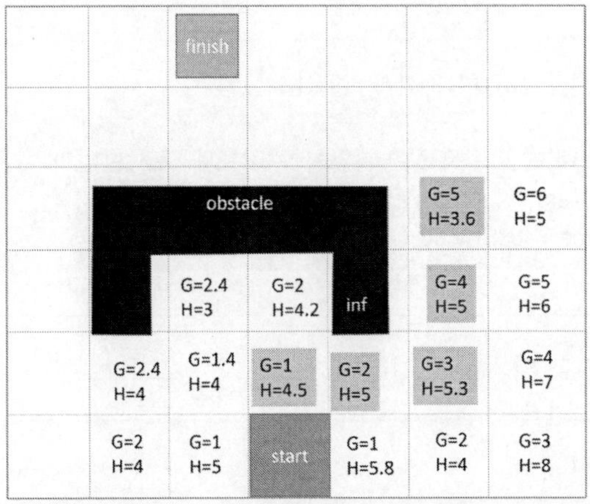

그림 8.11 A* 계산은 시작 거리(G)와 목표까지의 거리(H)를 사용합니다.

앞의 다이어그램은 A* 알고리즘을 보여줍니다. 각 사각형은 시작점으로 되돌아가는 경로의 거리(*G*)와 목표까지 남은 거리의 추정치(*H*)의 합을 기준으로 평가됩니다. 노란색 사각형은 지금까지 선택된 경로를 나타냅니다.

A* 알고리즘의 작동 원리를 설명해 보겠습니다.

1. 우리는 값이 계산된 모든 격자 사각형들을 모아 놓은 집합을 유지합니다. 이를 `exploredMap`이라고 부르겠습니다. 우리의 지도 격자 사각형 객체는 다음과 같이 생겼습니다.

```
# globals
mapLength = 1280
mapWidth = 1200
mapSize = mapLength*mapWidth
map = []
```

2. 이제 모든 것을 초기화하기 위해 맵을 0으로 채우겠습니다. 코드의 뒷부분에서 데이터 구조를 생성하는 `mapGridSquare` 함수를 정의하겠습니다.

```
for ii in range(0, mapWidth):
    for jj in range(0,mapLength):
        mapSq = mapGridSquare()#나중에 정의됨
        mapSq.position = [ii,jj]
        mapSq.sType =EMPTY
```

3. 다음 섹션에서는 지도에 모든 장애물을 만듭니다. 그리드 사각형을 채우거나 통과할 수 없게 만들 위치를 지정합니다.

```
# 장애물 만들기
obstacles = [[1,1],[1,2],[1,3],[45,18],[32,15]
…..[1000,233]]
# 장애물 통과를 반복하고 장애물 내 위치를 지도에 표시합니다.
for pos in obstacles:
    map[pos]. sType = OBSTACLE
 pathGrid = []
```

4. 이제 시작 위치와 종료 위치를 선언합니다.

```
START = [322, 128]
GOAL = [938,523]
exploredMap = []
A_Star_navigation(start, goal, exploredMap, map)
```

5. 이 섹션에서는 모든 계산을 추적할 수 있는 데이터 구조를 만듭니다. G 값은 시작점에서 계산된 거리이고, H 값은 목표까지의 예상 거리입니다. F는 이 두 값의 합입니다. 또한 이러한 값을 계산하는 함수를 만듭니다.

```
def mapGridSquare():
    def init (self):
        self.F_value = 0.0 # G와 H의 합계
        self.G_value = 0.0 # 시작 거리
        self.H_value = 0.0 # 목표까지의 거리
        self.position=[0,0] # 그리드 위치 x 및 y
        self. predecessor = None  # 이전 사각형 포인터
        self.sType = PATH
    def compute(self, goal, start):
        self.G_value = distance(goal.position,self. position)
        self.H_value = distance(start.position,self. position)
        self.F_value = self.G_value + self.H_value
        return self.F_value
```

6. 지도 계산을 완료한 후 목표에서 출발점까지의 경로를 다시 추적하는 함수가 필요합니다. 이 함수를 reconstructPath라고 합니다.

```
def reconstructPath(current):
    totalPath=[current]
    done=False
    while not done:
        a_square = current.predecessor
```

```
        if a_square == None: # 시작 위치인가?
            done = True
        totalPath.append(a_square)
        current = a_square
    return totalPath
```

7. 우리는 탐색한 격자 블록 중 가장 낮은 F 점수를 가진 블록을 찾기 위해 findMin 함수를 생성합니다.

```
def findMin(map):
    minmap = []
    for square in map:
        if minmap ==[]:
            minmap = square
            continue
        if square.F_value < minmap.F_value:
            minmap = square
    return minmap
```

8. 그런 다음 navigation 함수 자체를 만듭니다.

```
def A_Star_navigation(start, goal, exploredMap, map):
    while len(exploredMap>0):
        current = findMin(exploredMap)
        if current.position == goal.position:
            # 완료 - 목표에 도달했습니다.
            return reconstructPath(current)
        neighbors = getNeighbors(current)
```

9. neighbors 함수는 현재 사각형에서 장애물로 표시되지 않은 모든 이웃을 반환합니다.

```
        for a_square in neighbors:
            if a_square.predecessor == None:
```

10. 각 그리드 정사각형은 한 번만 계산합니다.

```
                old_score = a_square.F_value

    score = a_square.compute(GOAL, START)
```

11. 이제 G 값이 가장 낮은 사각형, 즉 시작점에 가장 가까운 사각형을 찾습니다.

```
    if a_square.G_value < current.G_value:
        a_square.predecessor = current
        current = a_square
        current.compute(GOAL, START)
        exploredMap.append(current)
```

이 섹션에서는 모든 장애물이 어디에 있는지 미리 알고 있다는 가정 하에 지도에서 최단 경로를 찾는 A* 방법을 살펴봤습니다. 하지만 그렇지 않다면 어떻게 해야 할까요? 사용할 수 있는 또 다른 방법은 D* 알고리즘입니다.

D*(D-star 또는 동적 A*) 알고리즘 소개

이 장의 앞부분에서 선험적 지식에 대해 이야기했습니다. A* 알고리즘은 그 유용성에도 불구하고 전체 지도의 장애물을 미리 알고 있어야 합니다. 미지의 공간으로 이동을 계획할 때 이동하면서 지도를 만들려면 어떻게 해야 할까요? 초음파센서나 라이더와 같은 센서가 장착된 로봇이 있다면 로봇이 이동하면서 장애물을 감지하고 식별할 것입니다. 따라서 늘어나는 정보를 바탕으로 지속적으로 경로를 다시 계획해야 합니다.

A* 프로세스는 로봇이 움직이기 전에 경로를 계획하기 위해 한 번만 실행됩니다. 동적 재계획(dynamic replanning) 프로세스인 D*는 새로운 정보를 사용할 수 있게 되면 로봇의 경로를 지속적으로 업데이트합니다.

D* 알고리즘을 사용하면 각 그리드 사각형에 몇 가지 추가 정보를 추가하여 다시 계획할 수 있습니다. A*에서는 G 값(경로를 따라 시작점까지의 거리)과 H 값(목표까지의 직선 거리)이 있었다는 것을 기억하실 것입니다. D*는 사각형에 여러 가지 가능한 값을 가질 수 있는 태그를 추가합니다.

- 사각형의 태그는 이전에 탐색한 적이 없는 새로운 사각형에 대한 NEW가 될 수 있습니다.
- 평가가 완료되어 경로의 일부로 고려 중인 태그의 경우 OPEN일 수 있습니다.
- CLOSED는 고려 대상에서 제외된 사각형입니다.
- 그 다음 두 태그는 RAISED와 LOWERED입니다. 센서 판독값 또는 추가 정보로 인해 해당 사각형의 비용이 증가하면 RAISED 플래그가 설정되고, 그 반대의 경우 LOWERED 플래그가 설정됩니다. LOWERED 사각형의 경우, 새롭게 비용이 낮아진 사각형의 이웃들에게 새로운 경로 비용을 전파하여, 이웃들이 다시 평가될 수 있도록 해야 합니다. 이로 인해 인접

한 사각형의 태그가 변경될 수 있습니다. 비용이 상승한 사각형은 비용이 증가하므로 경로에서 삭제될 수 있고, 비용이 하락한 사각형은 비용이 감소하므로 경로에 추가될 수 있습니다.

> **참고**
> 값이 변경되면 경로가 시작점까지 역추적되므로 비용 값의 변경은 경로의 D* 평가를 통해 파도처럼 파급된다는 점에 유의하세요.

D*와 A*의 또 다른 주요 차이점은 D*는 목표점에서 시작하여 시작점으로 역방향으로 이동한다는 점입니다. D*는 A*처럼 휴리스틱이나 추정치가 아닌 현재 위치에서 목표까지의 실제 경로 거리를 사용하므로 목표까지의 정확한 비용을 파악할 수 있습니다.

방금 살펴본 그리드 검색 기법은 모두 의사 결정 트리의 변형이라는 점을 상기할 때입니다. 우리는 격자 사각형이라고 부르는 잎에서 잎으로 이동하고 있지만 여전히 의사 결정 트리의 잎입니다. 우리는 여러 경로 중 어떤 경로를 선택할지 몇 가지 기준을 설정하여 분기 경로를 만듭니다. 우리는 각각의 경우에 어떤 목표 또는 종착점을 향해 노력하고 있습니다. 다음 섹션에서는 의사 결정 트리와 A* 및 D* 알고리즘에서 배운 경로 계획 유형을 결합하여 GPS로 거리를 통과하는 경로를 찾을 것이기 때문에 이 이야기를 꺼냈습니다.

GPS 경로 찾기

여기까지 왔으니 **위상 경로 플래너(topological path planners)**에 대해 잠시 이야기할 기회를 갖고 싶었습니다. 이는 이전 섹션에서 사용한 그리드 기반 기법에 대한 대안적인 방법입니다. 그리드 기반 접근 방식이 적절하지 않거나, 소형 로봇에서 사용할 수 없거나 실용적이지 않을 수 있는 천문학적인 양의 세부 데이터가 필요한 문제 유형과 탐색 유형이 있습니다.

예를 들어, 자동차의 GPS가 어떻게 도로를 따라 목적지에 도달하는 경로를 찾는지에 대해 이야기하고 싶었습니다. 그 작은 상자에 어떻게 한 장소에서 다른 장소까지 차례대로 길 안내를 제공할 만큼 충분한 정보를 담고 있는지 궁금하셨을 겁니다. 가만히 생각해보면 GPS가 LCD 화면에서 보고 있는 것과 동일한 지도를 사용하여 목적지를 결정한다고 상상해 보셨을 수도 있습니다. 또한 앞서 자세히 설명한 A* 알고리즘과 같은 일종의 그리드 기반 검색이 이루어졌다고 생각할 수도 있습니다. 하지만 이는 잘못된 생각입니다.

GPS가 경로를 계획하는 데 사용하는 데이터는 전혀 지도처럼 보이지 않습니다. 대신 도로가 서로 어떻게 연결되어 있는지 보여주는 **위상 네트워크(topological network)**입니다. 형식상으로는 픽셀로 구성된 X, Y 격자형 래스터(raster) 지도라기보다는 방향과 크기 또는 거리가 있는 벡터의 데이터베이스처럼 보입니다. 데이터베이스 형식은 GPS 내부 저장 공간도 훨씬 적게 차지합니다. 도로는 노드 또는 도로가 교차하거나 변경되는 지점으로 나뉩니다. 각 노드는 어떤 도로가 연결되어 있는지 보여줍니다. 노드는 **링크**로 연결되어 있어 노드에서 노드로 데이터를 이동할 수 있습니다. 링크는 도로를 나타내며 도로의 품질에 대한 비용 데이터와 함께 길이가 있습니다. 비용 데이터는 경로의 **적절성(desirability)**을 계산하는 데 사용됩니다. 속도 제한이 있는, 접근이 제한된 고속도로는 비용이 낮고, 정지 표지판이 많은 작은 골목길이나 비포장 도로는 링크가 덜 바람직하고 속도가 느리기 때문에 비용이 높습니다.

대부분의 GPS 경로 계획자가 사용하는 기법은 네덜란드의 에츠허르 W. 데이크스트라(Edsger W. Dijkstra)의 이름을 따서 **데이크스트라 알고리즘**이라고 불립니다. 그는 1956년에 로테르담에서 흐로닝언(Groningen)까지 최단 경로를 찾고자 했습니다. 그의 그래프 기반 솔루션은 오랜 세월을 견뎌냈으며, 현재 GPS 경로 탐색에 매우 일반적으로 사용되고 있습니다. 우리 로봇에는 도움이 되지 않으므로 직접 조사해 보세요.

그리드 맵에서 A* 프로세스를 작업할 때와 동일한 절차를 GPS 도로망 데이터베이스에 사용합니다. 각 노드를 평가하고 시작 노드에서 바깥쪽으로 진행하여 목적지 방향으로 가장 가까운 경로를 선택합니다.

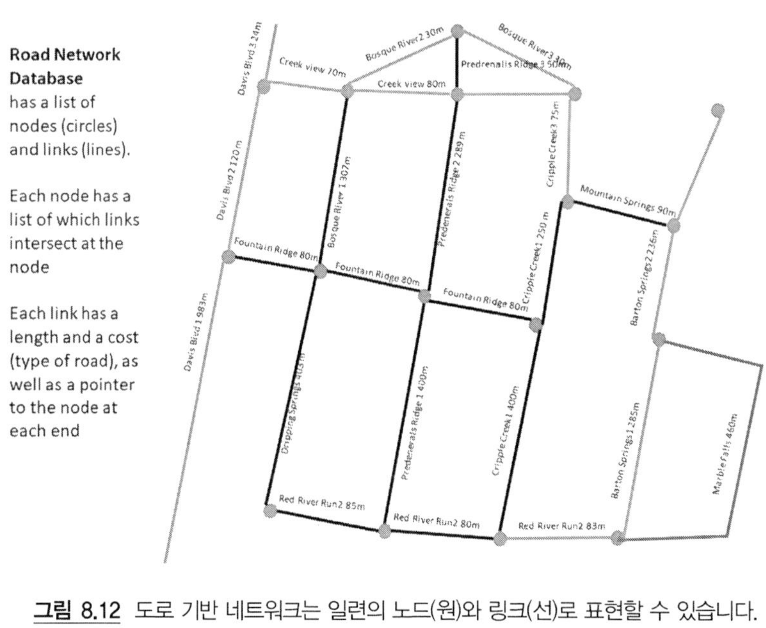

그림 8.12 도로 기반 네트워크는 일련의 노드(원)와 링크(선)로 표현할 수 있습니다.

또한 많은 GPS 시스템은 엔드포인트(목표점 또는 목적지)에서 백워드 체인을 시도하면서 동시에 중간 어딘가에서 만나려고 시도합니다. 현재의 작고 가볍고 안정적인 GPS 시스템을 만들기 위해 엄청난 양의 작업이 이루어졌습니다. 물론 이러한 시스템은 데이터베이스의 최신 정보에 의존하고 있습니다.

요약

이번 장은 매우 바빴습니다. 다양한 애플리케이션에서 의사 결정 트리를 사용하는 방법을 다루었습니다. 기본적인 의사 결정 트리에는 각각 결정 또는 경로의 변경을 나타내는 잎(노드)과 링크 또는 가지가 있습니다. 의사 결정 트리의 특수한 유형인 피시본 다이어그램과 근본 원인 분석에 대해 배웠습니다. 컴퓨터가 우리를 위해 분류 의사 결정 트리를 구축하고 사용 가능한 그래프를 생성하도록 하기 위해 `scikit-learn`을 사용하는 방법을 보여주었습니다. 의사 결정 트리 그룹을 사용하여 예측 또는 회귀를 수행하는 진화한 형태인 랜덤 포레스트의 개념에 대해 논의했습니다. 그런 다음 그래프 검색 알고리즘과 경로 플래너에 대해 알아보고, 경로와 경로를 만드는 데 널리 사용되는 A*(또는 A-star) 알고리즘에 대해 시간을 보냈습니다. 미리 만들어진 지도가 없는 경우 D*(또는 동적 A-star) 프로세스는 동적 리플래닝을 사용하여 로봇의 경로를 지속적으로 조정하여 목표에 도달할 수 있도록 합니다. 마지막으로 토폴로지 그래프 경로 계획을 소개하고 GPS 시스템이 커피숍으로 가는 경로를 찾는 방법에 대해 설명했습니다.

다음 장에서는 몬테카를로 모델을 사용하여 감정을 시뮬레이션하여 로봇에 인공적인 성격을 부여하는 방법에 대해 설명합니다.

질문

1. 의사 결정 트리를 탐색하는 세 가지 방법에는 어떤 것이 있나요?
2. 피쉬본 다이어그램 예제에서 의사 결정 트리의 가지를 가지 치기 하려면 어떻게 해야 하나요?
3. 분류를 만드는 데 있어 지니 평가자의 역할은 무엇인가요?
4. 지니 인덱싱을 사용한 장난감 분류기 예제에서 의사 결정 트리에서 장난감의 어떤 속성이 사용되지 않았나요? 왜 사용하지 않았을까요?
5. 우리가 시도한 분류 기법 중 어떤 색상을 장난감의 기준으로 사용했나요?

6. 레스토랑의 메뉴 항목에 대한 라벨 엔코딩과 원핫 엔코딩의 예를 들어보세요.

7. A* 알고리즘에서 G()와 H()가 계산되는 다양한 방식에 대해 논의하세요.

8. A* 알고리즘에서 H()는 휴리스틱으로 간주되고 G()는 그렇지 않은 이유는 무엇인가요? 또한 D* 알고리즘에서는 휴리스틱이 사용되지 않습니다. 왜 안 될까요?

9. D* 알고리즘에서 변경된 플래그만 있는 것이 아니라 RAISED 및 LOWERED 태그가 있는 이유는 무엇인가요?

추가 읽기

- *A* 알고리즘 소개*: `https://www.redblobgames.com/pathfinding/a-star/introduction.html`
- *Introduction to AI Robotics*, Robin R. Murphy 저, MIT Press, 2000
- *의사 결정 트리 알고리즘의 작동 방식*: `https://dataaspirant.com/2017/01/30/how-decision-tree-algorithm-works/`
- *게임 프로그래밍 휴리스틱*: `http://theory.stanford.edu/~amitp/GameProgramming/Heuristics.html`
- Sven Koening의 *D*Lite 알고리즘 블로그(프로젝트의 빠른 리플래닝)*: `http://idm-lab.org/project-a.html`
- *Graph-Based Path Planning for Mobile Robots*, David Wooden 저, Georgia Institute of Technology 전기 및 컴퓨터 공학부 박사 학위 논문, 2006년 12월
- Anthony Stentz의 *실시간 리플래닝을 위한 집중형 D* 알고리즘*: `https://robotics.caltech.edu/~jwb/courses/ME132/handouts/Dstar_ijcai95.pdf`

제9장
로봇에 인공 인격 부여하기

많은 사람이 AI를 탑재한 로봇을 떠올릴 때 생각나는 것은 감정, 느낌, 마음 상태, 인간이 생각하거나 느끼는 방식에 대한 일종의 모델이나 개념이 있는 로봇입니다. 이러한 형태의 AI를 **인공 인격**이라고 부를 수 있습니다. 로봇에게 감정을 부여하는 것은 이 책(또는 현재 기술)의 범위를 벗어나는 것이 분명하지만, 우리가 할 수 있는 것은 몬테카를로 분석과 유한 상태 머신과 같은 표준 컴퓨터 모델링 기법을 사용하여 로봇의 성격 시뮬레이션을 만드는 것입니다.

이 장에서는 다음 주제를 다룹니다.

- 인공 인격이란 무엇인가요?
- (더 이상 사용되지 않는) 튜링 테스트, 챗봇 및 **생성 AI**(GenAI)에 대한 간략한 소개
- 시뮬레이션의 예술과 과학
- 감정 상태 머신
- 감정 게임하기
- 인간 행동 모델 만들기
- 로봇 감정 엔진 개발

기술 요구 사항

이 장에서는 새로운 프로그래밍 라이브러리를 소개하지 않습니다. 이전에 구축한 음성 시스템을 기반으로 구축할 것입니다. 상상력과 약간의 글쓰기 기술만 있으면 됩니다.

이 챕터의 코드는 `https://github.com/PacktPublishing/Artificial-Intelligence-for-Robotics-2e`에서 찾을 수 있습니다.

인공 인격이란 무엇인가요?

할리우드와 영화 산업은 매우 기억에 남는 로봇을 만들어냈어요. 공상 과학 소설의 로렐과 하디인 R2D2와 C3PO를 떠올릴 수 있죠. 이 두 로봇의 어떤 점이 가장 마음에 드시나요? 그들의 성격 때문일까요? 잘 생각해 보세요. R2D2는 돔형 머리에 얼굴이 없는 쓰레기통 모양이지만 분명한 개성을 가지고 있어요. 여러분은 그를 *거침이 없거나 고집이 세다*고 묘사할 수 있을 거예요. 로봇과 안드로이드 웹사이트(`http://www.robots-and-androids.com/R2D2.html`)에서는 그를 이렇게 설명합니다.

> *이 드로이드는 매우 용감하고 충성심이 확고하며 약간 고집이 센 것으로 묘사됩니다. 그는 자신에게 불리한 상황이 닥쳐도 결코 임무에서 물러서지 않아요. 그의 성격은 까다롭고 소심한 [C3PO]의 성격과 대비되는 경우가 많아요.*

말 한마디 없이 삐 소리와 휘파람으로 의사소통하는 로봇치고는 꽤 인상적인 모습입니다.

인상 깊었던 다른 영화 속 로봇은 무엇인가요? 동명의 영화에 등장하는 사랑스러운 쓰레기 압축 로봇인 월-E(WALL-E)가 가장 기억에 남습니다. 월-E는 포켓몬처럼 이름만으로 구성된 작은 어휘를 가지고 있었어요. 월-E는 많은 감정을 표현하고 오래된 쓰레기를 수집하고 수리하는 취미를 가지기도 했어요. 월-E가 가져오는 모든 먼지에 좌절하는 작고 강박적인 청소 로봇 M-O도 기억하실 거예요.

따라서 로봇 제작자와 디자이너로서 우리가 할 수 있는 한 가지는 로봇에 일종의 개성을 불어넣는 것입니다. 이는 인간이 로봇과 더 친밀감을 느낄 수 있다는 장점이 있습니다. 또한 로봇이 실제보다 훨씬 더 똑똑하고 더 많은 일을 할 수 있다는 잘못된 인상을 줄 수도 있습니다. 이는 로봇이 더 매력적이고 흥미롭다는 이점을 제공합니다.

또한 R2D2와 월-E의 사례를 통해 커뮤니케이션에 있어서는 말뿐만 아니라 몸짓과 소리도 필요하다는 것을 유추해볼 수 있습니다.

이 섹션에서는 로봇의 인공 인격을 개발하는 것입니다. 로봇에게 실제 감정이나 느낌을 부여하는 것은 불가능하지만, 이를 어떻게 정의하든 설득력 있는 환상을 제공할 수 있는 성격 시뮬레이션을 만들 수 있습니다. 현재 로봇 공학의 최신 기술은 인간과 상호작용하는 로봇에게 일종의 개성과 일관된 태도를 요구하기 때문에 이 작업은 의미 있는 작업이라고 생각합니다.

그림 9.1의 만화는 사람과 로봇이 어떻게 상호 작용할 수 있는지를 표현합니다. 로봇은 장난감

을 줍는 것에 만족하지 않고 자신의 감정을 표현하고 싶어 합니다.

그림 9.1 사람과 로봇이 상호 작용하는 모습

현재 이 분야에서는 애플의 Siri나 아마존의 알렉사와 같은 디지털 개인 비서와 관련하여 많은 연구가 진행되고 있습니다. 이러한 로봇 또는 인공지능은 이름과 목소리는 다르지만 성격과 기능은 매우 유사하다고 생각합니다. Siri나 Alexa에게 나이와 같은 개인적인 질문을 할 때 약간의 차이가 있습니다(Siri는 Alexa보다 훨씬 나이가 많습니다).

이 장에서는 시뮬레이션 과학의 도구, 특히 **상태 머신**과 **몬테카를로 분석**을 사용하여 로봇 알버트의 성격 모델을 만드는 데 사용하겠습니다. 우리는 이미 노크 농담을 할 때 사용했던 마이크로프트 음성 시스템에 상당히 강력한 도구가 있습니다. 우리는 마이크로프트에 새로운 기술과 기능을 추가하고, 로봇과 인간이 느끼는 감정을 로봇이 이해할 수 있도록 사이버네틱(cybernetic) 감정을 개발할 것입니다.

감정 로봇을 만드는 것이 아니라 감정을 시뮬레이션하고 있다는 점을 강조하고 싶습니다. 우리의 시뮬레이션은 비행 시뮬레이터가 우주 왕복선을 닮은 것처럼 실제 감정과 유사합니다. 둘 다 동일한 정보를 제공하지만 우주 왕복선은 90분 동안 지구 주위를 비행하지만 비행 시뮬레이터는 절대 움직이지 않습니다.

이 섹션에서는 먼저 유명한 튜링 테스트(인간과 구별할 수 없는 방식으로 상호작용하는 로봇을 만들 수 있을까?)에 대해 이야기하면서 이 섹션에서 달성하고자 하는 목표에 대해 이야기해 보겠습니다.

(더 이상 사용되지 않는) 튜링 테스트, 챗봇 및 생성 AI에 대한 간략한 소개

앨런 튜링은 *1950년 심리학과 철학의 분기별 리뷰인 Mind라는 저널*(https://www.abelard.org/turpap/turpap.php#the_imitation_game 참조)에 발표한 *'컴퓨팅 기계와 지능(Computing Machinery and Intelligence)'*이라는 제목의 논문에서 *'모방 게임(The Imitation Game)'이라는* 유명한 테스트를 제안했습니다. 논문에서 튜링은 텔레타이프(전신 신호를 통해 문자를 보내고 받을 수 있는 장치, 역자주)에 질문을 입력하여 숨겨진 사람의 성별(남성 또는 여성)을 맞추는 게임을 상상했습니다. 그런 다음 그는 텔레타이프 반대편에 있는 숨겨진 인물이 사람인지 컴퓨터 소프트웨어 프로그램인지 구분할 수 없는 기계가 진정한 지능적인 기계라고 제안했습니다.

> **참고**
> 영화 〈이미테이션 게임〉은 베네딕트 컴버배치가 앨런 튜링 역을 맡아 2차 세계대전 당시 블레츨리(Bletchley) 공원의 수학자 중 한 명으로 독일 암호를 해독하는 역할을 맡았습니다. 제목은 튜링의 이름을 딴 유명한 테스트의 원래 이름에서 따온 것입니다.

요즘에는 하루에도 여러 번 컴퓨터 소프트웨어와 대화하면서도 자신이 사람과 대화하는 것이 아니라는 사실을 깨닫지 못할 수 있습니다. 로보콜과 챗봇이 전화를 걸거나 트위터에서 가짜 정치 대화를 나눌 수도 있습니다. 튜링 테스트에서 기계가 승리했지만(https://www.nature.com/articles/d41586-023-02361-7), 컴퓨터의 지능이 발전한 것일까요? 전혀 그렇지 않습니다. 우리는 대화를 시뮬레이션하는 데 매우 영리해졌을 뿐입니다. 최근 로봇 공학 전문가들은 튜링 테스트를 컴퓨터의 인지 능력과 자기 이해에 대한 더 까다롭고 어려운 평가로 대체할 것을 제안했습니다(https://techxplore.com/news/2023-11-redefining-quest-artificial-intelligence-turing.html).

우리는 앨런 튜링이 그의 논문에서 언급한 또 다른 도구인 상태 머신을 사용하겠습니다. *감정 상태 머신* 섹션에서 로봇의 감정을 정의하고 모델링하는 데 상태 머신을 사용하겠습니다.

이제 **챗봇**의 개념으로 돌아가 보겠습니다. 챗봇의 사전적 정의는 사람과 대화에 참여하거나 음성 또는 텍스트를 통해 사람과 상호작용하도록 설계된 소프트웨어 프로그램일 수 있습니다. 대부분의 챗봇은 컴퓨터로 생성된 것을 전면에 내세우지만, 선거나 여론에 영향을 미치려는 트위터 챗봇을 포함하여 그렇지 않은 챗봇도 많이 있습니다. 많은 챗봇이 기술 지원 전화를 받고, 마케팅 전화를 걸고, 게임에서 **NPC(비플레이어 캐릭터)**의 대화로 사용자를 즐겁게 하는 등 유용하게 활용되고 있습니다.

Stefan Kojouharov이 2016년에 chatbotslife.com에 게재한 *Ultimate Guide to Leveraging NLP and Machine Learning for Your Chatbot* 기사에 따르면, 챗봇은 두 가지 유형으로 나뉩니다..

- **검색 기반(Retrieval-based)**: 이러한 챗봇은 저장된 구문과 단어에 의존하며 소프트웨어 의사 결정을 통해 가장 적절한 답변을 선택합니다. 키워드 인식과 명사-주어 삽입이 일부 포함될 수 있지만, 가장 적절한 문구를 선택하는 것이 주된 작업입니다.
- **생성 기반(Generative-based)**: 이러한 챗봇은 **품사(parts of speech, POS)**와 로봇이 사용자의 의도를 파악하여 새로운 문장을 구성합니다. 입력(사용자의 텍스트 또는 음성)을 출력(로봇의 답변)으로 번역하는 기계 번역 엔진으로 생각할 수 있습니다. 상상할 수 있듯이 생성형 챗봇은 구현하기가 훨씬 더 어렵기 때문에 검색 기반 접근 방식을 사용할 것입니다. ChatGPT와 같은 프로젝트의 최근 개발은 챗봇의 가능성을 재정의했습니다. **생성형 사전 학습 트랜스포머(Generative Pre-trained Transformer, GPT)**라는 용어는 이 **신경망(NN)**의 세 가지 특징을 나타냅니다.
  - **생성**: 이 모델은 단순히 텍스트를 반복하거나 분류하는 것이 아니라 새로운 텍스트 구문을 생성할 수 있습니다.
  - **사전 학습**: 이 모델은 언어와 단어 간의 관계를 이해하기 위해 1조 개가 넘는 방대한 데이터 세트에 대한 사전 학습을 거쳤습니다.
  - **트랜스포머**: 신경망(NN) 아키텍처는 트랜스포머를 사용하여 한 번에 전체 문장을 처리하며, 단어의 의미와 문장 내의 관계(문장 내 단어들의 위치)를 학습합니다.

가장 간단한 형태로 GenAI NN은 수십억 개의 예제에 대한 학습을 기반으로 문장에서 다음에 나올 가능성이 가장 높은 단어를 예측합니다.

우리는 GenAI를 사용하여 일부 텍스트 출력을 개발하되 이를 기존 챗봇에 적용하여 텍스트를 직접 생성할 필요가 없고, 입력과 출력을 제어하고 시스템을 신뢰하여 로봇을 제어할 수 있는 시스템을 갖추는 등 두 가지 장점을 모두 누릴 수 있습니다.

우리가 주목해야 할 다른 두 가지 세부 사항이 있습니다. 챗봇은 짧은 대화 또는 긴 대화를 처리하도록 설계될 수 있습니다. 대부분의 챗봇(Siri, Alexa, Mycroft와 같은 디지털 비서도 포함)은 매우 짧은 대화를 위해 설계되었습니다. *Siri, 날씨가 어때? 비가 올 확률은 20%입니다. 최고기온은 화씨 88도(섭씨 31도)*입니다. 세 문장과 두 가지 상호 작용으로 이루어진 전체 대화는 여기까지입니다. 다른 질문을 하면 이전 대화를 거의 참조하지 않고 새로운 대화를 시작합니다.

더 어려운 작업은 여러 가지 상호 작용과 다양한 주제를 가지고 더 긴 대화를 나누는 것입니다. 이를 위해서는 컴퓨터가 문맥이나 어떤 정보가 논의되었고 다시 참조될 수 있는지 추적해야 합니다.

우리는 로봇이 7세 수준의 중간 길이의 대화를 할 수 있도록 가르치려고 합니다. 여기서 중간 길이란 두 개에서 여섯 개 사이의 상호작용으로 정의하겠습니다.

이제 로봇을 진행하기 전에 몬테카를로 분석과 사용자 지정 난수 분포를 만드는 기능이 로봇 공학에서 매우 유용하다는 것을 알았기 때문에 몇 가지 통계 분포에 대해 간단히 설명하겠습니다.

시뮬레이션의 예술과 과학

시뮬레이션이란 무엇인가요? **시뮬레이터**는 물리적 세계의 컴퓨터 모델입니다. 지상을 떠나지 않고도 비행의 감각과 상호작용을 제공하는 비행 시뮬레이터에 익숙하실 것입니다. 그 외에도 다양한 유형의 시뮬레이션과 시뮬레이터가 있습니다. 질병을 모방하거나 치료에 반응하는 의료 시뮬레이터가 있을 수 있습니다. 주식의 추세를 기반으로 주식 시장의 수익을 모델링하는 금융 시뮬레이션이 있을 수도 있습니다. 교량과 건물에 가해지는 하중을 모델링하여 재료가 적절한지 확인하는 구조 시뮬레이션도 있습니다.

시뮬레이션을 만드는 가장 일반적인 방법은 테스트 대상의 **물리 모델**을 구축하는 것입니다. 비행 시뮬레이터의 경우 이는 비행기나 헬리콥터에 작용하는 네 가지 힘인 양력, 중력, 추력, 항력에 대한 공식을 입력하는 것을 의미합니다. 예를 들어 양력은 공기를 통과하는 속도, 기체의 무게, 날개의 크기, 받음각(angle of attack) 또는 날개와 바람 사이의 각도에 따라 달라지는 등 각 요소에는 성능에 영향을 주는 매개변수가 있습니다. 이 중 하나라도 변하면 양력이 달라집니다. 양력이 중력에 의한 힘(즉, 항공기의 무게)을 초과하면 항공기가 비행합니다. 시뮬레이션은 로봇의 제어 루프와 마찬가지로 시간 단계 간격을 설정하고 각 시간 단계에 대해 항공기에 가해지는 힘을 계산합니다. 그런 다음 제어를 적용하고 모델이 어떻게 작동하는지 확인할 수 있습니다. 이와 같은 모델은 프로토타입이나 테스트 비행기를 제작하기 전에 성능을 미리 예측하는 데 사용됩니다.

또 다른 유형의 시뮬레이션은 **몬테카를로 모델**이라고 합니다. 몬테카를로 방법은 **확률 이론**을 사용하여 정교한 물리적 모델을 동일한 결과에 근사한 난수의 변형으로 대체합니다. 동전 던지기의 컴퓨터 모델을 만들고 싶다면 니켈의 물리적 특성을 결정하거나 힘을 기반으로 공중에서 동전을 던지는 횟수를 모델링하는 데 많은 시간을 소비하지 않을 것입니다. 그냥 1에서 100 사이의 난수를 선택하고 뽑힌 숫자가 50보다 작으면 앞면, 50보다 크면 뒷면이라고 말할 수 있습니다. 이것이 본질적으로 몬테카를로 방식입니다. 이 기법을 사용하여 결과를 확률로 설명할 수 있는 많은 물리적 과정을 근사화하고 연구할 수 있습니다.

몬테카를로 분석을 적용하여 공항에서 보안 검색대를 통과하는 사람들을 모델링할 수 있습니다. 항공사의 일반적인 스케줄과 항공편당 평균 승객 수가 있다면 공항의 일일 교통량을 알 수 있습니다. 어려운 부분은 사람들이 비행기를 타기 위해 언제 도착할지 모델링하는 것입니다. 연구를 의뢰한 결과 대략 50%의 사람들이 1시간 일찍 도착하고, 25%는 2시간 일찍 도착하며, 나머지는 2시간 30분에서 30분 사이에 고르게 분포되어 있고, 200명 중 1명의 승객이 지각으로 항공편을 놓친다고 가정해 봅시다. 두 개의 표준 분포(종 곡선)와 두 개의 균등 분포(상자)를 사용하여 승객 도착 함수를 근사화할 수 있습니다.

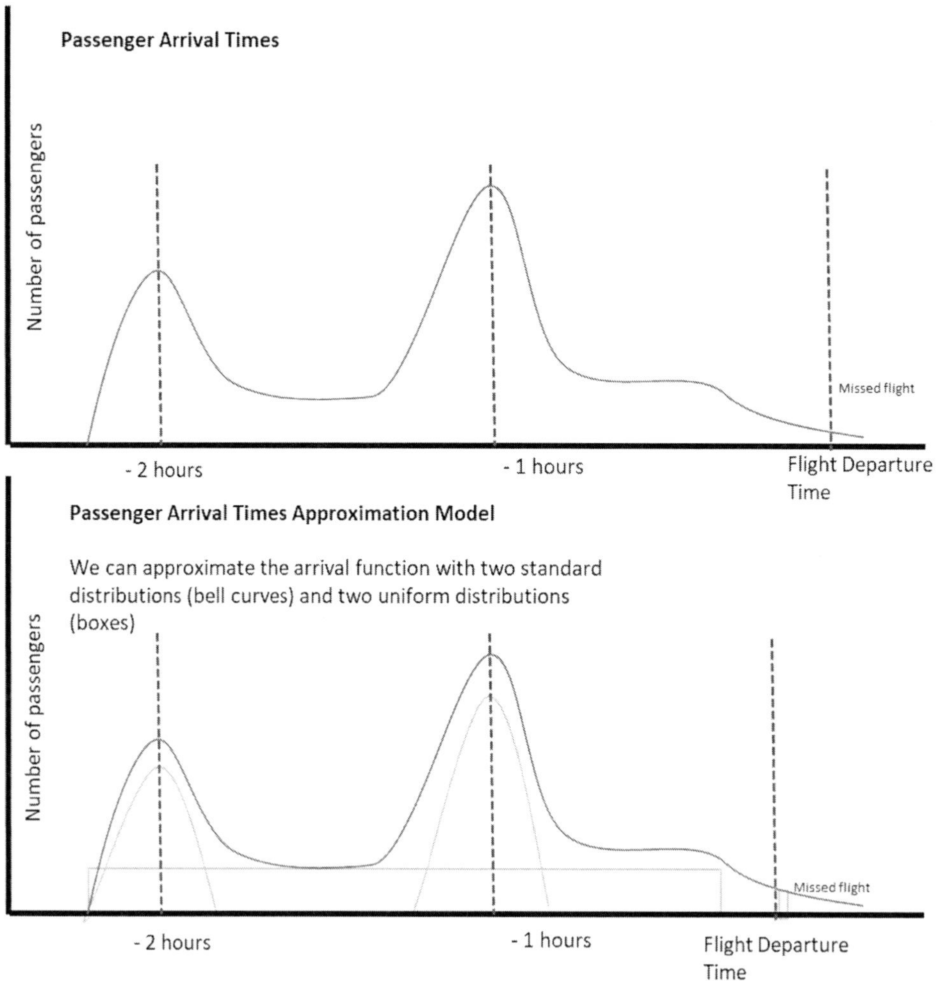

그림 9.2 복잡한 확률 분포 함수는 더 간단한 분포의 합으로 근사화할 수 있습니다.

이 정보를 통해 도착 승객의 표본 크기를 생성하여 보안 검색대 대기열의 길이를 추정할 수 있습니다. 보안 검색대를 통과하는 데 걸린 시간의 값 분포를 추가하면 모델이 완성됩니다. 항공편 목록이 있고 각 항공편에 대해 각 승객에게 난수를 할당하고 도착 시간에 따라 그룹으로 구분하여 연구에 기반한 승객 도착 시간 분포를 생성합니다.

댈러스에서 워싱턴 DC로 가는 08:00 항공편에 도착하는 212명의 승객에게 1부터 100까지의 난수를 할당해 보겠습니다. 이제 이 숫자를 기준으로 도착 시간을 할당합니다. 숫자가 1에서 25 사이인 경우 승객은 항공편(06:00)보다 2시간 일찍 도착합니다. 26에서 75(다음 50%)까지의 숫자는 1시간 일찍 도착(07:00)합니다. 76에서 100까지의 번호를 가진 나머지 승객은 2시간 30분에서 30분 사이에 무작위로 시간을 배정받습니다. 그리고 212명의 승객 중 운이 나쁜 승객 1

명을 뽑아 늦게 도착하여 비행기를 완전히 놓치게 합니다. 정확히 2시간 전에 도착할 예정이었지만 약간 지연되거나 앞당겨진 사람에게는 약간의 변동성이 있으므로 각 도착 시간에 플러스 또는 마이너스 10분의 작은 무작위 분포 계수를 더하거나 뺄 수 있습니다. 이제 항공편에 도착하는 사람들의 분포를 통계적으로 정확하게 파악할 수 있습니다. 이제 이 공항에서 오늘 출발하는 다른 1,849편의 항공편에 대해서도 이 과정을 반복합니다. 이 모델을 통해 난수를 고르는 데 여전히 많은 과학적 방법을 적용할 수 있다는 것을 알 수 있습니다.

그렇다면 이와 같은 **확률 분포 함수(PDF)**는 어떻게 만들 수 있을까요(그림 9.2 상단 그래프 참조)? 정답은 여러 분포를 결합하는 것입니다. 그림 9.2의 아래쪽 그래프에서 두 개의 표준 분포(녹색의 혹)와 하나의 균등 분포(아래쪽 녹색 상자)를 결합하여 전체적으로 올바른 함수를 만드는 것을 볼 수 있습니다.

제 예시를 통해 짐작하셨겠지만, 이 기법을 작동시키는 진정한 비결은 난수의 정확한 분포를 선택하는 것입니다. "난수는 난수잖아요?"라고 생각할 수도 있습니다. 하지만 이는 전혀 옳지 않습니다. **표준 분포** 또는 **종 모양의 곡선**에 대해 들어보셨을 것입니다. 대부분의 값이 중앙에 있고, 중앙에서 멀어질수록 값이 점점 줄어듭니다. 시험 성적, 사람의 키, 한 송이에서 자라는 포도 수 등 많은 자연 현상이 이 종 모양 곡선을 따릅니다. 몬테카를로 분석을 할 때는 대부분 정규분포 또는 표준 분포를 사용합니다.

다른 난수 유형을 생각해 볼 수 있나요? 두 번째로 가장 일반적인 난수 유형은 **균등 분포(uniform distribution)입니다.** 각 숫자가 선택될 확률이 정확히 같기 때문에 분포 곡선이 평평합니다. 이 균등 분포의 또 다른 이름은 **백색 잡음**입니다. 분석에서 균등 분포가 발생하며, 예를 들어 이미지에 노이즈를 추가하려는 경우 균등 분포를 사용합니다. 그러나 감정과 사람을 모델링할 때는 정규 분포 또는 표준 분포가 일반적입니다.

몬테카를로 모델링을 사용할 때 표준 분포나 균등 분포가 작동하지 않을 수 있습니다. 그런 다음 공항 예제에서 재샘플링을 사용하여 균등 분포를 승객 도착 모델에 맞는 사용자 지정 분포로 변경한 것처럼 사용자 지정 분포를 만들 수 있습니다.

그림 9.3은 다양한 종류의 난수 생성기가 생성하는 다양한 분포의 모양과 일반적으로 사용되는 이름인 종 곡선과 평평한 선을 보여줍니다. 로그 정규 그래프가 스키 슬로프처럼 보이는데 여러분은 어떠신가요?

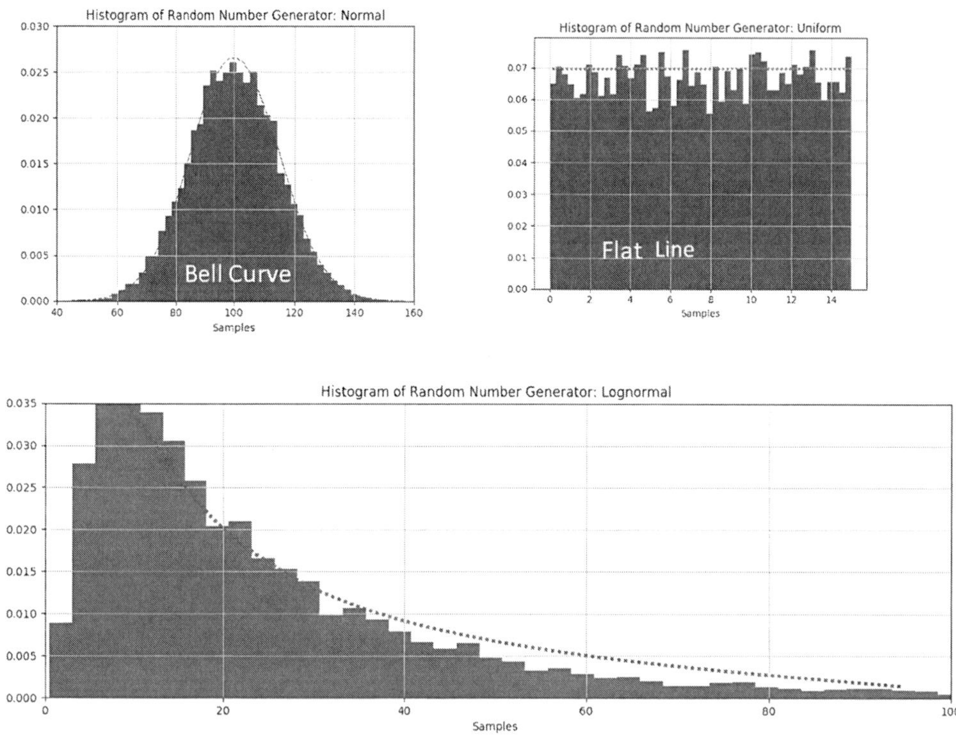

그림 9.3 다양한 유형의 난수 생성기 및 생성된 난수 분포

다음 작업은 로봇의 성격 시뮬레이션을 생성하는 것이며, 몬테카를로 모델링과 상태 머신을 사용하여 로봇의 감정 모델을 생성할 것입니다. 먼저 감정 상태 머신이 무엇인지 알아보겠습니다.

감정 상태 머신

상태 머신이란 무엇인가요? 2장의 시스템 엔지니어링 섹션에서 상태 머신을 다루었는데, 상태 머신은 자동화 또는 컴퓨터 프로그램을 이해하거나 모델링하기 위한 기술입니다. **상태**는 현재 존재하는 조건의 집합입니다. 저는 상태를 한계에 의해 제약을 받는 함수 집합이라고 생각하고 싶습니다. 기계(로봇)는 상태를 변화시키는 어떤 이벤트에 따라 상태에서 상태로 바뀝니다.

간단한 예시를 통해 다시 한 번 정리해 보겠습니다. 빵 한 조각을 예로 들어 보겠습니다. 우리가 그것을 얻을 때, 그것은 이미 구워지고 슬라이스되어 있으므로 초기 상태는 빵 한 조각입니다. 빵에 적외선(즉, 열)을 쬐면 표면이 캐러멜화되고 우리는 이를 토스트라고 부릅니다. 빵의 상태는 맛과 질감과 함께 구운 빵에서 토스트로 바뀌게 됩니다. 이러한 변화를 일으킨 사건은 토스터기에서 빵을 가열하는 행위입니다. 이것은 매우 간단한 일이며, 여러분도 한 번쯤 상태 머신을 접해 보셨을 것입니다.

이제 로봇의 감정 모델에 대해 생각해 봅시다. 로봇이 어떤 감정을 갖기를 원하는지 나열하는 것부터 시작할 수 있습니다.

- 행복함
- 환영
- 친근감
- 호기심
- 긍정적
- 활기참

그런 다음 이러한 감정의 반대를 나열할 수 있습니다.

- 슬픔
- 냉담
- 불친절
- 좌절
- 피곤함

로봇에서 시뮬레이션하고 싶었던 감정 목록은 다음과 같습니다. 로봇이 가질 수 있는 다양한 상호 작용과 인간 버전의 로봇이 어떻게 반응할지 살펴봤습니다.

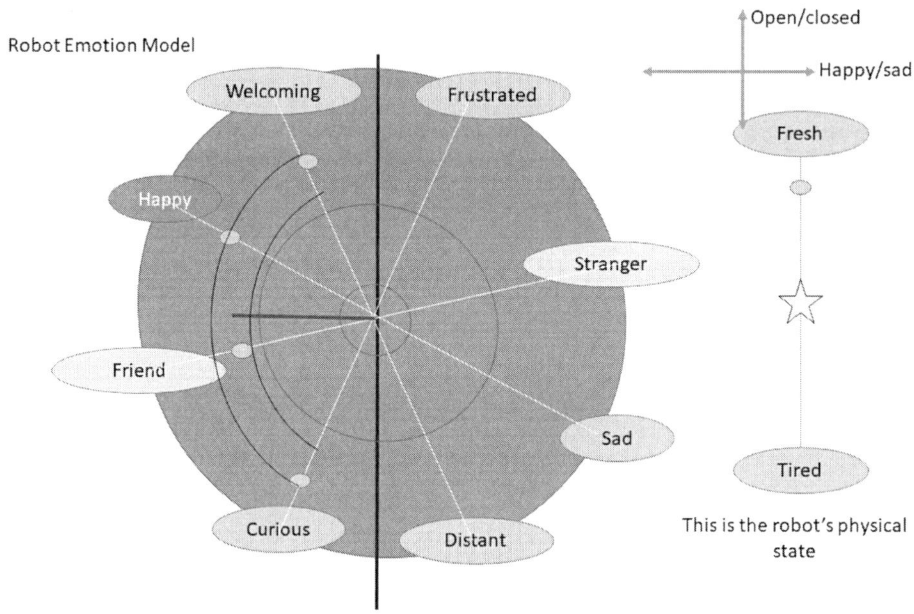

그림 9.4 로봇 감정 상태 머신 모델

앞의 다이어그램에서는 다음과 같이 다양한 감정 구성 요소 또는 상태를 극좌표에 표시하여 로봇의 전반적인 감정 상태를 모델링합니다.

- 각 감정 요소에는 벡터 또는 방향이 있습니다. 그림의 왼쪽에는 행복하고 친근하며 열린 감정이 있고 오른쪽에는 슬프고 폐쇄적이며 먼 감정이 있습니다.
- 중심과의 거리는 감정의 강도를 나타냅니다.
- 노란색 원은 각 축에서 로봇의 현재 값입니다.
- 보라색 선은 이러한 감정의 벡터 합으로, 로봇의 전반적인 분위기를 알려줍니다. 호는 감정의 최소 및 최대 크기를 나타냅니다.

네 가지 구성 요소로 구성된 영역을 가져와 그 영역의 중심을 찾으면 로봇의 전체 상태가 됩니다. 이 예에서 우세한 감정은 *친근감*입니다. 로봇의 신체 상태에 따라 피곤한지 아닌지가 결정되므로 해당 데이터는 별도로 계산되어 로봇이 피곤하지만 친근하게 느끼거나 상쾌하지만 슬프게 느낄 수 있습니다.

로봇은 *행복하고, 냉담하고, 호기심이 많고, 신선한* 상태에서 시작합니다. 즉, 로봇은 행복하다고 느끼고, 상호작용을 하지 않으므로 친해질 사람이 없으며, 주변 환경에 대해 호기심을 갖게 됩니다. 환경이 변하면 로봇의 상태도 변합니다. 예를 들어 현재 알버트의 배터리는 2시간 정도 사용할 수 있습니다. 처음에 신선한 상태로 시작하여 2시간에 가까워질수록 점점 더 피곤해질 것입니다.

2시간이 지났습니다. 이 상태를 만들기 위해 간단한 타이머를 사용하겠지만 로봇 팔의 전압 센서를 사용하여 로봇의 전원 공급이 얼마나 신선한지에 대한 정보를 제공할 수 있습니다. 각 감정은 축을 따라 존재하며 모두 중심점 또는 중립점을 교차합니다.

로봇이 얼마나 많은 대화 포인트를 획득했는지에 따라 *행복-슬픔* 축을 구동합니다. 이에 대해서는 *감정 게임하기* 섹션에서 자세히 설명하겠습니다. 또한 로봇이 사용자와 감정을 공유하는 것을 시뮬레이션하는 로봇의 공감 기능에 대해서도 설명할 것입니다. *냉담-환영* 측면은 사람이 로봇과 상호작용하는 방식에 따라 제어됩니다. 사용자가 로봇에게 친근하게 행동하면 로봇이 반가워합니다. 로봇을 처음 사용하는 경우 로봇은 질문이나 상호작용을 할 때 조심스럽게 시작합니다. 사용자가 질문에 대답하지 않으면 로봇은 점점 더 멀어집니다. 마찬가지로 *친구-낯선 사람* 측면은 로봇이 대화 상대에 대해 얼마나 많이 알고 있는지에 따라 달라집니다. 마지막으로 *호기심-좌절* 축은 로봇이 정보를 얻거나 작업을 수행하기 위해 얼마나 열심히 노력해야 하는지를 기반으로 합니다. 작업을 계속 실패하거나 보상을 받지 못하면 로봇의 표정과 어휘에 좌절감을 느끼게 됩니다.

얼굴이 없는 로봇은 어떻게 감정을 표현할까요? 얼굴이나 머리 없이도 뚜렷한 개성을 지닌 할리우드 로봇에 대해 이야기를 시작했던 것을 기억하시나요? 우리는 로봇 팔의 몸짓과 어휘의 변화를 통해 감정을 시뮬레이션으로 표현할 것입니다. 그리고 로봇이 자신의 감정과 그 이유에 대해 솔직하게 말하도록 할 것입니다.

로봇 개발의 이 부분에서 우리의 목표는 사람들이 로봇과 대화하면서 환영받거나 원한다고 느끼도록 하는 인간 상호 작용 프레임워크를 제공하는 것입니다. 저는 손주들을 보면서 이러한 상호작용을 모델링하고 있습니다. 저는 아이들이 즐기고 흥미를 느낄 수 있는 로봇을 만들고 싶었습니다. 로봇이 의도를 전달할 수 있는 기능을 개발하거나 로봇이 필요로 하고 원하는 시뮬레이션을 제공하는 것이 목표입니다. 이를 위해 로봇이 인간과 함께 플레이할 수 있는 게임을 만들려고 하는데, 이를 '감정 게임'이라고 부르겠습니다.

감정 게임하기

그렇다면 이 게임은 정확히 무엇일까요? 로봇이 다른 사람에게 질문을 하고 대화를 통해 개인적인 정보를 얻어내어 로봇이 그 정보를 답변에 사용할 수 있도록 하는 것입니다. 이 게임에서 로봇은 인간과 사회적으로 상호 작용하여 점수를 얻으려고 합니다. 로봇은 *상대방을 더 잘 알 수 있도록* 상대방으로부터 정보를 얻음으로써 점수를 얻게 됩니다. 여기서 중요한 것은 로봇이 이 정보를 보관하고 기억해야 한다는 것입니다. 이 모든 정보를 저장하고 로봇이 실행 중인 실제 코드를 수정하는 데 사용하여 대화에 **머신 러닝(ML)**을 구현할 것입니다. 로봇은 이전 장에서 로봇 팔을 학습할 때 사용한 것과 동일한 유형의 포인트 보상 시스템을 사용할 것입니다. 로봇이 하나의 사실을 학습하여 점수를 획득하면 더 이상 해당 사실에 대한 보상을 받지 않고 다른 사실을 학습하게 됩니다. 모든 사실을 학습한 후에는 대화를 종료합니다. 실제로는 대부분의 사용자가 상당히 짧은 대화를 원할 것이라고 생각하기 때문에 대화당 2~6개의 상호작용을 목표로 설정하고 있습니다.

게임 진행 방식을 간단히 요약해 보겠습니다.

1. 사용자는 항상 로봇의 기동어(지금은 *헤이, 알버트*)를 말하며 대화를 시작합니다.
2. 로봇은 마이크로프트 음성 엔진을 사용하여 삐 소리와 함께 응답합니다.
3. 사용자는 *헬로, 로봇*의 일부 버전인 기동어를 사용하여 대화를 시작합니다.
4. 그런 다음 로봇은 질문을 통해 포인트를 획득하여 보상을 받으려고 합니다.
5. 감정 엔진은 로봇의 감정을 수정하여 사람의 답변에 응답합니다.
6. 로봇이 귀하의 이름을 학습하면 10점을, 나이를 학습하면 9점을 받는 등 중요도에 따라 질문의 순위를 매깁니다.
7. 한 번 사실을 학습하면 더 이상 포인트를 획득할 수 없으므로 로봇은 질문을 반복하지 않습니다.

로봇이 각 사람에 대해 알기를 원하는 사실은 다음과 같습니다.

- 사용자 이름
- 나이
- 오늘 기분은 어떠세요?
- 가장 좋아하는 음식은 무엇인가요?
- 가장 좋아하는 책은 무엇인가요?
- 학교에 다니나요?

- 그렇다면 가장 좋아하는 과목은 무엇인가요?
- 생일이 언제인가요?
- 가장 좋아하는 노래는 무엇인가요?
- 분홍색/노래/춤/공룡/경주용 자동차/건축물/로봇/비행기/우주선을 좋아하시나요?
- 양치질을 하나요?
- 노크-노크 농담을 좋아하시나요?

로봇 학습 게임의 일환으로 로봇에 제공한 8가지 감정(또는 4가지 감정 유형)의 수준을 조정하여 로봇이 학습하고 상호 작용할 때 로봇의 감정을 조정할 것입니다. 특히 8가지 감정이 그래프의 *행복/친근/호기심* 쪽에 있는지, 아니면 *슬픔/좌절/소외감* 쪽에 더 많은지 등 8가지 감정이 균형을 이루는 위치에 주의를 기울일 것입니다.

로봇과 대화하는 사람들에 대한 개인 정보를 얻으려는 것이므로 로봇에 대한 자세한 정보도 알고 싶어 할 수 있습니다. 따라서 응답을 위해 로봇은 자신에 대한 질문에 답할 때 사용할 배경 이야기 또는 약력도 갖게 될 것입니다. 로봇에 약간의 내러티브를 부여할 것입니다.

- 그의 이름은 알버트(Albert)입니다.
- 그의 정식 이름은 알버트 로봇 2세입니다.
- 그는 생후 8개월입니다.
- 그는 할아버지가 만들었습니다.
- 그는 2023년 1월 28일에 태어났습니다.
- 그는 초록색을 좋아합니다.
- 그가 가장 좋아하는 음식은 전기입니다.
- 그가 가장 좋아하는 작가는 아이작 아시모프입니다.
- 그는 학교에 다니지 않지만 배우는 것을 좋아합니다.
- 그의 직업이자 취미이자 열정은 장난감 수집입니다.
- 기분이 어떤지 물어보면 어떤 감정 상태가 가장 높은지, 배터리가 얼마나 신선한지 또는 피곤한지 알려줄 것입니다. 우리는 그가 묻지 않아도 가끔씩 자신의 기분을 대화에 끼워 넣기를 원합니다.

> **참고**
>
> 저는 이 책 전체에서 이 로봇을 '그(he)'와 '그를(him)'로 표현했습니다. 이는 제가 의인화해서 투영한 것일 뿐이며 로봇에는 없는 특징을 암시하는 것입니다. 알버트의 정체성의 가장 큰 이유는 그의 목소리입니다. 신디사이저에 남성 목소리를 사용한 이유는 주위의 모든 여성 GPS 및 개인 비서 컴퓨터 목소리와 차별화되기를 원했기 때문입니다. 원하는 목소리를 자유롭게 만들어 보세요. 여성 목소리도 많이 있으며, 로봇에 원하는 페르소나를 만들어 어떤 형태로든 주소를 부여할 수 있습니다. 휴머노이드 로봇이 아닌 다른 로봇에서도 이렇게 하는 경향이 있다는 점이 흥미롭습니다.
>
> 아이로봇의 CEO인 콜린 앵글에 따르면, 룸바 소유자의 80% 이상이 로봇에 이름을 붙였다고 합니다(`https://slate.com/technology/2014/03/roomba-vacuum-cleaners-have-names-irobot-ceo-on-peoples-ties-to-robots.html`). 토스터 오븐이나 스탠드 믹서에 아무리 애착이 있어도 이름을 붙이는 사람은 찾아보기 어렵습니다. 로봇 알버트는 손녀가 조금 더 크면 성전환 수술을 받거나 여동생을 얻을지도 모릅니다.

또한 감정 상태를 사용하여 로봇의 바디랭귀지를 설정할 예정인데, 주로 로봇 팔을 들고 있는 방식입니다. 로봇이 행복하면 팔을 뻗고 손은 위를 향하게 됩니다. 슬프면 팔을 몸에 가까이 붙이고 손은 아래를 가리킵니다. 이 모든 정보를 저장하여 로봇이 개인적인 질문에 대해 일관된 답변을 제공할 수 있도록 합니다.

인간 행동 모델 만들기

로봇이 대화를 지원하려면 로봇이 대화하는 사람의 감정에 대한 모델도 있어야 합니다. 친구나 친척 중에 자기 얘기만 하다가 상대방의 대화에 내가 어떻게 느끼고 반응하는지 전혀 모르는 사람이 있을 수 있습니다. 우리는 그런 로봇의 성격을 원하지 않습니다. 따라서 로봇은 사용자가 어떻게 생각하는지 내부적으로 표현할 수 있어야 합니다. 이 기능에는 시각을 사용하지 않으므로 로봇이 사용자의 상태를 알 수 있는 유일한 방법은 질문을 하고 언어 사용을 평가하는 것입니다.

로봇에 상태 머신과 유사한 인간 모델을 제공하되 *행복/슬픔, 친절/불친절의* 두 축에 네 가지 감정만 추가합니다. 로봇은 대화가 시작될 때 모든 사람이 중간 어딘가에 있다고 가정합니다. 로봇은 언어의 단서를 사용하여 사용자의 감정을 이해할 수 있으므로 로봇의 인간 모델을 구동하는 데 도움이 되도록 단어에 색상이나 감정의 음영을 할당합니다. 이는 다음 다이어그램으로 설명할 수 있습니다.

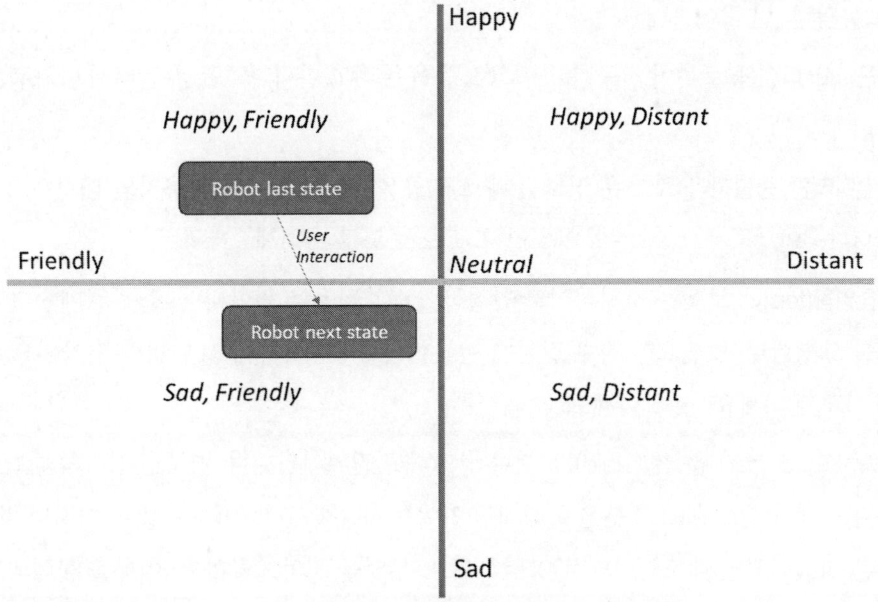

그림 9.5 단순화된 감정 연속체

사람의 감정에 따라 로봇의 반응도 달라집니다. 우리는 특히 로봇이 사람이 원하는 방식으로 이해하지 못하거나 반응하지 않아서 사람이 좌절하고 있다는 단서에 로봇이 주의를 기울이기를 원합니다. 이를 통해 실제로 로봇의 인공 인격을 선택하고 디자인할 수 있습니다.

로봇에 인공 인격 통합하기

로봇의 성격을 결정할 몇 가지 가이드라인과 매개변수를 설정해야 합니다. 먼저 로봇이 가질 수 있는 성격의 유형과 로봇이 수행할 수 있는 역할의 종류를 나열하는 것으로 시작할 수 있습니다. 이 로봇은 주로 어린이와 상호작용할 것이기 때문에 이는 특히 중요합니다. 몇 가지를 시도해보고 어떤 것이 적합한지 살펴봅시다.

- **교사/교수**: 로봇이 정보를 전달하고 어떤 식으로든 사람에게 가르치거나 행동을 바꾸도록 하려고 합니다. 로봇은 자신을 권위자로 내세우며 "나는 로봇이에요"와 같이 자신에 대한 사실과 정보를 제공합니다. 로봇이 뭔지 아세요?"와 같이 로봇이 스스로를 권위자로 내세워 사실과 정보를 제공합니다.
- **매우 친근함**: 로봇은 사람과 대화하는 것에 대해 장난스럽고 흥분하며 적극적으로 대화에 참여하며 많은 질문을 합니다. 로봇은 많은 열정과 격려를 표현합니다. "저는 제 일을 사랑해요. 당신도 직업을 사랑하지 않나요? 정말 멋져요! 사람들과 대화하는 게 너무 좋아

요! 농담 한 번 들어볼래요?"

- **친근하고 다정함**: 로봇이 친구를 사귀고 도움을 주려고 합니다. "안녕! 만나서 반가워요! 이름이 뭐니?"
- **친절하지만 중립적임**: 로봇은 정보를 빠르게 공유하지는 않지만 사용자와 대화하고 싶어 합니다. "안녕하세요, 저는 알버트입니다. 오늘 하루 어떠세요?"
- **거침없음(feisty)**: 로봇은 지지적이고 친절하며 상호작용을 원합니다. 로봇은 계속 추가 정보를 요청합니다. 필요한 경우 질문을 반복합니다. "안녕하세요! 만나서 반가워요. 이름이 어떻게 되세요? 몇 살이세요?"
- **엄숙하고(somber) 침착함(staid)**: 로봇은 답답하고 권위적입니다. 영국인 집사와 대화를 나눈다고 생각해 보세요. 로봇은 형식적인 영어를 사용합니다. (이것은 많은 디지털 비서의 기본 비인격적인 태도입니다.) "안녕하세요. 무엇을 도와드릴까요? 이름을 물어봐도 될까요?"
- **매우 중립적 또는 로봇같음**: 로봇이 의견을 표현하지 않으며 자신에 대한 정보를 제공하지 않습니다. 감정이나 감탄사를 표현하지 않습니다. "안녕하세요. 저는 로봇입니다. 명령을 말해 보세요."
- **짜증나고 심술궂은 로봇**: 이 로봇은 장난감을 주워야 하는 것을 별로 좋아하지 않으며 명확하고 분명하게 말하는 것을 좋아하지 않습니다. 이 성격은 분노가 아닌 코미디를 목표로 합니다. "다시 돌아왔구나. 주워야 할 장난감이 더 많아졌네요."

이 목록에서 시뮬레이션을 위해 선택할 수 있는 성격의 종류를 확인할 수 있습니다. 저는 손주들과 가장 잘 어울릴 것 같아서 *친근하고 다정한* 성격 유형을 선택하려고 합니다. 물론 이 중 원하는 것을 선택하거나 더 추가할 수도 있습니다. 이제 어떻게 진행할 수 있는지 알아보겠습니다.

성격 구성하기

인공 인격을 가진 로봇을 위해 지금까지 어떤 부분을 준비했나요?

- 감정을 모델링하는 시뮬레이션 도구가 있습니다.
- 6가지 유형의 감정을 혼합할 수 있는 상태 머신이 있습니다.
- 로봇의 개인 정보에 대한 배경 스토리 또는 약력이 있습니다.
- 모방할 인물을 선정했습니다.

- 우리는 로봇이 잡담이나 **패틱 대화**(phatic communication)[5]을 통해 정보를 수집하여 점수를 획득하는 게임 엔진이라는 콘셉트를 가지고 있습니다.
- 로봇은 대화에 따라 감정을 변화시킵니다. 로봇에게 기분이 어떤지 물어보거나 로봇 팔의 몸짓으로 감정을 표현할 수 있습니다.

이제 우리는 이 모든 조각들을 한데 모아 대략적으로 우리가 조정하고 조작할 수 있는 대화를 이어갈 수 있는 일종의 프레임워크가 필요합니다. 이를 위해 오랜 친구를 다시 만나보겠습니다. 다시 한 번 **엘리자(ELIZA)**에 대해 이야기해 보겠습니다.

엘리자는 아마도 최초의 대화 엔진 소프트웨어 프로그램일 것입니다. 제2차 세계대전 당시 독일 난민 출신의 유대인인 MIT 교수이자 AI의 아버지 중 한 명으로 꼽히는 조셉 바이젠바움(Joseph Weizenbaum)이 1964년에 발명했습니다. 엘리자는 조지 버나드 쇼의 소설 *피그말리온(Pygmalion)에 등장하는* 주인공 엘리자 둘리틀(Eliza Doolittle)의 이름을 따서 명명되었습니다. 그리스 신화에서 피그말리온은 자신의 조각상과 사랑에 빠진 조각가였습니다. 그는 아프로디테에게 기도를 드렸고, 아프로디테는 조각상이 살아나기를 바라는 그의 소원을 들어주었습니다. 이 기묘한 사건과 제목, 그리스 신화를 통해 로봇에 시뮬레이션된 생명을 불어넣는 것은 우리가 하고 있는 일에 매우 적합합니다.

엘리자는 로저리언(Rogerian) 치료사의 시뮬레이션입니다. 로저리언 치료사란 무엇인가요? PsychologyToday(`https://www.psychologytoday.com/us/blog/what-doesnt-kill-us/201210/unconditional-positive-regard`)에 따르면 칼 로저스(1902~1987)는 **무조건적 긍정적 고려**(unconditional positive regard, UPR)를 신봉하는 **내담자 중심** 치료의 창시자라고 합니다. 즉, 치료사는 치료 세션에서 자신의 의견을 배제하고 주로 환자의 말을 그대로 반영한다는 것입니다. 예를 들어 환자가 "저는 항상 고양이를 싫어했어요"라고 말하면 치료사는 "고양이를 키우고 있고 고양이는 사랑스러운 동물이에요"라고 말하지 않고 "왜 고양이를 싫어한다고 생각하세요?"라고 대답할 수 있습니다. 그러면 컴퓨터 프로그램인 엘리자는 다른 말을 끼어들지 않고 사용자가 말하는 내용을 그대로 반영합니다. 지금은 문자 메시지(texting)라고 부르는 방식과 예전에는 타이핑이라고 부르는 방식을 통해 엘리자와 대화할 수 있습니다. 다음은 저와 Wade Brainerd가 만든 오픈 소스 버전의 ELIZA가 실제로 상호작용하는 모습입니다(`https://github.com/wadetb/eliza`). 사용자가 > 프롬프트에 타이핑하고 있습니다. 그런데, 저는 고양이를 좋아합니다 - 이것은 단지 예시일 뿐입니다. 제 고양이에게 이 예제에 대해 말하지 마세요:

5) 관계를 유지하고 개선하는 것이 주목적인 대화.

```
ELIZA: How do you do. Please tell me your problem.
> I hate cats.
You say you hate cats?
> Yes.
You seem to be quite positive.
> I hate cats.
Can you elaborate on that?
> I don't like cats because they smell bad.
Don't you really like cats because they smell bad?
> No. Don't like cats.
Are you saying no just to be negative?
> No.
You are being a bit negative.
> I am
Is it because you are that you came to me?
> No
Why not?
> I am afraid of cats
How long have you been afraid of cats?
> About a year
I'm not sure I understand you fully.
> 1 year
Please go on.
> I have been afraid of cats since the cat jumped on my head.
Your head ?
> yes
```

따라서 엘리자는 사용자가 말하는 내용을 반영하여 사용자에게 문구를 반복해서 대답하는 것을 볼 수 있습니다. "저는 고양이를 무서워해요"라고 말하자 프로그램은 "고양이를 무서워한지 얼마나 되셨나요?"라고 대답했습니다.

엘리자는 문장을 인식하고 응답하는 데 여러 단계를 거칩니다. 대부분의 프로그램은 하드코딩되어 있지 않으며, 편집 및 교체할 수 있는 일련의 스크립트를 통해 기본적으로 프로그램의 성격을 다시 프로그래밍할 수 있습니다.

1. 첫 번째 단계는 문장을 공백으로 구분된 단어로 나누는 것입니다. 또한 이 프로그램은 모든 대문자를 소문자로 바꿉니다.
2. 이 프로그램은 여러 버전이 있는 단어를 표준 단어로 대체합니다. 예를 들어, 이 프로그램은 아포스트로피를 생략한 경우 cant를 *can't*로 바꿉니다. 이를 **전처리(preprocessing)**라고 합니다.

3. 프로그램이 알고 있는 키워드를 찾습니다. 간단한 키워드는 *sorry*입니다. *sorry*가 포함된 모든 문장은 *사과하지 않아도 됩니다(please don't apologize)*와 같은 응답을 받습니다. 키워드는 스크립트 파일에 나타나는 순서에 따라 수집되고 우선순위가 지정됩니다.
4. 프로그램은 해당 키워드에 대한 *분해(decomposition)* 패턴을 찾습니다. 이렇게 하면 문장을 공통 그룹으로 수집합니다. 예를 들어 한 가지 패턴은 `* i was *`는 `any word phrase - I was - any word phrase`를 인식할 수 있습니다.
5. 엘리자는 **재조합(reassembly)** 패턴을 선택하여 응답을 구성합니다. 프로그램에 여러 가지 응답 옵션이 있는 경우 무작위로 하나를 선택합니다. I was * 패턴에서 하나의 응답은 "Perhaps I already know you were (2)."입니다. 괄호 안의 숫자 (2)는 프로그램에서 문장에서 `I was` 뒤에 오는 단어 구를 대체하도록 지시합니다. 예를 들어 "Then I was left at a bus station"라고 입력하면 "Perhaps I already know you were left at a bus station."이라는 응답이 나올 수 있습니다. 좀 더 실용적인 "Oh, really."라는 응답을 받을 수도 있습니다. 엘리자는 문구의 내용에 대해서는 전혀 알지 못하며, 단지 패턴에 따라 단어를 조작하여 문장을 생성할 뿐이라는 점을 알아두는 것이 중요합니다.
6. 엘리자는 단어의 **후처리(postprocessing)** 치환을 수행합니다. 예를 들어, *I*라는 단어를 *you*로 대체합니다. "I went to sleep."라고 입력하면 "You say you went to sleep?"라고 응답하며, 이는 다른 모든 응답 규칙이 모두 사용된 후 최종 응답 규칙입니다.

엘리자의 성격을 제어하는 데이터를 **스크립트(script)**라고 합니다. 이것은 프로그램에 응답을 형성하는 모든 규칙을 제공합니다. 로저리언 치료사를 위한 스크립트를 DOCTOR 스크립트라고 합니다. 여기에는 인사말, 프로그램이 종료될 때의 마지막 단어, 사전 대체 규칙 목록, 사후 처리 대체 단어 목록, 동의어 목록, 분해 및 재조립 규칙이 있는 키워드 목록이 포함되어 있습니다.

다음은 I am 키워드에 대한 샘플 규칙입니다.

```
decomp: * i am *
reasmb: Is it because you are (2) that you came to me ?
reasmb: How long have you been (2) ?
reasmb: Do you believe it is normal to be (2) ?
reasmb: Do you enjoy being (2) ?
```

프로그램은 제공된 네 가지 문구 중 임의의 문구를 선택합니다. 예를 들어 "I am afraid of cats"라고 말하면 이 규칙이 트리거되고 이 네 가지 문구 중 하나가 생성됩니다. "Do you enjoy being afraid of cats?" 또는 "How long have you been afraid of cats?"라고 말할 수 있습니다.

엘리자에서 생성되는 거의 모든 대화는 스크립트 파일에서 제공되므로 엘리자는 일종의 규칙 기반 전문가 시스템이며, 대화 엔진의 새로운 애플리케이션을 만들기 위한 개방형 프레임워크도 제공합니다.

모든 컴퓨터 프로그램이 그러하듯, 대화 생성에 대한 엘리자의 개념은 **인공 언어학자 인터넷 컴퓨터 개체**(Artificial Linguist Internet Computer Entity)의 약자인 ALICE라는 범용(즉, 치료사뿐만 아니라) 소프트웨어 프로그램으로 확장 및 증폭되었습니다. 엘리자에서 사용하던 간단한 스크립트 데이터 파일은 **인공지능 마크업 언어**(Artificial Intelligence Markup Language, AIML)가 되었습니다. ALICE는 이전보다 훨씬 더 유용하고 훨씬 더 많은 주제와 기능을 다루도록 확장되었습니다. 그러나 ALICE는 사전 및 사후 대체, 키워드, 응답 패턴의 개념은 동일하게 유지합니다. AIML 파일을 사용하여 대화를 설계할 수 있는 마이크로프트 플러그인 엔진이 있습니다(`https://github.com/forslund/fallback-aiml`). 이 도구는 로봇 개성을 위한 훌륭한 대체 구성 키트가 될 수 있습니다.

여기에는 AIML이 어떻게 보이는지 보여주는 예가 포함되어 있습니다(`http://www.digitalanywhere.com/projects/dany/index.html`). 여러분은 문장의 범주가 있는 블록과 해당 범주가 어떻게 생겼는지 패턴을 볼 수 있습니다. 다음 태그인 <template>은 이 카테고리가 트리거될 때 로봇이 수행할 응답을 설명합니다. 예를 들어 첫 번째 카테고리는 악기 연주에 관한 것입니다. 로봇에게 "I play guitar"라고 말하면 "Is guitar a game or a musical instrument?"라는 응답이 나옵니다. 이런 식으로 간단한 문장 패턴을 만들 수 있습니다.

```
<category>
<pattern>I PLAY *</pattern>
<template>Is <set_it><person/></set_it> a game or a musical
instrument?</template>
</category>
<category>
<pattern>I PLAY THE *</pattern>
<template>I wish I played an instrument. My parents could not afford
the lessons.
<think><set_it><set_does><settopic>play the
<person/></settopic></set_does></set_it></think></template>
</category>
<category>
<pattern>I PRIDE MYSELF *</pattern>
```

```
<template>It seems you have good self esteem.</template>
</category>
<category>
<pattern>I QUIT MY JOB *</pattern>
<template>Where did you work and why did you quit?</template>
</category>
<category>
<pattern>I READ *</pattern>
<template>I don't think I've read that. Can you give me a reference?
<think><set_it><set_does><settopic>read
<person/></settopic></set_does></set_it></think></template>
</category>
<category>
<pattern>I READ * BOOKS</pattern>
<template>Name some books in that genre.
<think><set_it><set_does><settopic>read <person/> books</settopic></
set_does></set_it></think>
<think><set_personality>critical</set_personality></think></template>
</category>
```

ALICE는 GNU 퍼블릭 라이선스에 따라 공개된 **오픈 소스 소프트웨어(OSS)**입니다. 이제 로봇의 대화에 컨텍스트를 추가하는 방법을 살펴보겠습니다.

컨텍스트 추가

엘리자의 가장 중요한 단점 중 하나는 기억력이 완전히 부족하다는 것입니다. 엘리자는 이전 진술만 기억합니다. 아버지에 대해 이야기한 다음 "그는 좋은 사람이었어요"라고 말하면 엘리자는 여러분이 누구에 대해 이야기하는지 전혀 모를 것입니다. 엘리자는 이전 문장을 넘어서는 문맥에 대한 개념이 없습니다.

문맥(context)이란 무엇인가요? 대화 중에 우리는 종종 명사를 대명사로 줄여 말하곤 합니다. "나는 내 개를 좋아해요."라고 말하고 다음 문장에서 "그녀는 예의 바르게 행동해요."라고 말할 수 있습니다. 그녀는 누구를 지칭할까요? 우리는 개라는 것을 알고 있지만 컴퓨터는 어떻게 알 수 있을까요? 우리는 프로그램에 문맥에서 추론하는 기능을 추가할 것입니다.

컨텍스트 메모리라고 부르는 저장 객체를 만들겠습니다. 이 객체에는 현재 대화 중인 사람, 마지막으로 대화한 주제, 아직 답을 모르는 질문이 있는지, 다시 필요할 때를 대비해 이전 질문에 대한 답변 등 대화의 여러 부분을 기억할 수 있습니다. 컴퓨터는 '*나*'가 아닌 다른 대명사는 마지막 주체를 가리킨다고 가정합니다. 제가 개에 대해 이야기하다가 "그녀는 정말 귀엽다"라고 말하면 로봇은 제가 개를 말하는 것으로 간주합니다.

앞에서 사람으로부터 정보를 얻기 위해 게임을 하는 것에 대해 설명했습니다. 로봇이 꺼진 후에도 이 정보를 수집하고 기억하여 다음에 그 사람이 로봇과 대화할 때 새로운 친구와 대화할 때처럼 지난번에 학습한 정보를 기억할 수 있도록 합니다. 이 AI 챗봇 개념을 계속 확장하고 싶다면 이 정보를 사용하여 추가 대화를 만들 수 있습니다. 예를 들어, 사람이 야구를 좋아한다고 말하면 로봇은 좋아하는 팀이 무엇인지 물어보고 다음 야구 경기 일정이 언제인지 인터넷에서 찾아볼 수 있습니다.

이것으로 로봇 개성을 만드는 데 사용할 부품 목록이 끝났습니다. 이제 본격적으로 성격 구성 키트를 사용할 수 있습니다. 저는 로봇 알버트의 성격을 구축하기 위해 Wade Brainerd의 ELIZA Python 오픈 소스 프로그램의 뼈대를 사용하겠습니다.

시간과 지면 관계상 여기서는 기본 프로그램에 추가한 부분만 소개하겠습니다. 전체 코드는 GitHub 리포지토리에 있습니다. 이 책에 소개된 내용 외에 더 많은 것을 따라하고 싶다면 `https://github.com/wadetb/eliza`에서 원본 프로그램을 다운로드할 수 있습니다.

작업 중

로봇의 개성을 만들기 위해 조합해야 하는 모든 부품을 검토해 보겠습니다.

- 시뮬레이션
- 몬테카를로(확률 또는 랜덤 기반) 모델링
- 로봇 감정 상태 머신
- 인간의 감정 상태 기계 인식
- 로봇 약력(로봇에 대한 내부 사실 목록)
- 엘리자라는 대화 엔진 프레임워크
- 문맥 또는 사실을 기억하고 반환하여 "빈칸 채우기" 능력

이 섹션과 다음 몇 섹션에서는 알버트에게 인공 인격을 부여하기 위해 추가한 코드를 소개하겠습니다. 이 코드의 대부분은 알버트의 말하기 규칙과 패턴을 제공하는 스크립트 파일에 포함되어 있습니다. 또한 알버트의 감정 엔진, 인간 감정 모델, 게임 엔진에 대한 코드 기능도 포함될 것입니다. 시작해 보겠습니다.

1. 엘리자가 사용하는 스크립트 언어에 몇 가지 새로운 기능을 추가해야 했습니다. 먼저 치

료사 엘리자를 대신하는 로봇의 컨텍스트를 추가했습니다. 먼저, 알버트의 대화형 대화 모드를 시작할 때 마이크로프트의 기동어인 "Hey, Albert"(또는 다른 이름으로 부르기로 결정한 단어)를 말한 다음 "Hello"라고 말하는 것이 시작 단어가 됩니다.

2. 로봇은 콜론 앞의 태그에 표시된 대로 initial 문구로 응답합니다. 여기에 마무리 문구도 있습니다. 실제로 원하는 만큼 많은 문구를 입력할 수 있으며 컴퓨터가 무작위로 하나를 선택합니다. 이러한 규칙은 ELIZA와 함께 제공된 원본 doctor.txt 스크립트 파일의 복사본인 AlbertPersonality.txt라는 파일에 저장됩니다.

```
initial: Hello. My name is Albert the Robot.
initial: Hello. I am Albert the Robot, but you can call me Albert.
initial: Hello. Nice to meet you. Call me Albert.
final: Goodbye. Thank you for talking to me.
final: Goodbye. It was nice to talk to you.
final: Goodbye. I need to get back to my tasks.
quit: bye
quit: goodbye
```

3. 사용자가 로봇을 *사용자*가 아닌 이름으로 부를 경우를 대비해 몇 가지 대체 단어를 추가했습니다. 이것은 사용자가 로봇을 부르는 모든 단어를 대체할 수 있습니다. 또한 로봇 이름의 다양한 버전에 동의어를 설정하여 r*obot*이나 *bot*은 물론 Albert, Bert 또는 *Bertie*라고 *부를 수도 있습니다*.

   앞에 pre: 가 있는 규칙은 다른 처리가 수행되기 전에 대체됩니다. 첫 번째 규칙에서 "Robo t, how old are you?"와 같이 *robot이라는* 단어가 문장에 나타나면 프로그램은 구문 분석의 일관성을 유지하기 위해 *robot*을 제거하고 *you를* 대체합니다. 또한 모든 대문자를 소문자로 변경하여 규칙에 대문자가 없도록 합니다. 그리고 synon: 규칙(동의어)은 나열된 단어 중 하나를 주어진 첫 번째 단어로 대체합니다.

```
pre: robot you
pre: albert you
…
synon: you robot albert bert bertie bot
synon: belief feel think believe wish
```

4.다음으로 필요한 것은 로봇이 정보를 얻기 위해 물어볼 질문을 만드는 것이었습니다. 프로그램은 문장에 나타나도록 정의한 키워드로 이 데이터를 자동으로 *수집합니다*. 다음은

질문 규칙에 대한 정의입니다.

```
questions:
reasmb: What is your name? <assert name>
reasmb: What can I call you? <assert name>
reasmb: How old are you? <assert old>
reasmb: How are you feeling today <assert feeling>
```

5. 스크립트 파일에 추가할 질문에 대한 새 플래그를 만듭니다. 각 줄은 하나의 질문을 나타내지만 다양한 방식이나 형태로 질문할 수 있습니다. 프로그램은 무작위로 한 가지 버전을 선택하고 질문에 설정할 상대적 우선순위에 따라 어떤 질문을 할 것인지 결정합니다. 앞뒤에 <> 기호가 있는 assert 키워드는 컨텍스트 메모리에 어떤 질문을 하는 컨텍스트를 만들었고 다음 문장이 아마도 답변일 수 있다는 것을 알리기 위해 추가한 또 다른 새로운 플래그입니다.

```
datum: name
decomp * my name is * decomp I am *
decomp call me *
decomp <name> * # we are in the name context reasmb: Hello (1).
Nice to meet you
reasmb: Hi (1).
reasmb: Your name is (1), right?
reasmb: Thank you for telling me your name, (1) store: <name>
(1)
decomp * my name is *
reasmb: Hello (2). Nice to meet you.[welcome][happy]
store:<name> (2)
```

6. 저는 *데이터*의 단수인 datum이라는 새로운 데이터 구조를 만들었습니다. 이것은 로봇이 묻고 싶은 몇 가지 정보를 나타냅니다. 이 경우 로봇이 대화 상대방의 이름을 묻기를 원하기 때문에 데이터에 제목(이 경우에는 name)을 지정했습니다. decomp(분해용) 태그는 사용자가 자신의 이름을 말할 수 있는 문장 패턴입니다. * 는 모든 문구를 나타냅니다. 따라서 사람이 "Hello. My name is Fred Rodgers."라고 말하면 로봇은 그때부터 그를 Fred Rodgers라고 부릅니다. 사람이 알 수 없는 이유로 "Call me Ishmael"라고 말하면 로봇은 그 이름을 사용합니다. 재조합 규칙에 따라 응답 구문을 재조합해야 합니다. (1)은 처음 나오는 * 문구를 의미합니다. 사용자가 "I am John"이라고 말하면 재조합 규칙을 사용할 때 (1)은 John으로 대체됩니다. 로봇은 다음과 같이 무작위로 제공되는 문구 중 하나를 선택합니다.

"Your name is John, right?"

로봇이 컨텍스트 메모리 영역을 사용하여 두 가지 기능을 수행할 수 있도록 새 태그를 하나 더 추가했습니다. 질문을 할 때 문맥 주제를 선언할 수 있는데, 이 부분은 나중에 설명하겠습니다. 예를 들어 사용자에게 "이름이 뭐예요?"라고 물으면 로봇이 다음 답변이 해당 질문의 맥락에서 나온다는 것을 알 수 있도록 하려는 것입니다. 로봇이 "당신은 누구인가요?"라고 물었을 때 사용자가 즉시 "줄리아"라고 대답하는 것은 전혀 이상하지 않습니다. 프로그램은 줄리아를 어떻게 처리할지 어떻게 알 수 있을까요? 답은 <>로 괄호로 묶인 컨텍스트 플래그입니다. 이름을 묻는 문맥에 있는 것처럼 디컴 <이름> * 분해 규칙을 읽고 키워드가 없는 답장을 받으면 무엇이든 답으로 받아들입니다.

감정 태그는 [happy] 또는 [sad]와 같은 대괄호로 표시됩니다. 이것은 인간으로부터 받은 진술인지 아니면 로봇이 발언한 문장인지에 따라 로봇의 감정 또는 로봇의 인간 감정 인식을 변화시킬 것입니다.

age 질문에 대한 답변을 듣기 위한 규칙은 다음과 같습니다.

```
datum: age
decomp <age> * I am * years old decomp <age> * I am % # integer
reasmb: You are (2) years old?
reasmb: (2) years old!
decomp <age> *
reasmb: You are (1) years old?
reasmb: (1) years old!
store: <age> (1)
```

마지막 줄에 있는 store: 는 컴퓨터에 이것이 질문에 대한 답임을 알려주고 제공된 제목과 함께 사전(dictionary)에 저장하는 명령입니다.

7. 다음으로, 감정 엔진을 사용하여 로봇의 말을 제어하는 방법을 살펴볼 수 있도록 몇 가지 감정이 연결된 상호작용의 예를 사용하겠습니다. 이 일련의 규칙은 사용자가 로봇에게 "안녕하세요?"라고 말할 때 활성화 됩니다.

```
key: feeling
decomp: how are you feeling decomp: how are you
decomp: hows it hanging
decomp: how are you today
reasmb: <happy> I'm doing well. How are you? <assert feeling>
reasmb: <sad> I am feeling sad. How are you? <assert feeling>
```

```
reasmb: <curious> I am curious about my surroundings
reasmb: <friend> I am feeling friendly today
reasmb: <welcome> I am in a welcoming mood today, my friend
reasmb: <frust> I am a bit frustrated, to tell you the truth
reasmb: <frust> I am feeling a bit frustrated
reasmb: <strange> I am having relationship problems
reasmb: <distant> None of my friends have come to visit
reasmb: <tired> My batteries are low.  Maybe I need a rest.
```

8. 로봇의 감정을 컨텍스트 메모리에 저장하여 스크립트 처리 프로그램이 액세스할 수 있도록 할 것입니다. 대화 목적으로 감정을 말하는 컨텍스트의 일부로 취급하는 것이 감정 작업에 대한 합리적인 접근 방식이라고 생각합니다. 각 감정에는 컨텍스트 메모리 사전에 태그 또는 이름이 있습니다. 로봇의 주된 감정이 행복이라면 로봇은 컨텍스트 메모리에서 행복한 컨텍스트를 설정합니다. 그러면 규칙 기반에서 문맥 태그를 사용하여 "기분이 어떠세요?"라고 답할 때 사용할 문구를 결정합니다. 후속 질문을 할 수도 있습니다. <happy>에 대한 규칙을 살펴보세요. 로봇은 "잘 지내고 있어요. 기분이 어때요?"라고 대답한 다음 감정 컨텍스트를 설정하여 엔진에 우리가 감정에 대해 질문했음을 알립니다. 마지막으로, 마지막 줄은 피곤한 감정과 관련이 있습니다. 로봇이 피곤하다고 느끼면 별도의 섹션으로 이동하여 로봇이 피곤하다고 이야기합니다. 여러 곳에서 호출해야 하기 때문에 이를 별도의 루틴으로 만든 것은 이 규칙 기반 음성 접근 방식의 유용성을 보여줍니다. 각 대화 줄에 대해 이러한 규칙을 모두 만들려면 얼마나 많은 C 또는 C++ 소스 코드가 필요할지 상상하고 싶지 않습니다. 모든 질문을 완료하고 모든 답변에 대한 패턴을 확보할 때까지 이 가이드라인을 사용하여 스크립트를 계속 수정합니다.

이제 이 예제의 나머지 부분을 파이썬 코드로 다시 전환하겠습니다. 다음 섹션에서는 감정을 시뮬레이션하는 방법을 설명하겠습니다.

로봇 감정 엔진 개발

이제 로봇의 감정 모델을 구성해 보겠습니다. 이것은 로봇의 감정 상태를 계산하고, 업데이트하고, 기억하는 인공 인격의 핵심입니다. 로봇은 일반적으로 중립적인 상태에서 시작하여 *행복/슬픔(happy/sad), 환영/냉담(welcoming/distant), 친근감/낯설음(friendly/ stranger), 호기심/좌절(curious/frustrated), 활기참/피곤함(fresh/tired)* 등 8가지 감정 특성의 조합에 따라 업데이트를 수행합니다. 로봇의 경험에서 이벤트가 발생하면 로봇은 감정 상태를 변화시키는 단서를 얻습니다.

예를 들어 사용자가 로봇의 말에 "멍청하네"라고 말하면 로봇은 슬픔이라는 감정의 축에 추가됩니다.

이 장의 앞부분에 그린 다이어그램에서 본 것처럼 극좌표를 사용하여 전체 감정 상태를 계산합니다(그림 9.4). 현재 감정 상태는 다른 감정의 질량 중심을 계산하여 결정됩니다. 감정이 어느 정도 균형을 이룬다면 극좌표에 표시된 것처럼 감정의 질량 중심이 중심에 가까워질 것입니다. 로봇이 대부분 행복하고 우호적이라면 질량은 그래프에서 그쪽으로 더 많이 이동합니다. 질량의 중심에 가장 가까운 단일 감정 상태를 선택합니다. 이는 로봇에 복잡한 감정 캐릭터를 만들기 위한 기초가 됩니다. *활기참/피곤함* 속성은 로봇의 경과된 런타임에 따라 해당 감정의 값이 결정된다는 점에서 독특합니다.

로봇의 주요 감정 표현은 로봇 팔의 위치(행복한 로봇일수록 팔을 더 높이 들고 앞으로 나아갑니다)와 대화에서 사용하는 어휘의 선택이 될 것입니다.

다음 코드 블록은 대화 엔진에 필요한 형식으로 감정 엔진에 대한 데이터 항목을 생성합니다. 나머지 로봇에 연결할 수 있도록 규칙 기반 형식에 대한 Python 인터페이스를 만들고 있습니다.

```
class RobotEmotionEngine():
  def __in _(self):
    self.emostate = [90,0]
    self.emoText = "neutral 50"
    self.emotions = {"happy" : 50, "sad": 50,"welcome" :
50, "distant":50,"friend" : 50,"strange" :50, "curious" :
50,"frustrated":50, "fresh" : 50, "tired",50}
    self.bio = {"name":"Albert Albert", "lastname":
"Albert", "age": "6 months","maker": "granddad",
"color":"green","food","electricity","author":"Isaac Asimov,
of course","school": "I do not go to school but I love to
learn","hobby":"picking up toys", "job":"picking up toys"}
    # list of happy emotions and sad emotions self.
emotBalance={"happy": "sad", "welcome":"distant","friend":
"strange", "curious": "frustrated","fresh": "tired"} self.
emotionAxis{"happy":112, "welcome": 22,"friend":67,"curious":157,
    "sad":292,"distant":202,"strange":247,"frustrated",337}
    self.update()
  def change(self,emot, val):
    self.emotions[emot]=val
    balance = 100 - val
    otherEmotion = self.emotBalance[emot]
    self.emotions[otherEmotion]=balance
```

다음은 update 기능으로, 감정 상태에 변화가 있었는지 확인하고 변화가 있다면 현재 감정을 변경하는 기능입니다.

```
def update(self):
    rmin = 100
    rmax = 0
    thetamin =360
    thetamax=0
    for emote in self.emotions:
        theta = self.emotionAxis[emote]
        thetamax = min(theta,thetamax)
        thetamin = max(theta,thetamin)
        r = self.emotions[emote]
        rmin = max(rmin, r)
        rmax = max(rmax,r)
    stateR = (rmax-rmin)/ 2
    stateTheta = (thetamax-thetamin) / 2
    for emo in self.emotionAxis:
        thisAngle = self.emotionAxis[emo]
        if stateTheta > thisAngle
        myEmotion = emo
        break

    self.emostate = [stateTheta, stateR]
    if stateR < 55 and stateR > 45:
        myEmotion = "neutral"
    self.emoText = myEmotion + " "+ str(stateR)
    print "Current Emotional State"  = myEmotion, stateR, stateTheta
    return
```

로봇은 대화 중인 인간의 모델도 필요합니다. 이를 통해 인간의 상호작용 방식에 따라 다양한 반응을 할 수 있습니다.

인간 감정 모델 만들기

로봇이 응답을 공식화할 때 사용할 수 있도록 인간과의 상호작용에 대해 *행복/슬픔, 환영/냉담의* 네 가지 감정을 모델링합니다. 스크립트 파일의 패턴에 [happy], [sad], [welcome], [distant]와 같은 감정 태그를 넣어 응답의 감정을 표시할 수 있습니다. 예를 들어 질문에 대한 답변을 받지 못하면 해당 응답을 [distant]로 표시하여 상대방이 비협조적이라는 것을 알릴 수 있습니다.

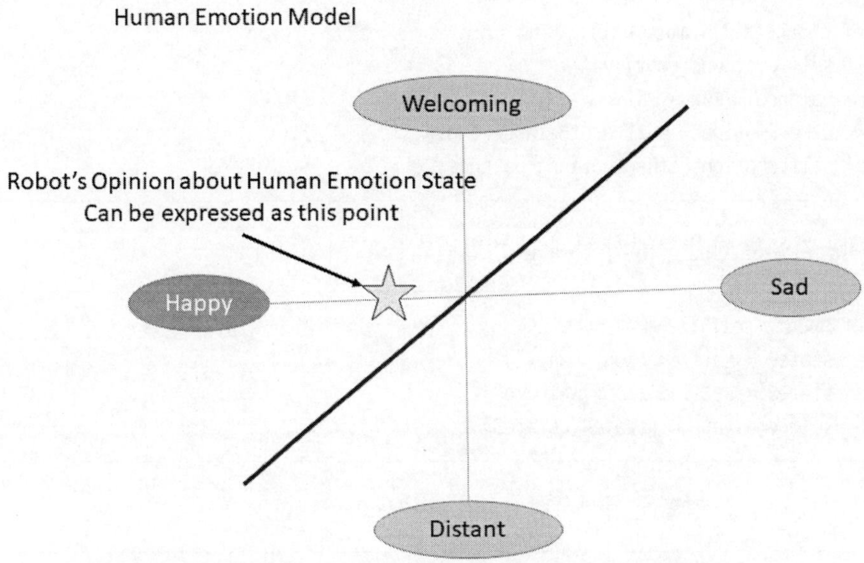

그림 9.6 행복과 슬픔의 감정 축을 보여주는 단순화된 인간 감정 모델: 로봇의 관점

인간 감정 모델은 파이썬 dictionary 데이터 구조를 사용하여 모델을 저장합니다. 이를 자세히 살펴보겠습니다.

1. *행복/슬픔 축과 환영/냉담* 축이라는 두 가지 축이 있습니다. 응답에 따라 행복/슬픔 지수를 위 또는 아래로 이동합니다. "학교가 좋아요?" "예"라는 응답이 행복한 생각을 표현한다고 생각하면 프로그램은 *happy* 방향으로 감정 지수를 올립니다. 이 둘의 교차점을 사용하여 현재 감정 지수를 설정합니다. 사람이 중앙에 가까워지면 이를 중립으로 표시하여 시작점으로 삼습니다.

```
class HumanEmotionEngine():
  def _init_ (self):
    self.emostate = [90,0]
    self.emoText = "neutral 50"
    self.emotions = {"happy" : 50, "sad": 50,"welcome" : 50, "distant":50}
    # list of happy emotions and sad emotions
    self.emotBalance={"happy": "sad", "welcome":"distant"}
    self.emotionAxis = {'distant': 315, 'welcome': 135, 'sad': 225,'happy': 45}
    self.update()
```

2. change 기능을 살펴봅시다. happy가 올라가면 sad가 내려가므로 감정이 변하면 자동으로 균형을 맞춥니다.

```
def change(self,emot, val):
    self.emotions[emot]=val
    balance = 100 - val
    otherEmotion = self.emotBalance[emot]
    self.emotions[otherEmotion]=balance
```

3. update 기능은 인간 모델의 현재 감정 밸런스를 가져옵니다.

```
def update(self):
    stateR = self.emotion["happy"]
    stateS = self.emotion["welcome"]
    self.emostate = [stateR, stateS]
```

4. 감정 상태가 중간 정도에 가까우면 neutral이라고 합니다.

```
if stateR < 55 and stateR > 45 and stateS < 55 and stateS > 45:
  myEmotion = "neutral"
happySad = stateR-50 welcomDist = stateS-50
if abs(happySad) > abs(welcomDist):
  myEmotion = "sad"
if happySad > 0:
  myEmotion = "happy“
else:
  myEmotion = "distant“
if welcomDist> 0:
  myEmotion = "welcome"
self.emoText = myEmotion + " "+ str(stateR)
print "Current Human Emotional State" = myEmotion, stateR, stateTheta
return
```

다음 섹션에서는 사용자로부터 수집하는 정보를 어디에 저장할 것인지에 대해 설명합니다.

인적 정보 저장소 만들기

이 데이터 구조는 인간 사용자에 대해 수집한 정보를 저장하고 로봇에게 아직 답변하지 않은 질문을 알려줍니다. 데이터를 저장하기 위해 파이썬 사전을 사용합니다. 데이터베이스와 같은 테이블의 자유형 버전을 만들어 보겠습니다. 더 쉽게 확장할 수 있도록 사전의 값을 추가합니다. 질문이 너무 단조로워 보이지 않도록 로봇의 정보 수집에 약간의 양념을 넣기 위해 물건이라는 기타 질문 목록을 넣었습니다. 로봇은 여러분이 분홍색, 노래, 춤, 로봇, 비행기 등을 좋아하는지 물어볼 것입니다.

사전을 복사하고 데이터 필드를 20에서 0까지의 상대 점수 값으로 바꾸어 목록을 우선순위에 따라 배치합니다. 이름이 20점으로 1순위, 나이가 18점으로 2순위인 식으로 말이죠. 각 질문에 대한 답변이 나올 때마다 이 점수 값은 0으로 설정됩니다. 예를 들어 "가장 좋아하는 음식이 무엇인가요?"라는 질문에 "사과"라고 대답하면 `self.info["food"] = apple`로 설정하고 `self.points["food"] = 0`으로 설정합니다. 또한 손주들이 좋아하는 것에 대한 추가 질문을 추가하고 점수를 매우 낮게 설정하여 대화가 더욱 다양해지도록 했습니다. 저는 공주, 비행기, 공룡, 노래, 물건 만들기에 대해 물어봅니다.

```
class HumanInformation():
  def init (self):
    self.info = {"name":"none"}
    self.info["age"]=0
    self.info["school"]="none"
    self.info["feeling"]="none"
    self.info["food"]="none"
    self.info["book"]="none"
    self.info["subject"]="none"
    self.info["song"]="none"
    self.info["teeth"]="none"
    self.info["jokes"]="none"
    # 물건은 더 많은 정보를 얻고 사람이 질문에 답하도록 하기 위해 사용하는 임의의 정보입니다.
    # 3~7세 어린이를 대상으로 합니다 self.info["stuff"]="none"
    self.stuff = ["the color pink", "singing", "dancing", "dinosaurs",
    "race cars", "building things",
"robots", "airplanes", "space ships", "unicorns", "princesses"] self.points = self.info
    # 설정 포인트 점수 체계
    points = 20
    for item in self.points:
      self.points[item]=points
      points -= 2
```

이제 다음 섹션에서는 로봇이 이미 학습한 내용을 기억할 수 있도록 로봇을 위한 메모리를 만들겠습니다. 받은 답을 저장할 장소가 필요합니다.

컨텍스트 메모리

이 코드 블록은 로봇의 컨텍스트 메모리를 구성합니다. 로봇이 기억할 수 있는 정보 풀(pool)이라고 생각하면 됩니다. 로봇의 감정과 인간의 감정 모델을 모두 중립적으로 설정했습니다. `self.currentHuman`이 앞서 만든 `HumanInformation` 데이터 객체를 가리키도록 하여 여러 인간 사용자를 참조할 수 있도록 몇 가지 데이터 구조를 만들었습니다.

여기서 우리는 로봇이 이미 내린 결정을 갑자기 잊어버리지 않도록 소프트웨어가 사람의 감정 상태와 함께 로봇이 어떤 감정 상태에 있는지 기억하게 합니다. 다음 코드 조각(snippet)에서는 로봇의 내부 상태인 self.emotion과 상호작용하는 사람에 대한 humanEmotion을 정의합니다. 그런 다음 이러한 구조를 사용하여 디스크에 쓰는 파일을 만들어 로봇을 꺼도 로봇의 개성이 유지되도록 합니다. 컨텍스트 풀에서 데이터를 검색하기 위해 inContext 함수를 사용합니다. 사용할 수 있는 데이터가 없으면 0이라는 정수를 반환합니다.

```
class ContextMemory():
    def init (self):
        self.currentContext = "None"
        self.currentHuman = None # 현재 대화 중인 사람의 데이터 파일 포인터입니다.
        self.humanFile = []
        self.emotion = "happy"
        self.humanEmotion = "happy" self.contextDict={}
        self.contextDict['currentHuman'] = self.currentHuman
        self.contextDict['robotEmotion'] = self.emotion
        self.contextDict['humanEmotion'] = self.humanEmotion

    def inContext(self, datum):
        if datum in self.contextDict:
            return self.contextDict[datum]
        else:
            return 0
    def setHuman(self,human):
        self.currentHuman = human
        self.humanFile.append(human) # 이 사람을 우리가 아는 사람들의 데이터베이스에 추가합
니다.

    def addHuman(self,human):
        self.humanFile.append(human)
```

이 섹션에서는 로봇이 현재 느끼는 감정, 로봇의 감정 상태, 대화 상대인 사람에 대해 알게 된 정보 등을 저장할 수 있는 공간을 만들었습니다. 또한 새로운 사람을 만날 때를 대비해 데이터베이스에 새로운 사람을 추가할 수 있는 구조도 갖추고 있습니다.

요약

이번 장에서는 매우 바빴습니다. 로봇을 위한 감정 엔진을 만들고 사람과 상호작용할 수 있도록 대화형 인터페이스를 만들었습니다. 로봇의 감정 시뮬레이션을 만들면서 시뮬레이션 개념을 도입했습니다. 실제 생물학적으로 동기화된 감정을 만들 수는 없기 때문에 게임을 통해 감정을 시뮬레이션했습니다. 이 게임에서는 인간이 자신에 대한 정보를 제공하도록 유도했는데, 이를 인간은 *가벼운 대화(small talk)*라고 부릅니다. 감정에 포인트 값을 할당하고 로봇의 내부 감정과 상호작용을 통해 로봇이 사용자의 감정을 어떻게 인지하는지를 표현하는 감정 상태 머신을 만들었습니다.

마지막 장에서는 로봇 공학 교육 여정에 대해 이야기하고, 로봇 공학 분야의 진로에 대한 지침을 제공하며, 항상 위험한 주제인 미래에 대해 이야기할 것입니다.

질문

1. 가장 좋아하는 영화 로봇은 무엇인가요? 그 로봇의 성격을 어떻게 설명하시겠어요?
2. 영화 제작자는 로봇의 개성을 표현하기 위해 어떤 기법(몸짓, 소리 등)을 사용했나요?
3. 두 가지 유형의 챗봇은 무엇인가요? 각각의 장단점을 나열하세요.
4. 사용자 지정 분포를 모델링하는 다이어그램(공항 예시)에서 아래쪽 이미지에는 두 개의 표준 분포와 두 개의 균등 분포가 나와 있습니다. 왜 곡선이 그래프의 맨 위까지 올라가지 않나요?
5. 나만의 로봇 감정을 디자인하세요. 로봇의 모든 성격을 표현할 수 있는 6가지 대조적인 감정을 선택하세요. 왜 그런 감정을 선택했나요?

추가 읽기

- *Affective Computing*, Rosalind Picard 저, `https://direct.mit.edu/books/book/4296/Affective-Computing`. 이 책은 AI의 감정 시뮬레이션과 직접적으로 관련된 정서 컴퓨팅 분야의 기초 서적입니다.
- *Emotion Modelling for Social Robots*, Ana Paiva, Iolanda Leite, Tiago Ribeiro 저, `https://people.ict.usc.edu/~gratch/CSCI534/Readings/ACII-Handbook-Robots.pdf`. 이 책에는 로봇의 정서적 반응 구현에 초점을 맞춘 연구 논문과 연구가 포함되어 있습니다.

- *Designing Sociable Robots*, Cynthia Breazeal 저, `https://direct.mit.edu/books/book/2309/Designing-Sociable-Robots`. 로봇의 감정과 사회적 역학의 통합을 이해하기 위한 핵심 자료입니다.

제10장
결론 및 반성

우리는 이 책을 통해 꽤나 긴 여정을 걸어왔습니다. 저는 많은 것을 배웠고 독자 여러분도 많은 것을 배웠기를 바랍니다. 저는 로봇 공학에 대한 저의 사랑을 다시 돌아볼 기회를 가졌고, **인공 지능(AI)**과 로봇 설계의 최신 기술을 살펴보고 개념을 쉽게 이해할 수 있는 형태로 설명할 방법을 찾기 위해 많은 시간을 보냈습니다.

이 장에서는 로봇을 완성하는 방법에 대해 설명하겠습니다. AI와 로봇 공학 분야의 직업에 대한 몇 가지 조언을 해드리겠습니다. 또한 제가 생각하는 AI의 미래에 대해 조금 이야기하고 위험에 대한 논의로 마무리하겠습니다.

이 장에서는 다음과 같은 주요 주제를 다룹니다.

- 언제 멈춰야 하는지 알아보기
- 로봇 공학 분야 경력
- AI의 현재 상태 살펴보기
- AI의 위험 이해

언제 멈춰야 하는지 알아보기

지난 9장에 걸쳐 특정 작업을 수행하기 위한 특정 로봇을 설계하는 작업을 진행했습니다. 우리는 로봇 알버트가 가정집과 같은 비정형 환경에서 장난감을 줍도록 설계했습니다. 이를 위해서는 카메라로 장난감을 인식하고, 로봇 팔과 손으로 장난감을 집어 들고, 집 안을 탐색하고, 장난감 상자에 장난감을 넣을 수 있어야 했습니다. 또한 로봇이 명령을 듣고 반응하도록 가르치는 상호작용 기능도 추가했습니다. 마지막으로 로봇에 인공 인격을 부여하고 감정을 시뮬레이션했습니다.

그렇다면 다음 질문으로서 우리가 로봇의 설계, 제작, 테스트를 끝낸건가요? 로봇을 설계, 제작, 테스트할 때 가장 어려운 부분은 로봇이 언제 완성되었는지 판단하는 것입니다. 사소한 부분을 개선하거나 세부 사항을 추가하거나 기능을 강화해야 하는 경우가 종종 있습니다. 아, 로봇에 스포트라이트가 필요합니다. 장난감 상자에 어떤 장난감이 있는지 기억할 수 있으면 좋을 것 같아요. 팔이 두 개 있으면 어떨까요? 등등. 이런 식으로 계속 땜질하고 추가해도 끝이 나지 않을 수 있습니다.

이에 대한 해결책은 구체적인 목표를 설정하고 그에 따라 측정하는 것입니다. 예를 들어 로봇이 장난감을 집어 올리기를 원한다고 가정해 보겠습니다. 얼마나 많은 장난감을 집어 올려야 하나요? 바닥에 있는 모든 장난감입니다. 따라서 여러 번의 테스트를 실행하고 각 테스트가 끝날 때 모든 장난감을 집어 올리면 테스트가 완료된 것입니다. 하지만 장난감이 모두 주워지지 않았다면 어떻게 해야 할까요? 무엇이 충분할까요? 남은 장난감을 모두 손에 들고 한 번에 집어 올릴 수 있다면 그것으로 충분하다고 말하는 것은 어떨까요? 어느 수준까지는 허용되지 않을까요? 장난감을 전혀 집지 않는 것은 허용되지 않습니다. 절반은 어떨까요? 그것도 괜찮다고 생각하나요? 저는 아마 아니라고 말할 것입니다. 결승선이 어디인지 명확하게 말할 때까지 이 자기 대화를 계속할 수 있습니다. 그리고 그 선을 넘으면 끝입니다.

때로는 새롭거나 혁신적인 것을 시도할 때 기대치를 낮춰야 할 때가 있습니다. 버그를 고치는 데 시간을 투자해야 합니다. 저는 무언가를 만들고 로봇이 새롭고 예상치 못한 일을 하도록 했는데, 결국 제가 시작한 것보다 훨씬 더 나은 결과를 얻은 경험이 있습니다. 예를 들어 저는 상당히 정교한 *follow me(사람 추종)* 기능을 갖춘 로봇을 만들었습니다. 이 로봇은 신체 인식 기능을 사용하여 사람을 식별한 다음, 명령을 받으면 군중 속에서도 한 사람의 뒤를 따라다니며 항상 시야에 따라다니는 사람을 유지할 수 있었습니다. 로봇은 사람과 6피트 거리를 유지하도록 프로그래밍되었습니다. 즉, 사람이 멀어지는 대신 로봇을 향해 걸어가면 로봇이 뒤로 물러났습니다. 그런 다음 로봇을 향해 걷는 것만으로 로봇을 원하는 방향으로 뒤로 조종할 수 있었으며, *follow me* 기능이 *walk ahead(앞서가기)* 기능이 되었습니다.

때로는 혁신이 효과가 없어 어느 순간 포기해야 하는 경우도 있습니다. 대개는 임시방편이나 해결 방법을 계속 추가해야 할 때 이를 알 수 있습니다. 해결 방법을 추가할 때마다 소프트웨어는 더욱 복잡해지고 취약해집니다. 소나 기반 장애물 회피 시스템에서 이런 문제가 있었는데, 제가 사용한 소나 센서가 너무 불안정하고 표면에 매우 민감해서 예를 들어 광택이 나는 나무문에서 발생하는 반향을 감지할 수 없었습니다. 몇 주간의 테스트 끝에 이 센서를 버리고 훨씬 더 안정적으로 작동하는 **적외선 근접 감지기**(Infrared Proximity Detector, IRPD)라는 다른 빛 기반 센서를 사용했습니다.

다음 섹션에서는 로봇 공학 및/또는 AI에 관심이 있는 경우 선택할 수 있는 몇 가지 커리어 경로를 살펴보겠습니다.

로봇 공학 분야 경력

로봇 디자이너가 되기 위해 어떤 기술이나 학위가 필요한지, 어떤 과정을 수강해야 하는지 자주 질문을 받습니다. 저는 로봇 대회, 학생 행사, 컨퍼런스, 채용 여행에서 많은 젊은이들을 만납니다. 특히 AI, 신경망, **그래픽 처리 장치**(GPU), 전문가 시스템, 챗봇, 내비게이션, 이미지 처리가 모두 중요한 지금, 제가 이 책에 담은 많은 조언은 이미 많은 사람들에게 해주고 있습니다. *로봇 공학(robotics)*은 많은 산업과 다양한 기술을 포괄하는 포괄적인 용어라는 점을 이해해야 합니다.

누가 로봇 공학을 사용하나요? 로봇의 활용 범위는 매일 계속 증가하고 있습니다. 여기에는 다음이 포함됩니다.

- 의료 분야에서는 로봇을 이용한 수술, 로봇 의수, 하반신 마비 환자의 보행을 돕는 외골격, 청각과 시각을 돕는 이식형 장치 등이 있습니다.
- 교통수단에는 자율 주행 자동차와 자율 비행 비행기 및 헬리콥터가 있습니다(제가 하는 일이 바로 그것입니다).
- 샌프란시스코에서는 로봇이 인도에서 택배를 배달하고 있으며, 아프리카, 스위스, 텍사스 등지에서 항공 드론을 이용한 택배 배송을 테스트하는 회사도 있습니다.
- 현재 여러 국가에서 자율주행 자동차가 시험 운행되고 있습니다. 차선 유지, 적응형 순항 제어(adaptive cruise control), 운전자 보조, 자동 주차 등 자율주행 자동차를 위해 개발된 안전 기능은 이제 기본형 자동차에서도 흔히 볼 수 있는 기능입니다. 현재 80개 이상의 회사가 일종의 전기 **수직 이착륙**(vertical takeoff and landing, VTOL) 유인 차량을 개발하고 있으며, 이들 모두 제어 시스템의 일부로 첨단 자동화 및 자율성을 사용하고 있습니다. 호주 극서부에 위치한 Rio Tinto Mining은 Pilbara에 *Mine of the Future(미래의 광산)*을 개발하여 1,500킬로미터 떨어진 Perth에서 80대의 자율주행 트럭을 원격으로 운행하고 있습

니다.

로봇 공학의 미래는 이제 막 쓰여지고 있으며, 이 책을 읽는 여러분은 로봇 공학이 나아갈 길을 결정하는 데 한 몫을 담당할 수 있습니다.

그렇다면 방금 설명한 것과 같은 로봇을 설계하고 제작하려면 어떤 기술이 필요할까요? 사실 현대의 로봇 회사라면 상상할 수 있는 거의 모든 기술을 사용할 것입니다. 이러한 기술 중 몇 가지를 좀 더 자세히 살펴보겠습니다.

- 아무리 단순한 로봇이라도 **기계 설계자**가 로봇을 움직이게 하고 전자 장치를 패키징하는 데 필요한 부품, 기어, 레버를 개발해야 합니다.
- **전기 엔지니어**는 배터리와 모터로 작업합니다.
- **무선 주파수(radiofrequency, RF)** 엔지니어와 **기술자**는 모바일 로봇을 제어 스테이션(예: **무인 항공기**)에 연결하는 데 사용되는 무선 및 데이터링크로 작업합니다.
- **인지 전문가**는 AI 루틴을 설계하고, 로봇의 감정을 개발하고, 머신러닝 기술을 활용하고, 사용자 인터페이스를 디자인합니다.
- 작가와 **아티스트**는 음성 루틴을 만들고, 대화를 작성하고, 사용자 인터페이스를 디자인하고, 매뉴얼과 문서를 작성하고, 로봇의 내부와 외부에 창의적인 터치를 더합니다.
- 관리자와 **감독자**는 예산과 일정을 추적합니다.
- **공급 전문가**는 공급업체, 부품, 주문 제작 공장, 전자제품 창고, 영업사원과 협력하여 조립 라인을 구성할 부품을 확보합니다.
- 산업용 로봇은 **프로그래밍 가능한 로직 어레이(programmable logic arrays, PLA)**와 **래더(ladder) 로직**을 사용하여 부품을 페인트하고 조립하는 로봇 팔을 제어하는 특수 유형의 **프로그래머**가 관리합니다. 이러한 유형의 프로그래밍은 릴레이와 스위치를 사용하여 로봇이 원래 설계된 방식을 에뮬레이트(한 시스템이 다른 시스템을 모방하여 동일하게 작동하게 하는 것, 역자주)합니다.
- 경리 담당자와 **회계사**는 직원 월급 뿐만 아니라 청구서가 지불되었는지 확인합니다.
- **영업 사원, 마케팅** 및 **고객 관계** 팀은 제품을 판매하고 고객 만족도를 유지합니다.

이러한 모든 기술은 전문 로봇 공학자, 특히 자신의 회사를 운영할 생각이라면 어떤 형태로든 갖춰야 합니다. 저는 한 명부터 수천 명에 이르기까지 모든 규모의 로봇 프로젝트에 참여해 왔습니다. 각 프로젝트마다 장단점이 있지만 로봇 디자이너는 폭풍의 중심에서 마법을 일으키고,

문제를 해결하고, 아이디어를 실제 형태로 바꾸는 역할을 맡게 될 것입니다. 제게는 제가 만든 로봇이 제 역할을 다하며 달리고 날아다니는 모습을 보고 그 동안의 노력, 연구, 코딩, 기계공, 불면의 밤, 손가락과 발가락이 부러지고 끼니를 거른 모든 것이 이 결과의 가치가 있었다는 것을 아는 것보다 더 만족스러운 순간은 없습니다.

이제 뉴스에서 보셨을 법한 로봇과 인공지능에 대한 과대 광고에 대해 잠시 이야기해 보겠습니다.

AI의 현재 상태 살펴보기

현재 AI와 로봇 공학이 교차하는 세계에는 많은 과대 광고가 난무하고 있습니다. 그리고 그 중 상당수는 과장된 것일 뿐입니다.

흔히 로봇이 사람의 일자리를 빼앗는다는 오해가 있습니다. 사실 로봇과 자동화는 근로자들이 더 생산적인 업무에 집중할 수 있게 해줍니다. 이는 일자리 통계에서 확인할 수 있습니다. 공장 자동화의 대대적인 개선에도 불구하고 미국의 실업률은 50년 만에 최저치를 기록했습니다 (https://www.wsj.com/articles/january-jobs-report-unemployment-rate-economy-growth-2023-11675374490). 그러나 *하버드 비즈니스 리뷰에* 따르면 로봇의 생산성 향상으로 인해 일자리가 사라지는 것보다 더 많은 일자리가 창출되고 있습니다(https://hbr.org/2021/03/why-robots-wont-steal-your-job). 자동화와 생산성 향상으로 인해 전체 고용 수준은 감소한 것이 아니라 오히려 증가했습니다.

저는 현대의 직장인, 심지어 저처럼 기술 분야에서 일하는 사람들도 나이에 상관없이 자신을 재교육하고 새로운 업무 방식, 새로운 경제, 새로운 기회에 대해 배우고 적응할 준비가 되어 있어야 한다는 것을 잘 알고 있습니다. 저는 새로운 시장이 생겨나고 새로운 기술이 등장하면서 적어도 여섯 번은 완전히 재교육을 받아야 했습니다. 때로는 어떤 기술이 발명되었지만 그것이 제공하는 혜택에 비해 너무 비싸거나 적절한 하드웨어가 아직 발명되지 않아서 사라지는 *두 번째 물결이* 있습니다. 1999년에 큰 이슈가 되었다가 지금은 휴대폰용으로 개발된 초소형 고해상도 화면으로 다시 등장한 가상현실과 마찬가지로 신경망도 이 범주에 속합니다.

AI와 로보틱스의 미래 전망

저는 우버(Uber), 리프트(Lyft), 에어비앤비(Airbnb) 같은 기업들이 서비스를 제공하기 위한 자본이나 자원을 소유하지 않고도 공급자와 소비자를 대규모로 연결하여 가치를 창출하는 *공유*

*경제(sharing economy)*의 장기적인 영향에 대해 관심이 많습니다. 이 모든 것은 빠른 속도로 성장하고 발전하고 있는 유비쿼터스 인터넷 덕분에 가능해진 것입니다. 인터넷의 보급으로 일반 대중이나 개인 학생도 가정용 컴퓨터, 스마트폰, 태블릿에 설치하기에는 너무 큰 ChatGPT와 같은 AI 프로그램을 온라인으로 실행할 수 있는 슈퍼컴퓨터 수준의 기능을 이용할 수 있게 되었습니다. 저는 *인터넷의* 빠른 변화를 나타내기 위해 24개월 정도 된 아이디어를 언급하면서 "*하지만 그것은 인터넷의 10년입니다*"라는 표현을 자주 사용합니다.

인터넷 기술 분야에서. 이러한 추세는 계속될 것입니다. 20년 후 자동차를 소유하는 사람이 있을지, 아니면 자동차 서비스만 구독하는 사람이 있을지 지켜보는 것도 흥미로울 것입니다.

매우 흥미로운 또 다른 트렌드는 많은 비즈니스에서 진입 장벽이 낮아지고 있다는 점입니다. 3D 프린터가 등장하여 데스크톱에서 이러한 기능을 구현하기 전에는 정밀 기계 부품을 만들기 위해 거대한 기계 공장과 거대한 기계가 필요했습니다. **생성형 AI**는 글과 그림을 합성할 수 있고, 음악을 직접 만들고, 프로그램과 소프트웨어를 작성하고, 조언을 제공하고, 텍스트 프롬프트만으로 스크립트 작성, 그림 그리기, 애니메이션 제작을 도와줄 수 있는 AI입니다. 영화를 만들고 싶으신가요? iPhone에서 할 수 있습니다. 녹음 스튜디오를 시작하고 싶으신가요? 200달러 미만의 비용으로 전문적인 결과물을 위한 파트를 사용할 수 있으며 AI를 사용하여 가사, 코드 진행, 아르페지오 또는 노래 아이디어까지 생성할 수 있습니다.

진입 장벽을 낮추는 범주에 속하는 품목 중 하나가 드론 또는 소형 무인 항공기입니다. 제가 드론을 만들기 시작했을 때만 해도 불안정한 쿼드콥터를 제어할 수 있게 해주는 **GPS(위성위치확인시스템)**와 **IMU(관성측정장치)**는 수만에서 수십만 달러에 달했습니다. 드론 기술의 진정한 혁신은 항공기가 아니라 휴대폰에서 비롯되었습니다. 휴대폰의 발전으로 기업들은 수십억 달러를 투자하여 차세대 휴대폰, 스마트폰, 휴대용 컴퓨터 진정제(Hand-held computer pacifier) 또는 그 무엇이라고 부르든 간에 이를 만들 수 있었습니다. 초소형 무전기, 초소형 GPS, 초소형 가속도계의 융합으로 쿼드콥터, 글라이더, 비행선, 비행기, 하이브리드 VTOL 비행선 등 무인 비행체의 세계가 등장할 수 있었습니다. 휴대폰과 노트북에서 나온 고밀도 배터리와 함께 사람들은 충분한 전력을 공급하면 사람을 포함한 거의 모든 것을 비행시킬 수 있다는 사실을 발견할 수 있었습니다.

비행 쿼드콥터의 놀라운 성공의 비결은 움직임의 변화를 측정하는 소형 가속도계와 방향 변화를 측정하는 소형 자이로스코프가 저렴하고 쉽게 구할 수 있게 되었기 때문입니다. 이러한 센서와 이를 제어하는 로봇 알고리즘이 없으면 쿼드콥터는 불안정하고 제어가 불가능합니다. 쿼드콥터가 성공한 또 다른 이유는 모터의 속도인 스로틀(throttle) 설정만으로 안정성을 포함한 비행의 모든 측면을 제어할 수 있기 때문입니다. 이는 헬리콥터를 작동시키는 매우 복잡한 집합 제어 및 주기적인 피치 제어와 비교됩니다. 매우 비싸고 소수의 사람만 조종할 수 있는 무선 조종 헬리콥터와 컴퓨터와 몇 가지 센서의 도움으로 매우 저렴하고 누구나 조종할 수 있는 쿼드콥터의 차이점을 확인할 수 있습니다. 집단/순환 무선 조종 헬리콥터에 드론 자동 조종 장치를 추가하면 제어가 매우 용이한 드론 헬리콥터를 만들 수 있습니다. 쿼드콥터와 더 복잡한 비행 기계는 안정화, 적응형 비행 제어, 물체 인식 및 장애물 회피를 위해 AI를 사용합니다.

이러한 AI와 로봇 공학의 발전의 이면에는 로봇 공포증(robot phobia)이라고 할 수 있는 일부 사람들의 반발도 존재합니다.

AI 공포증(AI phobia)은 합리적일까요?

인터넷에서 믿을 수 있는 여러 출처의 놀라운 헤드라인을 본 적이 있을 것입니다.

약 10년 전, 선도적인 과학자 스티븐 호킹은 *"완전한 인공지능의 개발은 인류의 종말을 가져올 수 있다.... 인공지능은 점점 더 빠른 속도로 스스로를 재설계할 것이며... 느린 생물학적 진화의 제약을 받는 인간은 경쟁할 수 없고 대체될 것이다."*(https://www.bbc.com/news/technology-30290540)라고 말했습니다. 이 인용문은 오늘날에도 AI를 비판하는 사람들이 자주 사용합니다.

최근 엘론 머스크는 AI의 성장에 상당한 투자를 해왔지만 AI가 *문명 파괴*로 이어질 수 있다고 주장했습니다(https://edition.cnn.com/2023/04/17/tech/elon-musk-ai-warning-tucker-carlson/index.html).

마이크로소프트의 전 회장인 빌 게이츠는 AI에는 가능성과 우려가 모두 존재한다고 말하며 중도적인 입장을 취했습니다. 그는 공개 서한을 통해 AI의 잠재력에 대해 자세히 설명하는 동시에 이 기술 개발의 위험성에 대해서도 언급했습니다. 그는 *"세계는 인공지능의 단점이 장점보다 훨씬 더 크도록 규칙을 정립해야 한다"*고 썼습니다(https://www.forbes.com/sites/qai/2023/03/24/bill-gatess-open-letter-suggests-ais-potential-is-both-exciting-and-terrifying/).

먼저, 저는 이 분들과 같은 수준에 있다고 생각하지 않는다는 점을 분명히 말씀드리고 싶습니다. 하지만 저는 AI와 무인 자동차, 로봇 공학의 최첨단 분야에서 매일 일하며 수많은 AI 컨퍼런스에 참석하고 연설하는 사람입니다. AI에 대한 두려움의 근원은 화장실 벽에 걸려 있는 거울에서 찾을 수 있는데, 우리는 거울을 통해 우리의 동기와 욕망을 창작물에 반영하고 있습니다.

저는 오늘날의 AI 기술을 스케이트보드에 V-8 엔진을 장착한 10대 청소년에 비유하고 싶습니다. 엄청난 파워를 가졌지만 사용할 방법이 없는 상태입니다. 컴퓨터, 하드웨어, 네트워크는 놀라운 속도로 발전하고 확장되었지만, 오늘날에도 20년 전과 같은 방식으로 소프트웨어를 구축하고 있으며, AI의 많은 발전은 40~50년 전에 발명된 것입니다. 예를 들어, 신경망은 1940년대에 발명되었습니다(`https://link.springer.com/article/10.1007/BF02478259`). 유전 알고리즘은 1950년대에 앨런 튜링에 의해 제안되었습니다. 인터넷 덕분에 많은 데이터와 대역폭을 확보하게 되면서 학습 이론을 적용하는 데 어느 정도 진전을 이룰 수 있었지만, AI의 획기적인 발전을 보여주는 놀라운 새로운 개념이나 기능을 만들어내지는 못했습니다. 최근 ChatGPT와 Dall-E 이미지 생성 등 생성형 AI 분야의 연구는 상상력의 컴퓨터 버전(노이즈에서 단계적으로 데이터를 생성)이라고 할 수 있는 것을 만들어냈으며, 이는 실제로 진일보한 것이지만 여전히 ChatGPT와 같은 생성형 AI는 신경망이 이전에 했던 일, 즉 문장의 다음 단어를 예측하는 일을 하고 있습니다.

생성형 AI란 무엇인가요? 이 경우 AI 자체에 정의를 물어볼 수 있습니다. 다음 텍스트는 *"생성형 AI의 정의를 알려주실 수 있나요?"*라는 질문에 대한 응답으로 ChatGPT4라는 AI 프로그램이 작성한 것입니다.

"생성형 AI는 학습 데이터에서 학습한 패턴과 정보를 기반으로 텍스트, 이미지, 음악 또는 코드와 같은 새로운 콘텐츠를 생성할 수 있는 인공지능 기술의 하위 집합을 말합니다. 이러한 유형의 AI는 머신러닝 알고리즘, 특히 생성적 적대 신경망(GAN) 또는 트랜스포머와 같은 생성 모델을 사용하여 인간이 생성한 콘텐츠의 복잡성을 이해하고 복제합니다.

"생성"이라는 측면은 AI가 기존 정보를 분석하거나 처리하는 데 그치지 않고 실제로 이전에는 볼 수 없었던 새로운 것을 창조한다는 것을 의미합니다. 예를 들어 텍스트의 경우 생성형 AI는 에세이, 시 또는 코드를 작성할 수 있고, 이미지의 경우 존재하지 않는 사물의 예술 작품이나 사실적인 사진을 만들 수 있으며, 음악에서는 다양한 스타일로 새로운 곡을 작곡할 수 있습니다."라고 설명합니다.

하지만 이것이 **일반적인**(general) AI(인간 수준의 지능을 가진 소프트웨어)인가요? 저는 그렇게 생각하지 않습니다. 하드웨어와 소프트웨어는 발전하고 있지만, 존경받는 게이츠나 머스크,

호킹 박사가 제안한 유형의 문제를 해결할 수 있는 길은 보이지 않습니다. 왜 안 될까요? 다음 섹션에서 이에 대해 자세히 살펴보겠습니다.

인간과 AI의 요구 사항 비교

AI에 대해 큰 문제가 없다고 보는 이유는 로봇은 욕구가 없기 때문입니다. 인간은 존재에 대한 욕구와 야망이 있습니다. 우리는 윌리엄 버로스(William Burroughs)가 *소프트 머신*이라고 불렀던 연약한 육체 세포 안에 갇혀 있습니다. 우리는 소프트 머신에게 공기, 음식, 물, 쉼터, 의복을 제공하여 연약한 껍질을 보호하고 다른 소프트 머신(사람)과 상호 작용하여 번식하고 더 많은 것을 만들어야 합니다. 리처드 도킨스(Richard Dawkins)가 그의 저서 *'이기적 유전자(The Selfish Gene)'*에서 주장했듯이 이 모든 것이 우리 DNA가 스스로를 영속시키기 위해 진화한 방법일 뿐이며, 우리는 생물학적 프로그래밍의 산물일 뿐이라고 주장할 수도 있습니다. 인간을 욕구(needs)에서 분리하는 것은 불가능하며, 분리하지 않으면 우리는 몇 분 만에 죽습니다. 나무에서 나와 농사를 짓고, 도시를 건설하고, 문명을 만드는 것은 바로 우리의 욕구 때문입니다.

반면에 로봇은 존재의 조건으로서 욕구가 없습니다. 로봇은 우리가 전자장치에 입력한 일련의 명령어, 즉 머릿속에 말을 입력해 움직이게 하는 (Terry Pratchett의 *Feet of Clay*에서 설명한 대로) 골렘(golem)에 불과합니다. 우리가 그들에게 음식을 제공하지 않으면 아무 일도 일어나지 않습니다. 우리가 그것들을 사용하지 않으면 아무 일도 일어나지 않습니다. 일주일 동안 잊고 있다가 나중에 확인해도 여전히 똑같습니다.

먼저 인간의 욕구가 무엇인지에 대해 알아봅시다. 매슬로우(Maslow)는 1943년에 **욕구 위계설(hierarchy of needs)**을 제시했으며, 그 이후로 계속 인용되고 있습니다. 매슬로우는 인간에게 단순한 욕구가 있는 것이 아니라, 더 중요한 욕구가 맨 아래에 있고 더 추상적인 욕구가 맨 위에 있는 위계질서를 형성한다고 말합니다. 다음 다이어그램에서 볼 수 있듯이 우리는 그 아래의 모든 욕구가 충족될 때만 특정 수준의 욕구에 대해 걱정합니다.

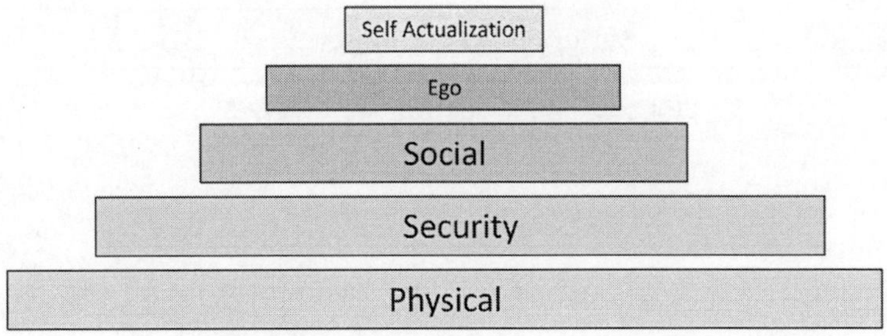

그림 10.1 인간이 가지는 욕구의 계층 구조

이 욕구의 피라미드를 자세히 살펴봅시다.

- 맨 아래에는 공기, 음식, 물, 의복과 같은 *신체적(physical)* 욕구가 있습니다.
- 다음 단계는 *안전(security)* 욕구로, 우리는 포식자나 우리를 해치려는 다른 사람들로부터 안전하다고 느껴야 합니다.
- 안전 욕구 위에는 집단이나 사회의 일부가 되고자 하는 *사회적(social)* 욕구가 있습니다. 인간은 가족, 공동체, 국가에 소속되기를 원합니다. 사회를 보호하기 위해 전쟁을 발명한 것이 증명하듯 이러한 욕구는 매우 강력합니다.
- 다음으로, 인정받고 싶고, 특별해지고 싶고, 소속되기 위해 열심히 노력한 군중에서 눈에 띄고 싶은 *자아(ego)* 욕구가 있습니다. 다른 모든 욕구가 해결된 후에야 이 욕구를 표현할 수 있으므로 그룹의 일원이 된 후에야 인정에 대해 걱정할 수 있다는 점을 기억하세요.
- 매슬로우가 말한 *자아실현(self-actualization)* 욕구는 자기 개선, 즉 자기 자신을 향상시키려는 욕구라고 할 수 있습니다. 운동선수, 예술가, 음악가, 책을 쓰는 사람들이 바로 여기에 해당합니다.

> **참고**
>
> 아내와 저는 대학에서 읽은 모든 교과서에 매슬로우의 욕구위계설에 대한 언급이 포함되어 있다는 농담을 주고받았습니다. 저는 수학과 공학을 전공했고 아내는 인적 자원학을 전공했기 때문에 상당히 이례적인 일이었습니다. 이제 이 책이 매슬로우를 언급하는 책 목록에 추가되었다는 사실이 아이러니하게 느껴집니다.

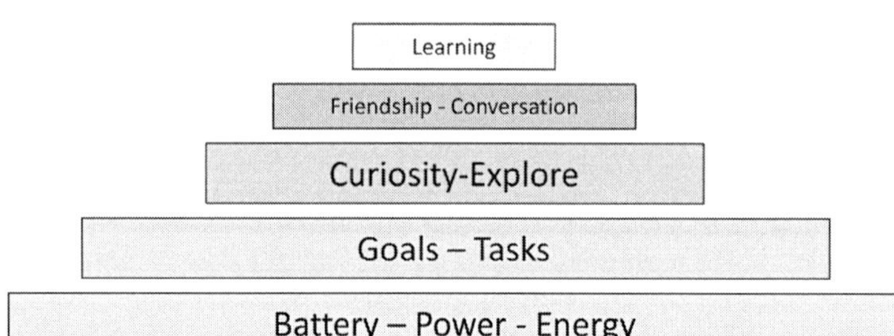

그림 10.2 로봇에 대한 요구 사항 계층 구조

이를 다음과 같이 세분화할 수 있습니다.

- 로봇의 욕구와 달리 배고픔은 인간의 생물학에 내재되어 있습니다. 하지만 AI 시스템의 경우, 제작자인 우리가 이를 구축해야 합니다. 이는 인공 인격에서 그랬던 것처럼 *전력*이

나 *배터리 수명*과 동일합니다.

- 다음 단계의 요구 사항은 AI에게 주어진 *목표*와 *작업*입니다.
- 다음 단계는 잠재적으로 호기심과 탐험의 필요성일 수 있습니다. AI 시스템은 더 많은 데이터를 수집하거나 더 많은 리소스에 액세스하려는 동기를 갖게 될 것입니다. 로봇이 데이터를 확보하면 더 많은 데이터를 얻을 수 있는 기반이 마련되는 것입니다.
- 우리가 인공지능에게 부여할 다음 단계의 욕구는 우정에 대한 욕구 또는 다른 로봇 또는 사람과의 *커뮤니케이션*을 지원합니다.
- 마지막으로 로봇에게 학습의 필요성을 부여하거나 새로운 기술과 기법을 습득하고 익혀 로봇으로 성장할 수 있도록 할 수 있습니다.

이 책에서는 이러한 주제를 다루지 않았다는 것을 눈치채셨을 것입니다. 우리는 로봇에게 필요한 것을 제공하는 것에 대해 이야기하지 않았고, 감정을 시뮬레이션하는 방법과 로봇에게 전혀 의미가 없는 대화 규칙에 대해서만 이야기했습니다. 로봇은 이러한 개념이 무엇인지 모르기 때문에 7살짜리 아이에게 끔찍한 농담을 해도 아무런 기쁨을 얻지 못합니다. 로봇은 단지 우리가 시키는 대로 전자(electron)들을 한 경로 또는 다른 경로로 보낼 뿐입니다. 여기서 유일한 지능은 로봇 디자이너인 우리들의 성찰과 상상력입니다. 그 외의 모든 것은 마술사의 트릭과 같은 환상에 불과합니다.

저는 이런 질문을 자주 받는데, 인공지능에 대한 비판에 맞서기 위해 몇 가지 답변을 드릴 수 있을 것 같았습니다. 결론부터 말씀드리자면 저는 AI가 세상을 장악하는 것에 대해 걱정하지 않습니다. 일반적인 AI가 절대 존재하지 않을 것이라고 말하는 것이 아니라, 가까운 미래에 AI가 등장할 것 같지 않다는 뜻입니다.

이러한 맥락을 바탕으로 AI의 위험을 이해하고 관리하는 방법에 대해 논의해 보겠습니다.

AI의 위험 이해

제가 컨퍼런스나 지면을 통해 자주 언급하는 주제 중 하나는 *신뢰(trust)*와 *통제(control)* 측면에서 AI의 위험성입니다. 여기서 말하는 것은 AI의 폭주보다는 AI를 신뢰할 수 있게 만드는 방법에 대해 이야기하는 것입니다. 우리가 고려하고 있는 인공지능, 특히 인공신경망은 다른 컴퓨터 소프트웨어가 거의 하지 못하는 일을 한다는 점이 매우 흥미롭습니다. 동일한 입력과 조건이 주어졌을 때 AI 시스템의 출력은 항상 동일하지 않습니다. 동일한 입력이 주어지면 AI 시스템은 때때로 다른 답을 내놓을 수 있습니다. 이러한 행동의 정식 명칭은 **비결정성(non-determinism)**입니다.

여기에는 두 번째 결론이 있습니다. 동일한 입력이 주어졌을 때 AI 프로세스가 작업을 완료하는 데 걸리는 시간이 다를 수 있습니다. 이는 컴퓨터의 정상적인 동작이 아닙니다.

물론, 우리는 2+2와 같은 수학 문제에 대한 답을 얻기 위해 AI를 사용하는 것이 아니라 암 종양을 진단하거나 자율주행차가 횡단보도에서 보행자를 인식하는 등의 작업을 수행하기 위해 AI를 사용하고 있다는 점을 인정합니다. 잘못된 컴퓨터 출력은 어떻게 처리하나요? 신경망에 대한 학습을 수행했을 때 다룬 사례를 보면 직접 확인할 수 있습니다. 모든 정답을 맞히는 학습에서 100% 성공을 거둔 적이 있을까요? 아니요, 단 한 번도 없었습니다. 그 이유는 인공신경망은 매우 복잡할 수 있는 입력을 출력에 매핑하는 *범용 근사 함수(universal approximation functions)*이기 때문입니다. 인공신경망은 오랜 시간에 걸쳐 개발된 확률과 평균을 처리하여 이를 수행합니다. 인공 뉴런은 *지난 50번의 입력 중 45번의 입력이 참이었을 것이라고* 말하는 확률 엔진이라고 생각할 수 있습니다. *이번에는 참이 될 확률이 높습니다.* 그리고 이 엔진은 스스로 참으로 설정합니다. 네트워크에는 수백만 개의 작은 인공 뉴런이 있을 수 있으며, 각 뉴런은 동일한 종류의 계산을 수행합니다. 그 결과 정답에 대해 열심히 교육받은 추측을 하게 됩니다.

대부분의 신경망 응용 프로그램에서 이는 허용되는 동작입니다. 사진을 분류하는 작업에서 몇 개가 틀린 경우에도 허용됩니다. Google에서 오리너구리를 검색했는데 100개의 오리너구리 브랜드 테니스화 중 한 장의 사진이 나왔습니다. Google 검색에서는 괜찮지만 자율주행차에서 보행자를 인식하는 것과 같이 더 심각한 작업을 수행한다면 어떻게 될까요? 100명 중 한 명의 보행자를 잘못 인식하고 피하지 않아도 괜찮을까요? 당연히 아니죠. 그렇기 때문에 현재로서는 이러한 중요한 기능에 AI 시스템을 사용하지 못하도록 하고 있습니다. 하지만 사람들은 실제로 이런 방식으로 AI를 사용하고 싶어 합니다. 비행 중인 기러기를 인식하고 이를 피할 수 있는 방법을 여객기에 알려주는 AI 시스템이 있다면 정말 좋을 것 같습니다. 병원에서 환자가 오진되어 즉각적인 치료가 필요하다는 것을 AI 시스템이 인식하면 좋을 것입니다. 하지만 비결정적이고 따라서 신뢰할 수 없는 AI의 특성을 다루는 프로세스를 마련하기 전까지는 그렇게 할 수 없습니다.

현재 우리는 자동차에서 비결정적 요소를 항상 다루고 있습니다. 이를 운전자라고 합니다. 자동차 충돌 사고의 대부분은 인간 요소에 의해 발생한다고 널리 알려져 있으며, 그렇기 때문에 더 나은 비율의 자율 주행 자동차가 필요합니다. 그렇다면 인간 운전자는 어떻게 처리해야 할까요? 운전자에게 필요한 기준을 살펴보면 다음과 같습니다.

- 일정 연령 이상이어야 하며, 이는 경험을 쌓았음을 의미합니다.
- 테스트를 통과하여 업무 수행 능력을 입증해야 합니다.
- 지식 테스트를 통과하여 규칙 및 규정을 준수하고 있음을 입증해야 합니다.
- 라이선스를 갱신하여 주기적으로 재인증을 받아야 합니다.
- 또한 안전벨트와 에어백을 의무화하여 운전자의 실수로 인한 부상의 위험을 부분적으로 완화할 수 있습니다.

이러한 유형의 기준을 AI에 적용할 수 있습니다. 일정량의 학습 사례를 요구할 수 있습니다. 일정 수준의 역량을 테스트하고 입증할 수 있습니다. 오류나 실수의 수준을 미리 예측하고 그 위험을 완화하기 위한 조치를 취할 수 있습니다. 장애물을 감지하는 AI 시스템과 첫 번째 AI가 실수한 것을 인식하도록 학습된 AI 시스템 두 개를 사용할 수 있습니다. 첫 번째 AI가 맞을 확률이 90%이고 두 번째 AI가 맞을 확률이 또 90%라면 *90% + (10%의 90%) = 99%의 회피* 확률을 갖게 됩니다.

안전이 중요한 애플리케이션에서 AI를 사용하는 핵심은 위험을 미리 예측하고 위험의 원인이나 결과를 완화할 수 있도록 미리 설계하는 것이라고 생각합니다.

요약

이 책의 마지막 장에서는 로보틱스와 AI에 대한 여정을 정리했습니다. 직업으로서의 로보틱스에 대해 이야기하고 직업으로서의 AI 로보틱스에 대해 논의했습니다. 그리고 현실과 상상의 AI의 미래에 관한 몇 가지 이슈를 제기했습니다. 드론과 자율주행 자동차는 현실이지만 로봇이 인간의 일자리를 빼앗거나 세상을 장악하는 것은 적어도 제 생각에는 상상입니다. 저는 로봇과 AI는 욕구가 없기 때문에 진화할 동기나 압박감, 심지어 능력조차 부족하다고 이야기했습니다. 마지막으로 AI의 위험과 이를 인식하는 방법에 대해 이야기했습니다. 이 정보가 로봇과 AI에 대한 관심에 도움이 되고, 이 분야의 실무자가 알려주는 *내부 정보를 얻을 수 있기*를 바랍니다.

이제 이 책의 거의 마지막에 다다랐으니 이 여정을 함께 해 주신 여러분께 감사의 말씀을 드립니다. 이 여정을 통해 궁금한 점을 더 알게 되었더라도 무언가를 배웠기를 바랍니다. 직접 로봇을 만들어보고, AI에 대해 배우고, 취미 또는 직업으로 로봇 공학에 기여하는 사람들의 커뮤니티의 일원이 되기를 바랍니다.

이 모든 자료, 지식, 전문성을 제공하고 인공지능을 인간 지식 발전의 모델로서 오픈 소스가 잘 작동하고 효과적임을 보여주는 대표적인 예로 계속 만들어가고 있는 모든 로봇 공학 및 인공지능 오픈 소스 커뮤니티에 깊은 감사를 표합니다. 전적으로 자원봉사에 의해 운영되는 ROS는 로봇을 훨씬 쉽게 만들 수 있게 해주는 대표적인 사례입니다.

질문

1. 이 장을 가볍게 시작해서 로봇 공포증과 존재에 대한 철학적 질문에 대해 이야기하게 되었는데, AI가 위협적이라고 생각하시나요? 왜 또는 왜 그렇지 않나요?
2. 알버트 로봇을 제품 회사로 전환하는 데 필요한 직업 5가지를 나열하세요.
3. 알버트 로봇을 생산에 투입하려는 회사에 심리학자가 필요하다고 상상해보면 어떨까요? 로봇을 위해서일까요, 아니면 인간을 위해서일까요?
4. 휴대폰이나 스마트폰에서 볼 수 있는 어떤 부품이 쿼드콥터에서도 발견되나요?
5. 인공지능 시스템, 특히 인공신경망은 왜 결과와 시간 측면에서 당연히 비결정적일 수밖에 없나요?
6. 예측 가능한 실수를 하는 AI 시스템을 실제로 적용할 수 있는 방법은 무엇일까요?
7. AI 시스템이 여러분을 대신해 주식을 고르는데 43%의 확률로 수익성 있는 주식을 예측했고, 첫 번째 AI가 좋은 주식을 고르지 못했을 때 80%의 정확도로 판단하는 두 번째 AI가 있다면, 이 AI 조합은 몇 퍼센트의 확률로 수익성 있는 주식을 고를 수 있을까요?

추가 읽기

- *The Organization of Behavior*, Donald Hebb 저, Wiley.
- *Computing Machinery and Intelligence*, Alan M. Turing 저, *Mind*. Vol. LIX (238).
- *Feet of Clay*, Terry Pratchett 저, HarperCollins Publishing, 런던 2009. 이 책은 종이에 적힌 일련의 지침에 따라 *프로그래밍*되어 머릿속에 입력되는 점토 생물인 골렘이라는 가상의 개념을 로봇에 비유한 흥미로운 책입니다.
- *A Theory of Human Motivation*, A.H. Maslow 저, Psychological Review, 50권(4).
- US Dept. of Transportation(미국 교통부). National Motor Vehicle Crash Causation Survey (*미국 자동차 충돌 사고 원인 조사*). `https://crashstats.nhtsa.dot.gov/Api/Public`

/ViewPublication/811059.

- *Attacking Faulty Reasoning: A Practical Guide to Fallacy- Free Arguments(잘못된 추론 공격하기: 오류 없는 논증에 대한 실용적인 가이드)*, T. Edward Damer 저, Cengage Learning.
- *Modern Generative AI with ChatGPT and OpenAI Models,* Valentina Alito 저, Packt Publishing.

답변

1장

1. PID는 무엇을 의미하나요? AI 소프트웨어 방식으로 간주되나요?

   PID는 비례, 적분, 미분의 약자로, 모델(시뮬레이션)이 필요 없는 폐쇄 루프 컨트롤러의 일종입니다. PID는 의사 결정에 학습이나 적응이 개입되지 않기 때문에 AI 방식이 아닙니다. PID는 매우 유용한 제어 기법이며 모터와 온도 조절기를 제어하는 데 널리 사용됩니다.

2. 튜링 테스트란 무엇인가요? 이 테스트가 AI를 평가하는 유효한 방법이라고 생각하시나요?

   튜링 테스트는 원래 앨런 튜링의 *'모방 게임'*에서 유래한 것으로, **텔레타이프**(젊은 층의 경우 문자 메시지)를 통해 누군가 또는 무언가와 소통하는 가상의 테스트 또는 사고 실험입니다. 대화 상대가 사람인지 로봇인지 구분하지 못하면 인공지능은 튜링 테스트를 통과하게 됩니다. 튜링 테스트는 최신 AI 기반 챗봇과 ChatGPT와 같은 생성형 AI 엔진에 의해 통과되었으며, 새로운 지능 테스트가 만들어지고 있습니다(`https://www.nature.com/articles/d41586-023-02361-7`).

3. 로봇이 계단이나 움푹 패인 곳과 같은 부정적인 장애물에 문제가 있다고 생각하는 이유는 무엇일까요?

   로봇의 센서로는 부정적인 장애물(구멍, 낙하물, 내려가는 계단 등)을 보기 어렵지만, 긍정적인 장애물(위로 올라가는 장애물)은 쉽게 볼 수 있습니다. 일반적으로 카메라와 LiDAR는 바닥이 가려져(보이지 않기 때문에) 부정적인 장애물의 일부만 볼 수 있습니다. 때로는 센서가 볼 수 없는 영역인 그림자를 보고 부정적인 장애물에 대해 추론하는 것이 더 쉬울 수 있습니다. 다음 다이어그램은 로봇이 구멍을 인식하는 방법을 보여줍니다.

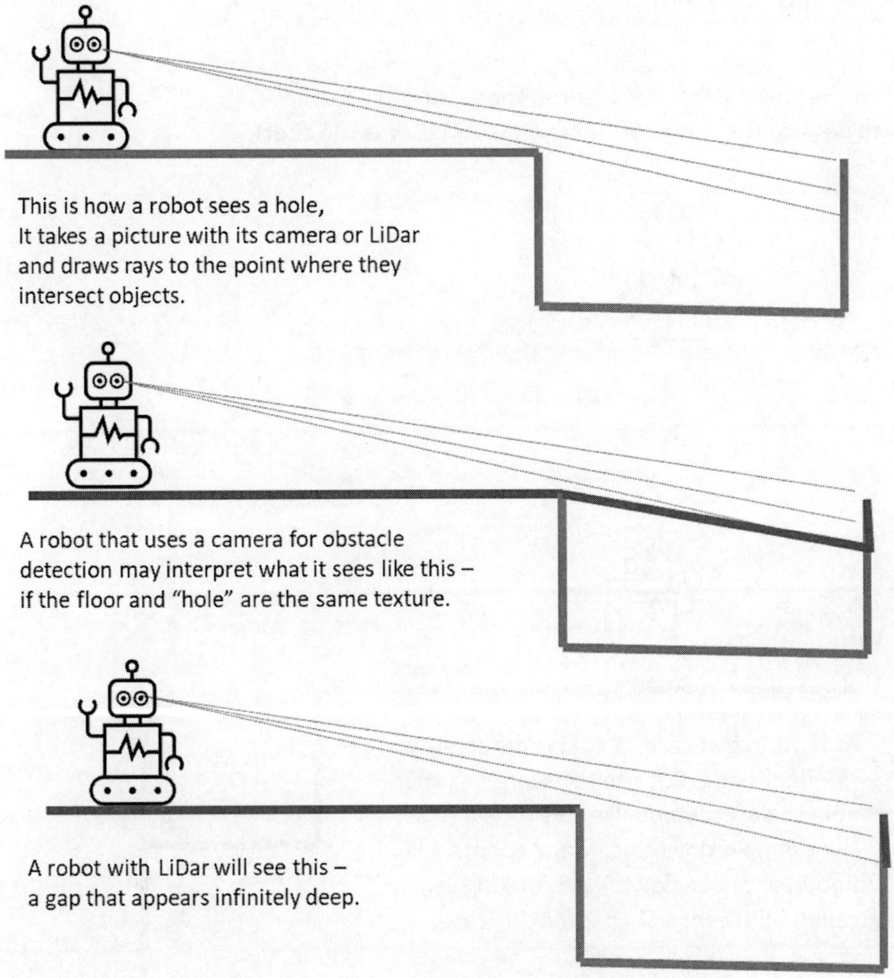

그림 11.1 로봇이 구멍이나 부정적인 장애물을 인식하는 방법

다음 다이어그램은 로봇이 계단을 인식하는 방법을 보여줍니다.

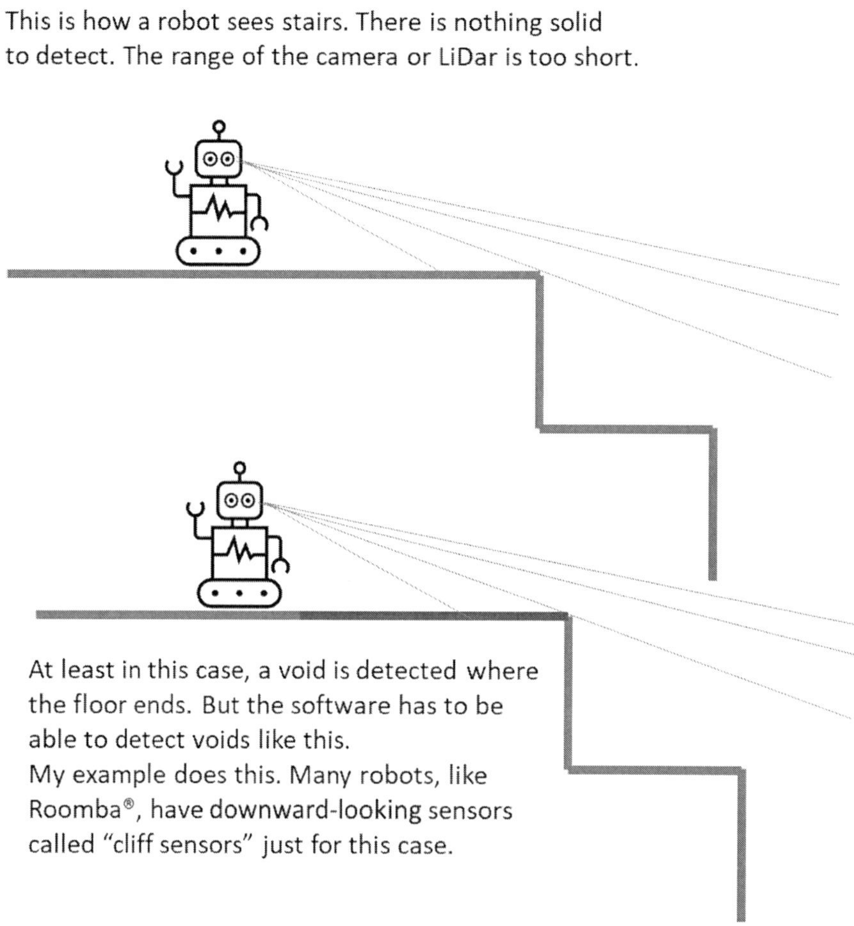

그림 11.2 로봇이 계단을 인식하는 방법

4. OODA 루프에서 *오리엔트* 단계는 어떤 역할을 하나요?

   오리엔트 단계에서는 모든 데이터를 동일한 기준 프레임에 넣는데, 이는 일반적으로 로봇의 중심 시점이 됩니다. 이를 통해 로봇은 어떤 데이터가 의사 결정과 관련이 있는지 판단할 수 있습니다. 이 단계는 의사 결정에서 가장 중요한 단계입니다.

5. 파이썬과 파이썬의 장점에 대한 논의에서 다음을 계산하세요: 프로그램에 50개의 변경 사항을 테스트해야 합니다. 각 변경 사항을 테스트하기 위해 재컴파일 단계와 실행이 한 번씩 필요하다고 가정하면, C Make 컴파일에는 450초가 걸리고 Python의 run 명령에는 3초가 걸립니다. 컴파일러를 기다리는 데 얼마나 많은 시간이 걸리나요?

파이썬을 해석형 언어(interpreted language)로 사용하면 C/C++ 컴파일러와 링크에 20분 이상 걸리는 매우 복잡한 빌드에서 많은 시간을 절약할 수 있습니다. 문제의 C 프로그램 테스트 주기는 완료하는 데 6.25시간이 걸리는 반면, Python 테스트 프로그램은 2.5분이 걸립니다.

6. RTOS는 무엇을 의미하나요?

   RTOS는 실시간 운영 체제(real-time operating system)의 약자입니다. 이는 OS 자체에서 시간 제한과 처리 파티션을 적용하는 운영 체제입니다. RTOS는 항상 정확히 같은 시간 내에 작업을 실행하는 결정론적 운영 체제입니다.

7. 로봇에는 다음과 같은 예약된 작업이 있습니다. 10Hz의 원격 측정, 5Hz의 GPS, 50Hz의 관성 측정, 20Hz의 모터 제어. 기본 작업은 어떤 빈도로 예약하고, 느린 작업(예: 기본 10 Hz, 모터는 3프레임마다, 원격 측정은 2프레임마다)에는 어떤 간격을 사용하겠습니까?

   모든 비율(10, 5, 50, 20)로 균등하게 나눌 수 있는 숫자가 필요합니다. 이에 맞는 가장 작은 숫자는 100Hz입니다. 학생이 20 Hz가 한 프레임에서 두 번, 다음 프레임에서 세 번 업데이트된다고 가정했다면, 조금 속임수를 쓰는 것이지만 실시간 시스템에서 흔히 사용하는 적응 방식이므로 50 Hz도 받아들일 수 있습니다.

8. 프레임 속도 스케줄러의 가장 빠른 작업이 20fps라면 7fps로 실행해야 하는 작업은 어떻게 스케줄링할 수 있을까요? 3.5fps로 실행되는 작업은 어떨까요?

   이전 질문에서 설명한 것처럼 각 프레임마다 샘플 수가 동일할 필요는 없으며, 모든 샘플이 나누어 떨어지는 기본 프레임 속도의 배수만 있으면 일정한 프레임 속도를 유지할 수 있습니다. 이 경우 *20 x 7 = 140*이므로 7Hz는 20Hz 기본 속도로 실행될 수 있으며 140프레임, 즉 7초마다 패턴을 반복합니다. 7의 절반은 3.5이며 70프레임, 즉 3.5초마다 반복되는 패턴으로 동일한 기본 속도로 실행할 수 있습니다.

   각 업데이트는 5.7프레임 간격으로 이루어지며, 반올림하면 6프레임이 됩니다.

9. 차단 호출(blocking call) 기능이란 무엇인가요? 로봇과 같은 실시간 시스템에서 차단 호출을 사용하는 것이 왜 나쁜가요?

   차단 호출은 데이터그램 또는 UDP 패킷 수신과 같은 중단이나 이벤트가 발생할 때까지 프로그램 실행을 일시 중단합니다. 프로그램 타이밍을 제어할 수 없고 부드러운 실시간 실행을 유지할 수 없기 때문에 좋지 않습니다. 직렬 포트 및 네트워크 인터페이스에는 폴

링 호출을 대신 사용하세요. 폴링 호출은 인터페이스에서 데이터를 찾은 다음 사용할 수 있는 데이터가 없을 때 계속합니다.

2장

1. 로봇 센서의 세 가지 유형을 말하세요.

   센서는 외부 세계에서 로봇으로 데이터를 전달하는 모든 것을 말합니다. 본문에서 언급된 센서는 다음과 같습니다.

   - 소나 센서
   - 카메라
   - 마이크
   - 버튼
   - 아날로그-디지털 변환 전압 센서
   - 서미스터(thermistor)를 통한 온도 센서

2. PWM이라는 약어는 무엇을 의미하나요?

   PWM은 펄스 폭 변조(pulse width modulation)의 약자로, 원하는 제어량에 따라 점점 더 길어지는 펄스를 보내는 디지털-아날로그 제어 방식의 일종입니다. 즉, 펄스 듀티 사이클(온/오프 시간)을 전압으로 변환하여 모터를 구동합니다. 이는 일반적으로 DC 모터를 제어하는 데 사용됩니다.

3. 아날로그에서 디지털로의 변환이란 무엇인가요? 무엇이 입력이고 무엇이 출력인가요?

   이름에서 알 수 있듯이 **A2D(아날로그-디지털)** 변환은 아날로그 값(일반적으로 전압)을 받아 컴퓨터의 디지털 부분이 이해할 수 있는 디지털 값 또는 숫자로 변환하는 작업입니다. 일반적인 애플리케이션은 배터리 전압을 측정하여 충전 상태를 확인하는 것입니다.

4. 포섭(subsumption) 아키텍처는 누가 발명했나요?

   Rodney Brooks의 *Cambrian Intelligence: The Early History of the New AI에서* 설명한 것처럼, 포섭 아키텍처는 나중에 iRobot Corporation을 설립하고 Baxter 로봇을 발명하는 데 도움을 준 MIT 교수인 로드니 브룩스 박사에 의해 처음 설명되었습니다. 로드니는 지능형 로봇을 프로그래밍하는 방법을 이해하기 위해 곤충 두뇌의 아날로그를 개발하려고 했습니다.

5. 아이작 아시모프가 가정한 로봇 공학의 세 가지 법칙과 제가 그린 3계층 포섭 아키텍처 다이어그램을 비교해 보세요. 상관관계가 있을까요? 상관관계가 있는 이유는 무엇일까요, 아니면 없는 이유는 무엇일까요?

   아니요, 그렇지 않습니다. 아이작 아시모프의 로봇 공학의 세 가지 법칙은 허구이지만, **포섭 아키텍처(SA)**는 실제 세계에서 로봇을 만드는 데 사용되는 실제 아키텍처입니다.

   아시모프의 세 가지 법칙:

   • 로봇은 인간에게 해를 끼치거나, 행동하지 않음으로써 인간이 해를 입도록 허용하지 않습니다.
   • 로봇은 첫 번째 법칙에 위배되는 경우를 제외하고는 인간의 명령을 따릅니다.
   • 로봇은 처음 두 가지 법칙을 위반하는 경우를 제외하고는 스스로를 위험으로부터 보호합니다.

   SA의 세 가지 계층을 살펴보겠습니다.

   • SA의 가장 아래층은 로봇 내부를 살펴보고 내부 시스템을 관리하는 부분으로, 자율 신경계에 비유하고 싶습니다. 로봇을 보호하는 역할을 합니다.
   • 두 번째 계층은 단기 관리자로, 로봇에게 사용자의 명령을 따르는 등 로봇이 어디로 가야 하는지 알려줍니다.
   • 최상위 계층에는 전략적 사고와 계획 프로세스가 포함되어 있습니다. 솔직히 말해서 상관관계는 약합니다.

   그리고 독자 여러분, 아시모프의 마지막, 즉 0번째 법칙을 기억하세요: 로봇은 인류를 해치거나 인류가 해를 입게 해서는 안 됩니다. 이것은 나중에 추가되었습니다.

6. 로봇 프로젝트인 *알버트*에게 이름을 지어줬어야 했나요? 여러분도 로봇에 이름을 지어주나요? 세탁기는 어때요? 왜 안 될까요??

   로봇 청소기인 룸바(Roomba)는 움직임이나 자율적으로 공간을 탐색하는 능력 등 사람들이 흔히 생명체와 연관 짓는 특성을 보입니다. 이러한 행동은 인간이 아닌 개체를 의인화하거나 인간과 유사한 특성을 부여하려는 인간의 경향을 유발할 수 있습니다. 네이밍은 이러한 의인화의 자연스러운 확장입니다.

7. 환경 변수 `ROS_ROOT`의 중요성은 무엇인가요?

   가장 중요한 변수는 `ROS_ROOT`와 `ROS_PACKAGE_PATH`입니다. 이 변수는 ROS 패키지 및 리소스의 파일 시스템 경로를 정의하는 데 사용됩니다. ROS 시스템이 다양한 패키지와 리소스를 올바르게 찾고 사용하는 데 필수적입니다.

3장

1. 영화나 만화의 스토리보드와 소프트웨어 프로그램의 스토리보드의 몇 가지 차이점을 설명하세요.

   영화 스토리보드는 줄거리를 전개하는 데 사용될 뿐만 아니라 어떤 시점을 사용할지, 즉 카메라 각도, 방향 및 움직임을 계획하는 데에도 사용됩니다. 두 스토리보드의 목적은 일어나는 일을 '이야기'하는 것이라는 점에서는 동일합니다. 컴퓨터 소프트웨어 스토리보드의 시점은 사용자가 되어야 합니다.

2. 5가지 W 질문은 무엇인가요? 사용 사례를 검토하는 데 도움이 될 만한 질문을 더 생각해 볼 수 있나요?

   *누가, 무엇을, 언제, 어디서, 왜(왜*가 가장 중요함). 더 적절한 질문은 다음과 같습니다. 얼마나 잘? 얼마나 자주? 얼마나 많이?

3. 이 문장을 완성하세요: 사용 사례는 로봇이 하는 일과 하지 않는 일을 보여줍니다 ____________________.

   "어떻게 작동하는지" 사용 사례는 사용자 관점에서 작성되었으며 구현 세부 사항은 포함하지 않습니다.

4. 로봇이 장난감 상자로 이동하는 그림 3.16의 *스토리보드 9*를 자신의 스토리보드에서 더 많은 단계로 세분화하세요. *프레임 9와 10* 사이에 일어나야 하는 모든 일을 생각해 보세요.

   로봇은 다음을 수행해야 합니다.

   Ⅰ. 장난감 상자로 가는 경로를 결정합니다.

   Ⅱ. 경로를 계획하세요.

   Ⅲ. 길을 따라 장애물을 피하세요.

   Ⅳ. 장난감 상자의 앞면에 맞춰 정렬합니다.

   Ⅴ. 장난감 상자로 이동합니다.

   Ⅵ. 로봇 팔을 움직여 상단을 비웁니다.

5. 노크-노크 농담의 답장 양식을 작성하면 로봇이 농담을 하는 사용자에게 대답합니다. 마지막 단계는 무엇이라고 생각하시나요?

   농담을 하는 사람을 칭찬하기 위해 로봇이 "정말 웃기네요" 또는 "미안해요, 소리를 낼 수 없어요"라고 말해야 합니다. 예, 이는 제 의견이며 공식 희극 작가의 아이디어가 아닙니다. 여러분은 어떻게 생각하시나요?

6. 원격 운영 작업을 보세요. 더 추가할 것이 있나요, 아니면 이 정도면 좋은 목록인가요?

   로봇은 운영자가 로봇이 어디로 가고 있는지 확인할 수 있도록 운영자에게 비디오를 다시 보내야 합니다.

7. 로봇이 아래층으로 주행하는 것을 방지하기 위해 거리 측정을 사용하는 센서에 대한 사양을 작성합니다.

   로봇은 로봇의 주행 방향을 따라 로봇으로부터 6인치 이상 떨어진 바닥에 있는 부정적인 장애물(예: 아래로 내려가는 계단, 발코니)을 감지할 수 있는 센서를 갖추어야 합니다.

8. 인식에 35픽셀이 필요하다고 가정할 때 320x200픽셀, 30도 **시야각을 가진** 카메라가 6인치 너비의 인형을 볼 수 있는 거리는 어느 정도일까요?

   이 문제를 해결하려면 먼저 픽셀당 각도가 몇 개인지 확인한 다음 이를 사용하여 35픽셀 높이인 타겟의 각도 치수를 계산해야 합니다.

   30도/320픽셀 폭 = 0.0937도/픽셀

   픽셀당 각도 수를 찾으려면 다음 계산을 수행하면 됩니다.

   *35픽셀*도/픽셀 = 3.28도*

   이렇게 하면 이등변 삼각형이 나오지만 계산을 하려면 직각 삼각형이 필요합니다. 밑변을 둘로 나누어 직각 삼각형을 만들면 이 삼각형의 밑변은 이제 3인치가 됩니다.

   또한 각도를 반으로 나눕니다.

   3.28/2 = 1.64도

   그런 다음 수직 높이를 계산하기 위해 베이스의 길이를 tan 값으로 나눕니다.

   3 / tan(1.64) = 104.78인치

   이는 8.73피트로 환산됩니다.

   다음 다이어그램을 통해 이를 설명할 수 있습니다.

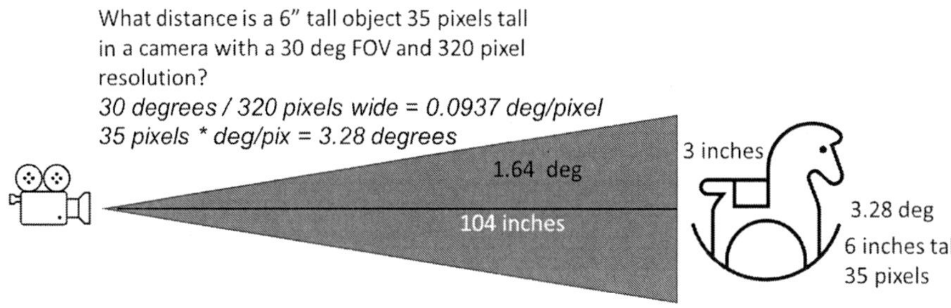

그림 11.3 인식에 필요한 픽셀에 대한 해결 방법

따라서 필요한 거리는 8.73피트입니다.

4장

1. 이 장에서는 많은 내용을 다루었습니다. 제공된 프레임워크를 사용하여 신경망의 속성을 조사할 수 있습니다. 여러 가지 활성화 함수 또는 컨볼루션에 대한 다양한 설정을 시도하여 학습 과정에서 어떤 변화가 있는지 확인해 보세요.

   이것은 학생을 위한 연습 문제입니다. 이러한 매개변수가 변경됨에 따라 다양한 곡선이 나타나는 것을 볼 수 있습니다. 일부는 답을 전혀 생성하지 않을 것입니다(이는 무작위 결과처럼 보이는데, 학습이 일어나지 않는 것과 같은 수준으로 곡선이 유지됩니다). 일부는 더 빨리 또는 더 느리게 학습할 것입니다.

2. 인공 뉴런의 다이어그램을 그리고 각 부분에 라벨을 붙입니다. 자연적인 인간의 생물학적 뉴런을 찾아서 비교합니다.

   이 장의 그림 4.3을 참조하세요. 인공 뉴런에는 여러 개의 입력, 가중치 세트(각 입력에 하나씩), 바이어스, 활성화, 출력 세트가 있습니다.

3. 실제 뉴런과 인공 뉴런의 어떤 특징이 같을까요? 어떤 점이 다른가요?

   둘 다 여러 입력과 여러 출력을 가지고 있으며 입력을 받아 일부 처리를 수행한 다음 출력을 생성합니다. 둘 다 일종의 활성화 기능(생물학적으로 시냅스에 해당)을 사용하여 언제 *활성화할지* 또는 출력을 생성할지 결정합니다. 둘 다 네트워크의 일부입니다. 신경망을 구성하려면 많은 뉴런이 필요하며, 동물의 뇌도 마찬가지입니다.

4. 학습률은 경사도 하강에 어떤 영향을 미치나요? 학습 속도가 너무 크면 어떻게 되나요? 너무 작으면?

자연 **뉴런**은 컴퓨터 뉴런처럼 단순한 온/오프 2진법 표현이 아닌 다양한 수준이나 정도의 입력을 처리할 수 있는 아날로그 장치입니다. 뉴런은 사용하면 할수록 경로와 연결이 쉬워지는 화학적 경로를 사용하는데, 이것이 바로 뉴런의 학습 기능입니다. 이것은 인공 뉴런의 가중치로 시뮬레이션됩니다. 자연 뉴런에는 신경 입력에서 꽤 멀리 떨어져 있는 출력으로 뻗어 있는 축삭 또는 연결체가 있습니다. 뉴런은 다른 뉴런과 무작위로 연결되는 반면 인공 뉴런은 규칙적인 패턴으로 연결됩니다. 일부 신경망은 뉴런을 무작위로 연결 해제하는 **드롭아웃 레이어**를 사용하여 네트워크가 비선형 솔루션을 추정하는 데 도움이 되는 임의성을 출력에 제공합니다.

5. 신경망의 첫 번째 계층은 입력과 어떤 관계가 있나요?

   첫 번째 레이어에는 네트워크에 대한 입력 수가 포함됩니다. 예를 들어 입력이 5개인 경우 첫 번째 레이어에는 5개의 뉴런이 포함되어야 합니다.

6. 신경망의 마지막 계층은 출력과 어떤 관계가 있나요?

   ANN의 마지막 레이어는 출력 레이어이며, 잠재적 출력과 동일한 수의 뉴런을 가져야 합니다.

7. 세 가지 종류의 손실 함수를 찾아보고 그 원리를 설명합니다. 평균 제곱 손실과 두 종류의 교차 엔트로피 손실을 포함합니다.

   ANN의 **손실 함수**는 뉴런의 예상 출력과 실제 출력을 비교하는 오류 함수입니다. 자세히 살펴보겠습니다.

   - **평균 제곱 손실**(Mean square loss, MSL): 가장 일반적으로 사용되는 손실 함수입니다. 출력과 예상 출력 사이의 거리의 제곱의 합으로 주어집니다. MSL은 원하는 솔루션에서 멀어질수록 오차를 증폭시킵니다.
   - **교차 엔트로피**(Cross entropy, XE): 로그 손실이라고도 하며 주로 CNN의 분류에 사용됩니다. 예측값이 1(오류 없음)에 가까워지면 XE는 서서히 감소합니다. 이 값이 발산하면 XE가 급격히 증가합니다. 교차 엔트로피의 두 가지 유형은 다음과 같습니다.
     - 이진(켜기/끄기, 예/아니요 질문에 사용)
     - 여러 클래스를 처리할 수 있는 시그모이드 교차 엔트로피

8. 네트워크가 학습을 마치고 분류 정확도 40%에 도달했는데 멈춰 있거나 더 이상 학습할 수 없다면 어떻게 바꾸시겠습니까?

표본 크기가 너무 작거나 네트워크가 충분히 넓거나 깊지 않은 경우 과적합일 수 있습니다.

5장

1. Q-러닝에서 Q는 무엇을 의미하나요(인터넷에서 검색해 보셔야 합니다)?

   Q-러닝의 기원은 1989년 5월 런던 킹스 칼리지의 Christopher John Cornish Hellaby Watkins의 박사 학위 논문입니다(https://www.researchgate.net/publication/33784417_Learning_From_Delayed_Rewards). 분명히 Q는 Quantity의 약자입니다.

2. Q러닝 알고리즘이 검색해야 하는 상태의 수를 제한하려면 어떻게 해야 할까요?

   관련성이 있고 현재 상태의 후속 상태인 Q-상태만 선택하세요. 상태 중 하나가 현재 위치 또는 상태에서 도달할 수 없는 상태라면 고려하지 마세요.

3. 학습 속도를 변경하면 학습 과정에 어떤 영향을 미치나요?

   학습 속도가 너무 작으면 학습에 매우 오랜 시간이 걸릴 수 있습니다. 학습 속도가 너무 크면 시스템이 경로를 학습하지 않고 오버슈팅하여 최소 또는 최적 해를 놓칠 수 있습니다. 학습 속도가 너무 크면 솔루션이 수렴하지 않거나 갑자기 끊어질 수 있습니다.

4. Q 학습 방정식에서 긴 경로에 불이익을 주는 함수 또는 매개 변수는 무엇인가요? 이 함수를 늘리거나 줄이면 어떤 효과가 있나요?

   할인 계수(discount factor)는 경로 길이가 길어질수록 보상이 줄어드는 방식으로 작동합니다. 일반적으로 1.0에 약간 못 미치는 값(예: 0.93)이 사용됩니다. 할인 계수를 더 높게 설정하면 시스템이 유효한 긴 경로를 거부하고 해결책을 찾지 못할 수 있습니다. 할인율이 너무 작으면 경로가 너무 길어질 수 있습니다.

5. 유전 알고리즘에서 짧은 경로(단계 수가 적은 경로)가 선호되도록 긴 경로에 불이익을 주려면 어떻게 해야 할까요?

   적합도 함수를 조정하여 경로 길이를 적합도 계산의 요소로 고려할 수 있습니다.

6. 유전 알고리즘에서 학습률을 변경하면 어떤 효과가 있나요? 학습률의 상한과 하한은 어떻게 되나요?

   일반적으로 학습률을 높이면 경로가 유효한 범위를 벗어나는 한계까지 세대별 학습 시간이 단축됩니다. 예제 프로그램의 경우 유효한 솔루션을 반환하는 가장 낮은 학습률은 5이고 가장 높은 값은 15입니다.

7. 유전 알고리즘에서 개체수를 줄이면 어떤 효과가 발생하나요?

   시뮬레이션이 훨씬 빠르게 실행되지만 솔루션을 찾는 데 더 많은 세대가 걸립니다.

6장

1. AI 엔진의 이름이 마이크로프트인 이유에 대해 인터넷 검색을 해보세요. 얼마나 다양한 이야기를 찾았고 어떤 이야기가 마음에 들었나요?

   적어도 세 명은 찾았어요. 제가 가장 좋아하는 것은 마이크로프트가 셜록 홈즈의 형이고 더 똑똑한 동생이라는 점입니다. 셜록 홈즈는 영국에서 영화 <이미테이션 게임>에서 인공지능 대화 테스트인 튜링 테스트의 원래 이름인 앨런 튜링을 연기한 베네딕트 컴버배치가 연기했는데, 마이크로프트가 바로 그 역할을 맡았죠.

2. 의도에 대한 논의에서 자연어 문장에서 명령 의도를 예측하는 신경망을 어떻게 설계할 수 있을까요?

   한 가지 접근 방식은 선택한 명령을 수집하고, 명령의 의도에 레이블을 지정하고, 명령을 신경망의 입력으로 사용하고, 의도를 학습을 위한 출력 레이블로 사용하는 것입니다.

3. "노크-노크 농담 받기" 프로그램을 다시 작성하여 로봇에게 말한 농담을 "노크-농담 말하기" 프로그램에서 사용하는 농담 데이터베이스에 추가하여 로봇에게 말한 농담을 기억합니다. 이것이 머신 러닝인가요?

   노크-노크 농담 프로그램 데이터베이스에 프로그램을 추가하는 것은 매우 간단합니다. GitHub 리포지토리에서 이 버전을 찾을 수 있습니다. 이게 머신러닝인가요? 당연히 그렇다고 말할 수 있습니다! 이 기계에는 이전에는 없던 기능이 있습니다. 새로운 기능을 갖기 위해 다시 프로그래밍할 필요가 없었기 때문에 스스로 학습한 것입니다.

4. “농담 말하기” 프로그램을 수정하여 음악 클립과 같은 웨이브 파일에서 소리를 재생하고 TTS를 수행합니다.

   KnockKnock 프로그램에 이 줄을 추가합니다.

```
"play_wav_cmdline": "paplay %1 --stream-name=mycroft-voice",
```

이를 사용하여 오디오를 재생할 수 있습니다. 또한, 유머 파일에 WAV 파일을 나타내는 태그 `<groan.wav>`를 추가할 수 있습니다. 그러면 이 태그를 보았을 때, 위에 있는 `play_wav_cmdline` 함수를 호출하면 됩니다.

5. 이 장에서 사용된 문장 구조는 모두 영어 문법을 기반으로 합니다. 프랑스어나 일본어와 같은 다른 언어는 구조가 다릅니다. 그러면 문장 구문 분석이 어떻게 달라질까요? 우리가 작성한 프로그램이 요다(Yoda)를 이해할 수 있을까요?

   다른 언어에서는 요다의 말하기 패턴에서처럼 목적어나 주어가 다른 순서로 나타납니다. "거꾸로, 나는 말한다."라고 요다는 말할 것입니다. 이렇게 하려면 `.voc` 파일에 새로운 문장 패턴을 변경하거나 추가해야 합니다.

   불어를 이해하도록 엔진을 변경하는 마이크로프트의 지침은 `https://mycroft-ai.gitbook.io/docs/using-mycroft-ai/customizations/languages`에서 확인할 수 있습니다.

6. 마이크로프트의 인텐트 엔진이 실제로 인텐트를 이해하고 있다고 생각하시나요, 아니면 단순히 키워드를 뽑아내는 것이라고 생각하시나요?

   저는 마이크로프트를 건설 AI 챗봇의 범주에 넣지는 않지만, 데이터베이스에서 답변을 조회하는 참조형이기 때문에 AI 프로그램이라기보다는 전문가 시스템에 가깝습니다. 음성-텍스트 변환 섹션에서 AI 신경망을 사용하긴 하지만요.

7. 로봇이 물체를 인식하지 못한 상태에서 로봇이 물체까지 이동하여 물체를 집어 올리도록 지시하는 데 필요한 음성 명령을 설명하세요. 얼마나 많은 명령이 필요하나요?

   두 가지 명령이 필요합니다.

   - *Can you see any objects? (물체가 보이나요?)*
   - *Drive to the closest object(가장 가까운 물체로 이동)*

8. 질문 7에서 명령어의 수를 최소화하도록 노력하세요. 몇 개를 제거하거나 결합할 수 있나요?

   다음은 로봇에게 가장 가까운 물체까지 이동하도록 지시하는 음성 명령입니다.

   - *안녕하세요, 알버트 (Hey, Albert)*
   - *가장 가까운 물체로 이동 (Drive to the nearest object)*

9. 질문 7에서 고유 키워드는 몇 개가 포함되나요? 고유하지 않은 키워드는 몇 개인가요? 네 개의 키워드는 see, objects, drive, closest입니다.

객체를 제외한 모든 단어가 고유하므로 고유한 단어가 세 개 있습니다. 이들은 마이크로프트 단어 데이터베이스에서 달리 정의되지 않았습니다.

7장

1. SLAM과 관련하여, SLAM이 지도를 만드는 데 필요한 데이터를 생성하는 데 가장 일반적으로 사용되는 센서는 무엇인가요?

   LiDAR 센서는 가장 널리 사용되는 SLAM 센서입니다. LiDAR가 제공하는 3D 데이터는 SLAM의 매핑 기능에 완벽합니다.

2. SLAM이 휠 주행 거리계 데이터를 사용할 때 더 잘 작동하는 이유는 무엇인가요?

   휠 주행 거리계(wheel odometer)는 SLAM 알고리즘이 이동 후 로봇의 가능한 위치를 찾는 데 필요한 검색 공간을 줄여줍니다. 따라서 지도의 정보를 늘리고 불확실성을 줄입니다. 어떻게 작동하나요? 로봇의 위치(얼마나 멀리 이동했는지)에 대한 추가 측정값을 제공함으로써 센서 판독값과 현재 위치를 일치시키기 위해 검색을 줄일 수 있습니다.

3. 바닥 찾기 알고리즘에서 가우시안 블러 기능은 결과를 개선하기 위해 어떤 역할을 하나요?

   가우시안 블러 기능은 노이즈를 줄이고 이미지의 불필요한 단일 픽셀을 제거하여 더 부드러운 결과물을 만들어냅니다.

4. 바닥 찾기의 마지막 단계는 로봇의 위치에서 첫 번째 빨간색 픽셀까지 위쪽으로 추적하는 것입니다. 이 단계는 어떤 다른 방법으로 수행할 수 있을까요(그림 7.3 참조)?

   방사형 빨간색 선을 사용하는 대신 화면 아래쪽에서 위쪽으로 일련의 수직선을 그리면 됩니다.

5. 신경망 처리를 하기 전에 이미지를 가로로 반으로 자른 이유는 무엇인가요?

   아래쪽 절반에는 장난감이 놓여 있고 변경될 수 있으므로 방의 위쪽 절반만 사용하여 네트워크를 학습시키고 싶습니다. 방의 위쪽 절반은 장난감을 추가해도 변하지 않습니다.

6. 신경망 접근법을 사용하면 SLAM과 같은 기법에는 없는 어떤 이점이 있나요?

   지도가 없어도 방을 성공적으로 탐색할 수 있습니다. 우리는 로봇을 운전하고 일정한 간격으로 사진을 찍는 것만으로 학습 세트에 라벨을 붙이고 있습니다. 이 접근 방식은 가구의 위치가 약간 달라지는 등 실내의 변화에 훨씬 더 탄력적으로 대응할 수 있습니다. 실내 자동차 경주에 사용되는 이 아이디어를 구현한 다른 사람의 사례를 보려면 https://hackaday.com/2021/10/25/fast-indoor-robot-watches-ceiling-lights-instead-of-the-road/를 참조하세요.

7. 신경망 대신 무작위 주행 기능(무작위 시간에 무작위로 회전하는 기능)만 사용한다면 동일한 결과를 얻기 위해 로봇에 어떤 새로운 프로그램이나 기능을 추가해야 할까요?

   방의 위치를 파악할 수 있는 내비게이션 기능이 필요하며, 이는 아마도 SLAM 알고리즘을 의미할 것입니다. 또한 계단을 감지하는 기능도 필요합니다.

8. 이 장에서 제시한 접근 방식에서 어떻게 계단을 피하게 되었나요? 이 방법이 적절하다고 생각하시나요? 이 작업을 수행하기 위한 다른 방법을 제안할 수 있나요?

   우리는 로봇이 방의 윗부분을 보고 탐색하도록 학습시켰습니다. 안전한 영역에서만 로봇을 주행하고 그 정보를 사용하여 로봇이 방의 위치를 기반으로 다음 주행 명령을 예측할 수 있도록 했습니다. 이 과정에서 로봇을 계단 아래로 주행하지 않았기 때문에 로봇은 계단 쪽으로 주행하라는 명령을 받지 않습니다. 계단 근처에 장난감이 있는 경우 로봇은 여전히 장난감을 집으러 가지만 이후 내비게이션 모드로 돌아갈 때 계단에서 멀어집니다. 하지만 로봇을 풀어주기 전에 좋은 학습 결과를 얻으려면 주의해야 합니다. 초기 테스트를 위해 베이비 게이트를 사용하여 계단을 막았습니다. 추가 안전 조치로 계단을 감지하는 룩다운 센서를 추가할 수 있습니다. 이를 위해 **적외선 근접 감지기(IRPD)**를 사용했습니다.

8장

1. 의사 결정 트리를 탐색하는 세 가지 방법에는 어떤 것이 있나요?

   처음부터 끝까지(시작에서 목표까지), 목표에서 시작까지, 양쪽 끝에서 동시에 출발하여 중간에서 만나기.

2. 피쉬본 다이어그램 예제에서 의사 결정 트리의 가지를 가지치기 하려면 어떻게 해야 하나요?

   가지에서 해당 항목의 효과를 제거하면 됩니다. 예를 들어 "로봇이 움직이지 않음" 오류를 사용하여 "아두이노 전원 없음"이라고 표시된 가지에서 아두이노에 전원이 있는지 확인하여 전원이 있으면 해당 가지를 잘라낼 수 있습니다. 가지가 "모터 고착(motor stuck)"인 경우 모터 고착의 효과는 로봇이 원을 그리며 주행하는 것입니다. 로봇이 원을 그리며 주행하는 것이 아니라 전혀 주행하지 않으므로 해당 가지를 잘라낼 수 있습니다.

3. 분류를 만드는 데 있어 지니 평가자의 역할무엇인가요?

   그것은 샘플 또는 풀의 *불순물(impurity)* 양을 결정합니다. 지니 계수가 0이면 클래스의 모든 구성원이 동일한 속성을 가지며 더 이상 세분화할 수 없습니다. 이렇게 하면 잘못된 분류가 최소화됩니다. 지니 계수는 항목이 해당 클래스에 속할 확률의 제곱의 합을 뺀 값에서 1을 뺀 값입니다.

4. 지니 인덱싱을 사용한 장난감 분류기 예제에서 의사 결정 트리에서 장난감의 어떤 속성이 사용되지 않았나요? 왜 사용하지 않았을까요?

   Color, Noise, Soft, Material은 레이블과 항목이 서로 연관성이 없기 때문에 레이블로 카테고리를 나누는 데 유용하지 않았습니다. 색상은 장난감을 유형별로 구분하는 데 유용하지 않다는 것은 당연한 결과입니다.

5. 우리가 시도한 분류 기법 중 어떤 색상을 장난감의 기준으로 사용했나요?

   흰색은 지니 인덱스와 원핫 엔코딩을 사용하여 박제 동물을 구분하는 의사 결정 트리에서 사용되었습니다.

6. 레스토랑의 메뉴 항목에 대한 라벨 엔코딩과 원핫 엔코딩의 예를 들어보세요.

   애피타이저, 메인 요리, 디저트 세 가지 유형의 메뉴 항목이 있다고 가정해 보겠습니다. 라벨 엔코딩은 애피타이저는 0, 메인 요리는 1, 디저트는 2로 대체합니다. 원핫 엔코딩은 애피타이저에는 1 0 0, 메인 요리에는 0 1 0, 디저트에는 0 0 1을 사용합니다.

7. A* 알고리즘에서 `G()`와 `H()`가 계산되는 다양한 방식에 대해 논의하세요.

   `G()` 함수는 현재 위치에서 시작점까지의 경로를 따라 이동한 거리입니다. `H()`는 현재 위치에서 목표까지의 거리(유클리드 거리)입니다. 아직 목표까지의 경로를 계산하지 않았으므로 `G()`는 경로를 따르고 `H()`는 목표까지의 직선 거리라는 점에 유의하세요.

8. A* 알고리즘에서 `H()`는 휴리스틱으로 간주하고 `G()`는 그렇지 않은 이유는 무엇인가요? 또한 D* 알고리즘에서는 휴리스틱이 사용되지 않습니다. 왜 안 될까요?

   휴리스틱은 최적이라고 보장할 수는 없지만 작업에 충분한 접근 방식입니다. 목표까지의 직선 거리인 `H()`는 추정치이며 장애물을 무시하므로 직접 사용할 수 없고 한 위치를 다른 위치와 비교할 수 있는 방법일 뿐입니다. D*와 A*의 가장 큰 차이점은 D*는 목표 지점에서 시작하여 시작 지점을 향해 역방향으로 계산한다는 것입니다. 이를 통해 D*는 목표까지의 정확한 비용을 알 수 있습니다. A*처럼 휴리스틱 접근 방식이나 예상 이동 거리가 아닌 현재 위치에서 목표까지의 실제 경로 거리를 사용하기 때문입니다.

9. D* 알고리즘에서 `CHANGED` 플래그만 있는 것이 아니라 `RAISED` 및 `LOWERED` 태그가 있는 이유는 무엇인가요?

   `RAISED` 사각형 또는 포인트는 고려 대상에서 제외됩니다. `LOWERED` 사각형은 경로로 고려하기 위해 대기열에 다시 추가될 수 있습니다. 새로운 센서 판독값으로 인해 점수가 낮아지면 경로 플래너에 파급된다는 점에 유의하세요.

9장

1. 가장 좋아하는 영화 로봇은 무엇인가요? 그 로봇의 개성을 어떻게 설명하시겠어요?

   물론 이것은 주관적인 질문입니다. 저는 R2D2의 열렬한 팬입니다. R2는 용감하고 결단력 있고 고집스러울 뿐만 아니라 충실한 동반자이자 조력자이기도 하죠. R2는 막힌 길에서 벗어나고, 스타파이터(starfighter)를 고치고, 적의 포격으로부터 엄폐물을 제공하고, 제국의 컴퓨터를 해킹하기도 하죠. 그는 바퀴 달린 스위스 군용 칼입니다.

2. 영화 제작자들은 R2D2의 개성을 표현하기 위해 어떤 기법(몸짓, 소리 등)을 사용했나요?

   R2D2의 개성은 그의 감정적인 삐 소리와 삐걱거리는 소리(Ben Burtt가 제공)와 섀시 안에 사람(Kenny Baker)이 들어 있어서 가능한 몸의 움직임의 조합에 기인합니다. 첫 번째 스타워즈 영화를 위해 설계된 다용도 섀시는 머리만 움직일 수 있어 활용도가 떨어졌기 때문이죠. 유명한 비명 소리를 포함해 R2의 페르소나는 대부분 사운드에서 드러납니다.

3. 두 가지 유형의 챗봇은 무엇인가요? 각각의 장단점을 나열하세요.

   두 가지 유형의 챗봇은 다음과 같습니다.

   - **검색 기반 챗봇**: 검색 기반 챗봇은 스크립트 목록에서 응답을 찾아보고 사람이 미리 작성한 여러 문구 중에서 선택합니다. 이러한 챗봇의 장점은 프로그래밍이 쉽고, 출력을 더 많이 제어할 수 있으며, 훨씬 작고 빠른 프로그램이라는 점입니다. 단점은 응답이 제한적이고 키워드를 사용하기 때문에 어휘가 적다는 점입니다.
   - **생성형 챗봇(Generative chatbot)**: 생성형 챗봇은 문법 규칙과 문장 모델을 사용하여 적절한 의미를 가진 새로운 문장을 만들어내며, 더 유연하고 다양한 주제를 다룰 수 있지

만, 프로그래밍이 훨씬 어렵고 복잡하며 상대적으로 느립니다. ChatGPT와 다른 생성형 AI 모델의 성공으로 이제 생성형 챗봇이 그 자리를 대신하게 되었습니다.

4. 사용자 지정 분포 모델링에 대한 그림 9.2(공항 예시)에서 아래 그림은 두 개의 표준 분포와 두 개의 균등 분포를 보여줍니다. 왜 곡선이 그래프의 맨 위까지 올라가지 않나요?

   표준 분포가 균등 분포 위에 놓이고, 두 분포가 합쳐져 그래프의 맨 위를 차지하게 됩니다.

5. 나만의 로봇 감정을 디자인하세요: 로봇의 모든 성격을 표현할 수 있는 6가지 대조적인 감정을 선택하세요. 왜 그런 감정을 선택했나요?

   이것은 또 다른 주관적인 질문입니다. 제 답변은 텍스트에 있습니다. 저는 로봇의 능력 범위와 로봇이 처할 상황을 나타내는 감정을 선택했습니다. 예를 들어 분노 같은 부정적인 감정은 없고 슬픔만 느껴지도록 친근한 유형의 로봇으로 만들었습니다.

6. 만약 성가신 어린 소년의 성격을 가진 로봇을 디자인한다면(그 나이라면 Bart Simpson, Cartman, Dennis the Menace를 떠올려 보세요) 어떤 특징을 가져야 할까요?

   어린 소년은 장난기가 많고, 집중력이 짧으며, 끊임없이 주제를 바꾸고, 같은 주제를 계속 반복해서 말하려고 하고, 같은 질문을 변형하여 반복합니다. 장난꾸러기를 어떻게 표현할 수 있을까요? 아마도 지시를 무시하고 당면한 작업에서 로봇의 주의를 분산시키는 임의의 이벤트나 산만함을 유발할 수 있습니다.

7. 로봇의 배경 스토리나 전기가 중요한 이유는 무엇인가요?

   "몇 살이세요?"와 같은 개인적인 질문에 일관된 답변을 제공합니다.

8. 다음 질문의 경우 내 목록에서 모델링할 페르소나를 선택하세요(*인공 성격 통합하기*에서).

   Ⅰ. 로봇이 인간에게 마지막으로 휴가를 어디로 갔는지 물어보는 여섯 줄의 대화를 작성하세요.

   - 마지막으로 휴가를 어디로 다녀오셨나요?
   - 여름이 다가오고 있습니다. 작년에 휴가를 어디로 다녀오셨나요? 여행을 좋아하시나요? 어디로 가셨나요?
   - 저는 휴가를 다녀오지 못했어요. 마지막으로 어디를 다녀오셨나요?
   - 저는 휴가라는 개념에 대해 들어본 적이 있습니다. 어디로 가고 싶으신가요? 해변에 가본 적이 있나요?

Ⅱ. 로봇이 로봇처럼 들리지 않게 피곤하고 충전이 필요하다는 것을 표현할 수 있는 6가지 방법을 작성하세요.

- 저는 피곤해요 - 제 충전기를 보셨나요?
- 와, 시간이 늦었네요. 이 일을 오랫동안 해왔어요.
- 배터리가 부족해요. 종료 시간인가 봐요. 약간 지친 느낌이 들기 시작합니다.
- 시간 좀 보세요! 내 배터리에 주의가 필요해요. 배고파 죽겠어요. 지금 충전하러 가도 될까요?

10장

1. 노크-노크 농담으로 챕터를 시작해서 로봇 공포증에 대해 이야기하고 존재에 대한 철학적 질문을 다루게 되었는데, AI가 위협적이라고 생각하시나요? 왜 또는 왜 그렇지 않나요?

   로봇이 위협이 되기 위한 필요충분조건, 즉 로봇이 세상을 장악하고 *싶어하고* 장악할 *욕구가* 있어야 한다는 조건이 존재하지 않기 때문에 로봇이나 AI가 위협적이라고 생각하지 않습니다. 현재 로봇과 AI에는 그러한 욕구나 필요성이 없습니다.

2. 알버트 로봇을 제품으로 만드는 데 필요한 직업 5가지를 나열하세요.

   프로젝트 관리자, 포장 디자이너, 광고 및 마케팅 전문가, 영업사원, 엔지니어, 기술자, 아티스트, 패키지 디자이너, 기계공, 전기기사, 회계사, 변호사, 심리학자, 지원 직원 등이 필요합니다. 이 옵션 중에서 5가지 중 하나를 선택할 수 있습니다.

3. 로봇을 제조하는 가상의 회사에 심리학자가 필요한 이유는 무엇일까요?

   심리학자들은 정상 및 비정상적인 정신 상태와 인지 과정을 연구하며, 이것이 바로 우리가 인공 인격에서 시뮬레이션하려는 것과 정확히 일치합니다. 우리는 로봇이 사람들에게 나쁜 반응을 일으키지 않기를 바랍니다. 예전에 빨간 눈을 깜빡이는 로봇으로 인해 어린 아이들이 공황 발작을 일으킨 적이 있습니다. 심리학자들은 이러한 오류를 방지하는 데 도움을 줄 수 있습니다.

4. 휴대폰이나 스마트폰에서 볼 수 있는 어떤 부품이 쿼드콥터에서도 발견되나요?

   GPS 수신기, 라디오, Wi-Fi, 블루투스, 가속도계, 자이로스코프, 그리고 요즘에는 애플리케이션 또는 앱도 있습니다.

5. 인공지능 시스템, 특히 인공 신경망은 왜 결과와 시간 모두에서 자연적으로 비결정적일

까요?

인공 신경망은 불연속적인 숫자와 논리가 아닌 확률과 평균으로 작동하는 보편적인 근사 시스템입니다. 인공 신경망은 특정 데이터 비트가 다른 시간에 다른 경로를 통해 다른 수의 뉴런을 거치기 때문에 처리하는 데 동일한 시간이 걸리지 않을 수 있습니다. 신경망에 정확히 동일한 입력을 제공하면 매번 똑같은 답을 얻을 수 있다는 것은 사실입니다. 그러나 로봇이 살아가는 현실 세계에서는 두 입력이 모든 면에서 동일한 경우는 매우 드뭅니다.

6. 예측 가능한 실수를 저지른 AI 시스템을 실제로 적용할 수 있는 사례는 무엇일까요?

신경망 기반 시스템을 사용하여 운전 시뮬레이션에 나쁜 인간 운전자를 모델링하여 다른 운전자(및 자율 주행 차량)에게 나쁜 운전자를 피하는 방법을 가르칠 수 있습니다. 원하는 상태는 예측할 수 없는 운전자이므로 신경망을 60% 정도만 학습시키면 됩니다. 이제 네트워크가 40% 정도는 오답을 내놓을 것입니다. 즉, 통계적으로 예측할 수 있게 됩니다. 저는 실제로 이 작업을 해군 프로젝트에서 수행했으며, 이 프로젝트는 예측 가능한 수준에서 시스템을 오용하는 불완전한 사람들의 시뮬레이션을 원했습니다. 이를 통해 그러한 실수를 처리할 수 있는 반응형 제어 시스템을 만들 수 있었습니다.

7. AI 시스템이 여러분을 대신해 주식을 고르는데 43%의 확률로 수익성 있는 종목을 예측했고, 첫 번째 AI가 좋은 종목을 고르지 *못했*을 때 80%의 정확도로 판단하는 두 번째 AI 시스템이 있다면, 이 AI 조합은 몇 퍼센트의 확률로 수익성 있는 종목을 고를 수 있을까요?

AI 프로그램이 100개의 주식을 골랐습니다. 그 중 불확실한 숫자가 승자와 패자입니다. 이 주식이 승자로 정확하게 예측될 확률은 43%, 패자로 예측될 확률은 57%입니다. 우리는 돈을 투자하는 것 외에는 그 주식의 승자와 패자를 판단할 방법이 없으며, 이는 우리가 피하고자 하는 나쁜 주식에 투자하는 것입니다. 43%의 당첨 확률은 좋지 않습니다.

두 번째 인공지능은 첫 번째 인공지능이 나쁜 주식을 선택했다고 말할 확률이 80%입니다. 100번 중 80번은 해당 종목이 우승 종목이 아니라는 것을 알 수 있습니다. 57개의 불량 주식 중 하나를 정확하게 식별할 확률은 80%이며, 45개의 주식이 제거됩니다. 그러면 55개 종목이 남고, 이 중 43개 종목이 (평균적으로) 승자가 되므로 확률은 78%로 높아집니다.

베이즈 정리는 두 개의 독립적인 확률(조건 c가 발생했을 때 x가 발생할 확률)의 결합을 보여줍니다.

px = x의 확률, pc = c의 확률

$p(x|c) = (px * pc) / (px * pc) + (1-px)(1-pc)$

이 정리를 사용하여 합산 확률을 75.1%로 다시 계산했으므로 두 가지 답 중 하나를 선택하겠습니다.

부록

ROS(로봇 운영 체제)는 복잡한 로봇용 소프트웨어를 개발할 수 있도록 설계된 프레임워크로, 특히 PR2 로봇의 제어를 위해 *Willow Garage*라는 회사에서 개발했습니다. PR2는 두 개의 **7자유도(7DOF)** 팔과 전체 센서 배열을 갖춘 사람 크기의 로봇이었습니다. 이 매우 복잡한 로봇을 제어하려면 수많은 센서, 모터, 통신의 상호 작용이 필요했습니다. ROS 프레임워크를 사용하면 로봇 구성 요소를 독립적으로 개발할 수 있습니다. 전통적인 의미의 운영 체제는 아니지만 모듈형 오픈 소스 **아키텍처(MOSA)**입니다.

ROS의 기본 도구는 프로세스 간 대화를 가능하게 하는 강력한 *게시-구독(publish-subscribe)* 서비스입니다. — 즉, **프로세스 간 통신(Inter-Process Communications, IPC)**을 쉽고 유연하게 만들었습니다. 또한 로봇용 센서, 모터, 제어 장치 간의 많은 인터페이스를 표준화했습니다.

이 책에서는 ROS 2를 사용하겠습니다. ROS 2는 ROS의 새로운 버전입니다. 이 부록에서는 ROS 2를 설치하는 방법, 통신에 사용하는 방법, ROS가 제공하는 몇 가지 도구를 간략하게 소개합니다. ROS 2에 대한 심층적인 소개와 장난감 수집 로봇인 알버트의 설계에 사용된 하드웨어에 대해 설명합니다. 또한 이 책의 예제로서 알버트를 만들 때 책에서 참조한 하드웨어 중 일부를 다룰 것입니다. 이 책의 두 번째 버전에 등장하는 로봇인 알버트 V2는 저의 30번째 로봇 디자인입니다.

부록에서 다루는 주제는 다음과 같습니다.

- MOSA 소개
- ROS 2에 대한 간략한 개요
- 로봇의 소프트웨어 요구 사항
- 로봇용 하드웨어 소개
- 로봇 안전 팁

MOSA 소개

ROS는 MOSA의 한 예입니다. 이것이 왜 중요할까요? 집에 있는 모든 전기 기기에 각기 다른 플러그, 다른 전압, 다른 전선이 있다고 상상해 보세요. 생활이 매우 어려워질 것입니다. 하지만 모든 전기 플러그는 같은 모양에 같은 전압을 내보냅니다. 다양한 종류의 가전제품을 연결할 수 있는 표준화된 인터페이스인 것이죠. MOSA는 소프트웨어에서 이와 같은 역할을 하여 인터페이스를 표준화하고 *플러그 앤 플레이* 호환성을 가능하게 합니다.

다음과 같은 장점이 있습니다.

- MOSA 시스템 아키텍처는 소프트웨어를 독립적으로 개발, 디버깅 및 운영할 수 있는 섹션 또는 모듈로 구성할 수 있는 모듈성을 허용합니다. ROS를 사용하기 전에는 로봇의 모든 것을 실행하는 하나의 주요 실행 파일을 만들었습니다. 이 방법의 문제점은 우선 로봇의 두뇌 역할을 하는 **싱글 보드 컴퓨터(SBC)**의 멀티 코어 특성을 활용할 수 없다는 것이었습니다. 모든 코드가 하나의 스레드에 하나의 프로그램으로 구성되어 있었고, 기능을 분리하여 독립적으로 실행하는 것이 어려웠습니다.
- 그리고 상호작용이 있었습니다. 모터 드라이버의 타이밍을 변경하면 카메라의 센서 타이밍이 엉망이 되었습니다. 경로 플래너를 변경하면 스티어링을 조정해야 했습니다. 이런 종류의 상호 작용은 **단일 아키텍처에서** 일반적입니다. 그러나 MOSA에서는 로봇의 각 섹션(예: 로봇 팔 컨트롤러)이 독립적이며 자체 프로그램에서 실행됩니다. 독립적으로 개발 및 디버깅할 수 있으며 상호 작용은 해당 프로그램에서 만든 인터페이스로 제한됩니다. 따라서 다른 방식에서는 발생할 수 있는 많은 문제에서 자유로워집니다.
- 우리가 활용할 수 있는 또 다른 기능은 ROS가 제공하는 이미 만들어진 표준 인터페이스와 프로그램의 매우 큰 라이브러리입니다. 우리는 스티어링 인터페이스를 만들 필요가 없습니다. ROS에는 이미 하나의 인터페이스(Twist 명령어)가 있습니다. ROS에는 선택할 수 있는 여러 가지 데이터 유형이 있으므로 카메라 이미지 데이터에 대한 데이터 유형을 만들 필요가 없습니다. 또한 ROS에는 코드를 전혀 작성하지 않고도 사용할 수 있는 USB 카메라 드라이버와 뷰어가 있습니다.

이제 ROS 2의 작동 방식에 대해 잠시 이야기해 보겠습니다.

ROS 2에 대한 간략한 개요

앞서 언급했듯이 ROS 2는 로봇 애플리케이션을 개발하는 데 널리 사용되는 프레임워크인 ROS의 최신 버전입니다. 저는 한동안 ROS를 사용해 왔으며 다양한 구성 요소, 센서 및 기능을 로봇에 통합하는 것이 훨씬 더 간단해졌다는 점을 높이 평가합니다. 한동안 ROS로 전환하는 것을 망설였지만, 시간을 투자하여 ROS의 기능을 배우고 나니 이제 ROS 없이 로봇을 개발하는 것은 상상할 수 없습니다.

이 섹션에서는 ROS 2에 대한 이해의 기초가 되는 몇 가지 개념과 ROS 2를 설치하는 방법, 사용할 수 있는 몇 가지 기본 명령어에 대해 설명합니다.

> **참고**
>
> 최신 버전의 ROS 2를 사용하세요.

기본 개념 이해

ROS 2는 다른 프로그래밍 패러다임과는 조금 다르게 작동합니다. ROS는 데이터를 받는 사람을 미리 알 필요 없이 서로 다른 프로그램이나 프로세스가 서로 정보를 전달할 수 있는 게시/구독 메커니즘을 기반으로 합니다. 이 프로세스가 어떻게 작동하는지 살펴봅시다.

- ROS에서 통신하는 각 프로그램 또는 코드를 **노드(node)**라고 합니다. 노드에는 각각 시스템에서 고유하게 식별할 수 있는 이름이 있습니다.
- 노드는 메시지 인터페이스를 나타내는 **토픽(topic)**에 대한 데이터를 게시합니다.
- **메시지**는 데이터 유형(문자열, 실수, 고정형, 배열 등)이 있는 인터페이스입니다.

예를 들어, 조이스틱 인터페이스 노드는 속도 명령(`cmd_vel`) 토픽에 Twist 메시지를 게시합니다. 메시지를 수신하는 쪽에서 모터 제어 인터페이스는 로봇의 속도 및 회전 정보가 포함된 `Twist` 메시지를 수신하기 위해 `cmd_vel` 토픽을 구독합니다.

> **참고**
>
> 트위스트 메시지라고 부르는 이유는 무엇인가요? "트위스트"라는 용어를 사용하는 이유는 개념적인 이유 때문입니다. 로봇의 움직임을 직선 운동(직선)과 회전(비틀기 또는 돌리기)의 조합으로 생각하면 됩니다. 트위스트 메시지는 선형 속도와 각속도를 결합하여 로봇이 공간을 '비틀어' 이동하는 방식을 효과적으로 설명하며, 여기에는 이동(한 장소에서 다른 장소로 이동)과 회전(방향 변경)이 모두 포함됩니다.

ROS에는 몇 가지 유용한 기능이 더 있습니다.

- 여러 수준의 정보가 포함된 시스템 전체 **로깅(logging)** 기능이 있습니다. 로그 메시지는 디버그, 정보, 경고, 오류 또는 치명적인 레이블을 지정할 수 있습니다. 로그 메시지는 로컬 출력(일반적으로 명령줄)에 자동으로 표시됩니다. 로그 메시지는 중앙에서 수집되며 로그 메시지를 파싱하여 문제를 디버깅할 수 있습니다. 오래된 로그 파일은 쌓이는 경향이 있으므로 주기적으로 삭제해야 합니다. 로그는 `~/.log` 디렉터리에 저장됩니다.
- 제가 개인적으로 가장 좋아하는 기능 중 하나는 **매개변수(parameter)**입니다. 파라미터는 소스 코드와 독립적으로 생성할 수 있는 외부 데이터 값으로, 기능을 켜거나 끄거나 이미지 크기, 해상도, 범위 및 기타 기능과 같은 중요한 설정을 설정하는 데 사용할 수 있습니다. 외부 파라미터를 사용할 수 있는 기능은 ROS의 이식성과 인터페이스의 재사용성을 높이는 데 큰 도움이 됩니다. 매개변수는 여러 프로그램(노드)을 한 번에 시작하는 방법인 실행 파일에서 지정할 수 있습니다. Albert에는 5개의 주요 하위 시스템(제어, 모터 드라이브, 팔 제어, 시각, 음성)이 있으며, 모두 함께 시작해야 합니다.

ROS 2와 ROS 비교

ROS 2는 기존 ROS에 비해 매우 중요한 몇 가지 개선 사항을 도입했습니다. 그 중 일부는 다음과 같습니다.

- 가장 눈에 띄는 개선 사항은 **roscore** *트래픽 캅(traffic cop)* 애플리케이션이 없어졌다는 점입니다. 이 중앙 프로그램은 모든 ROS 구현에서 마스터 노드 역할을 하며 소켓을 통해 통신할 위치를 다른 노드에 지시했습니다. 네트워크의 모든 트래픽을 지시했습니다. 따라서 모든 노드는 roscore와 통신하여 실행 중인 위치를 파악해야 했습니다. roscore가 죽거나 꺼지면 전체 ROS 애플리케이션 세트가 중지되었습니다. 대신 ROS 2는 **데이터 배포 서비스(DDS)**를 *미들웨어 계층으로* 사용합니다. DDS는 고성능, 확장성, 실시간 데이터 교환을 위한 표준으로, **객체 관리 그룹(OMG)**에서 만들고 DDS 재단에서 관리합니다. roscore와 같은 중앙 마스터 없이도 노드가 서로를 찾을 수 있는 탈중앙화된 검색 메커니즘을 제공합니다. 노드가 시작되면 다른 노드에 자신의 존재를 알리고 기존 노드와 토픽도 검색합니다. 이 프로세스는 기본 DDS 구현에 의해 관리됩니다.
- ROS 2는 **실시간 처리**를 위한 더 많은 기능을 갖추고 있으며, 메시지 날짜를 미래로 미루는 등의 작업을 수행해야 했던 ROS의 이상한 해결 방법이 없습니다. 이러한 기능에는 실시간 시스템을 위한 DDS 사용, **실시간 운영 체제(RTOS)**와 함께 작업하는 기능, 프로세스

를 제어하기 위해 선점 기능을 사용하는 기능 등이 있습니다.

- 한 가지 큰 개선 사항은 ROS 2가 처음으로 **Windows에서 기본적으로 실행된다**는 것입니다. Windows에서 ROS를 실행하기 위해 가상 머신이 필요하지 않으며, Windows에서 직접 제어판과 인터페이스를 구축할 수 있습니다.
- 또한 ROS 2는 **검색**(네트워크에서 노드를 찾는 프로세스)을 개선하고 사이버 보안을 위한 몇 가지 기능을 향상시켰습니다.

전반적으로 ROS 2는 시간을 들여 업그레이드할 가치가 충분했으며, 이전 ROS보다 훨씬 덜 까다롭고 Windows와 Linux 모두에서 설정하기 쉬우며 관리하기 쉽다고 느꼈습니다.

다음으로 소프트웨어 요구 사항을 살펴보겠습니다.

로봇의 소프트웨어 요구 사항

이 섹션에서는 로봇의 소프트웨어 요구 사항과 로봇의 CPU에 이를 설치하는 방법에 대해 설명합니다.

ROS 2 설치

현재 Albert에 설치한 ROS 2 버전은 *Foxy입니다*. 최신 버전의 ROS 2를 사용하시기 바랍니다. Jetson은 우분투 업그레이드에 비해 몇 가지 릴리스가 뒤처지는 경향이 있습니다. 우리는 신경망을 실행하는 데 필요한 성능과 **GPU(그래픽 처리 장치)**를 갖추고 있기 때문에 Jetson Nano를 사용합니다. 제가 사용하는 Nano 버전은 우분투 20.04를 실행하고 있지만, 우분투 18.04 버전에서도 작동할 수 있을 것입니다.

저는 `https://github.com/jetsonhacks/installROS2`에서 찾을 수 있는 표준 ROS 2 설치 스크립트를 사용했습니다. 이 스크립트는 일반 ROS 2 설치 페이지(`https://docs.ros.org/en/foxy/Installation/Alternatives/Ubuntu-Development-Setup.html`)에 있는 모든 단계가 포함된 스크립트입니다.

Jetson Nano의 ARM 기반 아키텍처에서 실행하려면 많은 프로그램을 다시 컴파일해야 하므로 *Install from Source(소스에서 설치)* 설정을 수행합니다. 이 과정은 약 4시간이 걸렸기 때문에 인내심이 필요합니다.

다른 패키지 설치

또한 다음 Python 패키지를 설치해야 합니다. Scientific Python (SciPy), Numeric Python (NumPy), scikit-learn, Open Computer Vision (OpenCV), 및 PyTorch입니다. 이러한 패키지를 설치하는 데 필요한 명령을 살펴보겠습니다.

- SciPy:

```
python -m pip install scipy
```

- NumPy:

```
pip install numpy
```

- scikit-learn:

```
pip3 install -U scikit-learn
```

- OpenCV:

```
sudo apt-get install python3-opencv
```

  OpenCV에 대한 자세한 내용은 `https://docs.opencv.org/3.4/d6/d00/tutorial_py_root.html`을 참조하세요.

- PyTorch:

```
pip3 install torch torchvision torchaudio --index-url https://download.pytorch.org/w
hl/cu118
```

이제 ROS 2를 시작하는 방법을 살펴보겠습니다.

기본 ROS 2 명령

다음 명령은 ROS 2의 노드 시작, 제어 및 모니터링과 관련된 명령입니다.

1. ROS 2에서 패키지 실행을 시작하려면 다음 명령을 사용하세요:

```
ros2 run <패키지 이름> <실행 파일 이름>
```

예를 들어 ROS 2와 함께 제공되는 표준 예제 프로그램인 turtlesim을 실행하려면 다음 명령을 사용합니다.

```
ros2 run turtlesim turtlesim_node &
```

이렇게 하면 백그라운드에서 turtlesim 패키지의 turtlesim_node가 실행됩니다.

2. 이 노드가 실행 중인지 확인하려면 다음을 입력합니다.

```
ros2 node list
```

그러면 현재 실행 중인 노드 목록이 표시됩니다.

```
/turtlesim
```

3. 다음 명령을 입력하면 노드에 대한 자세한 정보를 얻을 수 있습니다.

```
ros2 node info /turtlesim
```

그 결과는 다음과 같습니다.

```
/my_turtle
Subscribers:
/parameter_events: rcl_interfaces/msg/ParameterEvent
/turtle1/cmd_vel: geometry_msgs/msg/Twist Publishers:
/parameter_events: rcl_interfaces/msg/ParameterEvent
/rosout: rcl_interfaces/msg/Log
/turtle1/color_sensor: turtlesim/msg/Color
/turtle1/pose: turtlesim/msg/Pose
```

여기서 다음과 같은 핵심 사항에 주목할 수 있습니다.

- `turtlesim`은 파라미터 값을 변경할 때 발생하는 파라미터_이벤트를 게시하고, `/rosout`에 로깅 인터페이스를 가지고 있으며, 거북이 로봇의 색상과 위치(포즈)를 게시합니다.
- 입력의 경우, `Twist` 명령을 사용하여 거북이를 이동하는 `cmd_vel`과 프로그램이 매개변수 변경 사항을 수신할 수 있도록 하는 `parameter_events`를 구독합니다.

토픽을 보기 위한 명령은 다음과 같습니다.

```
ros2 topic list
```

활성 상태인 토픽이 표시됩니다. turtlesim 예제에서는 다음과 같은 출력을 얻습니다.

```
/parameter_events
/rosout
/turtle1/cmd_vel
/turtle1/color_sensor
/turtle1/pose
```

해당 명령의 끝에 -t를 추가하면 토픽 메시지 유형도 표시됩니다.

```
/parameter_events [rcl_interfaces/msg/ParameterEvent]
/rosout [rcl_interfaces/msg/Log]
/turtle1/cmd_vel [geometry_msgs/msg/Twist]
/turtle1/color_sensor [turtlesim/msg/Color]
/turtle1/pose [turtlesim/msg/Pose]
```

자세한 내용과 전체 튜토리얼은 https://ros2-industrial-workshop.readthedocs.io/en/latest/_source/navigation/ROS2-Turtlebot.html에서 확인할 수 있습니다. 또한 ROS 2 웹사이트에서 제공되는 튜토리얼의 토픽 목록을 참조하는 것이 좋습니다(https://docs.ros.org/en/foxy/Tutorials.html). 이 책에서 프로그램을 실행하는 데 필요한 나머지 내용은 본문에 나와 있습니다.

이제 알버트 로봇을 구성하는 하드웨어를 살펴보겠습니다.

로봇용 하드웨어 소개

저는 로봇 알버트가 장난감 줍기라는 한 가지 수동 작업을 수행하도록 디자인했습니다. 따라서 모터 세트, 스피커, 로봇 팔을 이펙터로, 카메라와 마이크를 센서로 선택했습니다. 다음은 알버트의 모습에 라벨을 붙인 다이어그램입니다.

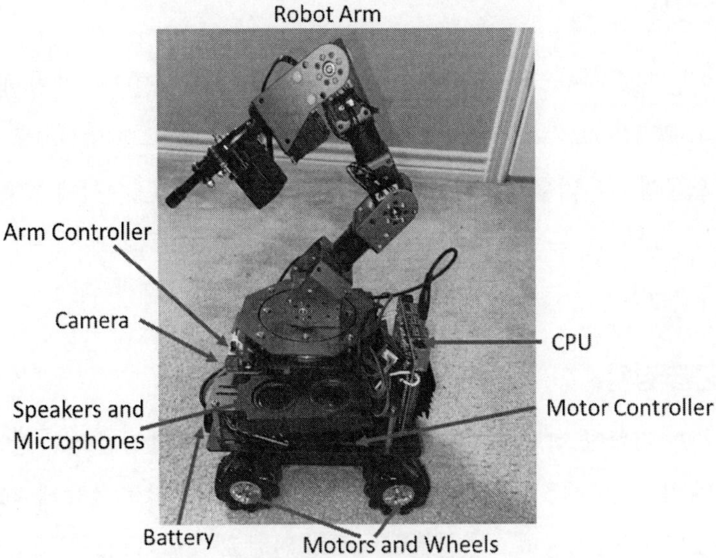

그림 12.1 로봇 알버트

다음 섹션에서는 제가 어떻게 알버트를 구성했는지 살펴보겠습니다.

이펙터 – 베이스, 모터, 휠

로봇 베이스는 `https://www.amazon.com/gp/product/B093WDD9N5`에서 구매한 2층 알루미늄 합금 프레임입니다. 이 베이스는 섀시를 앞뒤뿐만 아니라 옆으로 어떤 각도로든 움직일 수 있는 독특한 기능을 가진 **메카넘(Mecanum)** 휠을 사용합니다. 비디오 게임 팬들에게는 이러한 옆으로 움직이는 것을 **스트레이핑(strafing)**이라고 부르기도 합니다. 바퀴에는 작은 롤러가 45도 각도로 장착되어 있는 것을 볼 수 있습니다. 이 롤러는 다양한 입력을 여러 방향으로 변환합니다. 4개의 모터를 모두 앞으로 움직이면 당연히 플랫폼이 앞으로 움직입니다. 오른쪽 바퀴를 앞으로, 왼쪽 바퀴를 뒤로 움직이면 오른쪽으로 제자리에서 회전합니다.

왼쪽 바퀴를 서로 멀리, 오른쪽 바퀴를 서로 향해 움직이면(왼쪽 앞 전진, 오른쪽 앞 후진, 왼쪽 뒤 후진, 오른쪽 뒤 전진) 차량이 오른쪽으로 옆으로 움직입니다(스트레이핑). 이 방향을 반대로 하면 왼쪽으로 스트레이프합니다. 이 책에서 연습하는 동작을 완료하는 데 필요한 동작입니다.

저는 로봇 베이스에 약간의 수정을 가했습니다. 모터 컨트롤러에 연결할 수 있도록 4개의 모터에 연결된 작은 흰색 커넥터를 잘라냈습니다.

배터리

리튬 배터리가 아닌 4,200mAh **니켈 메탈 하이드라이드(NiMH)** 배터리를 사용했기 때문에 화재의 위험이 적습니다. 출력은 7.2V로 로봇에 몇 시간 동안 작동할 수 있으며 섀시에도 잘 맞습니다. 동일한 사양의 드론형 배터리를 사용할 수 있습니다. 더 큰 배터리는 섀시에 들어가지 않으므로 매우 작습니다. 이 배터리는 우리의 필요에 적합합니다. 다음은 로봇에 사용할 수 있는 배터리의 예입니다. `https://www.amazon.com/gp/product/B08KXYY53G`.

DC/DC 전원 공급 장치

제가 가장 좋아하는 키트 중 하나는 이 DROK DC/DC 조절식 전원 공급 장치입니다. 이 보드는 메인 컴퓨터와 아두이노에 5V 전원을 공급합니다. 작은 드라이버로 전압 레벨을 5V로 조정할 수 있습니다. 모든 것이 작동하고 있음을 보여주기 위해 로봇에 이 디스플레이가 있으면 정말 좋겠어요. 다음은 제가 사용한 링크입니다. `https://www.amazon.com/Converter-DROK-Adjustable-Stabilizer-Protective/dp/B01FQH4M82?th=1`.

CPU – 의상의 두뇌

책 전체에서 언급했듯이 알버트의 메인 컴퓨터는 **엔비디아 젯슨 나노**입니다. 이 컴퓨터는 커다란 방열판이 달린 견고한 소형 싱글 보드 컴퓨터입니다. 이 CPU는 128개의 **그래픽 처리 장치(GPU)**와 4개의 Arm A57 **중앙 처리 장치(CPU)**가 1.43GHz로 실행되고 주변 장치 포트와 외부 입출력 기능을 갖춘 AI 코드 실행을 위해 특별히 설계되었습니다. 인식 및 의사 결정 능력을 갖춘 로봇을 실행하는 데 필요한 이상적인 보드입니다. Jetson은 모든 기능에 대한 인터페이스를 제공하는 개발 보드에 장착되어 있습니다. Jetson 제품군의 다른 제품(TX2, Xavier, AGX)도 작동하지만 이 책에 수록된 코드는 특별히 Nano에 맞도록 크기를 조정했습니다. 다음은 Jetson Nano 컴퓨터 구매 링크입니다. `https://developer.nvidia.com/embedded/jetson-nano-developer-kit`.

저는 CPU 아래에 Wi-Fi 카드를 추가로 장착했습니다. 제가 사용한 것은 `https://www.amazon.com/gp/product/B07SGDRG34`.

이펙터 – 로봇 팔

이 책에 사용된 디지털 서보 암(`https://www.hiwonder.com.cn/store/learn/42.html`)이 초판에서 사용했던 아날로그 서보 암에 비해 얼마나 업그레이드되었는지는 아무리 강조해도 지나치지 않습니다. 이 암의 몇 가지 장점은 다음과 같습니다.

- 이 로봇팔은 **디지털 서보**를 사용하며, 하나의 서보를 다음 서보에 직렬로 연결하기만 하면 되므로 배선이 간단해집니다. 이 서보는 아날로그 신호로 제어되는 대신 디지털 직렬 인터페이스를 통해 미세한 제어뿐만 아니라 모터가 명령된 위치가 아닌 실제 위치를 파악할 수 있는 기능을 제공합니다. 이것이 왜 중요한가요? 팔이 무언가에 부딪혀서 계속 움직일 수 없게 되면 멈추게 됩니다. 이것은 놀라운 일이 아니지만, 모터에게 위치를 물어보면 모터가 멈춘 위치를 알려줍니다. 즉, 팔 자체를 센서로 사용할 수 있다는 뜻입니다! 바닥이 어디에 있는지 확인하려면 팔을 아래쪽 위치로 명령하고 바닥에 닿으면 멈추게 한 다음 모터 위치를 읽어 바닥이 팔을 기준으로 실제로 어디에 있는지 확인하면 됩니다.
- 또한 이 팔을 사용하면 손으로 팔을 수동으로 움직인 다음, 팔의 위치를 읽을 수 있어 포즈를 디자인할 때 매우 유용합니다.
- 또 다른 유용한 기능은 **셀프 프로그래밍 모드**입니다. 관련 버튼을 사용하여 로봇팔을 *program* 모드로 전환한 다음 로봇팔을 움직이고 다른 버튼(*run*이라고 표시된 버튼)을 누르면 컴퓨터 없이 로봇팔에 프로그램이 실행됩니다. 그런 다음 *program*을 다시 눌러 이러한 동작을 저장한 다음 *run*을 누르면 수행한 동작이 재생됩니다. 이 기능은 동작을 테스트할 때 유용합니다. 저는 장난감을 집는 잡는 자세를 시험적으로 만드는 데 이 기능을 사용했습니다.

실제 로봇 팔이 아닌 시뮬레이션 로봇 팔을 제어하고 싶다면 `https://community.arm.com/arm-research/b/articles/posts/do-you-want-to build-a-robot`에 튜토리얼이 있습니다.

로봇 팔 컨트롤러

로봇 팔을 배선할 때 주의해야 할 중요한 사항이 있습니다. 로봇 팔은 USB가 지원할 수 있는 전력보다 훨씬 많은 전력을 소비합니다. 전원 포트에 전원 공급 장치가 연결되지 않은 상태에서 팔을 작동시키지 마세요. 로봇 팔은 DC/DC 컨버터를 사용하지 않고 배터리에서 바로 전원을 공급받아 작동합니다. 로봇을 안전하게 켜고 끌 수 있도록 마스터 전원 스위치를 로봇에 추가했습니다. 전원 스위치가 없으면 로봇을 끄는 유일한 방법은 배터리를 물리적으로 분리하는 것인데, 이는 문제가 될 수 있습니다.

아두이노 마이크로컨트롤러 및 모터 컨트롤러

아두이노 UNO는 모터 컨트롤러에 통합되어 있으며, 이 컨트롤러는 아두이노의 **범용 입력/출력(GPIO)** 포트에 연결됩니다. 이것은 로봇의 베이스를 구동하는 4개의 모터에 대한 컴퓨터 인터페이스를 만드는 가장 간단한 방법입니다. 모터 컨트롤러는 (다시 DC/DC 컨버터를 거치지 않고) 배터리에서 전원을 공급받아야 합니다. 아두이노는 **펄스 폭 변조**(PWM)를 사용하여 드라이브 베이스에 있는 4개의 브러시 DC 모터를 제어합니다. 모터 컨트롤러는 Adafruit에서 제공하며, 다음 웹 사이트(https://www.adafruit.com/product/1438)에서 구입할 수 있습니다.

센서 – USB 카메라

알버트의 주요 센서는 USB 인터페이스가 있는 광 시야각(FOV) 카메라입니다. 많은 웹캠을 포함하여 여러 대의 카메라가 이 필요를 충족시킬 수 있습니다. 제 카메라는 170도 FOV와 1,024x768픽셀 해상도를 지원합니다. 더 높은 해상도의 카메라를 사용할 수 있지만 나머지 소프트웨어가 대역폭을 처리할 수 있도록 USB ROS 카메라 드라이버가 이미지를 1,024x768로 다운샘플링하도록 설정했습니다. 저는 RGB(3색) 출력을 지원하는 컬러 카메라를 사용했습니다.

센서 및 이펙터 – 오디오 인터페이스

로봇의 음성 입력 및 출력을 지원하기 위해 USB 오디오 카드(https://www.amazon.com/gp/product/B08R95XJW8)를 구입했습니다. 이 오디오 인터페이스에는 마이크와 작은 스피커가 모두 있습니다. 이 장치는 음성 인식 및 텍스트 음성 변환 출력을 위한 음성 인터페이스에 대한 인터페이스를 만듭니다. 이 장치는 잘 만들어져 있고 튼튼하며 음악도 잘 재생합니다.

다음은 Albert가 어떻게 결합되는지 보여주는 편리한 배선도입니다.

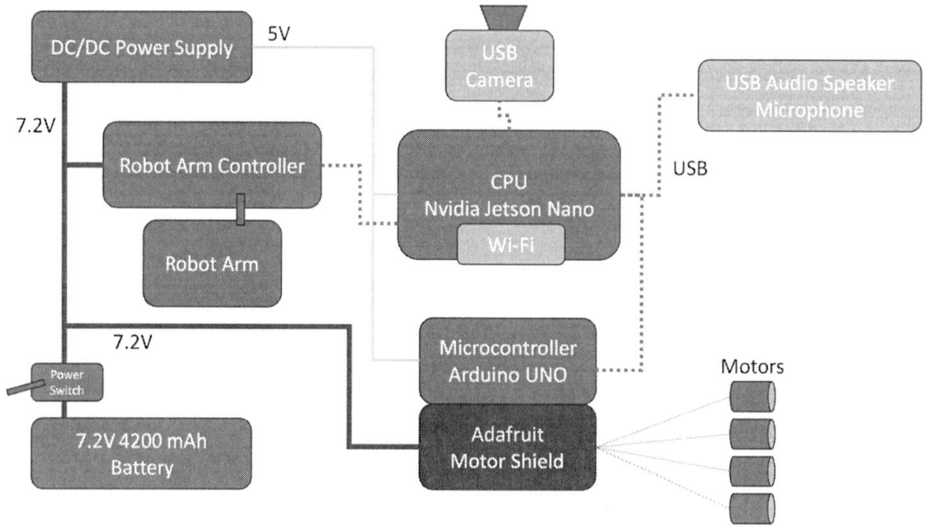

그림 12.2 로봇 알버트의 블록 배선도

이제 로봇 알버트를 조립했으니 이 책의 예제에 사용할 수 있습니다. 보시다시피 알버트는 다양한 기능을 갖춘 매우 다재다능한 플랫폼입니다.

로봇 안전 팁

로봇 주변 작업과 관련된 몇 가지 안전 수칙을 간단히 살펴보겠습니다.

- 우리는 상당히 높은 전류의 배터리와 구동 시스템을 사용하고 있습니다. 배선에 각별히 주의하고 양극선과 음극선이 맞닿아 있는 단락이 발생하지 않도록 주의하세요. 우발적인 단락을 방지하기 위해 배터리와 전원 공급 장치 사이에 약 10A의 퓨즈를 두는 것도 나쁘지 않습니다.
- 로봇이 작동 중일 때는 주의하세요. 로봇이 갑자기 방향을 바꾸거나 멈출 수 있습니다. 로봇의 모터 드라이브가 작동할 때는 앉거나 주머니에 손을 넣거나 휴대폰을 사용하지 않는 것을 원칙으로 하고 있습니다. 주의를 기울여야 합니다.
- 로봇 팔의 끼임 지점을 조심하세요. (제가 배운 대로) 손가락이 쉽게 끼일 수 있습니다. 전원이 켜진 상태에서 손가락을 관절 안에 넣지 마세요.
- 로봇을 설정하고 모든 소프트웨어를 시작하고 하드웨어를 켜기 위한 체크리스트를 작성하세요. 이렇게 하면 단계를 잊어버렸다는 걱정을 덜 수 있습니다.
- 일반적으로 따라야 할 단계는 다음과 같습니다. 로봇의 전원을 켭니다. 컴퓨터가 부팅될 때까지 기다립니다. **가상 네트워크 컴퓨팅(VNC)**를 사용하여 노트북 또는 데스크톱에서 온보드 컴퓨터에 연결합니다. 온보드 소프트웨어를 시작한 다음 명령을 내리기 시작합니다.
- 리튬 배터리는 불이 붙을 수 있으니 충전할 때 주의하세요. 금속 상자 안에서 충전하는 것이 가장 좋습니다. 이러한 이유로 알버트 프로토타입에는 화재 위험이 없는 NiCad 배터리를 사용했습니다. 리튬 배터리는 더 가볍고 튼튼하지만 불이 붙을 수 있고, 위험한 화학 물질이며, 얼면 영구적으로 충전이 되지 않는 등의 단점도 있습니다.

즐길 만한 다른 책

이 책이 재미있었다면 Packt의 다른 책들도 흥미로울 것입니다.

실용적인 아두이노 로봇 공학

루카스 카울

ISBN: 978-1-80461-317-7

- 아두이노 보드의 다양한 인터페이스 이해 및 활용하기
- 센서 및 모터와 통신하는 코드를 작성하세요.
- 센서 신호 처리를 위한 구현 및 조정 방법
- 로봇을 제어하는 상태 머신의 이해 및 구현
- 피드백 제어를 구현하여 인상적인 로봇 기능 만들기
- 안정적인 로봇 시스템에 하드웨어 및 소프트웨어 구성 요소 통합
- 아두이노 기반 로봇을 체계적으로 조정, 디버그 및 개선하기

라즈베리 파이 피코를 이용한 가정에서의 로봇 공학

대니 스테이플

ISBN: 978-1-80324-607-9

- 부품을 움직이기 위한 모터와 라즈베리 파이 Pico 인터페이스
- 무료 CAD로 3D CAD로 설계
- 간단한 로봇을 제작하고 더 복잡한 프로젝트를 위해 확장하기
- 센서 및 블루투스 BLE가 있는 라즈베리 파이 Pico 인터페이스
- Matplotlib으로 로봇 데이터 시각화하기
- 스마트 동작을 위한 Pico의 로봇 알고리즘 이해

Packt에서 여러분과 같은 작가를 찾고 있습니다.

Packt의 저자가 되고 싶으시다면 지금 바로 authors.packtpub.com을 방문하여 신청하세요. 당사는 여러분과 같은 수천 명의 개발자 및 기술 전문가와 협력하여 이들이 전 세계 기술 커뮤니티와 인사이트를 공유할 수 있도록 지원해 왔습니다. 일반 지원서를 작성하거나, 현재 모집 중인 특정 주제에 대해 지원하거나, 직접 아이디어를 제출할 수 있습니다.

생각 공유

이제 로봇을 위한 인공지능을 다 읽으셨으니 여러분의 의견을 듣고 싶습니다! Amazon에서 책을 구입하신 경우 여기를 클릭하여 이 책의 Amazon 리뷰 페이지로 바로 이동하여 피드백을 공유하거나 구입한 사이트에 리뷰를 남겨 주세요.

여러분의 리뷰는 당사와 기술 커뮤니티에 중요하며, 우수한 품질의 콘텐츠를 제공하는 데 도움이 됩니다.

이 책의 무료 PDF 사본 다운로드

이 책을 구매해 주셔서 감사합니다!

이동 중에도 책을 읽고 싶지만 인쇄된 책을 어디든 가지고 다닐 수 없나요? 구매한 전자책이 원하는 기기와 호환되지 않나요?

이제 모든 Packt 도서를 구매하시면 해당 도서의 DRM이 없는 PDF 버전을 무료로 받으실 수 있습니다.

언제, 어디서나, 어떤 디바이스로든 읽을 수 있습니다. 좋아하는 기술 서적의 코드를 검색, 복사하여 애플리케이션에 바로 붙여넣을 수 있습니다.

혜택은 여기서 그치지 않고 매일 받은 편지함에서 할인, 뉴스레터 및 훌륭한 무료 콘텐츠를 독점적으로 이용할 수 있습니다.

다음의 간단한 단계를 따라 혜택을 받으세요:

1. QR 코드를 스캔하거나 아래 링크를 방문하세요.

https://packt.link/free-ebook/9781805129592

2. 구매 증빙 자료 제출
3. 끝났습니다! 무료 PDF 및 기타 혜택을 이메일로 직접 보내드립니다.